高等院校金融学专业系列教材

金融数据分析技术
(基于 Excel 和 Matlab)

元如林 李广明 关莉莉 罗 远 主编

清华大学出版社
北京

内容简介

本书主要针对金融领域中的问题，介绍如何通过建立数学模型，并运用 Matlab、Excel 等软件工具进行计算的金融数据分析技术，通过金融行业的实际案例，全面介绍数据整理、模型建立、参数确定、计算处理、结果分析的完整过程，并给出详细的上机实验指导，帮助读者亲身体验，以便读者更好地掌握数据分析技术。

本书的主要内容包括金融数据库的基本概念，国内外常用金融数据库、Matlab 和 Excel 等金融数据分析软件工具的使用、金融时间序列分析、金融风险价值计算、资产组合计算、金融衍生品定价计算、固定收益证券计算、信用评分与行为评分等。

本书可以作为应用型高等院校的金融学、金融信息、金融工程、金融数学等专业本科生的教材，也可作为需要金融数据分析技术的其他各专业本、专科生的教材。本书的特点是对每一个金融问题，首先简单明了地介绍相关金融知识，力求每章自成体系，因此特别适合数学、统计、信息、计算机等非金融类专业的读者。对数据分析技术感兴趣的其他读者，也可将本书作为参考书。

本书封面贴有清华大学出版社防伪标签，无标签者不得销售。
版权所有，侵权必究。举报：010-62782989，beiqinquan@tup.tsinghua.edu.cn。

图书在版编目(CIP)数据

金融数据分析技术(基于 Excel 和 Matlab)/元如林等主编. --北京：清华大学出版社，2016 (2024.1 重印)
(高等院校金融学专业系列教材)
ISBN 978-7-302-43525-9

Ⅰ．①金… Ⅱ．①元… Ⅲ．①金融—数据—分析—高等学校—教材 Ⅳ．①F830.41

中国版本图书馆 CIP 数据核字(2016)第 081042 号

责任编辑：孟 攀
装帧设计：刘孝琼
责任校对：王 晖
责任印制：曹婉颖

出版发行：清华大学出版社
网 址：https://www.tup.com.cn，https://www.wqxuetang.com
地 址：北京清华大学学研大厦 A 座
邮 编：100084
社 总 机：010-83470000
邮 购：010-62786544
投稿与读者服务：010-62776969, c-service@tup.tsinghua.edu.cn
质量反馈：010-62772015, zhiliang@tup.tsinghua.edu.cn
课件下载：https://www.tup.com.cn, 010-62791865

印 装 者：三河市龙大印装有限公司
经 销：全国新华书店
开 本：185mm×230mm 印 张：22.75 字 数：496 千字
版 次：2016 年 6 月第 1 版 印 次：2024 年 1 月第 7 次印刷
定 价：59.80 元

产品编号：067449-02

前　言

随着我国金融信息化的不断推进和金融市场的快速发展,银行、保险公司、证券交易所、证券公司、基金公司、期货交易所、黄金交易所、金融期货交易所等各类金融机构每天都产生大量的金融数据。最近几年,我国互联网金融蓬勃发展,第三方支付、P2P网贷、众筹融资、大数据金融和金融信息服务等互联网金融企业每天也产生大量的金融数据,这些金融数据如同一座含有丰富信息和知识宝藏的矿山,等待我们去发掘。随着大数据、云计算、移动支付、数据科学、智慧金融等概念和技术的普及,使得人们越来越重视金融数据及其价值。如何从海量的数据中挖掘出有价值的新信息,并发现帮助企业创造价值的新知识,是我国金融行业中信息技术与金融业务深度融合发展面临的主要课题,也是我国金融行业提高国际竞争力的关键。目前我国的金融企业和互联网金融企业都急需大量能够综合运用数学理论、信息技术并精通金融业务的金融数据分析人才和金融数据挖掘人才。

本书主要针对金融领域中的问题,介绍如何通过建立数学模型,并运用 Matlab、Excel 等软件工具进行计算的金融数据分析技术,通过金融行业的实际案例,全面介绍数据整理、模型建立、参数确定、计算处理、结果分析的完整过程,并给出详细的上机实验指导,帮助读者自己亲自体验,以便读者更好地掌握金融数据分析技术。希望本书的出版能为培养金融数据分析人才做出一点贡献,同时为大数据时代各行各业需要数据分析技术的人员提供参考。

本书共分为8章。第1章主要介绍金融数据库的基本概念,国内外常用金融数据库;第2章主要介绍 Matlab、Excel 等金融数据分析软件工具的使用方法;第3章主要介绍金融时间序列分析;第4章主要介绍金融风险价值计算;第5章主要介绍资产组合计算;第6章主要介绍金融衍生品定价计算;第7章主要介绍固定收益证券计算;第8章主要介绍信用评分与行为评分。

目前我国出版的金融计算方面的教材大多只针对已经掌握金融知识的读者,重点介绍如何使用 Excel、SAS、Matlab 等软件进行计算,这类教材对于数学、统计、信息、计算机等非金融类专业的读者,需要花费大量时间补充金融知识。本书的特点是对每一个金融问题,首先简单明了地介绍相关金融知识,力求每章自成体系,不仅方便金融类专业的读者使用,更方便非金融类专业的读者使用。本书的另一个特点是通过金融行业的实际案例,全面介绍数据整理、模型建立、参数确定、计算处理、结果分析的完整过程,并给出详细的上机实验指导,帮助读者亲身体验。

本书的第1、2、4、6章以及第3章的部分内容由元如林编写,第3章的部分内容和第

Preface 前言

7章由李广明编写,第5章由罗远编写,第8章由关莉莉编写,全书的统稿和Matlab计算的内容由元如林完成。

在本书的编写过程中,我们参考了许多经济学和金融学的书籍,特别参考了许多应用数学软件如Matlab、SAS、SPSS、Excel等进行金融计算的书籍,还参阅了网上相关内容,也得到许多领导和同事的关心和帮助,在此一并向他们表示衷心的感谢!

由于编者水平有限,特别是本书的内容涉及多学科交叉,疏漏、不足和错误之处在所难免,恳请读者批评指正。

本书获得了中央与地方共建上海金融学院金融信息团队建设项目和上海金融学院教学质量工程(特色教材)项目的资助。

编 者

目 录

第 1 章 金融数据库 1
1.1 金融数据库的概念 1
1.1.1 金融数据库的定义 1
1.1.2 金融数据库的起源 1
1.1.3 金融数据库的作用 2
1.1.4 金融数据库的分类 4
1.1.5 金融数据库的选择标准 4
1.2 国内外常用金融数据库简介 5
1.2.1 国外金融数据库的概况 5
1.2.2 国内金融数据库概况 8
1.2.3 选择合适的金融数据库 12
1.2.4 免费数据资源的获取渠道 12
1.3 锐思数据(RESSET/DB)使用简介 13
1.3.1 RESSET/DB 的访问途径 13
1.3.2 用户类别以及相应的权限 15
1.3.3 数据查询与下载 15
1.4 实验一：金融数据下载实验 27
1.4.1 实验目的 27
1.4.2 实验原理 28
1.4.3 实验内容 28
1.4.4 实验步骤 28
1.4.5 实验报告要求 29
本章小结 30
思考讨论题 31

第 2 章 数据分析软件工具 32
2.1 金融数据分析软件工具简介 32
2.1.1 国外主要金融数据分析软件简介 32
2.1.2 国产金融数据分析软件介绍 35
2.1.3 金融数据分析软件的选择 36
2.2 Matlab 及其金融工具箱 37
2.2.1 Matlab 简介 37
2.2.2 Matlab 金融工具箱简介 39
2.2.3 Matlab 在金融领域的应用 39
2.3 Matlab 的基础知识 40
2.3.1 Matlab 的系统开发环境 40
2.3.2 矩阵及其运算 42
2.3.3 数组及其运算 49
2.3.4 Matlab 中的常用数学函数 51
2.3.5 图形绘制 55
2.3.6 编写 M 脚本文件 68
2.3.7 自定义函数 73
2.4 实验二：金融数据分析软件使用实验 74
2.4.1 实验目的 74
2.4.2 实验原理 74
2.4.3 实验内容 75
2.4.4 实验步骤 75
2.4.5 实验报告要求 75
本章小结 75
思考讨论题 76

第 3 章 金融时间序列分析 77
3.1 金融时间序列 78
3.1.1 金融时间序列的概念 78
3.1.2 金融时间序列的构成因素 80
3.1.3 金融时间序列分析 80

Contents 目录

  3.1.4 金融时间序列的建立 81
3.2 确定性时间序列分析 82
  3.2.1 长期趋势 T_t 82
  3.2.2 循环变动 C_t 82
  3.2.3 季节变动 S_t 85
  3.2.4 确定性时间序列分析小结 87
3.3 随机性时间序列分析 88
  3.3.1 平稳时间序列 88
  3.3.2 自回归移动平均模型 89
  3.3.3 模型识别与参数估计 89
  3.3.4 金融时间序列的预测 92
  3.3.5 模型的检验 93
  3.3.6 Matlab 的时间序列工具箱 94
3.4 广义自回归条件异方差模型 107
  3.4.1 广义自回归条件异方差模型 107
  3.4.2 GARCH 工具箱 108
3.5 实验三：金融时间序列分析实验 118
  3.5.1 实验目的 118
  3.5.2 实验原理 118
  3.5.3 实验内容 118
  3.5.4 实验步骤 119
  3.5.5 实验报告要求 119
本章小结 119
思考讨论题 120

第 4 章 金融风险价值的计算 121

4.1 金融风险价值 VaR 模型 121
  4.1.1 金融市场风险概述 122
  4.1.2 金融市场风险的度量与管理 122
  4.1.3 VaR 模型 123
  4.1.4 风险价值 VaR 的计算方法 125

  4.1.5 模型的评价方法 130
4.2 使用 Excel 计算风险价值 VaR 的案例 130
  4.2.1 在 Excel 中用参数法的直接法计算风险价值 VaR 131
  4.2.2 在 Excel 中用参数法的移动平均法计算风险价值(VaR) 134
4.3 使用 Matlab 软件计算风险价值(VaR)的案例 135
  4.3.1 数据描述 135
  4.3.2 采用的模型和方法 135
  4.3.3 计算结果 140
  4.3.4 模型评价和比较 156
  4.3.5 主要结论 161
4.4 实验四：金融市场风险的 VaR 计算实验 162
  4.4.1 实验目的 162
  4.4.2 实验原理 162
  4.4.3 实验内容 162
  4.4.4 实验步骤 163
  4.4.5 实验报告要求 164
本章小结 164
思考讨论题 165

第 5 章 资产组合的计算 166

5.1 资产组合基本原理 166
  5.1.1 收益序列与价格序列间的转换 167
  5.1.2 协方差矩阵与相关系数矩阵间的转换 169
  5.1.3 资产组合收益率与方差 174
5.2 资产组合的有效前沿 176
  5.2.1 两种风险资产组合收益期望与方差 176

5.2.2 均值方差的有效前沿 177
5.2.3 带约束条件的资产组合的
有效前沿 178
5.3 用 Excel 进行资产组合计算的
案例 180
5.4 用 Matlab 进行资产组合计算的
案例 194
5.4.1 投资组合常用函数 194
5.4.2 投资组合的有效前沿 203
5.4.3 投资组合的最优资产分配 206
5.5 实验五：投资组合分析计算实验 210
5.5.1 实验目的 210
5.5.2 实验原理 210
5.5.3 实验内容 211
5.5.4 实验步骤 212
5.5.5 实验报告要求 212
本章小结 212
思考讨论题 213

第6章 金融衍生品的计算 214

6.1 金融衍生品 214
6.1.1 金融衍生品的基本概念 214
6.1.2 金融衍生品的种类 215
6.1.3 金融衍生品的功能 216
6.1.4 金融衍生品的风险管理 217
6.1.5 我国金融衍生品市场的
发展现状 219
6.2 期权 220
6.2.1 期权的概念 220
6.2.2 期权的分类 221
6.2.3 股票期权的利润函数 221
6.3 Black-Scholes 期权定价模型 227
6.3.1 Black-Scholes 方程 227

6.3.2 欧式期权价格函数 229
6.3.3 期货期权定价 231
6.3.4 隐含波动率 232
6.4 Black-Scholes 期权价格的
敏感性分析 233
6.5 期权定价的二叉树法 237
6.5.1 二叉树期权定价模型 237
6.5.2 二叉树定价函数 239
6.6 投资组合套期保值策略 241
6.6.1 套期保值的基本原理 242
6.6.2 利用保护性看跌期权策略
进行套期保值 242
6.6.3 利用期权敏感性参数
进行套期保值 246
6.7 实验六：金融衍生品定价
计算实验 248
6.7.1 实验目的 248
6.7.2 实验原理 248
6.7.3 实验内容 248
6.7.4 实验步骤 249
6.7.5 实验报告要求 249
本章小结 249
思考讨论题 250

第7章 固定收益证券计算 251

7.1 固定收益证券的基本概念 251
7.1.1 固定收益证券 251
7.1.2 美国固定收益证券的种类 253
7.1.3 固定收益证券的定价 254
7.1.4 固定收益证券的
久期与凸性 258
7.1.5 利率的期限结构 259

目录

- 7.2 用 Excel 进行固定收益证券分析案例 261
- 7.3 用 Matlab 进行固定收益证券计算 266
  - 7.3.1 现值和终值的计算 266
  - 7.3.2 计算内部收益率 269
  - 7.3.3 固定收益证券产品的定价 270
  - 7.3.4 固定收益证券的久期与凸性 273
  - 7.3.5 利率的期限结构 274
- 7.4 实验七：固定收益证券计算实验 276
  - 7.4.1 实验目的 276
  - 7.4.2 实验原理 277
  - 7.4.3 实验内容 277
  - 7.4.4 实验步骤 278
  - 7.4.5 实验报告要求 279
- 本章小结 279
- 思考讨论题 279

第 8 章 信用评分与行为评分 280

- 8.1 信用评分与行为评分的基本概念 280
  - 8.1.1 信用卡与信用卡管理 280
  - 8.1.2 社会征信体系 281
  - 8.1.3 信用评分与行为评分 283
- 8.2 建立信用评分卡的统计学方法 283
  - 8.2.1 信用评分的统计学方法简介 283
- 8.2.2 判别分析 284
- 8.2.3 回归分析 291
- 8.2.4 分类树法 295
- 8.2.5 最邻近法 301
- 8.3 信用评分的非统计学方法 303
  - 8.3.1 线性规划 304
  - 8.3.2 非线性规划——整数规划 308
  - 8.3.3 人工神经网络 309
  - 8.3.4 遗传算法 313
- 8.4 行为评分模型及其应用 318
  - 8.4.1 行为评分简介 318
  - 8.4.2 马尔可夫链方法 318
  - 8.4.3 贝叶斯—马尔可夫链方法 324
- 8.5 案例 328
- 8.6 实验八：个人信用综合评分实验 337
  - 8.6.1 实验目的 337
  - 8.6.2 实验原理 337
  - 8.6.3 实验内容 347
  - 8.6.4 实验指导 349
  - 8.6.5 实验报告要求 353
- 本章小结 353
- 思考讨论题 354

参考文献 355

第1章 金融数据库

■【学习要点及目标】
- 掌握金融数据库的概念。
- 了解金融数据库的起源、作用及分类。
- 了解国外金融数据库的概况和国内金融数据库的概况。
- 了解金融数据库的选择标准，会选择合适的金融数据库。

■【核心概念】

数据　数据库　金融数据　金融数据库　金融数据库应用系统　金融数据服务产业

1.1 金融数据库的概念

随着我国金融信息化的不断推进和金融市场的快速发展，银行、证券交易所、证券公司、基金公司、期货交易所、黄金交易所、金融期货交易所等各类金融机构每天都产生大量的金融数据，最近几年，我国互联网金融蓬勃发展，第三方支付、P2P网贷、众筹融资、大数据金融服务等互联网金融企业每天也产生大量的金融数据，这些金融数据如同一座含有丰富信息和知识宝藏的矿山，等待我们去发掘。随着大数据、云计算、移动支付、数据科学、智慧金融等概念和技术的普及，使得人们越来越重视金融数据及其价值。

1.1.1 金融数据库的定义

金融数据库就是运用金融理论和计算机数据库技术，将金融机构运营过程、金融市场交易过程和互联网金融企业中产生的各种金融数据进行采集、加工整理，并按一定格式存储便于共享的金融数据集合。它常常与基于该数据库的查询检索、统计分析、模型建立、计算处理等信息技术支持和服务一起，构成金融数据库应用系统，形成金融数据(信息)服务平台，为金融投资、金融研究、金融教学等提供金融数据和相关服务。

1.1.2 金融数据库的起源

随着现代金融学和金融市场的发展，无论是进行金融投资，还是进行金融学研究和教学，都离不开金融数据。对于金融机构和互联网金融企业的从业人员来说，金融数据是他们进行金融投资活动和开展研究的必要基础。对于金融数学、金融统计学、金融工程学、金融信息学、计算金融学、实验金融学等学科领域，金融数据是一个重要的基础，研究者只有收集到全面、准确和完整的数据，才能进行有意义的经济与金融研究。

早期的实证研究者需要花费大量的时间自己进行数据收集整理，不仅影响了研究进度，而且常常因收集的数据不全面、也不一定准确，还会影响研究的结果。另一种情况是，有很多金融数据，普通研究者和普通研究机构难以搜集到，甚至根本无法搜集到，使相关研究无法进行。由于对金融数据的需求越来越迫切，人们越来越注重对金融数据的收集、整理和共享，以便减少重复劳动，降低金融数据收集的成本。于是，专门提供金融数据库的公司出现了，这是社会分工的结果。金融数据库和金融信息服务平台作为一种产品和一种服务，逐渐被人们所接受，并且诞生了一个新兴行业——金融数据服务业。

金融数据服务业是现代金融服务行业的基础和金融创新的源泉。在金融市场比较发达的国家，金融数据服务业的从业人数和资本投入规模都占整个金融服务业很大的一部分。金融数据服务行业在经营范围、安全性、保密性、可靠性和其他监管等方面都有严格的要求，其兼具金融和技术行业特点的性质，决定了其与其他信息服务和技术服务业的区别。由于金融数据和金融技术平台会同时用于银行、证券、保险和基金等不同的金融服务业，在中国金融行业分业经营分业监管的环境下，更显示出第三方独立的金融数据服务行业的必要性。按照目前互联网金融的分类，金融信息服务属于互联网金融六大主要类型之一，金融信息服务主要包括金融数据服务、信用信息服务、金融信息门户网等。我国的金融数据服务是互联网金融中发展最早且最成熟的类型，已有20多年的发展历史，不少金融数据服务企业已经是上市公司。

金融数据服务行业的主要业务范围是：对包括个人和企业数据在内的各种金融数据(包括一些用于评估企业和个人信用的非传统金融数据，如企业电子商务网站的浏览量、商品的关注时间、收藏率、交易量等数据，还有财经论坛、博客、微博、微信等文本数据)进行收集、汇总、标准化和发布；提供各种专业的数据定制服务；在原生金融数据的基础上发布相关指数和市场公共基础数据；搭建适用于金融及相关行业的信息技术平台，提供解决方案(包括金融交易系统、清算结算系统、风险控制系统、信息管理系统、数据整合/分析和报告平台、数据挖掘/处理和分析平台、建立和维护投资监控平台等)；利用金融数据开展金融分析、资产定价和风险评估；在金融数据基础上设计金融产品和搭建金融模型；研究资产定量管理方法和金融产品量化交易策略；提供与金融数据相关的咨询和外包服务等。

1.1.3 金融数据库的作用

金融数据库是为金融投资者、金融研究者提供的金融信息服务的基础，在金融投资活动和研究、金融实证研究和金融教学中都有十分重要的作用。

1. 有效节约研究者搜集数据、整理数据的时间以提高研究效率

通过金融(研究)数据库提取所需数据可节省金融研究者收集数据、验证数据与计算数据的宝贵时间，提高研究效率。据统计，在没有完整、准确的金融数据库情况下，研究者一半以上的时间都花在收集、整理数据上,有时甚至会花费80%的时间用于金融数据的收集、整理,不仅效率低且易出错。并且,有很多金融数据,普通研究者和普通研究机构难以搜集到。有了金融数据库后,研究人员可以直接得到研究所需的金融数据,无需花费大量的时间进行相关金融数据的搜集整理,而且专门的金融数据库提供商,能够提供更为全面、更为完整和更为准确的高质量的金融数据,使学术研究尤其是实证研究的效率显著提高,成果明显增加。

2. 降低研究者和研究机构的数据获取成本

与分别从不同的金融数据源机构购买数据比较而言,直接购买金融数据库,可大幅节省研究者,特别是研究机构的数据获取的资金成本,而且并不是所有的金融数据源机构都愿意出售零星小批量的数据。

3. 可以为研究者提供各种专业的数据定制服务

金融研究者不仅需要原始的金融数据,有时也进行数据合并、变换、计算衍生指标等,甚至需要一些特别定制的金融数据,大量数据的整理计算的难度往往很大,需要一些技术含量高的信息处理技术,这些信息处理技术的学习也需要大量的时间投入,而提供金融数据库的专业的金融信息服务企业也提供各种专业的数据定制服务,包括特殊需求的数据整理、模型建立和计算程序体设计等服务,支持研究者的研究,让研究者可以专注于金融问题本身的研究。

4. 采用同一金融数据库有利于研究结果的比较

如果每个研究者都使用自己搜集的数据,相关指标的计算处理标准不统一,其研究结果很难进行比较。而采用同一金融数据库,可使标准统一,有利于研究结果的比较。

5. 为金融学教学提供辅助工具并帮助培养急需的相关人才

金融数据库为金融学教学提供了很好的辅助工具,教师可运用金融数据库的数据对各种理论、模型进行演示,使学生能够比较直观地掌握深奥的理论知识和分析方法,从而提高教学效率与质量。运用金融数据库的专业数据,还可以对经典文献、经典模型进行方便的检验,在检验的过程中发现"偏差"和不同市场的特色,从而构建自己的模型,在前人研究的基础上进行新的尝试,拓展研究思路,培养学生的创新能力。

最近几年,大数据已成为大家耳熟能详的名词,金融大数据如同一座含有丰富信息和知识宝藏的矿山,有待去发掘。随着大数据、云计算、移动支付、数据科学、智慧金融等概念和技术的普及,使得人们越来越重视金融数据及其价值。如何从海量的数据中挖掘出有价值的新信息,并发现帮助企业创造价值的新知识,是我国金融行业中信息技术与金融业务深度融合发展面临的主要课题,也是我国金融行业提高国际竞争力的关键。金融数据库有助于培养我国的金融企业和互联网金融企业都急需的能够综合运用数学理论、信息技术并精通金融业务的金融数据分析人才和金融数据挖掘人才。

1.1.4 金融数据库的分类

目前,金融数据库已经发展到比较成熟的阶段,国内外市场上已有各种金融数据库。按照不同的标准,可将其划分为多种类型。

(1) 按金融数据库的内容和用途的不同,分为行情咨询数据库和研究型数据库。

行情咨询数据库主要提供金融市场实时交易行情等咨询类数据,重点在保证金融市场数据的实时性、直接性、准确性,不需要对数据进行加工整理。数据库主要为投资者服务,使用对象以各类投资者为主。

研究型数据库是为研究人员提供服务,它不仅提供原始数据,还为研究者提供一系列对原始数据按专业标准进行深层加工整理得到的各类常用数据指标,包含研究人员需要的更为全面的数据,很多研究性金融数据库提供商还同时提供宏观经济数据,方便研究人员使用。

有的金融数据库提供商同时提供金融市场实时交易行情(包括高频数据)等咨询类数据和研究型数据,形成完整的数据服务平台。

(2) 按金融数据的种类不同,分为单一金融数据库和综合金融数据库。

单一金融数据库主要提供单一种类的金融市场的相关数据,如股票数据库、外汇数据库、债券数据库等,甚至还可以是专门的钢铁交易数据库等。这类数据库虽然数据范围相对狭窄,但是通常更加专业和精细,可以提供更为多样的衍生指标和专题数据。

综合金融数据库通常提供多个金融市场的相关数据。很多投资者特别是机构投资者都在多个金融市场进行投资,研究者也要进行跨市场研究,综合金融数据库正适合了他们的需求。

金融数据库的综合化已经成为一种趋势,越来越多的金融数据库提供商在不断扩大数据范围,同时提供利率、汇率、通货膨胀率等宏观数据,以及各类行业数据,甚至法律信息和与金融有关的政治、社会和科技信息。

1.1.5 金融数据库的选择标准

评价和选择金融数据库的标准主要有以下几个。

(1) 设计体系科学、合理。
(2) 数据内容完整、准确。
(3) 相关衍生指标计算正确。
(4) 使用方便,服务完善。
(5) 数据库的结构稳定。
(6) 数据更新及时。

选择金融数据库时，还要考虑数据的下载方式、对二次开发的支持、与研究和教学的适合度等，选择一个适合自己用途的金融数据库。

1.2 国内外常用金融数据库简介

1.2.1 国外金融数据库的概况

国际著名的金融数据库有美国芝加哥大学商研所金融研究中心的 CRSP 数据库(The Center for Research in Security Prices)、美国著名的信用评级公司标准普尔(Standard & Poor's)的 Compustat 数据库以及纽约交易所 TAQ 数据库等。

1. CRSP 简介

CRSP(Center for Research in Security Prices，证券价格研究中心)是美国芝加哥大学商研所金融研究中心的产品。CRSP 搜集了市场中最详尽的历史数据，由于它的准确性和权威性，自 1960 年以来，即成为学界及商界的主要数据来源。CRSP 收集的美国股票和指数数据库的来源主要为纽约证券交易所(NYSE)、美国证券交易所(AMEX)及纳斯达克证券交易所(Nasdaq)的上市公司的股票数据，包括每日交易的数据，如股票收盘价等历史数据、美国企业活动信息、企业沿革、并购及联盟状况、资本回收、现金流量等基本财务数据。收录年代情况：纽约证券交易指数，其资料始自 1925 年 12 月 31 日；美国证券交易指数，其资料始自 1962 年 7 月 2 日；纳斯达克证券交易指数，其月资料始自 1972 年 12 月 29 日，日资料始自 1972 年 12 月 14 日。

网址：http://www.crsp.com/ 或 http://www.crsp.uchicago.edu。

2. Compustat

Compustat 数据库是美国著名的信用评级公司标准普尔(Standard & Poor's)的产品。数据库收录有全球 100 多个国家中的 5 万多家上市公司及北美地区公司的详细季度和年度财务报表与财务指标的历史数据，其中包括 7000 多家亚洲的上市公司，还提供 103 个国家的 24000 家公司的国际化信息，收录近 20 年上市公司的财务数据，另外还提供北美回溯版，即 400 家公司自 1950 年以来的财务资料；提供约 180 种模板报表及上市或非上市公司财务数据等信息；并且整合最新或历史性的主要财务数据，利用该数据库提供的 Research Insight 软件可以进行公司及公司财务、行业等分析，制作各种报表及动态图表。应用的研究领域包括资产分析、计量分析、竞争者分析、公司资本结构、财务比率、合并与购并、研究与开发(R&D)、资本及存货投资、股市报酬及资本市场效率等主题。

标准普尔的网站：http://www.standardandpoors.com/。

Compustat 网址：http://www.compustat.com。

3. NYSE TAQ

NYSE TAQ 是纽约证券交易所(NYSE)的交易和报价(TAQ)高频数据库。NYSE TAQ 数据集是"综合的"(Consolidated)，它包括所有在纽约证券交易所、美国证券交易所(AMEX)和纳斯达克(NASDAQ)的全美市场系统(National Market System，NMS)及小盘股(Small Cap)板块挂牌证券的日内交易数据(交易和报价)。TAQ 高频数据覆盖自 1993 年至今，ISSM(另一高频数据库)的数据是从 1983 年至 1992 年。

TAQ 数据集的规模很大。在 2007 年 1 月，报价和交易数据集的大小分别是 121.7G 和 12.3G。如果加上指标数据集(综合报价数据集有 52.1G 的指标数据集，而综合交易数据集有 7.4G 的指标数据集)，仅仅一个月的数据量就十分巨大。一般而言，NYSE TAQ 数据库每个月有 4 个数据集，即综合报价数据集、综合交易数据集、红利数据集和主文件数据集(Master File)。

4. PACAP Databases

PACAP Databases 是由美国罗德岛大学环太平洋资本市场研究中心(Pacific-Basin Capital Markets Research Center)建立、维护和发布的研究数据系统。PACAP 的数据库连续和系统地跟踪包括泰国、菲律宾、中国台湾、中国香港、新加坡、马来西亚、韩国、日本等 8 个环太平洋国家和地区的主要证券交易所的广泛信息：每日的股票价格和回报、资本分派、财务报表、市场指数和回报以及经济统计数据。PACAP 的数据库包含从 1975 年开始的历史数据的汇编，每年 9 月进行年度更新。为便于比较，所有国家都使用一个统一的格式。因此，PACAP 的数据库是一个极其宝贵的集学术研究、教学、投资组合管理和资本市场发展于一体的信息源，目前是环太平洋地区资本市场研究的首选数据库，使用其数据的论文广泛见于 Journal of finance(《金融杂志》或《财务杂志》)、Journal of Financial Economics(《金融经济学杂志》)等国际一流期刊。PACAP 多年以来一直以其高品质的数据库产品服务于世界一流大学的研究机构以及全球亚太地区资本市场的研究者。

网址：http://www.cba.uri.edu/PACAP。

5. Reuters

路透社(Reuters)是世界前三大多媒体新闻通讯社，有 2300 多名新闻编译人员，有 197 所分社在 130 个国家运行。路透社提供新闻报道和金融数据给报刊、电视台等各式媒体，并向来以迅速、准确享誉国际。另外，路透社提供金融产品及服务，如股票价格和外汇汇率，让交易员可以分析金融数据和管理交易风险；同时路透社的系统让客户可以经由互联网完成买卖，取代电话或是纽约证券交易所的买卖大厅等人工交易方式，它的电子交易服务串连了金融社群。路透社的金融信息服务分为 4 个部分：买卖与交易、研究与资产管理、企业服务和媒体服务，其中超过 90%的收入来自金融服务业务：对股票、外币汇率以及债券等资讯的分析、处理、发送及其相关产品的开发。

路透社提供的主要金融产品及服务有办公及会计支持系统、商品及能源、企业服务、交易决策、Elektron(电子)托管、新兴市场、股票及衍生工具、固定收益、外汇和货币市场、对冲基金解决方案、独立顾问、个人交易者/投资者、投资管理、交易后服务、定价和参考数据、定量研究及贸易、实时解决方案、风险管理、供应方的研究、财富管理等。

2008 年路透集团与汤姆森合并，更名为汤姆森路透，成为彭博新闻的主要对手，两者的市场份额均为 1/3 左右。

网址：http://thomsonreuters.com。

6. Bloomberg

彭博通讯社(L.P. Bloomberg)是由迈克·卢本斯·布隆伯格于 1982 年创立的经济性媒体集团，在短短的 20 多年时间里就超过有着 150 年历史的路透集团，成为当时全球最大的金融信息服务提供商。彭博通讯社是服务于全球的信息和新闻媒体机构，总部设在纽约，全球共有 100 多家办事处、分社或分支机构。彭博新闻是以 1990 年开始的财经新闻发展起来的，现在已在全球设立 87 个分社，拥有 1500 名编辑和记者。现今的彭博通讯社提供了许多方式来了解其资讯，包括电视频道、广播、网络和刊物。

在国际金融界，彭博资讯的旗舰产品——"彭博专业服务"，将新闻、数据、分析工具、多媒体报告和"直通式"处理系统前所未有地整合在单一的平台上，通过彭博终端(彭博机)为客户提供服务。彭博终端是一套让专业人士访问"彭博专业服务"(Bloomberg Professional Service)的计算机系统。用户通过"彭博专业服务"可以查阅和分析实时的金融市场数据以及进行金融交易。"彭博专业服务"的目标客户为金融证券投资领域的专业人士。彭博资讯终端不仅是有价值的信息渠道，也象征着使用者的身份和地位。独立性、权威性、丰富性是彭博资讯的成功之道。大多数大型金融机构使用彭博社提供的服务，每台彭博终端每个月的租金是 1500 美元。此外，用户通过彭博终端访问来自交易所的实时报价时需要缴纳额外的费用，这笔费用是支付给提供报价的交易所的。一些新闻机构也通过彭博终端为客户提供付费新闻。目前彭博社在全球约有 30 万台终端机，其带来的销售收入占其总营业收入的 85%左右。

网址：http://www.bloomberg.com/。

7. WRDS

WRDS(Wharton Research Data Services, 沃顿研究数据服务)是由宾夕法尼亚大学沃顿商学院开发的金融领域的跨库研究工具，它整合了 Compustat(标准普尔)、CRSP(芝加哥大学)、TFN(Thomson, 汤姆森公司)及 TAQ(纽约交易所)等著名数据库产品。同时，WRDS 也提供包括 CBOE(芝加哥期权交易所)等 10 个公开数据库。该平台是基于 Web 的整合型数据访问服务平台，可使数据库检索更便利，并提供验证数据正确性以及数据库的整合等功能。

网址：https://wrds-web.wharton.upenn.edu/wrds/。

8. Dow Jones Company

Dow Jones Company(道·琼斯公司)创立于 1882 年,是世界一流的商业财经信息提供商,同时也是重要的新闻媒体出版集团,总部设在美国纽约。道·琼斯公司旗下拥有报纸、杂志、通讯社、电台、电视台和互联网服务,在全球拥有近 1700 名新闻从业人员。道·琼斯编发的股票价格指数更是家喻户晓。2007 年 8 月 1 日,道·琼斯与新闻集团发布联合声明,宣布双方已签署合并协定,新闻集团以 56 亿美元收购道·琼斯。

道·琼斯指数(Dow Jones Index)由道·琼斯公司负责编制并发布,登载在其属下的《华尔街日报》上。历史上第一次公布道·琼斯指数是在 1884 年 7 月 3 日,当时的指数样本包括 11 种股票,由道·琼斯公司的创始人之一、《华尔街日报》首任编辑查尔斯·亨利·道(Charles Henry Dow)编制。1928 年 10 月 1 日起其样本股增加到 30 种并保持至今,但作为样本股的公司已经历过多次调整。道·琼斯指数是算术平均股价指数。道·琼斯 30 种工业股票平均价格指数于 1896 年 5 月 26 日问世。现在,道·琼斯编制发布 4000 多种指数,其中包括道·琼斯工业股票平均价格指数(即闻名于世的道·琼斯指数)、道·琼斯全球股票指数、道·琼斯互联网股票指数以及专门为中国市场编制的道中指数、道中 88 指数、道沪指数及道深指数等。

网址:http://new.dowjones.com/。

1.2.2 国内金融数据库概况

1. "新华 08"

"新华 08"于 2007 年 9 月 20 日正式运行,是新华社采用先进的信息与通信技术,自主研发的金融信息服务平台,以终端形式为经济管理部门、金融机构和大中型企业参与国内外债券、外汇、股票、黄金、期货和产权交易,提供交易前的信息收集和分析、交易中的订单递交和风险管理、交易后的清算结算和信息反馈服务,是将实时资讯、行情报价、历史数据、研究工具、分析模型和在线交易融为一体的金融信息综合服务系统。

该平台日发稿过万条,实现了多媒体发布;将国内股票、债券、外汇、期货、黄金、产权等实时行情整合在一个平台上,并实现同一界面展示;自主研发了 40 个金融模型,精确度超过路透社的系统,可以达到小数点后 8 位;建立了覆盖国内所有地市的价格监测采集网络,并在海外 23 个重点城市设立了价格采集点,成为中国大陆首家进驻华尔街进行金融信息采集的机构。"新华 08"的推出,标志着我国建立了主流、权威、系统的经济、金融信息发布渠道,必将大大提升我国在国际金融领域的话语权与竞争力,对我国金融市场发展具有里程碑式的重要意义。国际金融中心建设不仅仅是股票市场和金融机构,更重要的还要有金融信息的收集、发布,这对上海提高金融中心建设中的软实力极为关键。

网址:http://www.xinhua08.com。

2. 大智慧

上海大智慧股份有限公司(简称"大智慧")的前身是上海大智慧网络技术有限公司,成立于2000年12月14日,2009年12月整体变更为股份有限公司,于2011年1月28日在上海证券交易所上市,股票简称大智慧,股票代码为601519。

该公司致力于以软件终端为载体,以互联网为平台,提供及时、专业的金融数据和数据分析,是中国领先的互联网金融信息服务提供商,在行业内具有重要影响力。该公司积极拓展国际市场,以期成为在世界范围内具有影响力的金融信息综合服务提供商。

该公司提供的主要产品有大智慧365、大智慧策略投资终端、DTS大智慧策略交易平台、大智慧专业版、大智慧金融终端、大智慧港股通、期货专业版、手机专业版、舆情数据终端PAD版、投资家(机构版)、金融工程实验室、大智慧分析家等。该公司产品的日均线上用户数量已超过1000万。

大智慧公司于2010年8月收购了香港最大的财经信息公司——阿斯达克网络信息有限公司。该公司(Aastocks.com Limited)成立于2000年4月,现已成为香港和大中华地区内最具权威、增长速度最快的财经信息服务供应商之一。2012年初,大智慧收购世华财讯及其核心团队。

网址:http://www.gw.com.cn/。

3. 世华财讯

世华财讯是由中国数码信息有限公司(香港交易所上市公司)旗下控股公司——北京世华国际金融信息有限公司管理经营的产品和服务品牌。世华财讯拥有20多年的专业财经资讯服务经验,为金融机构、高校、企业及媒体提供财经资讯终端与授权服务。世华财讯提供实时财经数据与行情、全球财经资讯与分析研究,涵盖宏观经济、证券、外汇与商品市场及主要行业。世华财讯的i-cube理财双屏终端、a-cube理财终端产品系列是专业投资者制定跨市场与全球投资决策、行业趋势预测与分析的主要参考工具。2012年初,世华财讯及其核心团队被大智慧收购。

网址:http://www.shihua.com.cn/。

4. 国泰安CSMAR系列研究数据库

CSMAR中国财经数据库是深圳市国泰安信息技术有限公司(以下简称"国泰安")的产品,该公司自2000年成立以来,致力于为教育机构、研究机构、金融机构及学者提供世界一流的中国财经数据库、金融实验室建设、高端金融分析工具和金融专业培训。

CSMAR中国财经数据库的研发理念充分借鉴了芝加哥大学的CRSP、标准普尔的Compustat、纽约交易所的TAQ、Thomson、GSIOnline等国际知名数据库的成功经验,并结合中国国情精心设计而成。该数据库是国内目前规模最大、信息最精准的金融、经济数据库,由股票、基金、债券、金融衍生产品、上市公司、经济、行业、高频数据八大系列及个性化数据服务构成。

公司的其他产品和服务有金融实验室、全球金融信息分析系统——"国泰安市场通"、国泰安股指期货套利系统、国泰安算法交易系统 V1.0 和金融专业培训等。

网址：http://www.gtafe.com/ 或 http://www.gtarsc.com/。

5. 聚源金融数据库

聚源数据是恒生聚源数据服务有限公司成功开发的内容完备、功能强大的金融数据库，并针对国内、国际不同类型投资群体的需求，设计推出具有独特优势的证券信息数据应用分析工具系列产品，主要为银行、保险、券商、基金、信托、期货、资产管理公司、学术单位等提供各种业务数据支持服务。该数据库以中国金融市场为核心，逐步完善黄金、外汇、境外资本市场等方面的信息数据。经过具有丰富经验的资深数据处理专家的共同努力，数据处理的技术手段和管理流程都居于行业的领先水平，数据的准确性、及时性、全面性和规范性得到了广大金融机构的高度认可。10 多年来，恒生聚源数据服务有限公司已迅速确立在国内金融数据服务领域的领先地位，是中国金融资讯数据质量最好的数据供应商之一。

聚源数据是一个立足于中国资本市场的金融数据提供商，现已形成以证券数据服务为核心，以其他金融、财经数据为辅助的庞大的、一流的金融数据库，为专业机构提供分析应用数据库、网站建设数据库以及其他方面的应用数据库产品。

聚源数据又是一个金融数据分析工具提供商，以聚源金融数据库为基础，针对不同的客户需要，开发了多种信息产品和金融分析应用系统，包括聚源数据工作站、聚源鹏博资讯系统、聚源证券资讯终端。

聚源数据也是一个金融数据增值服务提供商，为客户提供个性化的数据统计、信息定制、专项调研服务。

聚源数据还是一个软件和系统化解决方案的提供商，以金融数据应用为核心、以协同管理为目标，面向所有金融行业的客户服务、运营管理、业务应用提供强大的技术支持和综合解决方案，其核心构件包括聚源知识管理平台、券商营业部信息咨询服务平台等。

网址：http://www.gildata.com。

6. 万得

万得(Wind 资讯)是中国大陆领先的金融数据、信息和软件服务企业，总部位于上海陆家嘴金融中心。Wind 资讯数据服务(Wind Datafeed Service，WDS)可以提供历史参考数据、实时行情数据、历史高频行情数据等，内容包括股票、债券、期货、外汇、基金、指数、权证、宏观行情等多个品种，基本资料、实时行情、报价、财务数据、权益数据、公司行动、高频数据等多种类型，全天候(一周 7 天×24 小时，一年 365 天)不间断地为金融机构、政府组织、企业、媒体等提供高质量、低延迟、运行稳定、接口便捷的金融数据服务。

历史参考数据：内容涵盖中国资本市场主要金融品种及香港证券市场的交易数据、财务数据及各类公开披露的信息。包括：上海证券交易所和深圳证券交易所全部上市公司的基本资料、发行资料、交易数据、分红数据、股本结构、财务数据、公司公告及其他重要信息等；开放式基金和封闭式基金的发行上市资料、基金净值、投资组合、收益和分红数据、定期报告、财务数据等；国债、企债、金融债、可转债、央行票据等债券的基本资料、计息和兑付数据、交易数据等；中国证券市场指数(沪深交易所指数、银行间债券市场指数、MSCI 中国指数、新华富时指数、中信指数、申银万国指数等)和海外市场指数的基本资料和交易数据；国内各期货交易所期货合约资料及交易数据；贵金属交易数据；外汇交易中心交易数据；港股基本资料数据等。

实时行情数据：已经接入国内及我国香港地区、我国台湾地区、新加坡、美国等 30 个市场的实时行情；洞悉市场成交额的波动变化；获得可执行的价格采集全面市场数据。

高频行情数据：覆盖国内多家交易所，采集全面市场数据，各种时间序列数据，如逐笔成交数据、分时快照记录等；国债、企业债、金融债、可转债、央行票据等债券的基本资料、计息和兑付数据、交易数据等。

在金融财经数据领域，Wind 资讯已建成国内最完整、最准确的以金融证券数据为核心的一流的大型金融工程和财经数据仓库，数据内容涵盖股票、基金、债券、外汇、保险、期货、金融衍生品、现货交易、宏观经济、财经新闻等领域，新的信息内容在第一时间进行更新以满足机构投资者的需求。针对金融业的投资机构、研究机构、学术机构、监管部门机构等不同类型客户的需求，Wind 资讯开发了一系列围绕信息检索、数据提取与分析、投资组合管理应用等领域的专业分析软件与应用工具。通过这些终端工具，用户可以全天候地从 Wind 资讯获取到及时、准确、完整的财经数据、信息和各种分析结果。Wind 资讯紧密跟随金融市场日新月异的发展，不断向新的领域发展，新的产品和服务战略不断在延伸。

网址：http://www.wind.com.cn。

7．锐思数据

北京聚源锐思数据科技有限公司(RESSET，简称锐思数据)成立于 2006 年 5 月，是一家专门从事金融研究数据库和相关投资研究软件研发的高科技企业。RESSET 公司由众多国内外金融和数据库领域的资深专家，在多年研发储备和经验积累的基础上联合成立。锐思数据英文名称 RESSET 是 Research(研究)和 Set(集合)的缩写，中文音译"锐思数据"。目前公司拥有金融研究数据库(RESSET/DB)、教学辅助软件(RESSET/CAD)、学术成果共享平台(RESSET/RS)、数据库集成检索系统(RESSET/DBM)、债券分析系统(RESSET/BOND)五大核心软件产品。RESSET 提供各种专业的服务，包括数据定制、统计计量建模和咨询反馈等数据定制及咨询服务。

网址：http://www.resset.cn/cn/。

8. 钱龙

乾隆集团成立于 1993 年，为香港上市公司(简称"乾隆科技"，代码为 8015)，专业从事金融领域信息技术产品的开发、生产和销售。乾隆集团旗下拥有上海乾隆高科技有限公司、上海乾隆网络科技有限公司和上海信龙信息科技有限公司，总部位于金融企业云集的上海陆家嘴金融中心，并于全国各证券业重点地区设有分公司、办事处及授权销售服务中心，共同形成了一个覆盖全国的、能够为各类企业或个人用户提供完善的产品和服务的体系。

乾隆公司旗下拥有著名的"钱龙"品牌，其系列产品涵盖了实时行情和委托交易平台、实时证券分析终端、金融数据库、实时资讯数据服务、信息发布服务、Web 金融服务平台、金融教学系统等各个领域。历经 10 多年的发展，钱龙，已经成为中国领先的实时金融资讯和服务的品牌。乾隆集团旗下拥有钱龙资讯网和钱龙天地两个网站。钱龙资讯网主要为钱龙企业版用户提供服务，钱龙天地主要为钱龙个人产品用户提供服务。

网址：http://www.qianlong.com.cn。

9. 其他金融数据库

其他金融数据库还有以下几个。

同花顺(http://www.10jqka.com.cn/)

指南针(http://www.compass.cn/)

东方财富网(http://www.eastmoney.com/)

金融界(http://www.jrj.com.cn/)

和讯(http://www.hexun.com/)

第一财经(http://www.yicai.com/)

新浪财经(http://www.sina.com.cn)

搜狐财经(http://business.sohu.com/)

金融机构、新兴财经网站如腾讯财经、新浪财经、搜狐财经等、传统媒体、传统媒体与新媒体结合的企业、部分外国金融信息服务提供商在内地的分支机构等。

1.2.3 选择合适的金融数据库

选择金融数据库时，不仅要考虑内容的丰富性和完整性以及数据更新的及时性，还要考虑数据的下载方式、下载数据文件的存储格式、对二次开发的支持、与研究和教学的适合度等，差错率也是一个需要考虑的重要指标，还可参考其各类指数的丰富性、正确性和可用性及售后服务等。总之，要全面综合权衡，选择一个适合自己用途的金融数据库。

1.2.4 免费数据资源的获取渠道

有些数据可从某些网站免费获取，比如，雅虎财经频道(网址为 http://finance.yahoo.com/)有世界各主要金融市场的股票交易历史数据供大家免费下载、新浪(网址为 www.sina.com.cn)财经频道有我国上市公司财务报表中的主要信息供大家免费下载，免费数据资源的获取渠道还有中国国家统计局网站(网址为 www.stats.gov.cn)、联合国统计司网站(网址为 www.unstats.un.org)、国际货币基金组织网站(网址为 www.imf.org)、世界银行网站(网址为 www.worldbank.org)、国际货币基金组织统计资料库网站(网址为 www.imfstatistics.org)、大智慧交易平台网站(网址为 www.gw.com.cn)、外汇交易平台网站(网址为 www.metaquotes.net)等。

对于免费获取的数据需要考虑其完整性和正确性，对缺失的和有错误的数据采取多来源校对、专门的处理技术等进行修补，可用于学习数据分析技术的目的。对于重要的研究项目和商业用途的研究和应用，除权威部门发布的正式数据外，不建议采用免费数据。

1.3 锐思数据(RESSET/DB)使用简介

1.3.1 RESSET/DB 的访问途径

锐思数据的访问途径有如下两种。

(1) 通过官方网站进行登录。

RESSET/DB 金融研究数据库官方网站地址：http://www.resset.cn。

进入 RESSET 主页后，可以根据图 1.1 的提示，登录后访问 RESSET/DB 数据库。

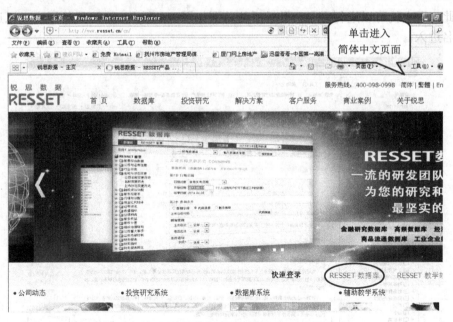

图 1.1 锐思数据官方网站首页

(2) 校内镜像访问地址：对于购买了 RESSET/DB 金融研究数据库产品的学校，公司会在学校设立校内镜像访问地址,根据学校的通知网址、用户名和密码直接登录即可使用。

对于通过官方网站进行登录的用户,单击图 1.1 所示 RESSET 网站导航条上的"RESSET 数据库",即可进入"RESSET/DB 金融研究数据库"产品的登录页面,如图 1.2 所示。

图 1.2 "RESSET/DB 金融研究数据库"产品的登录页面

至此,用户就可以进行登录,登录后的首页如图 1.3 所示。未注册的用户可以进行注册或者匿名进入。

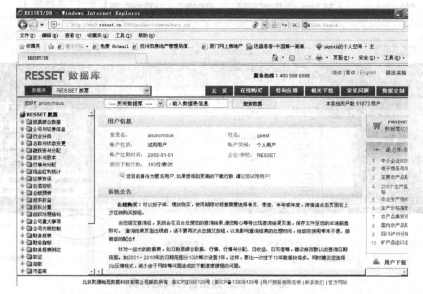

图 1.3 登录后的首页

1.3.2 用户类别以及相应的权限

锐思数据的四种用户类别及其相应的权限如下。

(1) 匿名用户。匿名用户可以查看/访问所有的表，但只能查看、下载每个查询的前 100 条数据。

(2) 注册用户。注册用户是指在网站上填写用户信息，成功注册并审核通过的用户。可以访问、查询所有的表。只能查看、下载每个查询的前 300 条数据。

(3) 付费用户。付费用户是指正式签约，付费购买数据的用户。可以访问、查询所有的表。对于付费购买的模块，没有访问限制，用户可以查看、下载所有的数据，不受条数限制。

(4) 试用用户。对于希望使用以决定是否购买的用户，公司可以为其开通一个月的免费试用期，在免费试用期间，其权利与付费用户相同。

1.3.3 数据查询与下载

用户进行登录后，系统会直接切入到"RESSET/DB 主页面"。用户也可以匿名登录，进入数据查询界面，但是权限和查询的结果会受到一定的限制。

1．数据查询界面

数据查询界面如图 1.4 所示。

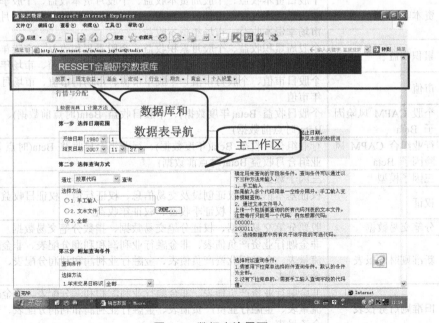

图 1.4 数据查询界面

RESSET/DB 的 Web 版数据查询界面可分为导航列表和主工作区两部分。

上方的导航列表给出了所有的数据库和表，并分类列示。可以通过该列表选择要进行查询的数据库、数据表(数据集)。

导航列表的下面就是用来完成查询过程、展现查询结果的主工作区。

表 1.1 是 RESSET/DB Ver 2.1 金融研究数据库目前的数据库和数据表的分类清单，它与网站查询界面顶部的下拉菜单列表是对应的。

表 1.1 数据库和数据表的分类清单

类别	数据库名	数据表清单
股票	标识	最新股票信息、公司信息、三板股票信息
	事件	名称变更历史、行业分类、行业变更历史、证监会行业分类名称代码对照表、汇率、佣金与印花税、首次发行与上市、处理、分配、公司股数变动历史、股数变动历史、股权分置分配、停牌、退市信息表
	行情与分配	行情与分配、累积股价调整除子、日历、行情
	指数	指数信息、指数成分、指数行情、指数日收益、指数周收益、指数月收益、指数季收益、指数年收益
	RESSET 指数行情与收益	RESSET 指数行情与收益
	国际指数	国际股票指数信息、国际股票指数行情与收益
	持有期收益	个股日收益、个股周收益、个股月收益、个股季收益、个股年收益、市场日收益、市场周收益、市场月收益、市场季收益、市场年收益
	资本收益	个股日资本收益、个股周资本收益、个股月资本收益、个股季资本收益、个股年资本收益、市场日资本收益、市场周资本收益、市场月资本收益、市场季资本收益、市场年资本收益
	累积收益	个股周累积收益、个股月累积收益、个股季累积收益、个股年累积收益、市场周累积收益、市场月累积收益、市场季累积收益、市场年累积收益
	市值	个股日市值、个股月市值、个股年市值、市场日市值、市场月市值、市场年市值
	个股 CAPM 风险因子 Beta	个股日收益 Beta(年度数据)、个股日收益 Beta(时点前数据)、个股月收益 Beta(时点前数据)
	行业组合 CAPM 风险因子 Beta	行业组合日收益 Beta(年度数据)、行业组合日收益 Beta(时点前数据)、行业组合月收益 Beta(时点前数据)
	三因子模型	三因子数据
	权证	权证基本信息、权证创设及交易信息、权证行情、权证日收益、权证周收益、权证月收益、权证季收益、权证年收益
	分笔交易数据	股票分笔交易数据、权证分笔交易数据、指数分笔交易数据
	新准则财务报表	非金融行业资产负债表、非金融行业利润和利润分配表、非金融行业现金流量表、金融行业资产负债表、金融行业利润和利润分配表、金融行业现金流量表
	旧准则财务报表	非金融行业资产负债表、非金融行业利润和利润分配表、非金融行业现金流量表、金融行业资产负债表、金融行业利润和利润分配表、金融行业现金流量表

续表

类别	数据库名	数据表清单
股票	审计意见表	审计意见表
	资产负债表附注	货币资金、短期投资、应收账款、其他应收款、预付账款、存货、长期投资、无形资产、短期借款、应付账款、预收账款、应交税金、其他应交款、其他应付款、预提费用、一年内到期的长期借款、长期借款、预计负债、资本公积、盈余公积
	利润表附注	主营业务税金及附加、财务费用、投资收益、补贴收入、营业外收入、营业外支出
	公司重大事项	公司担保数据、公司关联交易数据、资产重组数据、吸收合并数据
	财务比率	财务比率表
	股东权益	股东权益表
	资产减值准备	资产减值准备表
	公司治理	股权结构、董事会监事会特征及会议情况、执行层激励
	港股	港股信息、港股公司信息、港股首次发行与上市、港股分配、港股股本变动历史、港股行情与分配、港股行情
固定收益	银行存款利率	银行存款利率
	基准利率	基准利率、回购定盘利率、月无风险利率、日无风险利率
	标识与信息	债券标识、债券信息、可转债转股条款、可赎回可回售债条款、可转债转股信息、交易所债回购品种信息
	事件	债券发行与上市、票面利率变动历史
	交易所交易数据	交易所债券行情、交易所回购行情、交易所债券分笔交易数据、交易所回购分笔交易数据
	银行间交易数据	银行间信用拆借公开报价、银行间信用拆借成交、银行间信用拆借行情、银行间回购公开报价、银行间回购成交、银行间回购行情、银行间现券买卖公开报价、银行间现券买卖小额报价、银行间现券买卖双边报价、银行间现券买卖对话报价、银行间现券买卖成交、银行间现券买卖行情
	债券指数	债券指数信息、债券指数行情、银行间债券指数行情
	利率期限结构	样本债券信息、多项式样条法参数、指数样条法参数、Nelson-Siegel Svensson模型参数
基金	标识与信息	基金信息、发起人信息、持有人信息、基金代码对照表
	事件	基金发行与上市、基金扩募发行、基金费率、基金红利分配
	净值	基金净值
	行情	基金行情
	基金分笔交易数据	基金分笔交易数据
	投资组合	投资组合、股票投资明细、债券投资明细
	财务指标	主要财务指标、资产负债表、利润和利润分配表

续表

类别	数据库名	数据表清单
宏观	编码对照	省市地区编码对照表、产品编码对照表、企业类型编码对照表、行业编码对照表
	综合	宏观数据统计、各地区宏观数据统计
	国民经济核算	国内生产总值、各地区国内生产总值
	人口	人口、各地区人口
	就业人员与职工工资	就业人员与职工工资、各地区就业人员与职工工资
	固定资产投资	固定资产投资、各地区固定资产投资
	价格指数	居民消费价格指数、各地区居民消费价格指数、商品零售价格指数、各地区商品零售价格指数、原材料燃料动力购进价格指数、企业商品价格指数
	人民生活	人民生活与居民收支、各地区人民生活与居民收支
	国内贸易	社会消费品零售总额、各地区社会消费品零售总额
	对外经济贸易	海关进出口、各地区海关进出口、利用外资、各地区利用外资
	企业景气指数与企业家信心指数	企业景气指数与企业家信心指数
	宏观金融统计	中国货币与银行概览、中国金融机构人民币信贷收支表、人民币利率、货币供应、货币当局资产负债表、中国国际收支平衡表、中国外债表
	财政收支	财政收支(全国)、财政收支(地方)
	外汇	中国银行外汇牌价、人民币基准汇价表、各种货币对美元折算率表、小额外币利率
	证券市场统计	证券市场概览、证券市场账户、证券市场股本、证券市场交易
行业	编码对照	省市地区编码对照表、产品编码对照表、企业类型编码对照表、行业编码对照表
	主要产品产量和价格	主要产品产量数据统计、主要产品国际价格数据统计、主要产品国内价格数据统计、主要产品国内各地区价格数据统计
	主要行业财务数据	各类型企业主要财务数据统计、各行业企业主要财务数据统计、各地区企业主要财务数据统计
	工业数据统计	工业生产、各地区工业生产
	工业品出厂价格指数	工业品出厂价格指数、各地区工业品出厂价格指数
	农业数据统计	农业数据统计、各地区农业总产量统计
	房地产指数	房地产价格指数、国房景气指数
	旅游业数据统计	旅游业数据统计、各地区旅游业数据统计
	邮政电信业数据统计	邮政电信业数据统计
黄金	黄金交易与分析数据	黄金交易与分析数据
外汇	外汇交易与分析数据	外汇交易与分析数据
期货	期货交易与分析数据	期货交易与分析数据
国际经济	各国经济统计	各国经济统计

第 1 章 金融数据库

2. 数据查询主工作区

数据查询主工作区的结构如图 1.5 和图 1.6 所示。

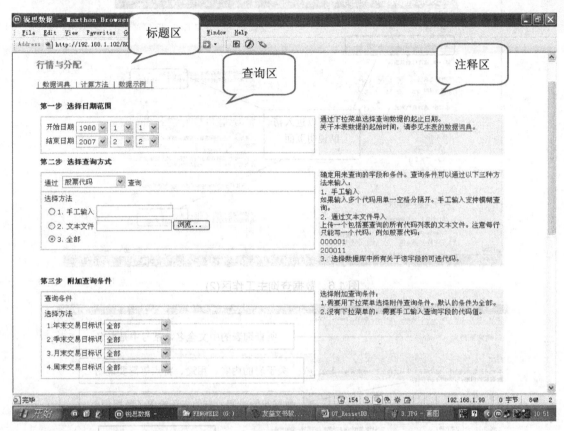

图 1.5 数据查询主工作区(1)

在查询过程中可随时获得帮助，并获取数据表说明、数据起始时间、数据词典、数据示例、模型公式等信息。

3. 数据词典页面

单击"数据词典"链接后，就可以进入数据词典页面，如图 1.7 所示。
页面的主要内容如图注所示，主要包括：

1) 标题部分

这是所查询的数据表的中文名称，在其后的括号里面的是数据表的表名。

2) 概述部分

其内容包括本表的主要内容介绍、用途介绍、主要字段内容及特点等。

金融数据分析技术(基于 Excel 和 Matlab)

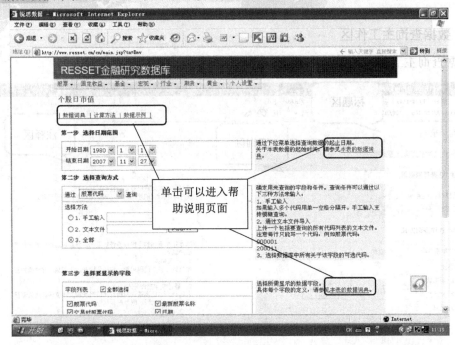

图 1.6　数据查询主工作区(2)

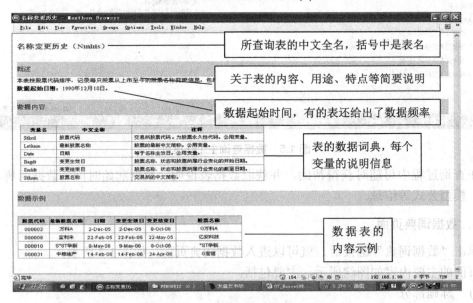

图 1.7　数据词典页面

3) 数据起始时间(日期)

顾名思义,这部分给出了本表的最初数据的起始时间。对于"最新公司信息"、"最新股票信息"、"证监会行业分类代码对照表"等数据表,由于其内容是最新的相关信息,所以没有数据起始时间。对于宏观和行业类的相关数据表,因为历史上的统计方法和统计时间等的变化,为此也给出了相应的统计方法变更时间以及数据统计频率。

4) 数据内容部分

该部分给出了所查询的数据表的较为详细的数据词典,包括所有变量的变量名、中文全称、相关注释等。

对于本表和一些变量所涉及的背景知识、计算公式、应用模型等,也都给出了较为详细的说明。

5) 特别注释部分

有的数据表,对该表所涉及的一些概念、数据规格、计算公式、模型算法等,给出了比较详细的注释,如图 1.8 所示。

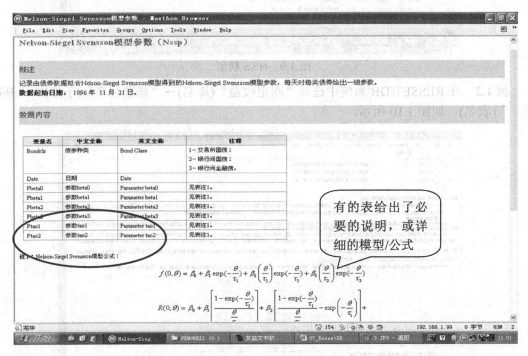

图 1.8　详细的注释

例 1.1　在锐思数据系统中选择"固定收益"→"利率期限结构"→Nelson-Siegel Svensson (NSS)模型参数。

在系统界面中不仅给出了 NSS 模型的数据(见图 1.9),而且给出了模型的计算公式。这一方面方便用户进行分析,知道这些数据的分析框架;另一方面,还可以让用户自己进行计算比对。

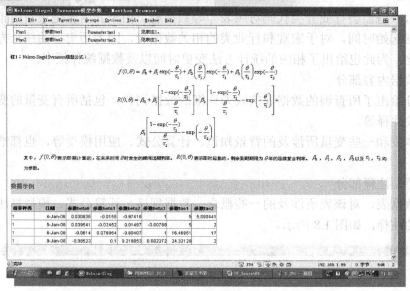

图 1.9　NSS 模型

例 1.2　在 RESSET/DB 系统中选择"固定收益"(库名)→"基准利率"(子库)→"基准利率"(表名),如图 1.10 所示。

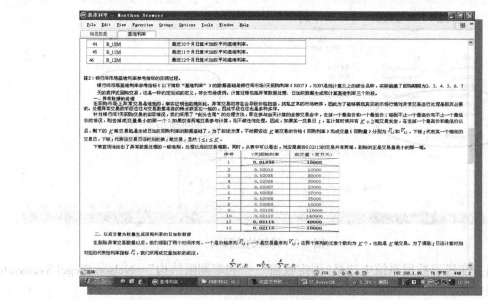

图 1.10　基准利率

在系统界面中详细给出了以下内容:
(1) 每个基准利率代码、编号及其意义。
(2) 银行间市场基准利率参考指标的实现过程。

例 1.3 在 RESSET/DB 系统中选择 "股票"(库名)→ "财务报表"(子库)→ "非金融行业资产负债表"(表名)，如图 1.11 所示。

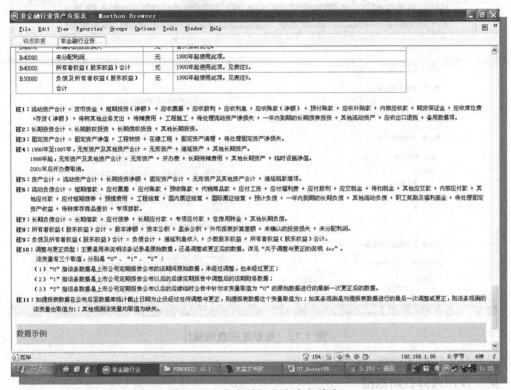

图 1.11 非金融行业资产负债表

在系统界面中不仅给出了所有的近 200 个字段的标准名称，还给出了详细的说明以及会计科目之间的钩稽关系，并且可以中英文对照。

6) 数据示例部分

为了便于用户对本数据表中的数据内容有一个直观的认识，对每个表都给出了一个数据示例。当然了，有些数据表的字段比较多，不能一一展示，就只选择了其中的一部分。

4．数据查询流程

数据库的查询操作，在查询界面的主工作区进行。

RESSET/DB 的查询非常简单、易用，用户基本上可以根据查询步骤的设置和相应的提示很便捷地完成，不需要专门知识和经过特别的培训。

一个通常的查询可以分为选择日期范围、选择查询方式、选择要显示的字段、选择数据导出格式 4 个步骤完成，分别称之为第一步至第四步，如图 1.12 所示。当然，不同的表，由于数据内容和使用方式不同，查询的步骤也略有差别。

图 1.12　数据库的查询操作

下面分步骤简单说明查询的操作。

第一步：选择日期范围

多数数据都是有时间范围的，而且多数研究者也通常只需要关注某个时间段范围内的数据。查询时间起始日期的选择，只需直接通过下拉列表即可完成。

对于每个数据表中数据的起始时间，可以单击右侧或者本页面上部的数据词典介绍页面来查看。RESSET/DB 的历史数据比较全面。

第二步：选择查询方式

选择要作为条件的字段，采用手工输入、文本文件导入或者选择数据表中所有项目 3 种方式来确定查询的条件。

(1) 手工输入。

如果输入多个代码则用单一空格分隔开。手工输入支持模糊查询。

(2) 通过文本文件导入。

上传一个包括要查询的所有代码列表的文本文件。注意每行若要写多于一个代码，则代码之间只能用空格隔开。例如，如果要查询股票代码，则导入的文本文件的格式如图 1.13 所示。

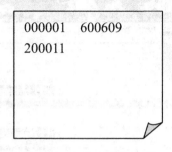

图 1.13　文本文件的格式

(3) 选择数据库中所有关于该字段的可选代码。

第三步：选择要显示的字段

有些数据表中包括了很多字段，而用户有时查询时只关心其中的某些字段，则此时可以单击鼠标来进行选择。

如果用户对其中某个或者某些字段的详细意义不太清楚，则可以用上面章节中的方法，进入数据词典介绍页面进行查阅。

第四步：选择数据导出格式

RESSET/DB 的查询结果是以数据文件的方式呈现给用户的。

用户可以根据查询结果的使用方式或者自己习惯的处理格式，来选择输出文件的格式，目前提供了以下两种导出格式：TXT 文本文件(以制表符间隔)；Excel 电子表格。

由于这两种格式使用范围最广泛，所以在 Web 版本上目前只提供了这两种数据输出格式。

此外，RESSET/DB 数据库还可以提供以下格式的数据文件：TXT 文本文件(以空格间隔)；TXT 文本文件(以分号间隔)；CSV 表格；PDF 格式；MDB 格式；XML 格式；SAS 数据文件。

如果用户有特别的需要，可以直接跟公司联系，公司将根据需要，提供特定的数据格式。

除了上述标准的四步查询条件外，有的数据表可能会需要"选择附加查询条件"，如图 1.14 所示。

选择或者填写完查询条件后，如果检查无误，就可以提交了。

5．数据查询结果

查询结果页面首先详细列示了用户提交的查询条件，以供用户检查浏览，如图 1.15 所示。

金融数据分析技术(基于 Excel 和 Matlab)

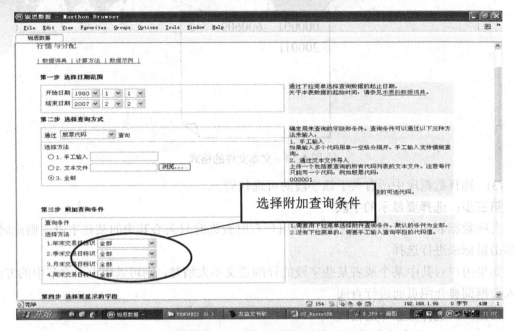

图 1.14 选择附加查询条件

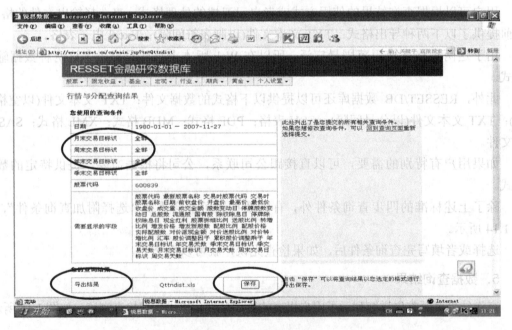

图 1.15 查询结果页面

如果用户想修改相关条件，还可以返回到“数据查询”页面修改或者选择新的查询条件。如果用户认为提交的查询条件无误，就可以根据查询条件生成的查询结果文件导出保存，具体方法就是单击“保存”按钮，然后按照系统提示进行保存。图 1.16 中就是以 Excel 格式生成下载的查询结果。

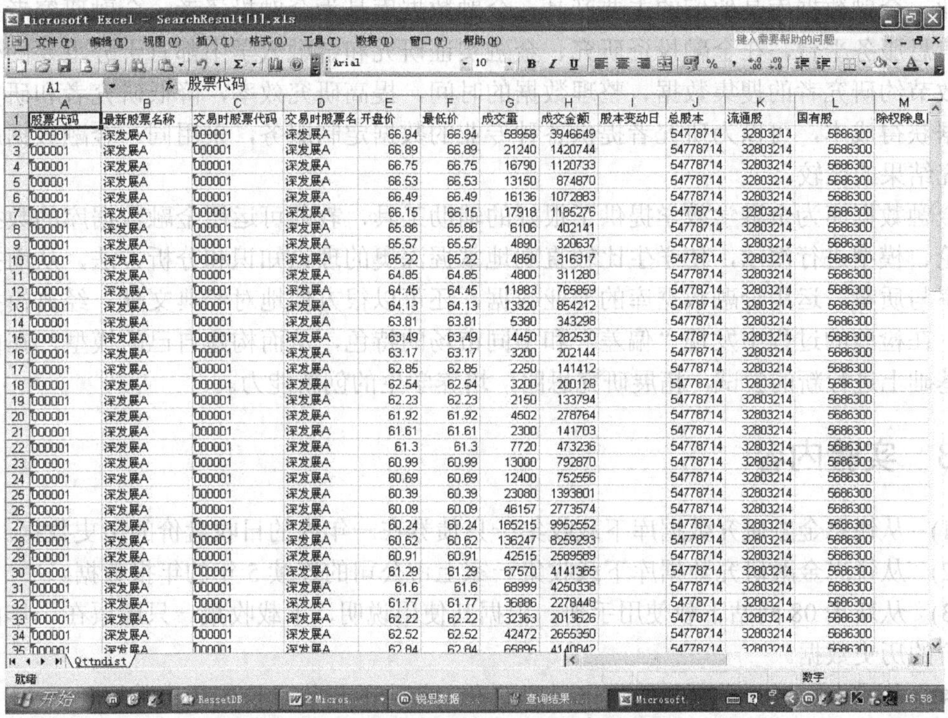

	A	B	C	D	E	F	G	H	I	J	K	L	M
1	股票代码	最新股票名称	交易时股票代码	交易时股票名	开盘价	最低价	成交量	成交金额	股本变动日	总股本	流通股	国有股	除权除息日
2	000001	深发展A	000001	深发展A	66.94	66.94	58958	3946649		54778714	32803214	5686300	
3	000001	深发展A	000001	深发展A	66.89	66.89	21240	1420744		54778714	32803214	5686300	
4	000001	深发展A	000001	深发展A	66.75	66.75	16790	1120733		54778714	32803214	5686300	
5	000001	深发展A	000001	深发展A	66.53	66.53	13150	874870		54778714	32803214	5686300	
6	000001	深发展A	000001	深发展A	66.49	66.49	16136	1072883		54778714	32803214	5686300	
7	000001	深发展A	000001	深发展A	66.15	66.15	17918	1185276		54778714	32803214	5686300	
8	000001	深发展A	000001	深发展A	65.86	65.86	6106	402141		54778714	32803214	5686300	
9	000001	深发展A	000001	深发展A	65.57	65.57	4890	320637		54778714	32803214	5686300	
10	000001	深发展A	000001	深发展A	65.22	65.22	4850	316317		54778714	32803214	5686300	
11	000001	深发展A	000001	深发展A	64.85	64.85	4800	311280		54778714	32803214	5686300	
12	000001	深发展A	000001	深发展A	64.45	64.45	11883	765859		54778714	32803214	5686300	
13	000001	深发展A	000001	深发展A	64.13	64.13	13320	854212		54778714	32803214	5686300	
14	000001	深发展A	000001	深发展A	63.81	63.81	5380	343298		54778714	32803214	5686300	
15	000001	深发展A	000001	深发展A	63.49	63.49	4450	282530		54778714	32803214	5686300	
16	000001	深发展A	000001	深发展A	63.17	63.17	3200	202144		54778714	32803214	5686300	
17	000001	深发展A	000001	深发展A	62.85	62.85	2250	141412		54778714	32803214	5686300	
18	000001	深发展A	000001	深发展A	62.54	62.54	3200	200128		54778714	32803214	5686300	
19	000001	深发展A	000001	深发展A	62.23	62.23	2150	133794		54778714	32803214	5686300	
20	000001	深发展A	000001	深发展A	61.92	61.92	4502	278764		54778714	32803214	5686300	
21	000001	深发展A	000001	深发展A	61.61	61.61	2300	141703		54778714	32803214	5686300	
22	000001	深发展A	000001	深发展A	61.3	61.3	7720	473236		54778714	32803214	5686300	
23	000001	深发展A	000001	深发展A	60.99	60.99	13000	792870		54778714	32803214	5686300	
24	000001	深发展A	000001	深发展A	60.69	60.69	12400	752556		54778714	32803214	5686300	
25	000001	深发展A	000001	深发展A	60.39	60.39	23080	1393801		54778714	32803214	5686300	
26	000001	深发展A	000001	深发展A	60.09	60.09	46157	2773574		54778714	32803214	5686300	
27	000001	深发展A	000001	深发展A	60.24	60.24	165215	9952552		54778714	32803214	5686300	
28	000001	深发展A	000001	深发展A	60.62	60.62	136247	8259293		54778714	32803214	5686300	
29	000001	深发展A	000001	深发展A	60.91	60.91	42515	2589589		54778714	32803214	5686300	
30	000001	深发展A	000001	深发展A	61.29	61.29	67570	4141365		54778714	32803214	5686300	
31	000001	深发展A	000001	深发展A	61.6	61.6	68999	4250338		54778714	32803214	5686300	
32	000001	深发展A	000001	深发展A	61.77	61.77	36886	2278448		54778714	32803214	5686300	
33	000001	深发展A	000001	深发展A	62.22	62.22	32363	2013626		54778714	32803214	5686300	
34	000001	深发展A	000001	深发展A	62.52	62.52	42472	2655350		54778714	32803214	5686300	
35	000001	深发展A	000001	深发展A	62.84	62.84	65895	4140842		54778714	32803214	5686300	

图 1.16　以 Excel 格式生成下载的查询结果

保存完毕后，如果还想继续查询，则可以单击“重新查询”按钮，回到“数据查询”页面继续进行数据查询。

1.4　实验一：金融数据下载实验

1.4.1　实验目的

通过本次实验，掌握金融数据采集的方法，学会如何从新华 08 平台、锐思金融研究数据库和一些免费的财经网站采集金融市场历史数据，为金融数据分析技术的学习和研究打下良好基础。

1.4.2 实验原理

金融信息服务(数据)提供商是专门从事对各种金融数据进行收集、汇总、标准化和发布的企业，金融数据库是他们的主要产品，金融数据库是为金融投资者、金融研究者提供的金融信息服务平台，在金融投资研究、金融实证研究和金融教学中都有十分重要的作用。能有效节约研究者的搜集数据、整理数据的时间，提高研究效率，降低研究者和研究机构的数据获得成本，可以为研究者提供各种专业的数据定制服务，采用同一金融数据库有利于研究结果的比较。

金融数据库为金融学教学提供了很好的辅助工具，教师可运用金融数据库的数据对各种理论、模型进行演示，使学生比较直观地掌握深奥的理论知识和分析方法，从而提高教学效率与质量。运用金融数据库的专业数据，还可以很方便地对经典文献、经典模型进行检验，在检验的过程中发现"偏差"和不同市场的特色，从而构建自己的模型，在前人研究的基础上进行新的尝试，拓展研究思路，培养学生的创新能力。

1.4.3 实验内容

(1) 从锐思金融研究数据库下载收集一只债券在一年内的日收盘价的历史数据。
(2) 从锐思金融研究数据库下载收集一家上市公司的连续5年的年报数据。
(3) 从新华08网站下载使用手册，根据其使用说明，下载收集一只股票在一年内的日收盘价的历史数据。
(4) 从雅虎财经频道下载收集一只股票在一年内的日收盘价的历史数据。
(5) 分别从新华08平台、锐思金融研究数据库和雅虎财经频道下载收集同一只股票在一年内的日收盘价的历史数据，并进行比较。

1.4.4 实验步骤

以从锐思金融研究数据库下载收集一只债券在一年内的日收盘价的历史数据为例加以说明。

第一步：通过官方网站进行登录

锐思金融研究数据库(RESSET/DB)的官方网站地址 http://www.resset.cn，进入 RESSET 主页，登录后访问 RESSET/DB 数据库。

第二步：选择日期范围

选择要下载数据的时间范围，查询时间起始日期的选择，只需直接通过下拉列表即可完成。对于每个数据表中数据的起始时间，可以单击右侧或者本页面上部的数据词典介绍页面来查看。

第三步：选择查询方式

选择要作为条件的字段，采用手工输入、文本文件导入或者选择数据表中所有项目 3 种方式来确定查询的条件。

(1) 手工输入。如果输入多个代码要用空格分隔开。手工输入支持模糊查询。

(2) 通过文本文件导入。上传一个包括要查询的所有代码列表的文本文件。注意每行若要写多于一个代码，则代码之间只能用空格隔开。例如，如果要查询股票代码，则导入的文本文件的格式如图 1.17 所示。

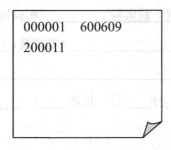

图 1.17　导入的文本文件的格式

(3) 选择数据库中所有关于该字段的可选代码。

第四步：选择要显示的字段

单击选择要显示的字段。如果对其中某个或者某些字段的详细意义不太清楚，则可以用上面章节中的方法，进入数据词典介绍页面进行查阅。

第五步：选择数据导出格式

根据查询结果的使用方式或者自己习惯的处理格式，来选择输出文件的格式。可以选择 TXT 文本文件(以制表符间隔)或 Excel 电子表格两种导出格式之一。

此外，RESSET/DB 数据库提供的数据文件格式还有 TXT 文本文件(以空格间隔)、TXT 文本文件(以分号间隔)、CSV 表格、PDF 格式、MDB 格式、XML 格式、SAS 数据文件。

第六步：将结果文件保存在自己的计算机上，以便分析处理

1.4.5　实验报告要求

实验报告包括实验者信息(姓名、学号、专业、班级、成绩等)、实验基本信息(实验名称、实验地点、实验设备、设备号、使用软件、实验时间等)、实验原理(简述)、实验内容、实验过程、实验数据和实验结果、实验分析和结论、实验心得体会等部分。

金融数据分析技术(基于 Excel 和 Matlab)

附件 1：实验报告参考样张

XXXX 大学

《金融数据分析技术》上机实验报告(一)

姓名：_____ 学号：_____ 专业：_____ 班级：_____ 成绩：_____

实验名称：____金融数据下载实验____ 实验地点：_____

实验设备：(计算机型号)_____ (生产商)_____ 设备号：_____

使用软件：_____

实验时间：_____年___月___日 星期___，___时___分至___时___分

实验原理：(简述)

实验内容：

实验过程：

实验数据和实验结果：

实验分析和结论：

实验心得体会：

 本章小结

(1) 本章介绍了金融数据库的概念，探讨了金融数据库的起源，分析了金融数据库的作用，讨论了金融数据库的分类和金融数据库的选择标准。本章还初步介绍了金融数据服

务产业及其主要业务范围,介绍了国内外一些常用的金融数据库。本章最后给出了一个金融数据下载实验。

(2) 金融数据库就是运用金融理论和计算机数据库技术,将金融机构运营过程、金融市场交易过程和互联网金融企业中产生的各种金融数据进行采集、加工整理,并按照一定格式存储为便于共享的金融数据集合。

(3) 金融数据库与基于它的查询检索、统计分析、模型建立、计算处理等信息技术支持和服务一起,构成金融数据库应用系统,形成金融数据(信息)服务平台,为金融投资、金融研究、金融教学等提供金融数据和相关服务,并且形成了金融数据服务产业。

思考讨论题

1. 金融数据库和金融数据库应用系统有什么区别和联系?
2. 你认为目前国内外常用金融数据库的主要优点是什么?还有哪些需要改进的地方?未来的发展趋势是什么?
3. 为什么说金融数据服务业是现代金融服务行业的基础和金融创新的源泉?金融数据服务行业的主要业务范围包括哪些?
4. 随着大数据、物联网、云计算、移动支付、移动商务、数据科学、智慧金融等概念和技术的普及,你认为未来金融数据服务行业有哪些发展趋势?

第 2 章　数据分析软件工具

【学习要点及目标】

- 了解金融数据分析的常用软件工具，知道国外和国产的主要金融数据分析软件。掌握金融数据分析软件的选择标准。
- 熟练使用 Excel 的基本功能，会使用 Excel 的相关高级功能处理金融数据。
- 熟练使用 Matlab 的基本计算功能，会使用 Matlab 的金融工具箱及相关工具箱处理金融数据。
- 了解 Excel 和 Matlab 在金融领域的应用。

【核心概念】

数据分析软件　Excel 的基本功能　Excel 的高级功能　Matlab 的基本功能　Matlab 的金融工具箱　金融数据处理

2.1　金融数据分析软件工具简介

金融数据分析中常用的软件工具主要有 Excel、Matlab、EViews 以及统计分析软件 SAS、SPSS、S-Plus、R、Stata、Minitab 等。国产软件主要有马克威分析系统、DPS 统计软件等。

2.1.1　国外主要金融数据分析软件简介

1. Excel

Excel 有较强的数据处理能力，同时还提供了丰富的工作表函数，可以进行许多类型的数据处理和分析。除了工作表函数外，Excel 还提供了"分析工具库"的加载宏。

由于 Excel 应用的普及性，它是许多人最常用的统计软件。Excel 提供了数据管理、描述统计、概率计算、假设检验、方差分析和回归分析等统计功能，对于统计学原理所涉及的大部分内容已经足够了。总体来说，Excel 为输入和管理数据、描述数据特征、制作统计表和统计图都提供了强大的支持，但在处理复杂的计算时有时误差相对较大，因而 Excel 不太适合处理复杂的统计问题。

2. EViews

EViews 是美国 GMS 公司的产品，1981 年发行第 1 版的 Micro TSP 的 Windows 版本，

通常称为计量经济学软件包。EViews 是 Econometrics Views 的缩写,它的本意是对社会经济关系与经济活动的数量规律,采用计量经济学方法与技术进行"观察"。

使用 EViews 软件包可以对时间序列和非时间序列的数据进行分析,建立序列(变量)间的统计关系式,并用该关系式进行预测、模拟等。EViews 还可处理大型的非时间序列(截面数据)的项目。

计量经济学研究的核心是设计模型、收集资料、估计模型、检验模型、运用模型进行预测、求解模型和运用模型。EViews 是完成上述任务必不可少的工具。

3. Matlab

Matlab 是一门计算机程序体语言,取名源于 Matrix Laboratory,意在以矩阵方式处理数据。Matlab 的典型应用包括数值计算与分析、符号运算、建模与仿真、数据可视化、图形处理及可视化、基于图形用户界面的应用程序开发。

Matlab 软件主要由主程序和各种工具箱组成,包括复杂系统仿真、信号处理工具箱、系统识别工具箱、优化工具箱、神经网络工具箱、控制系统工具箱、µ分析和综合工具箱、样条工具箱、符号数学工具箱、图像处理工具箱、统计工具箱和金融类工具箱等。Matlab 是数值类的数学软件中最好最全的,矩阵计算和图形处理是它的强项。

Matlab 中包括的金融类工具箱主要有金融工具箱(Financial ToolBox)、金融衍生品工具箱(Financial Derivatives ToolBox)、固定收益证券工具箱(Fixed-Income ToolBox)、金融时间序列工具箱(Financial Time Series ToolBox)、GARCH 工具箱(GARCH ToolBox) 等。金融行业中的应用需要的相关工具箱还有 Datafeed 工具箱(Datafeed Toolbox)、Excel Link 工具箱(Excel Link Toolbox)、数据库工具箱(Database Toolbox)、优化工具箱(Optimization Toolbox)、统计工具箱(Statistics Toolbox)等。金融专业人员可使用 Matlab 来加快他们的研究,提高模型的仿真速度,他们还可使用 Matlab 中的很多专门的工具来开发相关模型,进行债券价格、收益和敏感度分析、投资组合优化和分析、资产分配、金融时间序列分析、期权价格和敏感度分析、现金流分析、风险管理、预测和模拟、利率曲线拟合和期限结构建模、Monte Carlo 模拟、基于 GARCH(广义自回归条件异方差模型)的波动性分析等工作。全球有超过 2000 家金融机构使用 Matlab 进行工作。

4. SAS

SAS(Statistical Analysis System,统计分析系统)是一个模块化、集成化的大型应用软件系统。提供的主要分析功能包括统计分析、经济计量分析、时间序列分析、决策分析、财务分析和全面质量管理工具等。SAS 系统主要完成以数据为中心的四大任务,即数据访问、数据管理、数据呈现及数据分析。它具有强大的数据分析能力,使其成为一些超级用户的首选,在数据处理和统计分析领域,被誉为国际上的标准软件和最权威的优秀统计软件包,广泛应用于政府行政管理、科研、教育、生产和金融等不同领域,发挥着重要的作用。

SAS软件的主要优点包括：可以同时处理多个数据集；有很多模块、功能非常全面；SAS的绘图功能是所有的统计软件中最强大的。

SAS软件的缺点是：虽然提供了许多菜单操作方式和一些交互式的制图界面，但仍以编程为主，与其他软件相比不够方便，学习起来有一定困难，是最难掌握的统计软件之一。

5．SPSS

SPSS(Statistical Package for Social Sciences，社会科学统计软件包)也是最早的统计软件之一。SPSS统计分析过程包括描述性统计、均值比较、一般线性模型、相关分析、回归分析、对数线性模型、聚类分析、数据简化、生存分析、时间序列分析、多重响应等几大类。SPSS for Windows的操作简单，被广泛应用于经济学、生物学、心理学、医疗卫生、体育、农业、林业、商业、金融等各个领域。

许多初学者都喜欢使用SPSS，因为它易学易用：选择下拉菜单中的命令就能完成分析工作，SPSS也提供了编程的操作方式。SPSS是一个模块式的软件，可以根据需要选择购买不同的功能模块。SPSS在方差分析和多元统计分析方面的功能比较突出。SPSS也有强大的图形功能，可以作出高质量的图形，并且可以比较方便地进行编辑。

6．S-Plus

S语言是由AT&T贝尔实验室开发的一种用来进行数据探索、统计分析、作图的解释型语言。它的丰富的数据类型(向量、数组、列表、对象等)特别有利于实现新的统计算法，其交互式运行方式及其强大的图形及交互图形功能使得用户可以方便地探索数据。

许多人认为S-Plus是介于SAS和SPSS之间的一个软件，它也可以完成绝大部分统计分析，具有菜单式的操作界面，同时提供了强大的编程语言。用户可以很容易地把自己编写的函数集成到S-Plus中去。S-Plus的绘图能力特别出色，灵活性强。

7．R

R是新西兰Auckland大学的Robert Gentleman和Ross Ihaka及其他志愿人员合作开发的，R是很像S-Plus的一款免费统计软件，其语法与图形功能几乎与S-Plus一模一样，大多数的S-Plus程序也可在R顺利执行。R可以在R project的网页免费取得(http://cran.r-project.org/)。由于R是免费和开源的，许多最新的统计模型可以很快被开源支持者们实现，受到大家的欢迎。据不完全统计，全球约有200万数据分析师和学者在使用R，在数据挖掘领域，有约一半的数据挖掘研究人员在使用R。

8．Stata

经济学和社会科学领域的许多学者喜欢使用Stata软件。这一软件也有菜单式的操作界面，同时提供了强大的编程能力，易学易用，扩展性强，更新速度快，很容易将自己编写或者网上下载的程序加入该软件中。

Stata 的回归分析和回归诊断部分功能非常强大,几乎能估计统计学和计量经济学中的所有回归模型,而在多元统计分析方面的功能稍弱。Stata 可以用菜单或程序作出高质量的图形,但完成后的图形不能再进行编辑。

9. Minitab

Minitab 也是一款简单易学的统计软件,其统计功能和图形功能都比较全面,在统计学的教学中应用广泛。这一软件的突出特色是提供的质量改进分析工具非常全面易用。

2.1.2 国产金融数据分析软件介绍

1. 马克威分析系统

马克威分析系统是上海天律信息技术有限公司开发的一套集分析、挖掘、预测、决策支持及展现于一体的知识发现工具。它通过构建工作流方式对海量数据进行分析和挖掘,建立概念模型,从海量信息和数据中寻找规律和知识,并通过新颖、独特的展现方式为决策者提供科学、有效的数据参考。它适用于企业、政府、科研教育、军队等单位和机构。

马克威分析系统为用户提供从数据输入、数据整理、数据处理、统计分析、数据挖掘、建立模型、预测分析到结果发布的完整解决方案。用户也可将其无缝地整合到其他的商业流程和系统中,帮助用户清晰认识企业的过去、现状和未来,从而获得显著的投资回报。采用领先的技术框架开发的马克威分析系统,融合了丰富而强大的算法库引擎,能够为各行各业不同类型的用户提供高性能和可扩展的服务,使用户的统计分析和挖掘工作从此变得轻松、事半功倍。

马克威分析系统系列产品有马克威分析系统单机版 V5.0、马克威分析系统网络版 V3.0、马克威决策支持平台、马克威人口分析与预测软件、马克威算法引擎、马克威分析系统统计局版、马克威分析系统电信版、马克威分析系统钢铁版、马克威分析系统电力版、马克威网络挖掘系统、马克威信息化测评软件等。

马克威分析系统单机版 V5.0 是马克威分析系统系列产品中全新的一代企业级统计分析和数据挖掘产品,也是全球第一套准三维操作环境的统计分析和数据挖掘软件产品。它融合了先进的软件开发技术和强大的算法库,能使用户更为轻松、高效、准确地对数据进行处理和分析。

特点:准三维操作环境的统计分析和数据挖掘软件产品;完全基于工作流的软件应用;高度图形化的操作方式,无需任何编程基础;高性能运行,支持海量数据和多种数据源;突破传统 Java 速度限制;个性化动态报表和新颖的展示;可重复性使用的分析流程,图形化的批量处理模式(Batch mode);跨平台运行;支持多国语言。

马克威分析系统网络版遵循"易用、科学、实用、前瞻"的原则,是数据分析软件领域内第一套纯 B/S(浏览器/服务器)架构的大型统计分析和数据挖掘系统,具有完全自主知识产权,从用户数据库中导入海量信息和数据,从中寻找规律和知识,通过全面而丰富的数据挖掘和统计分析技术建立概念模型,进而形成知识,为决策者提供科学的决策依据。

网址:http://www.tenly.com/products.html。

2. DPS 统计软件

DPS 统计软件由浙江大学唐启义教授和杭州睿丰信息技术有限公司研发。DPS 统计软件是一款实验设计及统计分析功能齐全、价格上适合于国内用户的具有自主知识产权、技术上达到国际先进水平的国产多功能统计分析软件包。其完善的统计分析功能,涵盖了所有统计分析内容,是目前国内统计分析功能最全的软件包。DPS 的一般线性模型(GLM)可以处理各种类型试验设计方差分析,目前版本应用 GLM 进行分析可处理因子数已不受限制。它的独特的非线性回归建模技术实现了"可想即可得"的用户需求,参数拟合精度高。

它不断丰富的专业统计分析模块:从 20 世纪 90 年代开始,不断地完成了随机前沿面模型、数据包络分析(DEA,含 Malmquist 指数计算功能等)、顾客满意指数模型(结构方程模型)、数学生态、生物测定、地理统计、遗传育种、生存分析、水文频率分析、量表分析、质量控制图、ROC 曲线分析等内容,并还在不断地扩充。

DPS 既有 Excel 那样方便地在工作表里处理基础统计分析的功能,又实现了 SPSS 高级统计分析的计算。DPS 提供的十分方便的可视化操作界面,可借助图形处理的数据建模功能为用户处理复杂模型提供了最直观的途径。这些功能是同类软件中所欠缺的。

有些不是统计分析的功能,如模糊数学方法、灰色系统方法、各种类型的线性规划、非线性规划、层次分析法、BP 神经网络、径向基函数(RBF)、数据包络分析等,在 DPS 里面也可以找到。

根据用户要求,它不断吸纳新的统计方法,如随机森林、支持向量机、结构方程模型、小波分析、偏最小二乘回归、投影寻踪回归、投影寻踪综合评价、灰色系统方法、混合分布参数估计、含定性变量的多元逐步回归分析、三角模糊数分析、优势分析(Dominance analysis)、稳健回归(M 估计)、随机前沿面模型及面板数据统计分析等,并在不断探索、吸纳更多功能,使系统更加完善。

篇幅达 135 万字的配套巨著(《DPS 数据处理系统》),既是使用说明书,又是统计教材;她是国内目前最为全面的统计学百科全书之一。同时系统提供的一键切换的汉英双语界面的数据统计分析汉英双语词典,并可使 DPS 系统适用于不同类型的用户群。

网址:http://www.chinadps.net。

2.1.3 金融数据分析软件的选择

每款软件都有自己的优势和不足。对于一些具体的实际问题,有的软件会比其他软件更适合。例如,在进行一些多元统计分析时可以选择 SAS,处理抽样调查数据可以选择 Stata,做方差分析可以选择 SPSS,进行质量改进统计分析可以选择 Minitab,希望进行统计应用开发时可以选择 SAS 或 S-Plus。

金融数据分析常用的软件是：一般简单分析用 Excel 或 EViews，高级分析用 SAS 或 Matlab，国产软件可选马克威分析系统或 DPS 统计软件。

学习使用数据分析软件的一些建议如下：

(1) 在使用数据分析软件前，首先要对相应的数学方法有透彻的理解，才能确保方法使用正确。

(2) 在开始学习一种数据分析软件中的方法时，不要试图立即搞清楚软件的全部输出结果，因为有些内容可能已经超出了你的学科范围。

(3) 不要试图使用你还不理解的数据分析方法，这很容易导致数据分析方法的误用；但要勇于学习新的方法，新的方法可能更适合你所研究的问题。

(4) 不要不加分析地把软件的全部输出结果直接复制到分析报告中，只要选取你研究的问题所需要的输出结果即可。此外，软件生成的图表往往也需要进行一些编辑工作才能使用。

(5) 学习数据分析软件的最好方法是在应用中学习。软件的帮助文件是软件最好的使用说明书，所附有的简明例子是最好的学习材料。

(6) 要反复检查输入数据的准确性，才能保证软件得出可靠的结论。如果输入的数据是错误的，任何软件都不可能得到正确的结论。

2.2 Matlab 及其金融工具箱

2.2.1 Matlab 简介

Matlab 是由 Matrix 和 Laboratory 的前 3 个字母组合而成的，是美国 Mathworks 公司于 1984 年首次推出的一套高性能的数值分析和计算软件。

1980 年前后，Cleve Moler 教授(现为美国工程院院士，Mathworks 公司首席科学家)在讲授线性代数时，发现学生用高级语言编写计算程序体有很多困难，因此他编写了一个方便学生调用数学软件包 LINPACK 和 EISPACK 进行数值计算的交互式软件系统，由于给出一条命令，立即就可以得到该命令的结果，方便了初学者，当它作为免费软件出现后，吸引了大批使用者。

1984 年 Cleve Moler 教授和 John Little 等人成立了 Mathworks 公司，推出了商业版的 Matlab。经过 30 多年的发展，Matlab 的功能不断扩充，版本不断升级，1992 年推出划时代的 4.0 版，1993 年推出了可以配合 Microsoft Windows 使用的微机版，2004 年 7 月 Matlab 7.0 和 Simulink 6.0 被推出，目前的最新版本为 R2014b。每一次版本的推出都有很大的进步，使它的界面越来越友好、内容越来越丰富、功能越来越强大。

Matlab 语言具有不同于其他高级语言的特点，它被称为"第四代"计算机语言。它将矩阵运算、数值分析、图形处理、编程技术结合在一起，为用户提供了一个强有力的数据分析计算和程序设计工具，在此基础上，它还增加了符号计算、文字处理、可视化建模仿真和实时控制等功能，增强了它的市场竞争力。

Matlab 编程效率和计算效率极高，还可在计算机上直接输出结果和精美的图形，所以它是高效的科研助手。自推出后即风行美国，流传世界。Matlab 已发展成为适合众多学科、多种工作平台、功能强大的大型软件，成为国际公认的优秀计算软件。在世界许多国家的高校，Matlab 已成为线性代数、自动控制理论、数理统计、数字信号处理、时间序列分析、动态系统仿真等课程的基本教学工具。使用 Matlab 的能力成为本科、硕士、博士生必备的基本技能。Matlab 还被设计研究单位、工业开发部门和金融机构等广泛应用于研究和解决各种具体问题。Matlab 已日益受到重视，无论哪个学科或工程领域都可以从 Matlab 中找到合适的功能。

实践证明，可以在几十分钟的时间内学会使用 Matlab，在短短几个小时的使用中就能初步进行高效率和富有创造性的计算。但是 Matlab 是一种新的计算机语言，要想运用自如，充分发挥它的威力，也需要系统地学习它。

Matlab 有以下特点。

(1) 计算功能强大。

Matlab 可以进行矩阵计算、多项式运算、微积分运算、线性与非线性方程求解、常微分方程求解、插值与数值拟合、统计、时间序列分析、金融衍生品定价、资产组合分析、风险管理等。

(2) 简单易学。

Matlab 语言是一种解释执行的语言，所需学习时间少。它把编辑、编译、连接和执行融为一体，在同一窗体界面上进行编写、修改和调试程序，是一种比 Visual Basic(VB)还要简单的语言，易学易懂。

(3) 编程效率高。

它是一种面向科学与工程计算的"第四代"高级语言，允许用数学形式的语言编写程序，且比 Basic、Fortran 和 C 等语言更加接近人类书写计算公式的思维方式，由于它编写简单，所以编程效率高。

(4) 可扩充能力强、适合二次开发。

Matlab 是一个开放系统，具有非常好的可扩充性和可开发性。Matlab 语言有丰富的库函数，用户可以看到其源程序，不仅在进行复杂的数学运算时可以直接调用，而且可以对源程序进行修改以满足自己的需求。用户自己编写的 M 文件在形式上与 Matlab 库函数一样，也可作为 Matlab 的库函数来调用。因而，用户可以根据自己的需要方便地建立和扩充新的库函数，以便提高 Matlab 的使用效率和扩充它的功能。另外，它还有与 Fortran、C 等语言的接口，用户可用 Fortran、C 语言与 Matlab 混合编程，适合二次开发。

(5) 高效、便捷的矩阵和数组运算。

Matlab 语言像 C 语言等高级语言一样规定了矩阵的算术运算符、关系运算符、逻辑运算符、条件运算符及赋值运算符，而且这些运算符适用数组运算，它不用定义数组的维数，并给出矩阵函数、特殊矩阵专门的库函数，使之在求解如信号处理、建模、系统识别、控制、优化等领域的问题时变得非常简捷、高效、方便，这是其他高级语言所不能比拟的。

(6) 方便的绘图功能。

Matlab 的绘图功能十分强大，而且使用简单、方便，它有一系列绘图函数，如线性坐标、对数坐标、半对数坐标及极坐标，均只需调用不同的绘图函数，还可在图上标出图题、标注 XY 轴、绘制网格，可绘出不变颜色的点、线、复线或多重线，这些都只需在调用绘图函数时给出相应的参数，简单易行。

2.2.2 Matlab 金融工具箱简介

Matlab 中包括了被称为工具箱(ToolBox)的各类应用问题的求解工具。工具箱实际上是对 Matlab 进行扩展应用的一系列 Matlab 函数(称为 M 文件)，它可用来求解各类学科的问题，包括信号处理、图像处理、控制系统辨识、神经网络、统计、最优化和金融等工具箱。随着 Matlab 版本的不断升级，其所含的工具箱的功能也越来越丰富。

Matlab 中包括的金融类工具箱主要有以下几种。

(1) 金融工具箱(Financial ToolBox)有许多能完成常用金融任务的函数，包括：①设置和转换到期日日历转换功能；②格式化货币函数；③金融数据图表函数；④分析和计算现金净流量现金流分析和会计功能；⑤有关债券的定价和计算；⑥组合分析；⑦资产净值的定价和分析功能。

(2) 金融衍生品工具箱(Financial Derivatives ToolBox)可进行金融衍生品定价、敏感性分析和风险投资评估分析。

(3) 固定收益证券工具箱(Fixed-Income ToolBox)可进行固定收益证券的定价、收益和现金流的计算等。

(4) 金融时间序列工具箱(Financial Time Series ToolBox)用于分析金融市场时间序列数据。

(5) GARCH 工具箱(GARCH ToolBox) 可采用广义自回归条件异方差模型对金融市场数据进行仿真、预测和参数识别。

金融行业中的应用需要的相关工具箱还有 DataFeed 工具箱(Datafeed Toolbox)、Excel Link 工具箱(Excel Link ToolBox)、数据库工具箱(Database ToolBox)、优化工具箱(Optimization ToolBox)、统计工具箱(Statistics ToolBox)等。

2.2.3 Matlab 在金融领域的应用

Matlab 是一种科学计算语言和应用开发平台，全球有超过 500000 个工程师和科学家以及 2000 家金融机构使用 Matlab 进行工作。金融专业人员可使用 Matlab 来加快他们的研究，提高模型的仿真速度。他们使用 Matlab 以及相关产品，完成对数据进行分析、创建预测、评估风险、开发优化策略、计算价格、确定现金流等一系列工作。金融专业人员可使用 Matlab 中的很多专门的工具来开发相关模型，进行债券价格、收益和敏感度分析、投资组合优化和分析、资产分配、金融时间序列分析、期权价格和敏感度分析、现金流分析、风险管理、预测和模拟、利率曲线拟合和期限结构建模、Monte Carlo 模拟、基于 GARCH 的波动性分析等工作。

Matlab 在金融行业中的应用具有以下优点。

1) 减少开发时间

Matlab 提供的强大计算能力让金融专业人士开发应用的时间比用 C++等减少了 90%。开发人员使用 Matlab 可以更加关注如何解决问题，而不是去解决如何编写程序的问题。

2) 降低风险和成本

由于 Matlab 函数的源代码是开放的，开发人员可以查看和修改代码，还可以重用 C/C++和 Fortran 函数，将应用实现成本和风险最小化。

3) 新模型的集成

Matlab 提供了可以自动将 Matlab 代码转化为 C/C++代码的工具，可以快速地将新的模型集成到你的系统中，比 S-Plus 和 SAS 快得多。

2.3 Matlab 的基础知识

2.3.1 Matlab 的系统开发环境

Matlab 启动后的界面如图 2.1 所示。

Matlab 主要有 5 个窗口。

(1) 命令窗口(Command Window)。该窗口用于输入和执行 Matlab 命令，提示符 ">>" 表示 Matlab 进入工作状态。在提示符后输入运算指令或函数调用等命令，按 Enter 键后，Matlab 将执行命令并显示出结果，再次进入准备工作状态。若要 Matlab 执行命令后不显示结果，只需在命令后加 ";" 即可。

(2) 命令历史记录(Command History)。该窗口自动保存并显示用户在命令窗口中输入过的命令，以及每次启动 Matlab 的时间等信息。若双击某条命令记录，则 Matlab 会再次执行该命令。

(3) 工作空间(Workspace)。该窗口显示计算机内存中现有变量的名称、类型、结构及其占用字节数等。如果直接双击某变量，则弹出 Array Editor 窗口供用户查看和修改变量内容，还可将某变量存储到文件中或者从文件中载入某变量。

第 2 章　数据分析软件工具

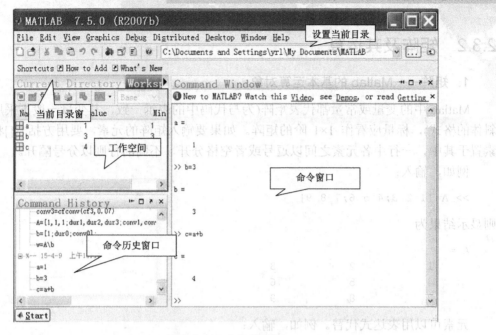

图 2.1　Matlab 的界面

(4) 当前路径窗口(Current Directory)。该窗口显示当前路径内的所有文件。用户可以在这里新建或删除一个文件，也可以双击一个文件，在编辑窗口中打开。

工作空间和当前路径窗口通过单击选项卡交替出现。

(5) 设置当前路径(Current Directory)。用于选择当前工作路径。可以在命令窗口中输入文件名来直接调用工作路径下的文件。

Matlab 有两种方法可获取帮助：一是直接在命令窗口中输入 help 命令；二是单击 Help 菜单打开帮助窗口，在其中浏览或搜索相应信息。还可以通过 Matlab 的 Demo 程序来学习 Matlab 编程。

在 Matlab 中，只需在命令窗口提示符(>>)之后直接输入运算式并按 Enter 键，就可进行基本数学运算。例如：

```
>> 3+4
ans =7
```

Matlab 会将运算结果直接存入一变量 ans，代表 Matlab 运算后的答案(Answer)并在屏幕上显示其数值。也可设定一个变量 x 来接收上述运算式的结果：

```
>>x = 3+4
x = 7
```

此时 Matlab 会直接显示 x 的值。

2.3.2 矩阵及其运算

1. 矩阵——Matlab 的基本运算对象

Matlab 中的变量或常量都代表矩阵(为与代码中的表示一致,其变量一般不采用加粗及斜体的格式),标量应看作 1×1 阶的矩阵。如果要输入矩阵的元素,要用方括号[]将各个元素置于其中,一行中各元素之间以逗号或者空格分开,不同的行则以分号隔开。

例如,输入:

```
>> A=[1 2 3;4 5 6;7 8 9]
```

则显示结果为

```
A =
     1     2     3
     4     5     6
     7     8     9
```

元素可以用表达式代替。例如,输入:

```
>> X=[-1,sqrt(5),(2+7)^4;0,2,3*5]
```

则显示结果为

```
X =
   1.0e+003 *
   -0.0010    0.0022    6.5610
        0    0.0020    0.0150
```

矩阵的元素用圆括号"()"中的数字(也称为下标)来注明,一维矩阵(也称为数组或向量)中的元素用一个下标表示,二维矩阵可有两个下标数,以逗号分开。

可以单独给矩阵的元素赋值。例如,输入:

```
>> A(2,3)=5
```

则将矩阵 A 的位于第 2 行第 3 列的元素的值改为 5,显示结果为

```
A =
     1     2     3
     4     5     5
     7     8     9
```

如果输入:

```
>> X(2,1)=1.7
```

则将矩阵 X 的位于第二行第一列的元素的值改为 1.7，显示结果为

```
X =
   1.0e+003 *
   -0.0010    0.0022    6.5610
    0.0017    0.0020    0.0150
```

如果赋值元素的下标超出了原来矩阵的大小，矩阵的行列会自动扩展。跳空的元素会被自动赋值为 0。

例如，输入 A(2,5)=8，则得

```
A =
   1   2   3   0   0
   4   5   5   0   8
   7   8   9   0   0
```

矩阵的裁剪：如果要取出 A 的第 1 到 2 行，第 2 到 3 列的子矩阵，只要输入：

```
>> A(1:2,2:3)
ans =
   2   3
   5   5
```

如果要取出 A 的第 1 到 2 行子矩阵，只要输入：

```
>> B=A(1:2,:)
B =
   1   2   3   0   0
   4   5   5   0   8
```

如果要取出 A 的第 2 到 3 列子矩阵，只要输入：

```
>>a=A(:,2:3)
a=
   2   3
   5   5
   8   9
```

矩阵的拼装：如果要将矩阵 B 放在 A 的下面拼装成一个大的矩阵，只要输入：

```
>> C=[A;B]
C =
   1   2   3   0   0
   4   5   5   0   8
   7   8   9   0   0
   1   2   3   0   0
   4   5   5   0   8
```

如果要将矩阵 a 放在 A 的左边拼装成一个大的矩阵，只要输入：

```
>> D=[a,A]
D =
    2    3    1    2    3    0    0
    5    5    4    5    5    0    8
    8    9    7    8    9    0    0
```

2．常量和变量

1) 常量

Matlab 定义了一些永久常量，如

Pi：圆周率π(= 3.1415926...)

i(或 j)：虚数单位

eps：机器无穷小，约为 2.204×10^{-16}

inf：无穷大，如 1/0   nan 或 NaN：非数值(Not a number)，如 0/0

realmax：系统所能表示的最大数值

realmin：系统所能表示的最小数值

2) 变量：

在 Matlab 中，变量是以英文字母开始，由字母、数字、下划线构成，区别大小写字母，变量名的长度上限为 63 位。

变量的赋值规则是

<变量名>=表达式

或

表达式

例如：

```
>> x1=3+8
x1 =
    11
>> 4 - 8
ans =
    - 4
```

3．矩阵的运算

两矩阵相加(减)就是其对应元素的相加(减)，通过+、-运算符实现，要求相加(减)的两个矩阵的结构必须相同。如果两个相加的矩阵有一个是标量，则 Matlab 对矩阵的每个元素加上该标量。如果一个矩阵减一个标量，则 Matlab 对矩阵的每个元素减去该标量。如果一个标量减一个矩阵，则结果是矩阵，其元素是该标量减该矩阵的每个对应元素。

$n \times p$ 的矩阵 A 与 $p \times m$ 的矩阵 B 的乘积 C 是一个 $n \times m$ 的矩阵，通过运算符*实现。A 矩阵的列数，要与 B 矩阵的行数相等。如果两个相乘的矩阵有一个是标量，则 Matlab 用该标量乘以矩阵的每个元素。

矩阵的除法是 Matlab 从逆矩阵的概念引伸来的。有左除和右除两种情况。

A 左除于矩阵 B 相当于矩阵 A 的左边乘矩阵 B 的逆矩阵，记做 $B\backslash A$（若记 $C=B\backslash A$，则 $A=B*C$）。左除条件是：两矩阵的行数必须相等。

A 右除于矩阵 B 相当于矩阵 A 的右边乘矩阵 B 的逆矩阵，记做 A/B（若记 $C=A/B$，则 $A=C*B$）。右除条件是：两矩阵的列数必须相等。

方阵的幂运算，通过运算符^实现。指数和底数至少一个必须为标量。

矩阵的转置，通过运算符'实现。

基本运算符总结如下：

+   矩阵的加法
-         矩阵的减法
*   矩阵的乘法
/   矩阵的右除法($C=A/B$，即 $CB=A$)
\   矩阵的左除法($C=B\backslash A$，即 $BC=A$)
^   方阵的幂
'   矩阵的转置

例 2.1 设

$$M = \begin{pmatrix} 1 & 5 & 2 \\ 2 & 3 & 3 \\ 5 & 1 & 6 \end{pmatrix}, N = \begin{pmatrix} 2 & 2 & 3 \\ 3 & 1 & 4 \\ 1 & 1 & 2 \end{pmatrix}, V = \begin{pmatrix} 1 & 2 \\ 2 & 1 \\ 3 & 1 \end{pmatrix}$$

求   R1=M+N, R2=M - N, R3= M*N,
       R4=M*V, R5=V′, R=M/N, L=M\N,
       R6=M^3, R7=3*M, R8=M+1, R9=M-1, R10=1-M.

```
>> M=[1,5,2;2,3,3;5,1,6]
M =
     1     5     2
     2     3     3
     5     1     6
>> N=[2,2,3;3,1,4;1,1,2]
N =
     2     2     3
     3     1     4
     1     1     2
>> V=[1,2;2,1;3,1]
V =
```

```
           1     2
           2     1
           3     1
>>R1=M+N
R1 =
           3     7     5
           5     4     7
           6     2     8
>> R2= M-N
R2 =
          -1     3    -1
          -1     2    -1
           4     0     4
>> R3=M*N
R3 =
          19     9    27
          16    10    24
          19    17    31
>> R4=M*V
R4 =
          17     9
          17    10
          25    17
>> R5=M'
R5 =
           1     2     5
           5     3     1
           2     3     6
>> R=M/N
R =
      4.0000   -2.0000   -1.0000
      2.0000   -0.5000   -0.5000
     -0.0000    2.0000   -1.0000
>> L=M\N
L =
    -11.2500    2.7500  -12.2500
     -1.2500    0.7500   -1.2500
      9.7500   -2.2500   10.7500
>> R6=M^3
R6 =
         210   200   282
         222   212   298
         350   336   470
>> R7=3*M
R7 =
```

```
      3    15     6
      6     9     9
     15     3    18
>> R8=M+1
R8 =
      2     6     3
      3     4     4
      6     2     7
>> R9=M-1
R9 =
      0     4     1
      1     2     2
      4     0     5
>> R10=1-M
R10 =
      0    -4    -1
     -1    -2    -2
     -4     0    -5
```

4．矩阵的函数

det(M)	方阵 *M* 的行列式
inv(M)	可逆方阵 *M* 的逆矩阵
expm(M)	方阵 *M* 的指数
Logm(M)	方阵 *M* 的对数
Sqrtm(M)	方阵 *M* 的平方根
tril(M)	取矩阵 *M* 的左下三角部分
triu(M)	取矩阵 *M* 的右上三角部分
size(M)	取矩阵 *M* 的阶数

例如，求可逆方阵 *M* 的逆矩阵。

```
>> R11=inv(M)
R11 =
    3.7500   -7.0000    2.2500
    0.7500   -1.0000    0.2500
   -3.2500    6.0000   -1.7500
```

求方阵 *M* 的行列式：

```
>> det(M)
ans =
     4
```

5. 特殊矩阵的生成

```
ones(n)         n 阶全 1 方阵
ones(m,n)       m×n 阶全 1 矩阵
zeros(n)        n 阶全 0 方阵
zeros(m,n)      m×n 阶全 0 矩阵
eye(n)          n 阶单位矩阵
```

例如：生成 4 阶全 1 方阵：

```
>> ones(4)
ans =
     1     1     1     1
     1     1     1     1
     1     1     1     1
     1     1     1     1
```

生成 3×5 阶全 1 矩阵：

```
>> ones(3,5)
ans =
     1     1     1     1     1
     1     1     1     1     1
     1     1     1     1     1
```

生成 3 阶全 0 方阵：

```
>> zeros(3)
ans =
     0     0     0
     0     0     0
     0     0     0
```

生成 3×5 阶全 0 矩阵：

```
>> zeros(3,5)
ans =
     0     0     0     0     0
     0     0     0     0     0
     0     0     0     0     0
```

生成 4 阶单位矩阵：

```
>> eye(4)
ans =
     1     0     0     0
     0     1     0     0
```

```
     0     0     1     0
     0     0     0     1
```

6．表达式

变量、常量和函数由运算符连接得到算术表达式。

例如，M*N+N^2 − M/N。

若不想让 Matlab 每次都显示运算结果，只需在运算式最后加上分号(;)即可，如下例：

```
>>M=[1,5,2;2,3,3;5,1,6];
>>y=det(M)-1;
```

若要显示变量 y 的值，直接输入 y 即可：

```
>>y
y =3
```

2.3.3　数组及其运算

1．数组(向量)

数组通常是指单行或单列的矩阵。例如：

```
>> a=[1,2,3,4,5,7]
a =
     1     2     3     4     5     7
```

Matlab 提供等间隔数组赋值的简易方法。用两个冒号组成等增量语句，其格式为

t=[初值：增量：终值]

或者

t=初值：增量：终值

例如：

```
>> c=2:0.5:5
c =
    2.0   2.5   3.0   3.5   4.0   4.5   5.0
>> d=[2:0.5:5]
d =
    2.0   2.5   3.0   3.5   4.0   4.5   5.0
```

当增量为 1 时，该增量可以略去不写，即

t=[初值：终值]

或

t=初值:终值

例如:

```
>> b=3:10
b =
     3    4    5    6    7    8    9    10
```

数组的元素:

```
>> c(4)
ans =
    3.5
```

2. 数组(向量)的四则运算和幂次运算

数组(向量)运算也就是矩阵中所有元素按照单个元素进行运算。在运算符 *、/、\、^ 前加上一个点符号".",就表示进行向量运算。参与向量运算的两个矩阵必须是同阶的(只有标量除外,它会自动扩展为同阶矩阵参与运算)。

1) 数组(向量)

```
>> a=[1,2,3,4,5,7]
a =
     1    2    3    4    5    7

>> b=3:10
b =
     3    4    5    6    7    8    9    10

>> c=2:0.5:5
c =
    2.0   2.5   3.0   3.5   4.0   4.5   5.0
```

数组的元素:

```
>> c(4)
ans =
    3.5
```

2) 数组的运算

+   数组的加法
-     数组的减法
.*   数组的乘法
./   数组的右除法
.\   数组的左除法

.^   数组的幂

数组的运算均为对应的元素的运算，结果还是一个数组。

```
>> a=[1,2,3]
a =     1     2     3
>> b=[4,5,6]
b =     4     5     6
>> c=a .*b
c =     4    10    18
>> d=a ./b
d =    0.2500    0.4000    0.5000
>> e=a .\b
e =    4.0000    2.5000    2.0000
>> f=a .^2
f =     1     4     9
```

2.3.4 Matlab 中的常用数学函数

1．Matlab 常用的基本数学函数

(1) abs(x)：纯量、向量或矩阵元素的绝对值。
(2) sqrt(x)：纯量、向量或矩阵元素的开平方。
(3) round(x)：四舍五入至最近整数。
(4) fix(x)：无论正负，舍去小数至最近整数。
(5) floor(x)：地板函数，即舍去正小数至最近整数。
(6) ceil(x)：天花板函数，即加入正小数至最近整数。
(7) rat(x)：将实数 x 化为分数表示。
(8) rats(x)：将实数 x 化为多项分数展开。
(9) sign(x)：符号函数 (Signum Function)。
    当 x<0 时，sign(x)=-1。
    当 x=0 时，sign(x)=0。
    当 x>0 时，sign(x)=1。
(10) rand(n,m)：生成 n 行 m 列的(0, 1)上的均匀分布的随机数。

例如，设

```
>> a= -3
a =    -3
>> X=[1,-2,3,4]
X =     1    -2     3     4
>> A=[1,2,3,4;-5,6;7,8,-9]
A =
```

金融数据分析技术(基于 Excel 和 Matlab)

```
         1     2     3
         4    -5     6
         7     8    -9
```

则：

```
>> abs(a)
ans =    3
>> abs(X)
ans =    1     2     3     4
>> abs(A)
ans =
         1     2     3
         4     5     6
         7     8     9
>> abs(X')
ans =
         1
         2
         3
         4
```

又例如，设

```
>> a=3
a =    3
>> X=[1,2,3,4]
X =    1     2     3     4
>> A=[1,2,3;4,5,6;7,8,9]
A =
         1     2     3
         4     5     6
         7     8     9
```

则：

```
>> sqrt(a)
ans =    1.7321
>> sqrt(X)
ans =    1.0000    1.4142    1.7321    2.0000
>> sqrt(A)
ans =
        1.0000    1.4142    1.7321
        2.0000    2.2361    2.4495
        2.6458    2.8284    3.0000
```

注意：sqrt(A)对矩阵 A 的每一个元素开平方，而 sqrtm(A)是对矩阵 A 开平方。

```
>>sqrtm(A)
ans =
   0.4498 + 0.7623i   0.5526 + 0.2068i   0.6555 - 0.3487i
   1.0185 + 0.0842i   1.2515 + 0.0228i   1.4844 - 0.0385i
   1.5873 - 0.5940i   1.9503 - 0.1611i   2.3134 + 0.2717i
```

对 Matlab 函数用法，可随时使用 help 命令来寻求帮助。

help：用来查询已知命令(函数)的用法。例如，已知用来计算逆矩阵的函数是 inv，输入 help inv 即可得到 inv 函数的用法。输入 help help 则显示 help 的用法。要寻找未知的函数，可用 lookfor，如输入 lookfor inverse 可寻找计算逆矩阵的函数，Matlab 即会列出所有与关键字 inverse 相关的函数。找到所需的函数后，即可用 help 进一步找出其用法。

2．Matlab 常用的三角函数

(1) sin(x)：正弦函数。
(2) cos(x)：余弦函数。
(3) tan(x)：正切函数。
(4) asin(x)：反正弦函数。
(5) acos(x)：反余弦函数。
(6) atan(x)：反正切函数。
(7) atan2(x,y)：四象限的反正切函数。
(8) sinh(x)：超越正弦函数。
(9) cosh(x)：超越余弦函数。
(10) tanh(x)：超越正切函数。
(11) asinh(x)：反超越正弦函数。
(12) acosh(x)：反超越余弦函数。
(13) atanh(x)：反超越正切函数。

例如，设

```
>> a=3
a =     3
>> X=[3,5,8]
X =     3     5     8
>> A=[1,2,3;4,5,6;7,8,9]
A =
     1     2     3
     4     5     6
     7     8     9
```

则：

```
>> sin(a)
```

```
ans =    0.1411
>> sin(X)
ans =    0.1411    -0.9589    0.9894
>> sin(A)
ans =
    0.8415    0.9093    0.1411
   -0.7568   -0.9589   -0.2794
    0.6570    0.9894    0.4121
```

3. 适用于向量的常用函数

(1) min(x)：向量 x 的元素的最小值。
(2) max(x)：向量 x 的元素的最大值。
(3) mean(x)：向量 x 的元素的平均值。
(4) median(x)：向量 x 的元素的中位数。
(5) std(x)：向量 x 的元素的标准差。
(6) diff(x)：向量 x 的相邻元素的差。
(7) sort(x)：对向量 x 的元素进行排序(Sorting)。
(8) length(x)：向量 x 的元素个数。
(9) sum(x)：向量 x 的元素总和。
(10) prod(x)：向量 x 的元素总乘积。
(11) cumsum(x)：向量 x 的累计元素总和。
(12) cumprod(x)：向量 x 的累计元素总乘积。
(13) dot(x, y)：向量 x 和 y 的内积。
(14) cross(x, y)：向量 x 和 y 的外积(大部分的向量函数也可适用于矩阵)。

例如，设：

```
>> x=[4,2,6,3,8,9,10,1,5,7]
x =    4    2    6    3    8    9    10    1    5    7
>> A=[1,4,7,3;5,3,2,6;8,6,3,1;2,6,4,3;8,4,9,5]
A =
    1    4    7    3
    5    3    2    6
    8    6    3    1
    2    6    4    3
    8    4    9    5
```

则：

```
>> length(X)
ans =    10
>> length(A)
```

```
ans =    5          是矩阵行数和列数中的最大数
>> length(A')
ans =    5
```

如果要求矩阵的行数和列数，要用函数 size(A)，

```
>> [n,m]=size(A)
n = 5         矩阵 A 的行数
m = 4         矩阵 A 的列数
>> min(X)
ans =    1
>> max(X)
ans =   10
>> min(A)
ans =    1    3    2    1    矩阵 A 的每列的最小数
>> max(A)
ans =    8    6    9    6    矩阵 A 的每列的最大数
>> sort(X)
ans =    1    2    3    4    5    6    7    8    9    10
>> sort(A)
ans =
         1    3    2    1
         2    4    3    3
         5    4    4    3
         8    6    7    5
         8    6    9    6
```

其结果为分别对矩阵 A 的每列的元素进行排序。

2.3.5 图形绘制

Matlab 不仅擅长与矩阵相关的数值运算，同样适合用在各种科学计算的可视化表示(Scientific Visualization)中。下面介绍 Matlab 平面曲线及三维曲面的绘制、打印及保存。

1. 二维绘图

Matlab 绘制平面曲线的基本函数是 plot，在使用此函数之前，需先定义曲线上若干点的 x 及 y 坐标。例如，要画正弦曲线在[0,2π]上的一段弧，先在[0,2π]以步长 0.06 取等距离的点，得向量 x，求出对应的正弦值 $y=\sin(x)$，得到向量 y，再用 plot(x,y)画出图形，结果显示在绘图窗口中(见图 2.2)，代码如下：

```
close all;
x=[0:0.06: 2*pi];          % 先在[0，2π]以步长 0.06 取点的 x 坐标
y=sin(x);                   % 对应的 y 坐标
plot(x,y);
```

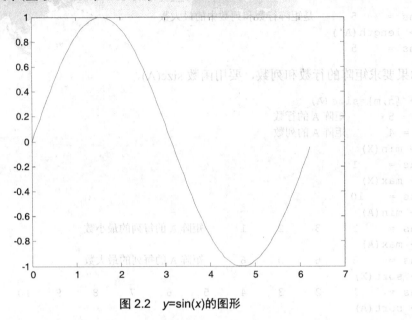

图 2.2　$y=\sin(x)$ 的图形

如果要画出多条曲线，只需将坐标对依次放入 plot 函数即可，x 同上，例如输入以下命令：

```
>> plot(x,y,x,cos(x),x,x/3-1);
```

在绘图窗口中绘制的图形如图 2.3 所示。

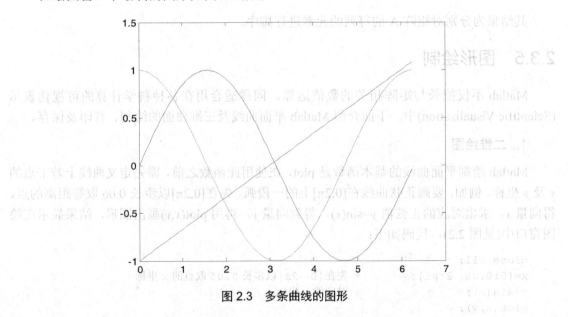

图 2.3　多条曲线的图形

在坐标对后面加上相关颜色字串,即可改变颜色,例如输入以下命令:

```
plot(x, sin(x), 'r');
```

在绘图窗口中绘制的图形如图 2.4 所示。

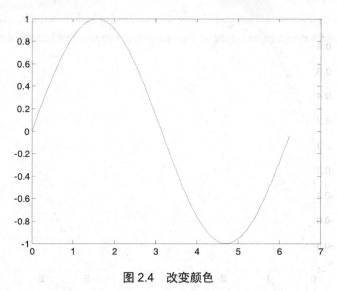

图 2.4 改变颜色

加上相关的线型(Line style)字串,即可改变图的线型,例如输入以下命令:

```
plot(x, sin(x), '*');
```

在绘图窗口中绘制的图形如图 2.5 所示。

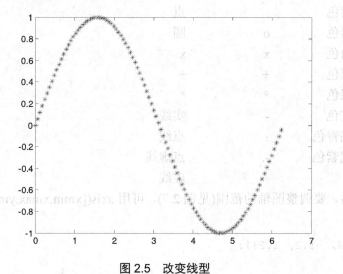

图 2.5 改变线型

也可既改变图的颜色又改变线型(图 2.6)，例如输入以下命令：

```
plot(x, sin(x), 'r*');
```

在绘图窗口中绘制的图形如图 2.6 所示。

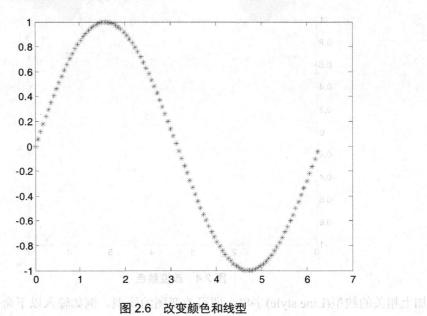

图 2.6　改变颜色和线型

plot 绘图函数的参数：

字符	颜色	字符	图线形态
y	黄色	.	点
k	黑色	o	圆
w	白色	x	x
b	蓝色	+	+
g	绿色	*	*
r	红色	-	实线
c	亮青色	:	点线
m	锰紫色	-.	点虚线
		--	虚线

图形完成后，要调整图轴的范围(见图 2.7)，可用 axis([xmin,xmax,ymin,ymax])函数来实现，例如：

```
axis([0, 6, -1.2, 1.2]);
```

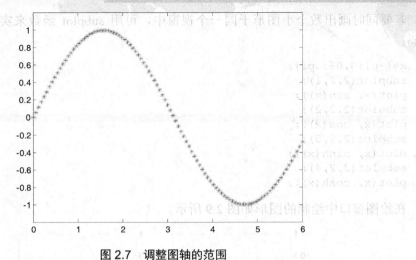

图 2.7 调整图轴的范围

Matlab 还可对图形加上各种注解与处理，例如输入以下代码：

```
x=[0:0.06: 2*pi];
plot(x, sin(x));
axis([0, 6, -1.2, 1.2]);      %调整图轴的范围
xlabel('输入值');              % x 轴注解
ylabel('函数值');              % y 轴注解
legend('y = sin(x)');         % 图形注解
title('正弦函数的图形');        % 图形标题
grid on;                      % 显示格线
```

在绘图窗口中绘制的图形如图 2.8 所示。

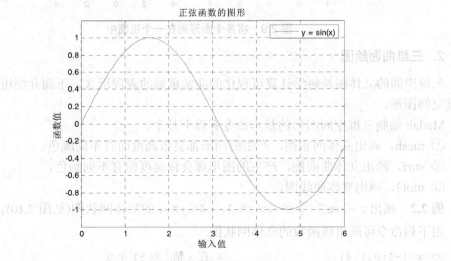

图 2.8 加上各种注解与处理

若要同时画出数个小图形于同一个视窗中，可用 subplot 函数来实现，例如输入以下代码：

```
x=[-pi:0.06: pi];
subplot(2,2,1);
plot(x, sin(x));
subplot(2,2,2);
plot(x, cos(x));
subplot(2,2,3);
plot(x, sinh(x));
subplot(2,2,4);
plot(x, cosh(x));
```

在绘图窗口中绘制的图形如图 2.9 所示。

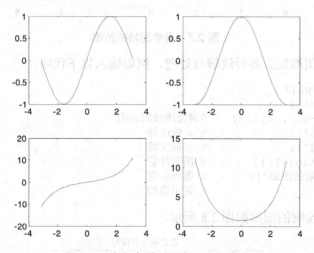

图 2.9　将多个图形画在一个视窗中

2．三维曲面绘图

三维空间的立体图是科学计算可视化的非常重要的表现形式。下面介绍用 Matlab 绘制三维空间图形。

Matlab 绘制三维空间图形的基本命令有以下几个。

① mesh，画出立体网状图，产生的图形都会依高度而有不同颜色。

② surf，画出立体曲面图，产生的图形都会依高度而有不同颜色。

③ plot3，画出立体曲线图。

例 2.2　画出 $z = xye^{-x^2-y^2}$ 在 $-4 \leqslant x \leqslant 4$、$-4 \leqslant y \leqslant 4$ 的立体网状图(见图 2.10)。

用下列命令可画出该函数的立体网状图：

```
>> x=[-4:0.1:4];         % 在 x 轴上取 81 个点
>> y=[-4:0.1:4];         % 在 y 轴上取 81 个点
```

```
>> [x,y]=meshgrid(x, y);        % 形成 xy 平面上 81×81 的网格(矩阵)
>> z=x.*y.*exp(-x.^2-y.^2);     % 计算每一格网格点上的函数值,z 也是 81×81 的矩阵
>> mesh(x, y, z);               % 画出立体网状图
```

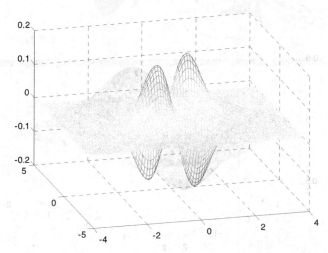

图 2.10 $z = xye^{-x^2-y^2}$ 在 $-4 \leqslant x \leqslant 4$、$-4 \leqslant y \leqslant 4$ 的立体网状图

例 2.3 画出 $z = xe^{-x^2-y^2}$ 在 $-2 \leqslant x \leqslant 2$、$-2 \leqslant y \leqslant 2$ 的立体网状图。

用下列命令可画出该函数的立体网状图(见图 2.11):

```
x=[-2: 0.1: 2];                 % 在 x 轴上取 41 个点
y=[-2: 0.1: 2];                 % 在 y 轴上取 41 个点
[x,y]=meshgrid(x, y);           % 形成 xy 平面上 41×41 的网格(矩阵)
z=x.*exp(-x.^2-y.^2);           % 计算每一格网格点上的函数值,z 也是 41×41 的矩阵
mesh(x, y, z);                  % 画出立体网状图
```

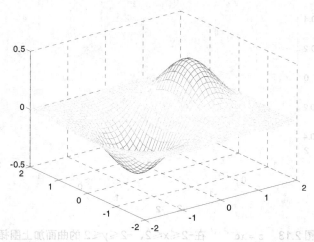

图 2.11 $z = xe^{-x^2-y^2}$ 在 $-2 \leqslant x \leqslant 2$、$-2 \leqslant y \leqslant 2$ 的立体网状图

用下列命令可画出该函数的立体曲面图，如图 2.12 所示。

```
surf(x, y, z);  % 画出立体曲面图
```

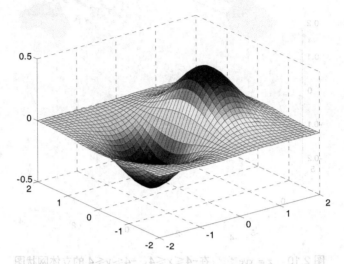

图 2.12　$z = xe^{-x^2-y^2}$ 在 $-2 \leqslant x \leqslant 2$、$-2 \leqslant y \leqslant 2$ 的立体曲面图

要将曲面加上围裙，可用 meshz 函数实现(见图 2.13)：

```
meshz(x,y,z);
axis([-inf inf -inf inf -inf inf]);
```

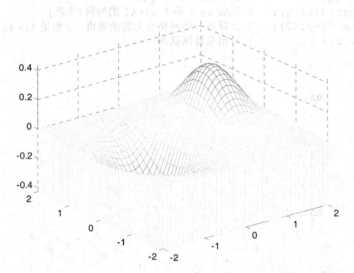

图 2.13　$z = xe^{-x^2-y^2}$ 在 $-2 \leqslant x \leqslant 2$、$-2 \leqslant y \leqslant 2$ 的曲面加上围裙

要在 x 方向或 y 方向产生水流效果(见图 2.14),可用 waterfall 函数实现:

```
waterfall(x,y,z);
axis([-inf inf -inf inf -inf inf]);
```

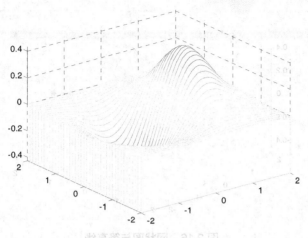

图 2.14　x 方向加水流效果

下列命令产生在 y 方向的水流效果(见图 2.15):

```
waterfall(x',y',z');
axis([-inf inf -inf inf -inf inf]);
```

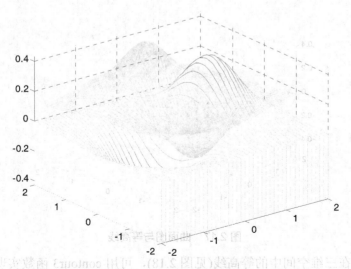

图 2.15　y 方向加水流效果

要同时画出网状图与等高线(见图 2.16)，可用 meshc 函数实现：

```
meshc(x,y,z);
axis([-inf inf -inf inf -inf inf]);
```

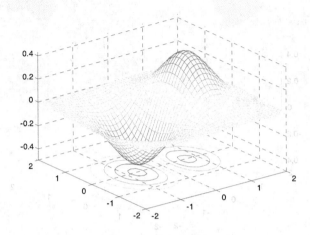

图 2.16　网状图与等高线

要同时画出曲面图与等高线(见图 2.17)，可用 surfc 函数实现：

```
surfc(x,y,z);
axis([-inf inf -inf inf -inf inf]);
```

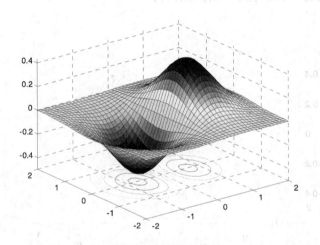

图 2.17　曲面图与等高线

要画出曲面在三维空间中的等高线(见图 2.18)，可用 contour3 函数实现：

```
contour3(x,y,z, 20);
axis([-inf inf -inf inf -inf inf]);
```

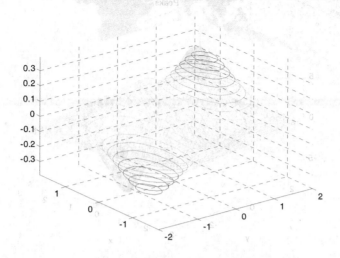

图 2.18　三维空间中的等高线

要画出曲面等高线在 *XY* 平面的投影(见图 2.19)，则用 contour 函数实现：

```
contour (x,y,z, 20);
```

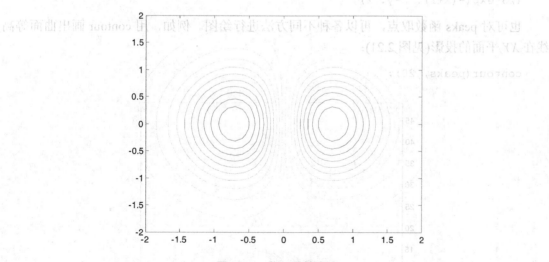

图 2.19　曲面的等高线

为了方便测试立体绘图，Matlab 提供了一个 peaks 函数，可产生一个凹凸有致的曲面，包含了 3 个局部极大点及 3 个局部极小点(见图 2.20)。

要画出此函数的最快方法即是直接输入 peaks：

```
peaks
```

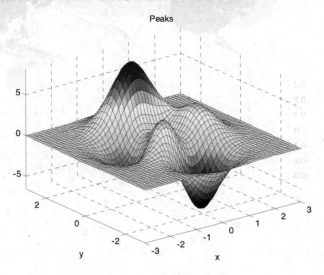

图 2.20 peaks 函数的图形

该函数的表达式是:

```
z=3*(1-x).^2.*exp(-(x.^2)-(y+1).^2)-10*(x/5-x.^3-y.^5).*exp(-x.^2-y.^2)-1/3*exp(-(x+1).^2-y.^2)
```

也可对 peaks 函数取点,再以各种不同方法进行绘图。例如,用 contour 画出曲面等高线在 XY 平面的投影(见图 2.21):

```
contour(peaks, 20);
```

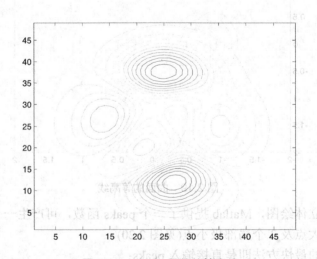

图 2.21 peaks 函数的等高线

3. 三维曲线绘图

要画出三维空间中的曲线(见图 2.22),可用 plot3 函数实现:

```
t=[0:0.1:20*pi];
plot3(2.*sin(t), 2.*cos(t), t);
```

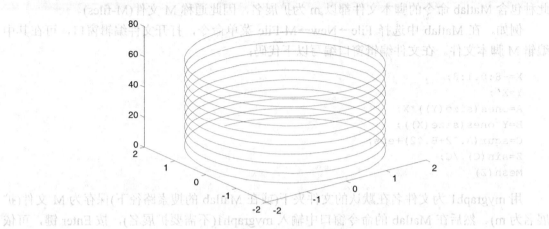

图 2.22 三维空间中的曲线

也可同时画出两条三维空间中的曲线(见图 2.23):

```
t=[0:0.1:20*pi];
plot3(2.*sin(t), 2.*cos(t), -t, (2-t/(10*pi)).*sin(t), (2-t/(10*pi)).*cos(t), t);
```

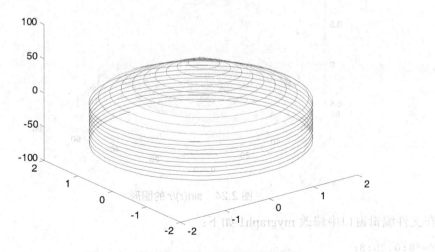

图 2.23 同时画出两条三维空间中的曲线

2.3.6 编写 M 脚本文件

若要一次执行大量的 Matlab 命令,可将这些命令存放于一个扩展名为 m 的脚本文件中,并在 Matlab 提示号下输入此脚本文件的文件名,即可依次执行此脚本文件中的命令(函数)。此种包含 Matlab 命令的脚本文件都以 m 为扩展名,因此通称 M 文件(M-files)。

例如,在 Matlab 中选择 File→New→M-File 菜单命令,打开文件编辑窗口,可在其中编辑 M 脚本文件。在文件编辑窗口编写以下代码:

```
X=-8:0.1:8;
Y=X';
A=ones(size(Y))*X;
B=Y*ones(size(X));
C=squr(A.^2+B.^2)+eps;
Z=sin(C)./C;
Mesh(Z)
```

用 mygraph1 为文件名在默认的文件夹下(或在 Matlab 的搜索路径下)保存为 M 文件(扩展名为 m)。然后在 Matlab 的命令窗口中输入 mygraph1(不需要扩展名),按 Enter 键,可依次执行此文件中的命令(函数),得到如图 2.24 所示的图形。

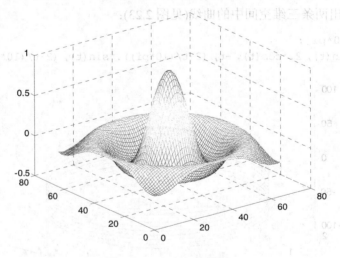

图 2.24 $\sin(r)/r$ 的图形

在文件编辑窗口中修改 mygraph1 如下:

```
X=-8:0.25:8;
Y=X';
A=ones(size(Y))*X;
B=Y*ones(size(X));
```

```
C=sqrt(A.^2+B.^2)+eps;
Z=sin(C)./C;
subplot(3,2,1);
Mesh(Z)
axis([-inf inf -inf inf -inf inf]);
subplot(3,2,2);
surf(Z)
axis([-inf inf -inf inf -inf inf]);
subplot(3,2,3);
waterfall(X,Y,Z);
axis([-inf inf -inf inf -inf inf]);
subplot(3,2,4);
surfc(X,Y,Z);
axis([-inf inf -inf inf -inf inf]);
subplot(3,2,5);
contour3(Z, 20);
axis([-inf inf -inf inf -inf inf]);
subplot(3,2,6);
contour(Z, 20);
```

并以 mygraph2 为文件名在默认的文件夹下保存为 M 文件。然后在 Matlab 的命令窗口中输入 mygraph2，按 Enter 键，可得到如图 2.25 所示的图形。

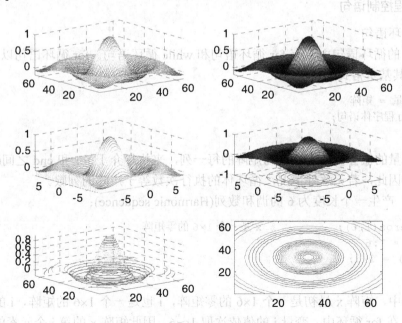

图 2.25 多个图形画在一个视图中

在编写 M 文件时需要用到逻辑运算符和流程控制语句。

1. Matlab 中的比较和逻辑运算符

逻辑运算符见表 2.1。

表 2.1 逻辑运算符

运算符	名 称	说 明
==	等于	
~=	不等于	
> >=	大于，大于等于	
< <=	小于，小于等于	
~	非	
&	与	
|	或	
xor(a,b)	a 和 b 异或	
any(a)		a 中有元素非零则为真
all(a)		a 中所有元素都非零则为真

2. 流程控制语句

1) 循环语句

Matlab 的循环语句主要有 for 循环语句和 while 循环语句。for 循环语句以 for 开头，以 end 结束。其基本格式为

```
for 变量 = 矩阵
    执行程序体语句；
end
```

其中变量的值会被依次设定为矩阵的每一列，来执行介于 for 和 end 之间(称为循环体)中的语句。因此，若无意外情况，循环体的执行次数等于矩阵的列数。

例 2.4 产生一个长度为 6 的调和数列(Harmonic sequence)：

```
x = zeros(1,6);        % x 是一个 1×6 的零矩阵
for i = 1:6
    x(i) = 1/i;
end
```

在本例中，矩阵 x 最初是一个 1×6 的零矩阵，i 也是一个 1×6 的矩阵，i 的元素的值依次是 1~6，在 for 循环中，变量 i 的值依次取 1~6，因此矩阵 x 的第 i 个元素的值依次被设为 1/i。可用分数来显示此数列：

```
format rat             % 使用分数来表示数值
```

```
disp(x)
```
结果为：

1　1/2　1/3　1/4　1/5　1/6

for 循环语句可以是多层的。

例 2.5　产生一个 6×6 的 Hilbert 矩阵 h，其中位于第 i 列、第 j 行的元素为 $1/(i+j-1)$。

```
h = zeros(6);
for i = 1:6
  for j = 1:6
    h(i,j) = 1/(i+j-1);
  end
end
disp(h)
```

结果为：

1	1/2	1/3	1/4	1/5	1/6
1/2	1/3	1/4	1/5	1/6	1/7
1/3	1/4	1/5	1/6	1/7	1/8
1/4	1/5	1/6	1/7	1/8	1/9
1/5	1/6	1/7	1/8	1/9	1/10
1/6	1/7	1/8	1/9	1/10	1/11

在本例中，使用 zeros 来预先配置(Allocate)了一个 6×6 的矩阵 h。若不预先配置矩阵，程序仍可执行，但此时 Matlab 需要动态地增加(或减小)矩阵的大小，因而降低程序执行的效率。在使用一个矩阵时，若事前知道其大小，则最好使用 zeros 或 ones 等命令来预先配置所需的内存空间(即矩阵)大小，这样可提高程序执行的效率。

例 2.6　求例 2.5 中的 Hilbert 矩阵 h 的每一列的平方和。

```
for i = h
  disp( sum (i.^2));        % 显示出每一列的平方和
end
```

结果为：

1299/871
282/551
650/2343
524/2933
559/4431
831/8801

在本例中，每一次 i 的值就是矩阵 h 的一列。另一种方法是

```
sum(h.^2)
```

结果为:

```
ans =1299/871    282/551    650/2343    524/2933    559/4431    831/8801
```

while 循环语句的基本格式为

```
while 条件式
    执行程序语句;
end
```

只要条件成立,程序语句就会一再被执行,直到条件不成立时才停止。

前面例 2.4 求调和数列,可用 while 循环语句改写如下:

```
x = zeros(1,6);           % x 是一个 1×6 的零矩阵
i = 1;
while i <= 6
  x(i) = 1/i;
  i = i+1;
end
format rat
x,
```

结果为:

```
x =  1    1/2    1/3    1/4    1/5    1/6
```

2) 分支语句

Matlab 的分支语句有 if, …, end, 其基本格式为

```
if 条件式;
    执行程序语句;
end
```

如果是个多分支,其基本格式为

```
if 条件式 1;
    执行程序语句 1;
elseif 条件式 2;
    执行程序语句 2;
…
else
    执行程序语句 n
end
```

例如:

```
clear
x= randn(1);          %生成一个服从标准正态分布的随机数 x
if x > 0
```

```
    disp('给定的随机数大于0。');
elseif x==0
    disp('给定的随机数等于0。');
else
    disp('给定的随机数小于0。');
end
```

2.3.7 自定义函数

Matlab 的自定义函数就像是 C 语言的函数，或是 Fortran 语言的子程序(Subroutines)。Matlab 的自定义函数必须以 function 开头，其格式为

```
function [y₁,y₂,...]=funname(x₁,x₂, ...)
    执行程序语句;
```

其中，$x_1,x_2,\cdots$ 为函数的输入变量；$y_1,y_2,\cdots$ 为函数的输出变量。funname 为自定义函数的名称。以函数名为文件名(扩展名也是 m)保存在默认的文件夹下(或在 Matlab 的搜索路径下)。调用该函数与使用 Matlab 的函数完全相同。

例 2.7 编写一个求两个数 a、b 中较大的数的函数。

在文件编辑窗口输入下列代码:

```
function y=mymax(a,b)
% 函数 mymax 求两个数 a,b 中较大的数
% 调用格式为：  y=mymax(a,b)
%  y 等于 a,b 中较大的数
if a>=b
    y=a;
else
    y=b;
end
```

在文件编辑窗口选择"文件"→"保存"菜单命令，则 Matlab 自动以 mymax 为文件名(扩展名是 m) 保存在默认的当前文件夹下。

在 Matlab 的命令窗口中输入 y=mymax(2,7)，按 Enter 键，得：

y=7

例 2.8 编写一个求向量 x 的元素中的最大数和最小数的函数。

```
function [y,z] = mymaxmin(x)
% 函数 mymaxmin 求向量 x 的元素中的最大数和最小数
% 调用格式为：  [y,z]=mymaxmin(x)
% 输入变量 x 是一个行向量
% 输出变量 y 等于向量 x 的元素中的最大数，z 等于向量 x 的元素中的最小数
y=x(1);
```

```
z=x(1);
for i=x
 if i>y
    y=i;
 end
 if i<z
    z=i;
 end
end
```

在 Matlab 的命令窗口中输入[y,z]= mymaxmin([2,5,3,4,1]),按 Enter 键,得:

```
y=5
z=1
```

在输入"help 文件名"时,屏幕上显示的内容是位于 function 语句后对文件的注释部分。例如,在 Matlab 的命令窗口中输入 help mymaxmin,得:

```
函数 mymaxmin 求向量 x 的元素中的最大数和最小数
调用格式为:   [y,z]=mymaxmin(x)
输入变量 x 是一个行向量
输出变量 y 等于向量 x 的元素中的最大数,z 等于向量 x 的元素中的最小数
```

2.4 实验二:金融数据分析软件使用实验

2.4.1 实验目的

通过本次实验,初步掌握常用的金融数据分析软件的使用方法,学习如何用 Excel 和 Matlab 进行初步的数据整理和简单处理,为金融数据分析技术的学习和研究打下良好基础。

2.4.2 实验原理

Excel 有较强的数据处理能力,同时还提供了丰富的工作表函数,可以进行许多类型的数据处理和分析。Excel 提供了数据管理、描述统计、概率计算、假设检验、方差分析和回归分析等统计功能,为输入和管理数据、描述数据特征、制作统计表和统计图都提供了强大的支持。它是许多人最常用的统计软件。

Matlab 是一门计算机程序语言,它包括数值计算与分析、符号运算、建模与仿真、数据可视化、图形处理及可视化、基于图形用户界面的应用程序开发等功能。Matlab 还有各种工具箱,包括复杂系统仿真、信号处理工具箱、系统识别工具箱、优化工具箱、神经网络工具箱、控制系统工具箱、μ分析和综合工具箱、样条工具箱、符号数学工具箱、图像处

理工具箱、统计工具箱和金融类工具箱等。Matlab 是数值类的数学软件中最好、最全的，矩阵计算和图形处理是它的强项。

选择合适的数据分析软件来进行数据分析，可以取得事半功倍的效果。掌握常用数据分析软件的使用方法是数据分析师的基本技能。学习数据分析软件的最好方法是在应用中学习。软件的帮助文件是软件最好的使用说明书，所附有的简明例子是最好的学习材料。

2.4.3 实验内容

(1) 从锐思金融研究数据库(或其他金融数据库)下载收集一只股票在一年内的日收盘价的历史数据，分别以 Excel 和 Matlab 的格式保存。

(2) 用 Excel 计算日收益率、日收益率的均值和标准差，画出日收盘价、日收益率的图形。画出日收盘价 20 日均值的图形、画出日收益率 20 日均值的图形。计算日收益率的最近 $m(m$ 分别取 5、20、60)个样本的样本均值 μ 和样本标准差 σ (m 称为移动窗口的宽度)，并画出 3σ 区域。

(3) 用 Matlab 完成(2)中的各项工作。

2.4.4 实验步骤

以使用 Matlab 为例：

第一步　从锐思金融研究数据库下载股票在一年内的日收盘价的历史数据，以 Excel 格式用某文件名保存在目录中。

第二步　在 Matlab 中编写完成计算日收益率的最近 m 个样本的样本均值 μ 和样本标准差 σ，并画 3σ 区域的 M 文件(脚本文件)，调试正确后存盘。

第三步　在 M 文件中分别将 m 改为 5、20、60 和 250，运行该 M 文件，将结果和图形复制到实验报告中。

2.4.5 实验报告要求

实验报告包括实验者信息(姓名、学号、专业、班级、成绩等)、实验基本信息(实验名称、实验地点、实验设备、设备号、使用软件、实验时间等)、实验原理(简述)、实验内容、实验过程、实验数据和实验结果、实验分析和结论、实验心得体会等部分。

本章小结

本章主要介绍了国内外常用的金融数据分析软件工具，讨论了金融数据分析软件的选择标准，重点介绍了 Matlab 的基本计算功能、金融工具箱的使用方法以及 Matlab 在金融领

金融数据分析技术(基于 Excel 和 Matlab)

域的应用情况,给出了一个用 Excel 和 Matlab 对金融数据进行初步整理和简单处理的实验。

思考讨论题

1. 国外和国产的主要金融数据分析软件有哪些?它们各有什么优点和缺点?

2. 金融数据分析软件的选择标准有哪些?根据你的经验,学习和使用金融数据分析软件要注意哪几个方面?

3. 使用数据分析软件处理金融数据主要包括哪几个步骤?根据你的经验,在处理金融数据过程中需要注意什么关键点?

第 3 章 金融时间序列分析

【学习要点及目标】

- 了解金融时间序列，掌握金融时间序列数组的建立、数据文件的读取和数组运算。
- 了解金融时间序列的统计特性，会计算平均值、方差、相关系数与偏相关系数。
- 会使用 Matlab 的金融时间序列图形用户界面。
- 了解时间序列模型，掌握模型的参数估计方法。
- 会进行 ARX 与 ARMAX 模型的参数估计和预测。
- 会进行 GARCH 模型的参数估计和预测。

【核心概念】

时间序列　金融时间序列　长期趋势　季节变动　循环波动　不规则波动　金融时间序列分析　确定性时间序列　随机时间序列　缺失值　异常值　AR 模型　MA 模型　ARMA 模型　平稳时间序列　模型识别　参数估计　自相关系数　偏自相关系数　协方差　拖尾　p 阶后截尾　金融时间序列的预测　模型的检验　AIC 准则　BIC 准则　GARCH 模型

　　时间序列是指某一指标在不同时间节点上的取值，按照时间的先后顺序排列，大规模的时间序列可以呈现某种趋势和周期性的波动变化，可通过时间序列分析方法对数据进行短期、中期、长期的预测。

　　金融时间序列是指按照时间顺序排列的金融数据，它反映了金融数据在某一段时间内，受一定内外部因素的影响，呈现一定的分布形态，如某股票价格按时间顺序进行排列就是一个金融时间序列。对金融时间序列进行分析，可以找到金融数据的内在规律，并把它转化成投资者感兴趣的决策依据。

　　时间序列分析是一种广泛应用的数量分析方法，主要用于描述和探索现象随时间发展变化的数量规律性。

　　金融时间序列分析具有极强的应用性。金融时间序列分析是以计量经济学、统计学、金融学作为理论基础，采用数据分析方法，应用统计分析工具来完成金融时间序列数据的分析，达到解决金融实际问题的目的。

3.1 金融时间序列

3.1.1 金融时间序列的概念

时间序列是指将某种现象的某一个统计指标在不同时间上的各个数值,按时间先后顺序排列而形成的序列。金融时间序列是指按照时间先后顺序排列的金融数据,即是金融领域里的时间序列。例如,在股票交易活动中,股票的价格、交易量、各种股票指数等都是以时间序列的形式表现出来。

表 3.1 是 2010 年 1 月 1 日到 2010 年 3 月 2 日某只股票的收盘价,图 3.1 是它的图形。

表 3.1 某股票的收盘价   单位:元

日 期	收 盘 价	日 期	收 盘 价
2010-1-1	25.20	2010-1-30	42.27
2010-1-2	25.26	2010-1-31	43.37
2010-1-3	23.91	2010-2-1	45.84
2010-1-4	24.15	2010-2-2	46.57
2010-1-5	24.46	2010-2-3	44.68
2010-1-6	24.60	2010-2-4	45.16
2010-1-7	25.08	2010-2-5	46.32
2010-1-8	25.73	2010-2-6	46.49
2010-1-9	26.23	2010-2-7	48.02
2010-1-10	26.80	2010-2-8	47.80
2010-1-11	27.42	2010-2-9	48.89
2010-1-12	28.52	2010-2-10	50.62
2010-1-13	30.57	2010-2-11	49.95
2010-1-14	29.10	2010-2-12	50.79
2010-1-15	29.06	2010-2-13	53.15
2010-1-16	29.99	2010-2-14	54.41
2010-1-17	30.28	2010-2-15	52.00
2010-1-18	31.07	2010-2-16	53.03
2010-1-19	31.10	2010-2-17	53.26
2010-1-20	31.59	2010-2-18	52.54

续表

日　期	收 盘 价	日　期	收 盘 价
2010-1-21	32.25	2010-2-19	55.19
2010-1-22	32.42	2010-2-20	53.50
2010-1-23	32.91	2010-2-21	55.81
2010-1-24	34.83	2010-2-22	56.82
2010-1-25	35.59	2010-2-23	56.11
2010-1-26	33.40	2010-2-24	56.58
2010-1-27	33.11	2010-2-25	59.87
2010-1-28	33.36	2010-2-26	60.58
2010-1-29	33.55	2010-2-27	58.70
2010-1-30	33.78	2010-2-28	59.47
2010-1-31	34.36	2010-3-1	60.46
2010-2-1	35.05	2010-3-2	61.28

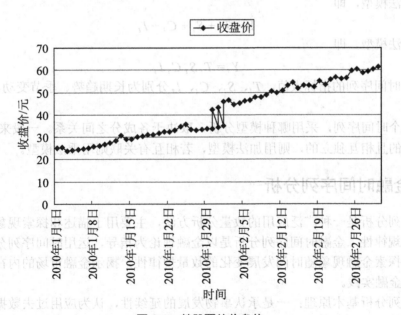

图 3.1　某股票的收盘价

可见构成时间序列包含两个基本要素：现象所属的时间及与时间所对应的指标值。指标值也可以是多个。例如，除了表 3.1 列出的每日收盘价外，还有每日开盘价、最高价、最低价、成交量等。

3.1.2 金融时间序列的构成因素

对于金融时间序列，主要讨论两类问题：①序列由何种成分组成，怎样分离出这些成分；②怎样用观测到的数据去预测未来。

时间序列通常由 4 种要素组成，即趋势、季节变动、循环波动、不规则波动。

趋势是指时间序列在长时间内呈现出来的向上、向下或停留在某一水平的持续发展方向和变动，如从图 3.1 可以初步看出该股票在这段时间的收盘价有一个明显的上升趋势。

季节变动是指时间序列受到气候、节假日、市场变化等因素的影响，而存在的在一年内随着季节的变化而发生的有规律的周期性波动现象。

循环波动通常是指时间序列的周期为一年以上，由非季节因素引起的周期性波动。

不规则波动是指时间序列呈现出的不规则的、波浪式的变动状态，包括严格的随机变动和不规则的突发性影响很大的变动两种类型。

时间序列各影响因素之间的关系用一定的数学关系式表示出来，就构成时间序列的分解模型，经典的时间序列模型有两种。

(1) 加法模型，即
$$Y_t = T_t + S_t + C_t + I_t \tag{3.1}$$

(2) 乘法模型，即
$$Y_t = T_t S_t C_t I_t \tag{3.2}$$

式中，Y_t 为时间序列的指标数值，T_t、S_t、C_t、I_t 分别为长期趋势、季节变动、循环变动、不规则变动。

对于一个时间序列，采用哪种模型分析，取决于各成分之间关系。一般来讲，若 4 种成分是可加的且相互独立的，则用加法模型，若相互有关联则用乘法模型。

3.1.3 金融时间序列分析

时间序列分析是一种广泛应用的数量分析方法，主要用于描述和探索现象随时间发展变化的数量规律性。金融时间序列分析是以金融理论为指导，运用时间序列分析原理和方法，描述和探索金融现象随时间发展变化的数量规律性，揭示金融市场的内在结构，用于指导人们的金融实践。

时间序列分析基本原理：一是承认事物发展的延续性，认为应用过去数据就能推测事物的发展趋势；二是考虑到事物发展的随机性，任何事物发展都可能受偶然因素影响，为此要利用统计分析中加权平均法对历史数据进行处理。

金融时间序列分析通常分确定性的时间序列分析与随机性的时间序列分析两种，前者研究各种时间序列因素分解以及长期趋势、季节变动、循环变动三要素的分析；后者则主要研究随机变动，采用 AR 模型、MA 模型和 ARMA 模型等，见表 3.2。

表 3.2 金融时间序列分析的分类

时间序列分析	确定性变化分析	趋势变化分析
		循环变化分析
		季节性变化分析
	随机性变化分析	AR、MA、ARMA 模型

金融时间序列分析的作用主要有：用金融数据对理论模型进行适度检验，以讨论模型是否能正确地表示所观测的金融现象，或从多个理论模型中选择更加适合所观测的金融现象的模型；描述和探索金融市场和金融系统所处的状态、结构及其运行规律，达到认识和解释金融市场和金融系统，掌握其规律，更好地指导人们的金融实践的目的；人们还进一步希望预测甚至控制金融市场和金融系统未来的行为，达到利用和支配市场和金融系统的目的。

3.1.4 金融时间序列的建立

金融时间序列分析加工处理来自于所研究的金融市场和金融系统的时间序列数据，数据的质量直接影响研究结果，无论是自己从金融市场和金融系统直接采集，还是间接从网上免费获取或从金融数据提供商处购买，在进行分析之前都要对数据进行认真检查、整理，有时还需要对其进行适当的预处理，如对缺失数据的补足等。金融时间序列的采集、检查、整理和预处理等工作，称为金融时间序列的建立。这是金融时间序列分析的第一步。

建立金融时间序列时要注意以下几点。

(1) 金融时间序列的直接采集要选择适当的采集时间间隔(称为采样间隔)，采样间隔越小，采样值就越多，信息损失越小，但数据处理量越大，存储容量越大，计算机速度要求越快，采集处理的时间、人力、财力的消耗也越大，如股票市场股价的日数据、5min 数据和 5s 高频数据的数据量差别十分巨大。

(2) 间接从网上免费获取的数据特别要注意检查正确性和完整性，必要时要采取多来源相互校验。即使是从金融数据提供商处购买的数据，他们也只保证差错不超过其声明最大差错率。

(3) 要进行异常值的检验和处理。异常值也称为离群点(Utlier)是指时间序列中远离序列一般水平的极端大值和极端小值。异常值会影响分析模型的建立和选择，使分析结果受到严重影响。异常值产生的原因可能是采集时的错误或误差，也可能是系统受外部突发因素刺激，如果原因是后者，则异常值会提供系统稳定性、灵敏性等重要信息，在进行时间序列分析前要认真确认。例如，对股价日数据，异常值如果为负数，则肯定是错误；如果为 0，则表示该股票当天停盘；如果为极端高值和极端低值，则要考虑是否可能是受金融市场极端事件的影响。如何识别和处理异常值可参考相关书籍。

(4) 要进行缺失值的补足。缺失值是指采集数据时,由于各种原因造成的观测值的缺失,这种缺失的观测值称为缺失值(Missing Value)。缺失值同样会影响分析模型的建立和选择,使分析结果受到严重影响。对于无法重新观测获取的缺失值,可采用平滑法、插值法、比例推算法等进行补充。这些方法可参考相关书籍。

总之,在进行金融时间序列建模分析前,对所研究的金融时间序列进行认真的检查和科学的预处理,建立一个规范的金融时间序列是十分重要的,是做好金融时间序列分析的基础,要求分析研究人员对此高度重视。

3.2 确定性时间序列分析

确定性的时间序列分析主要研究各种时间序列因素分解以及长期趋势、季节变动、循环变动三要素的分析。对于金融经济问题主要使用乘法模型。下面以乘法模型 $Y_t = T_t S_t C_t I_t$ 为例介绍对时间序列的分解,即如何从 Y_t 中分解出 T_t、S_t、C_t 和 I_t。

3.2.1 长期趋势 T_t

长期趋势是时间序列中主要的构成因素,它是指现象在一段时间内呈现出来的向上、向下或停留在某一水平的持续发展方向和变动,时间序列的长期趋势可表现为线性趋势和非线性趋势。线性趋势可以用线性回归方法求出 T_t,对于非线性趋势,可采用的方法有可化为线性回归方法或用指数模型、对数模型、抛物线模型等回归方法求出 T_t。也可采用数值分析中的曲线拟合法。具体方法可参考数理统计中回归分析的内容和数值分析中曲线拟合的内容。

3.2.2 循环变动 C_t

常用移动平均法先求出 $T_t C_t$,再用 $T_t C_t$ 除以 T_t 得到 C_t。下面介绍移动平均法。

移动平均法是通过平滑来研究时间序列的一个基本方法,它可以平抑或削弱时间序列中的波动变化,从而获得序列变化趋势的信息。移动平均法是通过用当前的前 k 期的 y_t 值的算术平均值代替当前值,得到一个新时间序列的方法,其中 k 称为移动窗口的宽度。

设原时间序列为 $y_1, y_2, \cdots, y_n$,令

$$z_t = \frac{y_t + y_{t-1} + \cdots + y_{t-k+1}}{k} \quad t = k, k+1, \cdots, n \tag{3.3}$$

就得到移动窗口的宽度为 k 的新的时间序列 $z_k, z_{k+1}, \cdots, z_n$。

如果移动窗口的宽度 k 为 5,就是 5 项平均,k 为 20,就是 20 项平均等。这样用 k 项平均数组成的新序列抑制和削弱了原序列中的波动性。

例 3.1　用表 3.1 中的某只股票的日收盘价，分别求其 5 日均线和 20 日均线，并画图。

解　在 Excel 中求解。

第一步：将数据输入 Excel 中，如图 3.2 所示。

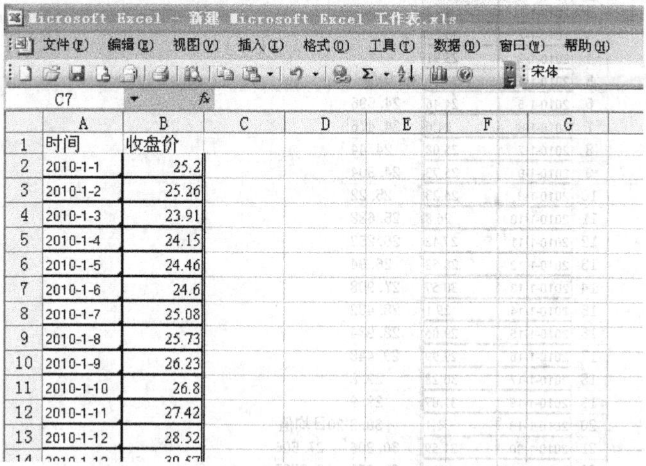

Microsoft Excel - 新建 Microsoft Excel 工作表.xls

C7

	A	B	C	D	E	F	G
1	时间	收盘价					
2	2010-1-1	25.2					
3	2010-1-2	25.26					
4	2010-1-3	23.91					
5	2010-1-4	24.15					
6	2010-1-5	24.46					
7	2010-1-6	24.6					
8	2010-1-7	25.08					
9	2010-1-8	25.73					
10	2010-1-9	26.23					
11	2010-1-10	26.8					
12	2010-1-11	27.42					
13	2010-1-12	28.52					

图 3.2　将数据输入 Excel 中

第二步：单击 C6 单元格，在编辑窗口中输入=AVERAGE(B2:B6)，按 Enter 键；单击 C6 单元格，按住鼠标左键向下拖动选定区域，扩展填充到 C65，结果如图 3.3 所示。

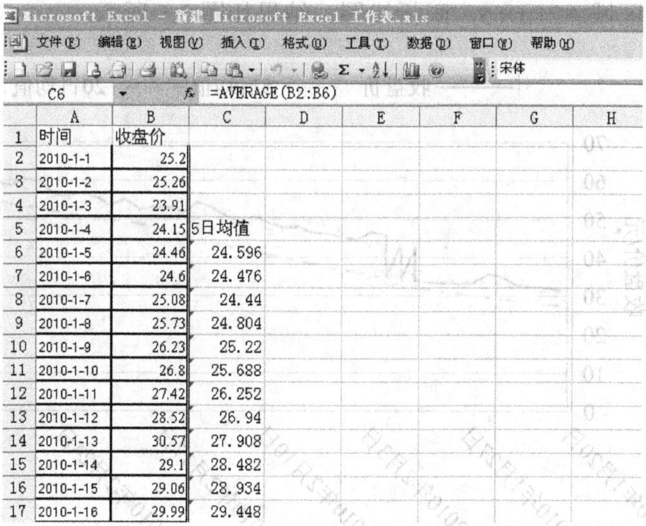

Microsoft Excel - 新建 Microsoft Excel 工作表.xls

C6　=AVERAGE(B2:B6)

	A	B	C	D	E	F	G	H
1	时间	收盘价						
2	2010-1-1	25.2						
3	2010-1-2	25.26						
4	2010-1-3	23.91						
5	2010-1-4	24.15	5日均值					
6	2010-1-5	24.46	24.596					
7	2010-1-6	24.6	24.476					
8	2010-1-7	25.08	24.44					
9	2010-1-8	25.73	24.804					
10	2010-1-9	26.23	25.22					
11	2010-1-10	26.8	25.688					
12	2010-1-11	27.42	26.252					
13	2010-1-12	28.52	26.94					
14	2010-1-13	30.57	27.908					
15	2010-1-14	29.1	28.482					
16	2010-1-15	29.06	28.934					
17	2010-1-16	29.99	29.448					

图 3.3　求 5 日均值

第三步：单击 D21 单元格，在编辑窗口中输入=AVERAGE(B2:B21)，按 Enter 键；单击 D21 单元格，按住鼠标左键向下拖动选定区域，扩展填充到 D65，结果如图 3.4 所示。

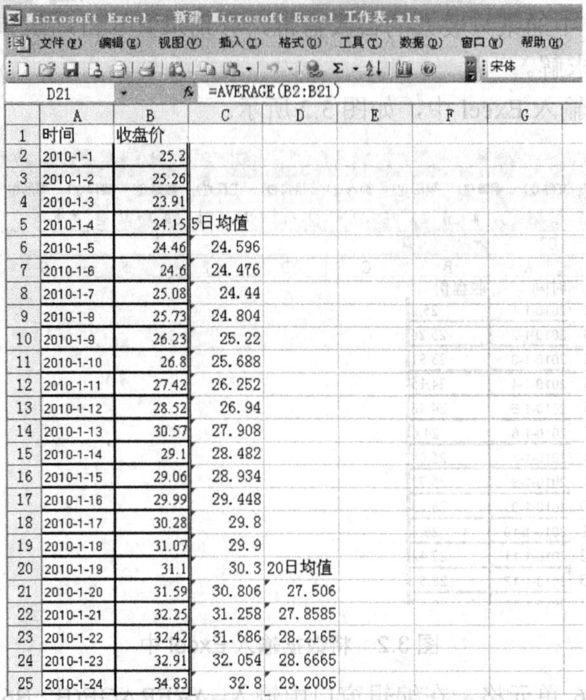

金融数据分析技术(基于 Excel 和 Matlab)

图 3.4 求 20 日均值

第四步：选中区域 A21:D65，画折线图，结果如图 3.5 所示。

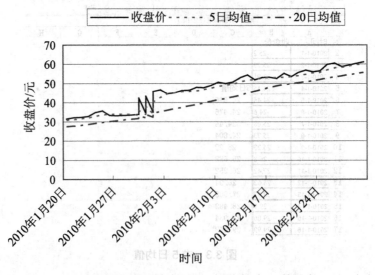

图 3.5 日收盘价及其 5 日和 20 日均值

从本例可以看出，20 日均线比 5 日均线平滑，5 日均线比日收盘价平滑，抑制和削弱了原序列中的波动性，更好地反映了趋势。

k 的选择：k 值越大平滑的效果越好。但损失掉的项数($k-1$)也越大，所以要在保持足够的数据与消除波动之间做出选择。

序列平滑只是部分消除 S_t、C_t、I_t 变动，不一定是全部。移动平均一般是 T_t 和 C_t 分量的乘积。移动平均法在消除原有循环变化同时，有可能引入新的不存在的循环变化。

上述移动平均法是简单取 k 期的算术平均值，认为每期的影响相同，如果认为影响不同，可以用加权平均值，如果认为越近的值影响越大，越早的值影响越小，则可以用指数移动平均法，具体可参考相关书籍。

3.2.3 季节变动 S_t

在时间序列中常常含有季节因素，比如四季气候变化、风俗习惯(如春节期间肉销量大增)使时间序列呈现季节性变动。季节变动 S_t 常用季节指数(Seasoned Index)表示。例如，S_t=1.07 表示由季节因素影响，时间序列值 Y_t 约高出平均值 7%，S_t= 0.95，序列值低于平均值 5%。

具体求季节性指数的方法如下。
(1) 用移动平均法，得到 T_tC_t。
(2) 用 T_tC_t 除序列值 Y_t，得 $S_tI_t=Y_t/(T_tC_t)$。
(3) 用 S_tI_t 分量求季节因子 S_t。通过下面的具体例子说明。

例 3.2 某公司从 1996 年到 2001 年，每一年各季度的纺织品销售量 Y_t，经过(1)和(2)两步后得到的 S_tI_t 分量见表 3.3。求季节因子 S_t。

表 3.3 纺织品销售量 Y 的 $S_t I_t$ 分量

时间	20091Q	20092Q	20093Q	20094Q	20101Q	20102Q	20103Q	20104Q	20111Q	20112Q	20113Q	20114Q
销售量	180	150	120	150	210	160	130	160	230	170	130	170
时间	20121Q	20122Q	20123Q	20124Q	20131Q	20132Q	20133Q	20134Q	20141Q	20142Q	20143Q	20144Q
销售量	250	180	140	180	300	200	150	200	400	220	160	220

解 在 Excel 中画出该公司纺织品销售量 Y_t 的 $S_t I_t$ 分量图，结果见图 3.6。

图 3.6 纺织品销售量 Y_t 的 S_t I_t 分量

第一步：在 Excel 中将数据整理成图 3.7 所示。

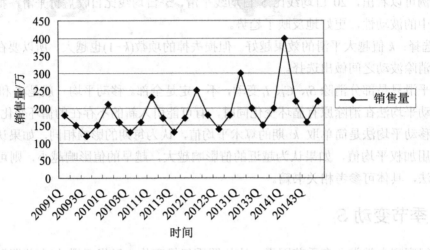

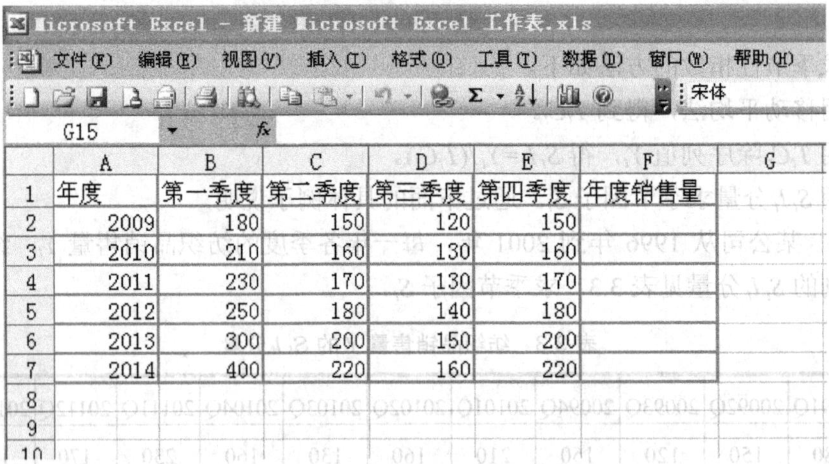

图 3.7 整理后的数据

第二步：分别求出各年度的销售量。单击 F2 单元格，在编辑窗口中输入=SUM(B2:E2)，按 Enter 键；单击 F2 单元格，按住鼠标左键向下拖动选定区域，扩展填充到 F7。

第三步：分别求出各季度 6 年的平均销售量。单击 B8 单元格，在编辑窗口中输入=AVERAGE(B2:B7)，按 Enter 键；单击 B8 单元格，按住鼠标左键向右拖动选定区域，扩展填充到 E8。

第四步：求出 6 年共 24 个季度的平均销售量。单击 F8 单元格，在编辑窗口中输入 =AVERAGE(F2:F7)/4，按 Enter 键。

第五步：求出各季度的季节因子。单击 B9、C9、D9、E9、F9 单元格，分别在编辑窗口中输入=B8/F8、=C8/F8、=D8/F8、=E8/F8、=F8/F8，按 Enter 键。最后的结果如图 3.8 所示。

	A	B	C	D	E	F	G
1	年度	第一季度	第二季度	第三季度	第四季度	年度销售量	
2	2009	180	150	120	150	600	
3	2010	210	160	130	160	660	
4	2011	230	170	130	170	700	
5	2012	250	180	140	180	750	
6	2013	300	200	150	200	850	
7	2014	400	220	160	220	1000	
8	平均值	262	180	138	180	190	
9	季节因子	1.38	0.95	0.73	0.95	1	
10							

图 3.8 各季度的季节因子

可得第一、二、三、四季度的季节因子分别为 1.38、0.95、0.73、0.95。

注意，季节因素中的季节包括季度、月度和周等，上例是季度数据，如果是月度数据或周数据，方法类似，月度数据算得的是 12 个季节因子，周数据算得的是 7 个季节因子。

3.2.4　确定性时间序列分析小结

总结确定性时间序列分析步骤如下。

(1) 通过数据平滑(如 k 期移动平均)把原序列 Y_t 分离为 T_tC_t 和 S_tI_t。(数据减少 $k-1$ 个)

$$T_tC_t = \frac{y_t + y_{t+1} + \cdots + y_{t+k-1}}{k} \quad t = 1, 2, \cdots, T-k+1 \tag{3.4}$$

(2) 通过用趋势循环分量(T_tC_t)对时间 t 回归，求出长期趋势 T_t。例如，用线性回归得到

$$T_t = \hat{T_tC_t} = \hat{\beta_0} + \hat{\beta_1} t \tag{3.5}$$

用 T_t 除 T_tC_t，求出循环分量 $C_t(C_t = \dfrac{T_tC_t}{T_t})$，从而把 T_tC_t 分离为 T_t 和 C_t。

(3) 用季节不规则分量 S_tI_t 求季节因子 S_t 分量值(如对于季度数据有 4 个 S_t 分量值，把它拼接成一个与季节不规则分量 S_tI_t 一样长的一个序列 S_t)。

(4) 用 S_t 除季节不规则分量 S_tI_t，求出不规则分量 $I(I = S_tI_t/S_t)$。从而把 S_tI_t 分离为 S_t 和 I_t。

(5) 用 T_t, S_t 两个分量对 Y_t 进行预测。用回归函数预测 T_t，再与 S_t 相乘，即可用来预测 Y_t。例如，预测 $t+1$ 期 Y_{t+1} 的值，即

$$\hat{Y}_{t+1} = T_{t+1} S_{t+1} \qquad (3.6)$$

3.3 随机性时间序列分析

时间序列的不规则波动是指时间序列呈现出的不规则的、波浪式的变动状态，包括严格的随机变动和不规则的突发性影响很大的变动两种类型。

随机性时间序列分析主要用概率统计方法研究随机变动。常常采用 AR 模型、MA 模型和 ARMA 模型等。由于许多现实的金融经济现象都是通过随机时间序列模型来刻画的，可以采用 AR 模型、MA 模型及 ARMA 模型，虽然需要较多的历史数据才能建立这类模型，还必须借助计算机来完成，但是它们在短期预测中具有较高的精度，因此在实际中得到了广泛的应用。

经济时间序列是一个随机事件的唯一记录，不存在重复抽样的情况，如中国 1980—2011 年的进出口总额是唯一的实际发生的历史记录。从经济的角度看，这个过程是不可重复的。这是经济时间序列独特的地方，与一般的数量统计的大量重复抽样不同。

3.3.1 平稳时间序列

可将时间序列 $\{\cdots, x_{-1}, x_0, x_1, x_2, \cdots, x_n, x_{n+1}, \cdots\}$

看成随机过程 $\{\cdots, u_{-1}, u_0, u_1, u_2, \cdots, u_n, u_{n+1}, \cdots\}$ 的观察值。其中每一个 u_t 是一个随机变量，称为随机时间序列(去除了趋势、季节、循环因素后只保留随机因素)。

如果随机过程 $\{u_t\} = \{\cdots, u_{-1}, u_0, u_1, u_2, \cdots, u_n, u_{n+1}, \cdots\}$ 的均值和方差、自协方差都不取决于 t，则称 $\{u_t\}$ 是协方差平稳的或弱平稳的，有

$$\text{var}(u_t) = \sigma^2 \quad 对所有的\ t \qquad (3.7)$$

$$E(u_t) = \mu \quad 对所有的\ t \qquad (3.8)$$

$$E(u_t - \mu)(u_{t-s} - \mu) = \gamma_s \quad 对所有的\ t\ 和\ s \qquad (3.9)$$

注意，如果一个随机过程是弱平稳的，则 u_t 与 u_{t-s} 之间的协方差仅取决于 s，即仅与观测值之间的间隔长度 s 有关，而与时期 t 无关。一般所说的"平稳性"含义就是上述的弱平稳定义。

在现实中很多问题，如利率波动、收益率变化及汇率变化等通常是一个平稳序列，或者通过差分等变换可以化成一个平稳序列。

一个平稳序列的行为不会随时间的推移而变化，因此，可以用该序列过去的行为来预测它的未来。这是随机时间序列模型的优势所在。

3.3.2 自回归移动平均模型

对于一个平稳时间序列,则可以采用自回归 AR 模型、移动平均 MA 模型和自回归移动平均 ARMA 模型进行分析。

1. 自回归模型 AR(p)

p 阶自回归模型记做 AR(p),满足下面的方程,即

$$u_t = c + \phi_1 u_{t-1} + \phi_2 u_{t-2} + \cdots + \phi_p u_{t-p} + \varepsilon_t \tag{3.10}$$

式中,参数 c 为常数;$\phi_1, \phi_2, \cdots, \phi_p$ 为自回归模型系数;p 为自回归模型阶数;ε_t 为均值为 0、方差为 σ^2 的白噪声序列。

2. 移动平均模型 MA(q)

q 阶移动平均模型记做 MA(q),满足下面的方程,即

$$u_t = \mu + \varepsilon_t + \theta_1 \varepsilon_{t-1} + \cdots + \theta_q \varepsilon_{t-q} \tag{3.11}$$

式中,参数 μ 为常数;参数 $\theta_1, \theta_2, \cdots, \theta_q$ 为 q 阶移动平均模型的系数;ε_t 是均值为 0、方差为 σ^2 的白噪声序列。

3. ARMA(p,q)模型

p、q 阶自回归移动平均模型记做 ARMA(p,q),满足下面的方程,即

$$u_t = c + \phi_1 u_{t-1} + \cdots + \phi_p u_{t-p} + \varepsilon_t + \theta_1 \varepsilon_{t-1} + \cdots + \theta_q \varepsilon_{t-q} \tag{3.12}$$

显然,此模型是模型式(3.10)与式(3.11)的组合形式,称为混合模型,常记做 ARMA(p,q)。
当 $p=0$ 时,ARMA(0, q) = MA(q)。
当 $q=0$ 时,ARMA(p, 0) = AR(p)。

3.3.3 模型识别与参数估计

1. 模型识别

模型识别就是判断该时间序列是 AR 过程、MA 过程还是 ARMA 过程,并确定阶数 p、q 的值。主要工具是自相关系数 ACF 和偏自相关系数 PACF。

相关系数:随机变量 X 和随机变量 Y 的相关系数由式(3.13)估计,即

$$r_{xy} = \frac{\sum_{i=1}^{n}(x_i - \bar{x})(y_i - \bar{y})}{\sqrt{\sum_{i=1}^{n}(x_i - \bar{x})^2 \sum_{i=1}^{n}(y_i - \bar{y})^2}} \tag{3.13}$$

其中 $\bar{x}$ 是样本均值。

协方差：随机变量 X 和随机变量 Y 的协方差由式(3.14)估计，即

$$c_{xy} = \frac{1}{n}\sum_{i=1}^{n}(x_i - \bar{x})(y_i - \bar{y}) \tag{3.14}$$

所以有

$$r_{xy} = \frac{c_{xy}}{\sqrt{c_{xx}c_{yy}}} \tag{3.15}$$

自协方差：时间序列 u_t 滞后 k 阶的自协方差由式(3.16)估计，即

$$c_k = \frac{1}{n}\sum_{t=k+1}^{n}(u_t - \bar{u})(u_{t-k} - \bar{u}) \tag{3.16}$$

自相关系数：平稳时间序列 u_t 滞后 k 阶的自相关系数由式(3.17)估计，即

$$r_k = \frac{\sum_{t=k+1}^{n}(u_t - \bar{u})(u_{t-k} - \bar{u})}{\sum_{t=1}^{n}(u_t - \bar{u})^2} \tag{3.17}$$

式中，$\bar{u}$ 为序列的样本均值，这是相距 k 期值的相关系数；r_k 为时间序列 u_t 的自相关系数，自相关系数可以部分地刻画一个随机过程的性质。它说明在序列 u_t 的邻近数据之间存在多大程度的相关性，有

$$r_k = \frac{c_k}{c_0} \tag{3.18}$$

偏自相关系数：偏自相关系数是指在给定 $u_{t-1}, u_{t-2}, \cdots, u_{t-k+1}$ 的条件下，u_t 与 u_{t-k} 之间的条件相关性。其相关程度用偏自相关系数 $\varphi_{k,k}$ 度量。在 k 阶滞后下估计偏自相关系数的计算为

$$\varphi_{k,k} = \begin{cases} r_1 & k=1 \\ \dfrac{r_k - \sum_{j=1}^{k-1}\varphi_{k-1,j}r_{k-j}}{1 - \sum_{j=1}^{k-1}\varphi_{k-1,j}r_{k-j}} & k>1 \end{cases} \tag{3.19}$$

式中，r_k 为在 k 阶滞后时的自相关系数估计值。

$$\varphi_{k,j} = \varphi_{k-1,j} - \varphi_{k,k}\varphi_{k-1,k-j} \tag{3.20}$$

这是偏自相关系数的一致估计。

要得到 $\varphi_{k,k}$ 的更确切的估计，需要进行回归，即

$$u_t = \alpha_0 + \alpha_1 u_{t-1} + \cdots + \alpha_{k-1}u_{t-(k-1)} + \varphi_{k,k}u_{t-k} + \varepsilon_t \quad t=1,2,\cdots,T \tag{3.21}$$

因此，滞后 k 阶的偏自相关系数是当 u_t 对 $u_{t-1}, \cdots, u_{t-k}$ 作回归时 u_{t-k} 的系数。称之为偏

相关是因为它度量了 k 期间距的相关而不考虑 $k-1$ 期的相关。

对于零均值平稳时间序列,三类模型的自相关和偏自相关系数的特征如表 3.4 所示。

表 3.4 三类模型的自相关和偏自相关系数的特征

模 型	AR(p)	MA(q)	ARMA(p,q)
自相关系数	拖尾	q 阶后截尾	拖尾
偏自相关系数	p 阶后截尾	拖尾	拖尾

拖尾是指自相关系数或偏自相关系数随着时间间隔 k 的增加呈现指数衰减并趋于零,而 k 阶截尾则是指自相关系数或偏自相关系数在某个 k 之后全部为零。可以利用自相关系数和偏自相关系数,根据表 3.4 识别 ARMA(p,q) 模型。

从理论上讲,对于 AR(p) 时间序列的偏自相关系数是 p 阶截尾的,但实际中所接触到的往往是时间序列的一组观测值,只能计算样本的偏自相关系数和样本自相关系数,对于 MA(q) 和 ARMA(p,q) 时间序列也是如此。

例如,最常用的样本自相关系数 r_k 的计算方法为

$$\bar{x} = \frac{1}{n}\sum_{i=1}^{n} x_i$$

$$c_k = \frac{1}{n}\sum_{i=k+1}^{n}(x_i - \bar{x})(x_{i-k} - \bar{x}) \tag{3.22}$$

$$r_k = \frac{\hat{c}_k}{\hat{c}_0} \quad k = 1, 2, \cdots, n-1$$

式中,$\bar{x}$ 为样本均值;c_k 为样本自协方差。

2. 参数估计

参数估计就是利用时间序列的观察值求模型中的参数 c, ϕ_1, $\cdots$, ϕ_p 和 θ_1, $\cdots$, θ_q 的值。

模型的阶数确定之后,就可以估计模型中的参数了。主要有 3 种估计方法:矩估计、极大似然估计和最小二乘估计。下面以 AR 模型的矩估计法为例来说明,MA 和 ARMA 模型思路与此相同。

设 AR(p) 模型为

$$y_t = \phi_1 y_{t-1} + \phi_2 y_{t-2} + \cdots + \phi_p y_{t-p} + \varepsilon_t \tag{3.23}$$

式中,ε_t 均值为 0,需要估计的参数是 ϕ_1, ϕ_2, $\cdots$, ϕ_p。

在模型两边同乘以 y_{t-j} ($j > 0$),可得

$$y_t y_{t-j} = \phi_1 y_{t-1} y_{t-j} + \phi_2 y_{t-2} y_{t-j} + \cdots + \phi_p y_{t-p} y_{t-j} + \varepsilon_t y_{t-j} \tag{3.24}$$

两边取数学期望,得

$$E y_t y_{t-j} = \phi_1 E y_{t-1} y_{t-j} + \phi_2 E y_{t-2} y_{t-j} + \cdots + \phi_p E y_{t-p} y_{t-j} + E \varepsilon_t y_{t-j} \tag{3.25}$$

由于 ε_t 与 $y_{t-j}(j>0)$ 不相关，所以 $E\varepsilon_t y_{t-j}=0$，因此

$$c_j = \phi_1 c_{j-1} + \phi_2 c_{j-2} + \cdots + \phi_p c_{j-p} \quad j>0 \tag{3.26}$$

其中 c_j 是时间序列的自协方差。取 $j=1,2,\cdots,p$，得 p 个方程，即

$$\begin{cases} c_1 = \phi_1 c_0 + \phi_2 c_1 + \cdots + \phi_p c_{p-1} \\ c_2 = \phi_1 c_1 + \phi_2 c_0 + \cdots + \phi_p c_{p-2} \\ \vdots \\ c_p = \phi_1 c_{p-1} + \phi_2 c_{p-21} + \cdots + \phi_p c_0 \end{cases} \tag{3.27}$$

用 c_0 除各方程的左、右两边，利用 $r_k = \dfrac{c_k}{c_0}$，得

$$\begin{cases} r_1 = \phi_1 + \phi_2 r_1 + \cdots + \phi_p r_{p-1} \\ r_2 = \phi_1 r_1 + \phi_2 + \cdots + \phi_p r_{p-2} \\ \vdots \\ r_p = \phi_1 r_{p-1} + \phi_2 r_{p-21} + \cdots + \phi_p \end{cases} \tag{3.28}$$

上述 p 个方程，表示了平稳时间序列的自相关系数与模型未知参数的关系，被称为 Yule-Walker 方程。

自相关系数可以用样本自相关系数代替，所以此时的 Yule-Walker 方程只有 p 个未知数，解方程可以得到 $\phi_1,\phi_2,\cdots,\phi_p$ 的估计值。

对于二阶自回归模型 AR(1)，可得

$$\phi_1 = r_1 \tag{3.29}$$

对于二阶自回归模型 AR(2)，可得

$$\begin{cases} \phi_1 = \dfrac{r_1 - r_1 r_2}{1 - r_1^2} \\ \phi_2 = \dfrac{r_2 - r_1^2}{1 - r_1^2} \end{cases} \tag{3.30}$$

所以样本自相关系数和自协方差系数除了定阶外，还可以用来估计模型的参数。

3.3.4 金融时间序列的预测

以 AR(p) 模型为例，如果求得模型为

$$y_t = \phi_1 y_{t-1} + \phi_2 y_{t-2} + \cdots + \phi_p y_{t-p} + \varepsilon_t \tag{3.31}$$

其中 $\phi_1,\phi_2,\cdots,\phi_p$ 已知，则第 $t+1$ 期的 y_{t+1}，可用

$$\hat{y}_{t+1} = \phi_1 y_t + \phi_2 y_{t-1} + \cdots + \phi_p y_{t-p+1} \tag{3.32}$$

进行预测。预测的误差为

$$e_{t+1} = y_{t+1} - \hat{y}_{t+1} = \varepsilon_{t+1} \tag{3.33}$$

第 $t+2$ 期的 y_{t+2}，可用

$$\hat{y}_{t+2} = \phi_1 \hat{y}_{t+1} + \phi_2 y_t + \cdots + \phi_p y_{t-p+2} \tag{3.34}$$

进行预测。预测的误差为

$$e_{t+2} = y_{t+2} - \hat{y}_{t+2} = \phi_1 \varepsilon_{t+1} + \varepsilon_{t+2} \tag{3.35}$$

......

第 $t+l$ 期后的 y_{t+l}，可用

$$\hat{y}_{t+l} = \phi_1 \hat{y}_{t+l-1} + \phi_2 \hat{y}_{t+l-2} + \cdots + \phi_p \hat{y}_{t+l-p} \quad l \geq p \tag{3.36}$$

进行预测。预测的误差为

$$e_{t+l} = y_{t+l} - \hat{y}_{t+l} = \varepsilon_{t+l} + \sum_{i=1}^{p} \phi_i \varepsilon_{t+i} \tag{3.37}$$

由于预测 $t+l$ 期时，第 $t+l-1$ 期及之前的数据已经有实际观测数据，可用式(3.38)进行第 $t+l$ 期的预测，称为适时修正预测。

$$\hat{y}_{t+l} = \phi_1 y_{t+l-1} + \phi_2 y_{t+l-2} + \cdots + \phi_p y_{t+l-p} \quad l = 1, 2, \cdots \tag{3.38}$$

预测的误差为

$$e_{t+l} = y_{t+l} - \hat{y}_{t+l} = \varepsilon_{t+l} \tag{3.39}$$

3.3.5 模型的检验

预测效果的好坏，可以用来检验模型的优劣，预测效果越好，预测的误差越小。可以用预测的误差 $e_{t+1} = y_{t+1} - \hat{y}_{t+1}$ 的方差 $Ee_{t+1}^2 = E(y_{t+1} - \hat{y}_{t+1})^2$ 来检验模型。

设真实的模型是 AR(p)，如果用 AR(k) ($k<p$)去拟合，称为不足(缺参数)拟合，而用 AR(k) ($k>p$)去拟合，称为过度(超参数)拟合。无论是不足(缺参数)拟合还是过度(超参数)拟合，都会使预测的误差的方差增大。

可以证明

$$Ee_{t+1}^2 = E(y_{t+1} - \hat{y}_{t+1})^2 \approx (1 + \frac{p}{n})(1 - \frac{p}{n})^{-1} \hat{\sigma}_a^2 \tag{3.40}$$

其中：

$$\hat{\sigma}_a^2 = c_0 - \sum_{i=1}^{p} \phi_i c_i = c_0 (1 - \sum_{i=1}^{p} \phi_i r_i) \tag{3.41}$$

记 $v(p) = \hat{\sigma}_a^2(p) = c_0 - \sum_{i=1}^{p} \phi_i c_i = c_0 (1 - \sum_{i=1}^{p} \phi_i r_i)$，称为模型的损失函数(Loss Function)。

记 FPE(p) = $(1 + \frac{p}{n})(1 - \frac{p}{n})^{-1} v(p)$，称为模型的最终预报误差。

模型的损失函数值和最终预报误差(FPE)的值越小越好。

求 FPE(p)的最小值 p_0，即 p_0 满足式(3.42)，即

$$\text{FPE}(p_0) = \min_{1 \leq p \leq M(n)} \text{FPE}(p) \tag{3.42}$$

其中 $M(n)$ 通常取$[n/3]\sim[2n/3]$之间的某个整数。式(3.42)称为最小最终预报误差(FPE)准则，这时称 AR(p_0)模型是最小最终预报误差(FPE)准则下的最佳模型。因此，FPE 准则也可用来确定模型的阶。

除了 FPE 准则外，常用来检验模型的准则还有 AIC 准则和 BIC 准则。

对于 AIC 准则，有

$$\text{AIC}(p) = \ln \hat{\sigma}_a^2 + \frac{2p}{n} \tag{3.43}$$

$$\text{AIC}(p_0) = \min_{1 \leq p \leq M(n)} \text{AIC}(p) \tag{3.44}$$

对于 BIC 准则，有

$$\text{BIC}(p) = \ln \hat{\sigma}_a^2 + \frac{p}{n}\ln n \tag{3.45}$$

$$\text{BIC}(p_0) = \min_{1 \leq p \leq M(n)} \text{BIC}(p) \tag{3.46}$$

3.3.6　Matlab 的时间序列工具箱

Matlab 中有一个金融时间序列分析工具箱(Financial Time Serice Toolbox)，它包含一系列的工具对金融时间序列数据进行管理和分析，并可将结果可视化。

3.3.6.1　金融时间序列对象的建立

Matlab 用时间序列格式来保存时间序列数据，金融时间序列对象的结构包括一个描述(Description)字段、一个频率(Frequency)字段、一个日期(Dates)字段和至少一个数据字段。前 3 个字段的字段名时固定的，分别是 dese、freq 和 dates。数据字段名可以由用户自己定义，默认数据字段名时，为 series1、series2、series3 等。如果日期字段中的值包含具体的时间信息(如时、分、秒)，则用户创建的时间序列对象将包含一个字段名为 times 的字段。

在 Matlab 中可以在命令窗口使用 fints 函数或用 ascii2fts 把文本文件保存为时间序列变量两种方法创建金融时间序列变量。

1. 利用函数 fints 建立金融时间序列对象

调用方式：

```
fts=fints(dates_and_data)
fts=fints(dates, data)
fts=fints(dates, data, dataname)
fts=fints(dates, data, dataname,freq)
```

```
fts=fints(dates, data, dataname,freq,desc)
```

例 3.3 用 fints 函数创建金融时间序列对象。

解 在 Matlab 命令窗口中输入：

```
d1=(today:today+10)';      %生成日期数据 d1，长度为 11 的列向量
d2=exp(randn(1,11))';      %生成对应数据 d2，长度为 11 的列向量
d=[d1 d2];                 % 合并 d1 和 d2，得到一个 11×2 的矩阵 d
fts1=fints(d)              % 建立金融时间序列对象 fts1
```

结果为：

```
fts1 =
    desc:  (none)
    freq:  Unknown (0)
    'dates: (11)'    'series1: (11)'
    '04-Oct-2012'    [        2.0428]
    '05-Oct-2012'    [        5.0711]
    '06-Oct-2012'    [        0.5007]
    '07-Oct-2012'    [        2.3584]
    '08-Oct-2012'    [        3.5043]
    '09-Oct-2012'    [        0.2032]
    '10-Oct-2012'    [        0.2367]
    '11-Oct-2012'    [        1.7703]
    '12-Oct-2012'    [        0.6704]
    '13-Oct-2012'    [        1.9937]
    '14-Oct-2012'    [        2.2606]
```

例 3.4 用 Matlab 自带的保存在名为 dji30short.dat 的文件中的时间序列数据 myfts1，画出其蜡烛图。

解 第一步：在 Matlab 命令窗口中输入：

```
load dji30short         %读入文件
d=myfts1                %取出时间序列数据 myfts1
```

结果为

```
d =
    desc:  DJI30MAR94.dat
    freq:  Daily (1)
 'dates: (20)'    'Open: (20)'     'High: (20)'     'Low: (20)'      'Close: (20)'
 '04-Mar-1994'    [3.8309e+003]    [3.8680e+003]    [3.8005e+003]    [ 3.8323e+003]
 '07-Mar-1994'    [3.8517e+003]    [3.8824e+003]    [3.8247e+003]    [ 3.8562e+003]
 '08-Mar-1994'    [3.8585e+003]    [3.8816e+003]    [3.8224e+003]    [ 3.8517e+003]
 '09-Mar-1994'    [3.8540e+003]    [3.8745e+003]    [3.8179e+003]    [ 3.8534e+003]
 '10-Mar-1994'    [3.8526e+003]    [3.8655e+003]    [3.8016e+003]    [ 3.8306e+003]
 '11-Mar-1994'    [3.8326e+003]    [3.8728e+003]    [3.8067e+003]    [ 3.8627e+003]
```

'14-Mar-1994'	[3.8703e+003]	[3.8942e+003]	[3.8360e+003]	[3.8630e+003]
'15-Mar-1994'	[3.8634e+003]	[3.8885e+003]	[3.8268e+003]	[3.8496e+003]
'16-Mar-1994'	[3.8510e+003]	[3.8795e+003]	[3.8199e+003]	[3.8482e+003]
'17-Mar-1994'	[3.8536e+003]	[3.8913e+003]	[3.8217e+003]	[3.8651e+003]
'18-Mar-1994'	[3.8654e+003]	[3.9118e+003]	[3.8387e+003]	[3.8957e+003]
'21-Mar-1994'	[3.8784e+003]	[3.8983e+003]	[3.8387e+003]	[3.8648e+003]
'22-Mar-1994'	[3.8657e+003]	[3.8962e+003]	[3.8407e+003]	[3.8626e+003]
'23-Mar-1994'	[3.8689e+003]	[3.9014e+003]	[3.8398e+003]	[3.8695e+003]
'24-Mar-1994'	[3.8499e+003]	[3.8654e+003]	[3.7926e+003]	[3.8211e+003]
'25-Mar-1994'	[3.8271e+003]	[3.8268e+003]	[3.7747e+003]	[3.7747e+003]
'28-Mar-1994'	[3.7765e+003]	[3.7934e+003]	[3.7197e+003]	[3.7623e+003]
'29-Mar-1994'	[3.7572e+003]	[3.7719e+003]	[3.6892e+003]	[3.6990e+003]
'30-Mar-1994'	[3.6884e+003]	[3.7189e+003]	[3.6124e+003]	[3.6268e+003]
'31-Mar-1994'	[3.6397e+003]	[3.6731e+003]	[3.5441e+003]	[3.6360e+003]

第二步：在 Matlab 命令窗口中输入：

```
candle(d)              %画 d 的蜡烛图
```

结果如图 3.9 所示。

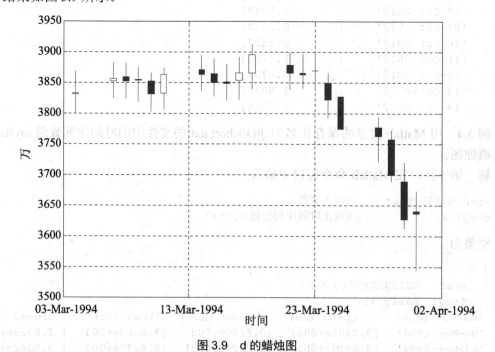

图 3.9 d 的蜡烛图

例 3.5 用名为 601857.xls 的 Excel 文件中的数据(图 3.10)创建金融时间序列对象，并画出其蜡烛图。

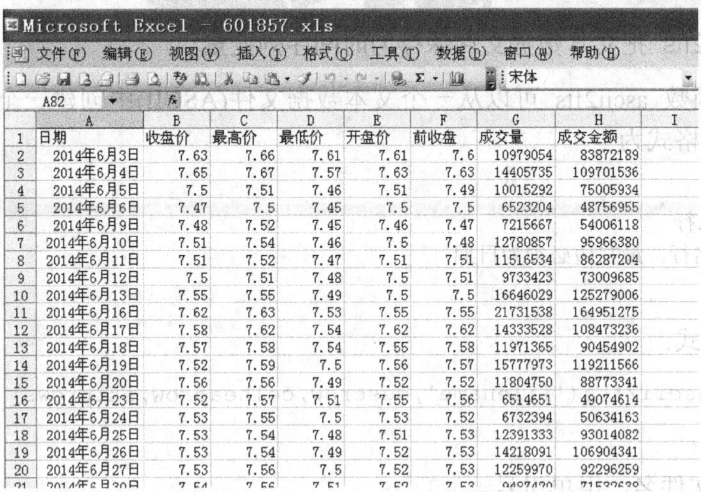

	A	B	C	D	E	F	G	H
1	日期	收盘价	最高价	最低价	开盘价	前收盘	成交量	成交金额
2	2014年6月3日	7.63	7.66	7.61	7.61	7.6	10979054	83872189
3	2014年6月4日	7.65	7.67	7.57	7.63	7.63	14405735	109701536
4	2014年6月5日	7.5	7.51	7.46	7.51	7.49	10015292	75005934
5	2014年6月6日	7.47	7.5	7.45	7.5	7.5	6523204	48756955
6	2014年6月9日	7.48	7.52	7.45	7.46	7.47	7215667	54006118
7	2014年6月10日	7.51	7.54	7.46	7.5	7.48	12780857	95966380
8	2014年6月11日	7.51	7.52	7.47	7.51	7.51	11516534	86287204
9	2014年6月12日	7.5	7.51	7.48	7.5	7.51	9733423	73009685
10	2014年6月13日	7.55	7.55	7.49	7.5	7.5	16646029	125279006
11	2014年6月16日	7.62	7.63	7.53	7.55	7.55	21731538	164951275
12	2014年6月17日	7.58	7.62	7.54	7.62	7.62	14333528	108473236
13	2014年6月18日	7.57	7.58	7.54	7.55	7.58	11971365	90454902
14	2014年6月19日	7.52	7.59	7.5	7.56	7.57	15777973	119211566
15	2014年6月20日	7.56	7.56	7.49	7.52	7.52	11804750	88773341
16	2014年6月23日	7.52	7.57	7.51	7.55	7.56	6514651	49074614
17	2014年6月24日	7.53	7.55	7.5	7.53	7.52	6732394	50634163
18	2014年6月25日	7.53	7.54	7.48	7.51	7.53	12391333	93014082
19	2014年6月26日	7.53	7.54	7.49	7.52	7.53	14218091	106904341
20	2014年6月27日	7.53	7.56	7.5	7.52	7.53	12259970	92296259

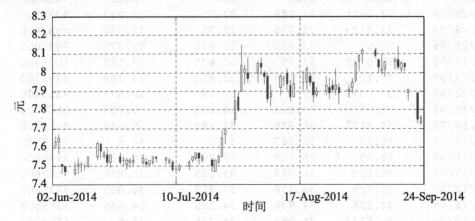

图 3.10　某股票的数据

解　在 Matlab 命令窗口中输入：

```
[data,date]=xlsread('e:\exp\601857.xls');          %读入 Excel 文件
date2=date(2:81,1);                   % 取出日期列向量，长为 81
H=data(:,2);                          % 取出最高价列向量，长为 81
L=data(:,3);                          % 取出最低价列向量，长为 81
C=data(:,1);                          % 取出收盘价列向量，长为 81
O=data(:,4);                          % 取出开盘价列向量，长为 81
data2=[H,L,C,O];                      %合并为一个 81×4 的矩阵。
fts1=fints(date2,data2,{'High','Low','Close','Open'});
                                      %建立金融时间序列对象
candle(fts1)                          %画蜡烛图
```

结果如图 3.11 所示。

图 3.11　某股票的蜡烛图

2. 用 ascii2fts 把文本数据文件保存为时间序列变量

Matlab 的函数 ascii2fts 可以从一个文本数据文件(ASCII)中创建一个金融时间序列对象。文本文件的格式为

标题行
标题描述信息行
字段(变量)名行,最左边必须为日期
数据

函数调用方式:

```
ftsobj = ascii2fts('filename',descrow,colheadrow,skiprows)
```

输入参数:

filename,文件名,用单引号。
descrow,描述字段的行号。
colheadrow,日期和数据字段(变量)名行号。
skiprows,不需要的行的行号。

例 3.6 用 Matlab 自带的保存在名为 disney.dat 的文件中的数据建立金融时间序列数据对象。

解 第一步:先查阅 ASCII 文件 disney.dat,看其格式。在 Matlab 命令窗口中输入:

```
!type disney.dat            %在 dos 下显示文件
```

结果为

```
Walt Disney Company (DIS)
Daily prices (3/29/96 to 3/29/99)
DATE          OPEN          HIGH          LOW           CLOSE         VOLUME
3/29/99       33.0625       33.188        32.75         33.063        6320500
3/26/99       33.3125       33.375        32.75         32.938        5552800
3/25/99       33.5          33.625        32.875        33.375        7936000
3/24/99       33.0625       33.25         32.625        33.188        6025400
3/23/99       34.125        34.188        32.813        33.188        9791700
3/22/99       34.9375       35            34.25         34.375        4339400
3/19/99       35.75         35.813        34.875        35.063        5565000
3/18/99       34.8125       35.688        34.688        35.438        5310300
3/17/99       35.25         35.563        34.5          34.5          4217700
3/16/99       35.75         36.438        35.063        35.063        4199000
3/15/99       36.125        36.563        35.125        35.875        5562600
3/12/99       35.625        36.438        35.625        36.063        8735000
3/11/99       34.125        34.938        34.125        34.688        5355500
3/10/99       34.6875       35.063        34.375        34.5          5576300
3/9/99        35.75         35.813        34.313        34.688        8296400
```

| 3/8/99 | 35.9375 | 36.688 | 35.938 | 36.438 | 6051500 ... |

可知描述字段的行号 Descrow=1，日期和数据字段(变量)名行号 Colheadrow=3，不需要的行的行号 Skiprows=2。

第二步：在 Matlab 命令窗口中输入：

```
disfts = ascii2fts('disney.dat',1,3,1)
```

结果为

```
disfts =
    desc:  Walt Disney Company (DIS)
    freq:  Unknown (0)
 'dates:(782)'    'OPEN:(782)'   'HIGH:(782)'   'LOW:(782)'    'CLOSE:(782)'  'VOLUME:(782)'
 '29-Mar-1996'   [ 21.1938]    [ 21.6250]    [ 21.2920]    [ 21.2920]    [  3373800]
 '01-Apr-1996'   [ 21.1120]    [ 21.6250]    [ 21.4170]    [ 21.6250]    [  2744100]
 '02-Apr-1996'   [ 21.3165]    [ 21.8750]    [ 21.6670]    [ 21.8330]    [  4381800]
 '03-Apr-1996'   [ 21.4802]    [ 21.8750]    [ 21.7500]    [ 21.8750]    [  2860500]
 '04-Apr-1996'   [ 21.4393]    [ 21.8750]    [ 21.5000]    [ 21.6670]    [  3691200]
 '05-Apr-1996'   [    NaN]     [    NaN]     [    NaN]     [    NaN]     [     NaN]
 '08-Apr-1996'   [ 20.9483]    [ 21.6670]    [ 21.2080]    [ 21.4580]    [  5301900]
 '09-Apr-1996'   [ 21.1529]    [ 21.5420]    [ 21.2080]    [ 21.2080]    [  3498900]
 '10-Apr-1996'   [ 20.7387]    [ 21.1670]    [ 20.2500]    [ 20.2920]    [  8993100]
 '11-Apr-1996'   [ 20.0829]    [ 20.5000]    [ 20.0420]    [ 20.1250]    [ 11311500]
 '12-Apr-1996'   [ 19.9189]    [ 20.5830]    [ 20.0830]    [ 20.4580]    [  7760700]
 '15-Apr-1996'   [ 20.2878]    [ 20.7920]    [ 20.3750]    [ 20.6250]    [  4539000]
 '16-Apr-1996'   [ 20.3698]    [ 20.9170]    [ 20.1670]    [ 20.7500]    [  3605100]
    ...
```

3. 金融时间序列的图形用户界面 GUI

用户可以使用金融时间序列的图形用户界面分析时间序列并画图。

在 Matlab 命令窗口中调入命令 ftsgui，得到金融时间序列的图形用户界面窗体，如图 3.12 所示。

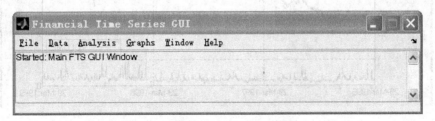

图 3.12　金融时间序列的图形用户界面

选择菜单 File→Load 命令，出现图 3.13 所示的对话框。

在图 3.13 所示的对话框中选择文件 disney.dat，单击"打开"按钮，出现图 3.14 所示的对话框。

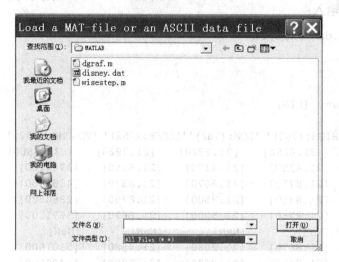
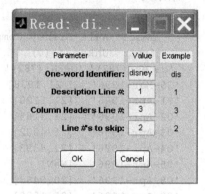

图 3.13 Load 对话框　　　　　　　　　图 3.14 数值输入对话框

在图 3.14 所示的对话框中输入相应的数值，单击 OK 按钮，结果如图 3.15 所示。

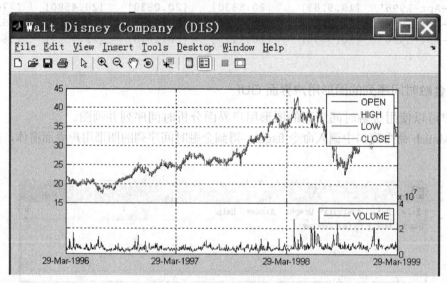

图 3.15 Disney 的图形(1)

选择菜单 Graphsd→Interaction Chart 命令，出现图 3.16 所示的窗口。

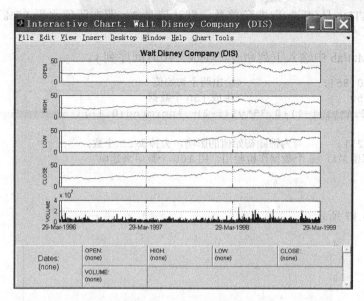

图 3.16 Disney 的图形(2)

3.3.6.2 用 Matlab 建立自回归移动平均模型

1. 模型识别

1) 相关系数的计算

在 Matlab 中可用函数 corrcoef(x,y) 计算 x 和 y 的相关系数。

调用方式：r= corrcoef(x,y)

例如，在 Matlab 中输入

```
x=[2,4,6,9,3]';          %列向量 x
y=[1,3,7,8,4]';          %列向量 y
r= corrcoef(x,y)
```

可得 x 和 y 的相关系数矩阵为

```
r =
     1.0000    0.9257
     0.9257    1.0000
```

2) 自相关系数 ACF PACF 的计算

在 Matlab 中可用函数 autocorr(series,nLags,M,nSTDs) 计算时间序列 series 的自相关系数。

调用方式：autocorr (series,nLags,M,nSTDs)

其中：series 为单变量时间序列，最后一行是最近一次观测值，nLags 为要计算的自相关系数的个数，默认值是 20；M(可选)取非负整数，默认值是 0，当 nLags>M 时，自相关系数显著为 0，nSTDs 是(可选)取非负整数，默认值是 2，即在置信水平 95%下自相关系数显著为 0。

例如，在 Matlab 中输入下列命令，生成一个时间序列 y。

```
y1=[1.01,0.85];            %给出两个初始值
for i=3:150                %生成 150 个数据
   y1(i)=0.4*y1(i-1)+0.35*y1(i-2)  +normrnd(0,1);
end
y=y1(26:125);       %为消除初始值的影响，去掉头 25 个数，
     % 保留最后 25 个数据作检验用，用 100 个数用来建模
t=1:100;
plot(t,y)
```

结果如图 3.17 所示。

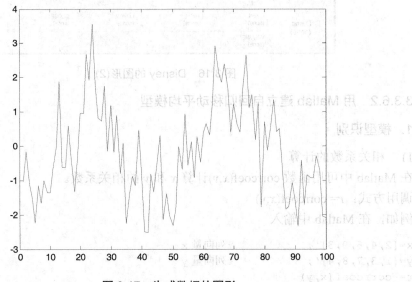

图 3.17 生成数据的图形

先检验均值是否为 0，在 Matlab 中输入命令：

```
>> mean(y)          %求 y 的均值
ans =   -0.1550
>> std(y)           %求 y 的标准差
ans =   1.3789
```

均值的绝对值 0.1550 小于 1 个标准差 1.3789，可以看成是 0 均值的时间序列。

求 y 的自相关系数，可以在 Matlab 中输入命令：

```
autocorr(y)
```

可得 y 的 20 个自相关系数的图形如图 3.18 所示。

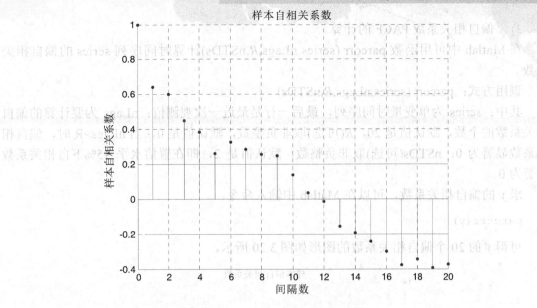

图 3.18 20 个自相关系数的图形

如果要计算更多个的自相关系数,可以在 Matlab 中输入命令:

autocorr(y,99)

可得 y 的 99 个自相关系数的图形,如图 3.19 所示。

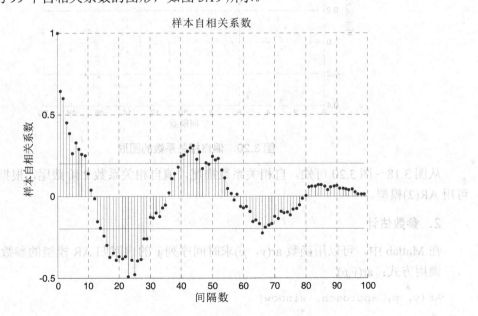

图 3.19 99 个自相关系数的图形

3) 偏自相关系数 PACF 的计算。

在 Matlab 中可用函数 parcorr (series,nLags,R,nSTDs) 计算时间序列 series 的偏自相关系数。

调用方式：parcorr (series,nLags,R,nSTDs)

其中：series 为单变量时间序列，最后一行是最近一次观测值；nLags 为要计算的偏自相关系数的个数，默认值是 20，R(可选)取非负整数，默认值是 0，当 nLags>R 时，偏自相关系数显著为 0；nSTDs(可选)取非负整数，默认值是 2，即在置信水平 95%下自相关系数显著为 0。

求 y 的偏自相关系数，可以在 Matlab 中输入命令：

parcorr(y)

可得 y 的 20 个偏自相关系数的图形如图 3.20 所示。

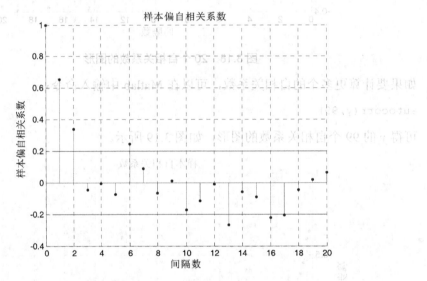

图 3.20　偏自相关系数的图形

从图 3.18～图 3.20 可知，自相关系数拖尾，偏自相关系数 2 阶截尾，根据表 3.3，可知可用 AR(2)模型。

2．参数估计

在 Matlab 中，可以用函数 ar(y, p)求时间序列 y 的自回归 AR 模型的参数。

调用方式：ar(y,p)

Ar(y, p, approach, window)

其中：y 为时间序列；p 为自回归模型 AR 的阶，approach 为模型参数的计算方法，具体可查阅 Matlab 帮助文件；window 为时间序列默认值的处理方法。具体可查阅 Matlab 帮助文件。

例如，对上述数据，在 Matlab 中输入：

```
ar(y,2)
```

得出结果为

```
Discrete-time IDPOLY model: A(q)y(t) = e(t)
A(q) = 1 - 0.4321 q^-1 - 0.3368 q^-2
Estimated using AR ('fb'/'now') from data set y
Loss function 0.979228 and FPE 1.0192
Sampling interval: 1
```

自回归模型 AR(2)的方程：

$$u_t = c + \phi_1 u_{t-1} + \phi_2 u_{t-2} + \varepsilon_t \tag{3.47}$$

式中，参数 c 为常数；ϕ_1、ϕ_2 为自回归模型系数；ε_t 为均值为 0、方差为 σ^2 的白噪声序列。在 Matlab 中，AR 模型是 $A(q)y(t) = e(t)$，其中 $A(q)$ 是位移算子。上述结果得到 $A(q)=1-0.4321 q^{-1} - 0.3368 q^{-2}$。由此可得到模型参数 ϕ_1、ϕ_2。具体方法如下：

$$A(q)y(t) = (1-0.4321 q^{-1}-0.3368 q^{-2})y(t)=e(t)$$

即

$$y(t) - 0.4321 y(t-1) - 0.3368 y(t-2)=e(t)$$

得

$$y(t) = 0.4321 y(t-1) + 0.3368 y(t-2)+e(t)$$

所以

$$\phi_1 =0.4321, \quad \phi_2 =0.3368。$$

模型的损失函数值是 0.979228，模型的最终预测误差 FPE 值是 1.0192。

3. 金融时间序列的预测

运用所建立的模型 $y(t) = 0.4321 y(t-1) + 0.3368 y(t-2)+ e(t)$，可得预测公式为

$$X(t)= 0.4321 y(t-1) + 0.3368 y(t-2)$$
$$X(t+1)= 0.4321 x(t) + 0.3368 y(t-1)$$
$$X(t+i)= 0.4321 x(t+i-1) + 0.3368 x(t+i-2) \quad i=2,3,\cdots$$

继续在 Matlab 中，输入：

```
x(1)=y1(124);
x(2)=y1(125);
for i=3:27
    x(i)=0.4321*x(i-1)+0.3368*x(i-2);
end
z=y1(124:150);
```

```
t=1:27;
plot(t,x,'-r',t,z,'-b')
```

结果如图 3.21 所示。

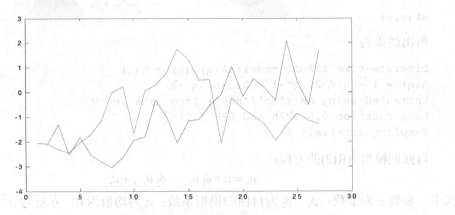

图 3.21 预测结果与原数据对比(1)

如果采用适时修正预测，则继续在 Matlab 中输入：

```
x(1)=y1(124);
x(2)=y1(125);
for i=3:27
    x(i)=0.4321*y1(124+i-1)+0.3368*y1(124+i-2);
end
z=y1(124:150);
t=1:27;
plot(t,x,'-r',t,z,'-b')
```

结果如图 3.22 所示。

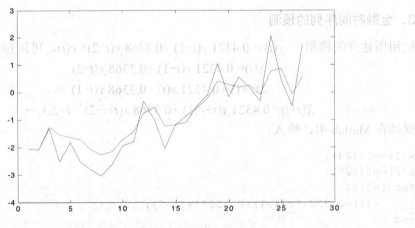

图 3.22 预测结果与原数据对比(2)

3.4 广义自回归条件异方差模型

前面一节主要讨论平稳时间序列，假定它们的均值、方差和自协方差都是关于 t 不变的，但是在实际的金融时间序列中，有许多时间序列的方差是随着 t 的变化而改变的，如资产的收益率序列常常存在波动率聚集现象。利用广义自回归条件异方差模型(Generalized AutoRegressive Conditional Heteroscedasticity model，GARCH 模型)可以对这类问题进行建模。

3.4.1 广义自回归条件异方差模型

假设总体服从正态分布 $N(\mu, \sigma^2)$ 或 T 分布，根据历史数据采用以下方法估计其参数 μ 和 σ。

条件均值采用 ARMAX(R,M,N_x) 模型，即

$$r_t = \mu_t + \varepsilon_t$$

$$\mu_t = c + \sum_{i=1}^{R}\phi_i r_{t-i} + \sum_{j=1}^{M}\theta_j \varepsilon_{t-j} + \sum_{k=1}^{N_x}\beta_k X(t,k) \tag{3.48}$$

$$\varepsilon_t | I_{t-1} \sim N(0,\sigma_t^2)$$

式中，I_{t-1} 为在 $t-1$ 期所有可利用的信息集合；X 为解释回归矩阵，它的每一列是一个时间序列；$X(t,k)$ 为 X 的第 t 行、第 k 列上的元素。

记

$$\varepsilon_t = z_t \sigma_t \tag{3.49}$$

则 $z_t \sim N(0，1)$，z_t 为独立的正态分布的随机变量

标准差 σ 可采用下列 3 种模型之一估计。

1) GARCH 模型

经济学家 Engle 于 1982 年提出了 ARCH 模型[2]，其主要特点是方差随时间变化而变化，Bollerslev 在 1986 年提出了 GARCH(p,q)模型，即

$$\sigma_t^2 = \kappa + \sum_{i=1}^{p}G_i \sigma_{t-i}^2 + \sum_{j=1}^{q}A_j \varepsilon_{t-j}^2 \tag{3.50}$$

$$\sum_{i=1}^{p}G_i + \sum_{j=1}^{q}A_j < 1$$

其中
$$\kappa > 0 \tag{3.51}$$
$$G_i > 0 \quad i=1,2,\cdots,p$$
$$A_j > 0 \quad j=1,2,\cdots,q$$

2) GJR 模型

Glosten、Jagannathan 与 Runkle(1993)提出了 GJR (p,q) 模型，即

$$\sigma_t^2 = \kappa + \sum_{i=1}^{p} G_i \sigma_{t-i}^2 + \sum_{j=1}^{q} A_j \varepsilon_{t-j}^2 + \sum_{j=1}^{q} L_j S_{t-j}^- \varepsilon_{t-j}^2 \quad (3.52)$$

其中

$$S_t^- = \begin{cases} 1 & \text{若 } \varepsilon_t < 0 \\ 0 & \text{其他情况} \end{cases} \quad (3.53)$$

$$\sum_{i=1}^{p} G_i + \sum_{j=1}^{q} A_j + \frac{1}{2} \sum_{j=1}^{q} L_j < 1$$

$$\kappa > 0$$

$$G_i > 0 \quad i=1,2,\cdots,p \quad (3.54)$$

$$A_j > 0 \quad j=1,2,\cdots,q$$

$$A_j + L_j > 0 \quad j=1,2,\cdots,q$$

3) EGARCH 模型

Nelson 在 1991 年提出了 EGARCH 模型，即

$$\ln \sigma_t^2 = \kappa + \sum_{i=1}^{p} G_i \ln \sigma_{t-i}^2 + \sum_{j=1}^{q} A_j \left[\left| \frac{\varepsilon_{t-j}}{\sigma_{t-j}} \right| - E\left\{ \left| \frac{\varepsilon_{t-j}}{\sigma_{t-j}} \right| \right\} \right] + \sum_{j=1}^{q} L_j \left(\frac{\varepsilon_{t-j}}{\sigma_{t-j}} \right) \quad (3.55)$$

其中

$$E\{|Z_{t-j}|\} = E\left\{ \left| \frac{\varepsilon_{t-j}}{\sigma_{t-j}} \right| \right\} = \begin{cases} \sqrt{\dfrac{2}{\pi}} & \text{正态分布} \\[2mm] \sqrt{\dfrac{\nu-2}{\pi}} \dfrac{\Gamma\left(\dfrac{\nu-1}{2}\right)}{\Gamma\left(\dfrac{\nu}{2}\right)} & T\text{分布} \end{cases} \quad (3.56)$$

类似平稳时间序列建模，可采用历史数据进行模型识别、参数估计、模型检验和模拟预测，下面结合 Matlab 的 GARCH 工具箱进行介绍。

3.4.2 GARCH 工具箱

在 Matlab 中有专门处理广义自回归条件异方差模型的 GARCH 工具箱，主要有 5 个函数。函数 Garchset 用于进行模型设定，函数 Garchfit 用于进行参数估计，函数 Garchpred 用于进行预测，函数 Garchsim 用于进行蒙特卡罗模拟，函数 Garchinfer 本质上执行与 Garchfit 相同的操作，但未经优化。

1. 模型设定

在 Matlab 中用函数 Garchset 进行模型设定，调用格式如下：

```
Spec = garchset(param1,val1,param2,val2,...)
Spec = garchset(OldSpec,param1,val1,...)
Spec = garchset
garchset
```

其中，输入参数：

param1：字符串，GARCH 模型中的参数名。具体可查阅 Matlab 帮助文件。
val1：参数对应的值。具体可查阅 Matlab 帮助文件。
OldSpec：由 garchset、garchfit 生成的已存在的 GARCH 结构。

默认的模型为

```
spec = garchset('R',0,'M',0,'P',1,'Q',1);
spec = garchset('P',1,'Q',1);
spec = garchset;
```

例 3.7 在 Matlab 中设定默认的模型。

解 在 Matlab 中输入：

```
spec =garchset
```

结果为

```
spec =
    Comment: 'Mean: ARMAX(0,0,?); Variance: GARCH(1,1)'
    Distribution: 'Gaussian'
    C: []
    VarianceModel: 'GARCH'
    P: 1
    Q: 1
    K: []
    GARCH: []
    ARCH: []
```

即条件均值模型为 ARMAX(0,0,?)，条件方差模型为 GARCH(1,1)，概率分布为正态分布，ARMAX(0,0,?)的阶 $R=0$，$M=0$，待定参数只有一个 C，即条件均值模型为 $\mu = C$。GARCH(1,1)的阶 $P=1$，$Q=1$，待定参数有 3 个：K、GARCH 和 ARCH，即

$$\sigma_t^2 = \kappa + G_1 \sigma_{t-1}^2 + A_1 \varepsilon_{t-1}^2$$

例 3.8 在 Matlab 中查阅模型的结构 spec。

解 在 Matlab 中输入：

```
garchset
```

结果为

```
Comment: [ string ]                                              %模型说明部分
 Distribution: [ string | 'T' | {'Gaussian'} ]                   %概率分布
DoF: [ scalar degrees of freedom > 2 (T distribution) | {[]} ]
    %条件均值模型的参数
R: [ non-negative integer scalar AR model order | {0} ]
M: [ non-negative integer scalar MA model order | {0} ]
C: [ scalar constant in conditional mean | {[]} ]
AR: [ R-element vector of stationary AR coefficients | {[]} ]
MA: [ M-element vector of invertible MA coefficients | {[]} ]
Regress: [ vector of linear regression coefficients | {[]} ]
    %条件方差模型
VarianceModel: [ string for conditional variance model ]
P: [ non-negative integer scalar | {0} ]
Q: [ non-negative integer scalar | {0} ]
K: [ scalar constant in conditional variance | {[]} ]
GARCH: [ P-element vector of coefficients | {[]} ]
ARCH: [ Q-element vector of coefficients | {[]} ]
Leverage: [ Q-element vector of coefficients (EGARCH & GJR models) | {[]} ]
Display: [ string | 'off' | {'on'} ]                             %是否显示
MaxFunEvals: [ positive integer | {100*(number of estimated parameters) ]
MaxIter: [ positive integer | {400} ]
TolCon: [ positive scalar | {1e-007} ]
TolFun: [ positive scalar | {1e-006} ]
TolX: [ positive scalar | {1e-006} ]
FixDoF: [ logical scalar | {[]} ]
FixC: [ logical scalar | {[]} ]
FixAR: [ logical R-element vector | {[]} ]
FixMA: [ logical M-element vector | {[]} ]
FixRegress: [ logical vector | {[]} ]
FixK: [ logical scalar | {[]} ]
FixGARCH: [ logical P-element vector | {[]} ]
FixARCH: [ logical Q-element vector | {[]} ]
FixLeverage: [ logical Q-element vector | {[]} ]
```

具体可查阅 Matlab 帮助文件。

例 3.9 在 Matlab 中建立 AR(3)/GARCH(1,2)模型的结构，然后修改成 ARMAX(3,1)/GARCH(1,2)。

解 (1) 在 Matlab 中输入：

```
spec = garchset('R',2,'M',0,'P',2,'Q',2)
```

结果为

```
spec =
    Comment: 'Mean: ARMAX(3,0,?); Variance: GARCH(1,2) '
       Distribution: 'Gaussian'
             R: 3
             C: []
            AR: []
    VarianceModel: 'GARCH'
             P: 1
             Q: 2
             K: []
         GARCH: []
          ARCH: []
```

(2) 然后在 Matlab 中继续输入：

```
spec = garchset(spec,'M',1)
```

结果为

```
spec =
    Comment: 'Mean: ARMAX(3,1,?); Variance: GARCH(1,2) '
       Distribution: 'Gaussian'
             R: 3
             M: 1
             C: []
            AR: []
            MA: []
    VarianceModel: 'GARCH'
             P: 1
             Q: 2
             K: []
         GARCH: []
          ARCH: []
```

例 3.10 在 Matlab 中建立一个有初始参数值的 AR(3)/GARCH(1,2)模型的结构，其初始参数值为：$C=0$，$\varphi_1=0.5$，$\varphi_2=-0.45$，$\varphi_3=-0.2$，$K=0.0002$，$G_1=0.4$，$A_1=0.12$，$A_2=0.06$。

解 在 Matlab 中输入：

```
spec = garchset('C',0,'AR',[0.5 -0.45 -0.2], 'K',0.0002,
'GARCH',0.4, 'ARCH',[0.12 0.06])
```

结果为

```
spec =
    Comment: 'Mean: ARMAX(3,0,?); Variance: GARCH(1,2) '
       Distribution: 'Gaussian'
```

```
            R: 3
            C: 0
           AR: [0.5000 -0.4500 -0.2000]
VarianceModel: 'GARCH'
            P: 1
            Q: 2
            K: 2.0000e-004
        GARCH: 0.4000
         ARCH: [0.1200 0.0600]
```

例3.11 在Matlab中建立ARMA(1,2)/GJR(2,1)模型，T分布的结构。

解 在Matlab中输入：

```
spec = garchset('R',1,'M',2,'P',2,'Q',1,'VarianceModel','GJR','Distribution','T')
```

结果为

```
spec =
Comment: 'Mean: ARMAX(1,2,?); Variance: GJR(2,1) '
   Distribution: 'T'
          DoF: []
            R: 1
            M: 2
            C: []
           AR: []
           MA: []
VarianceModel: 'GJR'
            P: 2
            Q: 1
            K: []
        GARCH: []
         ARCH: []
     Leverage: []
```

2. 参数估计

在Matlab中用函数Garchfit进行参数估计，调用格式如下：

```
[coeff,errors,LLF, Innovations,Sigmas, summary] = garchfit(series);
[coeff,errors,LLF, Innovations,Sigmas,,summary] = garchfit(spec,series);
```

输入参数：

Spec：GRACH模型的结构。

Series：时间序列观察值，为列向量。

输出参数：

Coeff：模型的结构，与Spec相同。

Errors：参数的估计误差。

LLF：参数估计的极大似然比。

Innovations：条件均值模型的残差 ε_t。

Sigmas：残差 ε_t 的标准差 σ_t。

Summary：优化过程概要信息结构。具体可查阅 Matlab 帮助文件。

例 3.12 利用 Matlab 中自带的保存在文件 garchdata.dat 中的数据建立 ARMAX(0,1,0)/GJR(1,1)模型，并求模型的参数。

解 在 Matlab 中输入：

```
load garchdata
nasdaq = price2ret(NASDAQ);
spec = garchset('VarianceModel','GJR','M',1,'P',1,'Q',1,'Display','off');
[coeff,errors,LLF, Innovations, Sigmas] = garchfit(spec,nasdaq(1:2000));
garchdisp(coeff,errors)
```

结果为

```
    Mean: ARMAX(0,1,0); Variance: GJR(1,1)
 Conditional Probability Distribution: Gaussian
 Number of Model Parameters Estimated: 6
                        Standard         T
  Parameter   Value       Error      Statistic
  ---------  ---------  -----------  ---------
       C     0.00056316  0.00023437    2.4029
    MA(1)    0.24971     0.024166     10.3330
       K     1.1771e-005 1.5165e-006   7.7622
  GARCH(1)   0.69682     0.033496     20.8030
   ARCH(1)   0.025145    0.017661      1.4237
 Leverage(1) 0.24389     0.030331      8.0411
```

得到条件均值模型为

$$\mu_t = 0.00056316 + 0.24971\varepsilon_{t-1}$$

条件方差模型为

$$\sigma_t^2 = 0.000011771 + 0.69682\sigma_{t-1}^2 + 0.025145\varepsilon_{t-1}^2$$

$\varepsilon_t = z_t\sigma_t$，其服从标准正态分布，即

$$\text{Nasdaq}(t) = \mu_t + \varepsilon_t。$$

如果在 Matlab 中输入：

```
garchfit(spec,nasdaq(1:2000))
```

结果除上面显示的外，还会得到图 3.23 所示的条件均值模型的残差ε_t(图中 Innovations)、残差的标准差 σ_t (图中 Sigmas)和收益率 nasdaq(图中 Return)的图形。

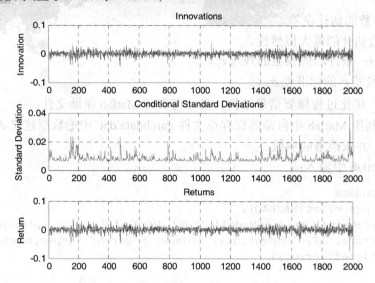

图 3.23 条件均值模型的残差 ε_t (Innovations)、残差的标准差 σ_t (Sigmas) 和收益率 nasdaq

因 $z_t = \varepsilon_t / \sigma_t$，可以用函数画出 z_t 的图形。

在 Matlab 中输入：

garchplot(Innovations./Sigmas)

结果如图 3.24 所示。

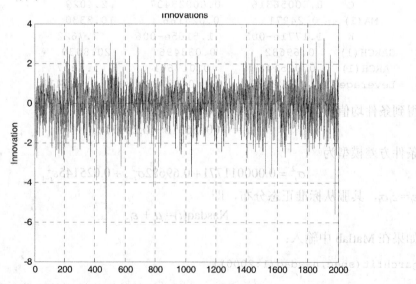

图 3.24 z_t 的图形

3. 预测

在 Matlab 中用函数 Garchpred 进行预测，调用格式如下：

[SigmaForecast,MeanForecast] = garchpred(Spec,Series,NumPeriods)

输入参数：
Spec，模型结构。
Series，时间序列观测值，列向量。
NumPeriods，预测步数，默认值是 1。

输出参数：
SigmaForecast，条件均值模型残差的标准差预测值。
MeanForecast，条件均值的预测值。

例 3.13 利用 Matlab 中自带的保存在文件 garchdata.dat 中的数据，采用默认的 ARMAX(0,0,0)/ Garch (1,1)模型，求模型的参数，并对未来 10 天进行预测。

解 在 Matlab 中输入：

```
load garchdata
dem2gbp = price2ret(DEM2GBP);
[coeff,errors,LLF,innovations,sigmas] = garchfit(dem2gbp);
[sigmaForecast,meanForecast] = garchpred(coeff,dem2gbp,10);
[sigmaForecast,meanForecast]
```

结果为

```
ans =
    sigmaForecast,   meanForecast
        0.0038      -0.0001
        0.0039      -0.0001
        0.0039      -0.0001
        0.0040      -0.0001
        0.0040      -0.0001
        0.0041      -0.0001
        0.0041      -0.0001
        0.0042      -0.0001
        0.0042      -0.0001
        0.0042      -0.0001
```

在 Matlab 中继续输入：

[sigmaForecast,meanForecast] = garchpred(coeff,dem2gbp,100);

可得 100 天的预测值，画出它们的图形，在 Matlab 中继续输入：

garchplot(meanForecast,sigmaForecast)

结果如图 3.25 所示。

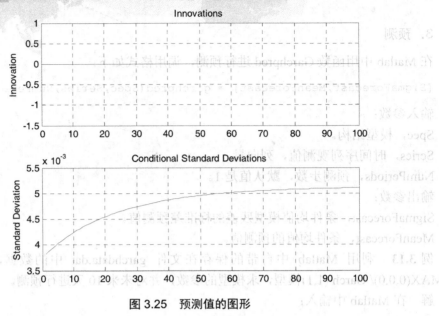

图 3.25 预测值的图形

4．蒙特卡罗模拟

在 Matlab 中用函数 garchsim 进行蒙特卡罗模拟，调用格式如下：

```
[Innovations,Sigmas,Series] = garchsim(Spec)
[Innovations,Sigmas,Series] = garchsim(Spec,NumSamples,NumPaths)
```

输入参数：

Spec，模型结构。

NumSamples：单次模拟的观测值的个数，每次模拟称为一条模拟路径，所以也叫模拟路径的长度。

NumPaths，模拟次数，也叫模拟路径的条数。

输出参数：

Innovations，条件均值模型的残差 ε_t。

Sigmas，残差 ε_t 的标准差 σ_t。

Series，时间序列的模拟的观测值，NumSamples×NumPaths 矩阵，每列是一条模拟路径的观测值。

例 3.14 利用 Matlab 中自带的保存在文件 garchdata.dat 中的数据，采用默认的 ARMAX(0,0,0)/ Garch (1,1)模型，求模型的参数，并对未来 250 天进行模拟，共模拟两次。

解 在 Matlab 中输入：

```
load garchdata
dem2gbp = price2ret(DEM2GBP);
[coeff,errors,LLF,innovations,sigmas] = garchfit(dem2gbp);
```

```
[Innovations,Sigmas,Series] = garchsim(coeff,250,2);
garchplot(Innovations(:,1),Sigmas(:,1),Series(:,1))
```

得到第一条模拟路径结果如图 3.26 所示。

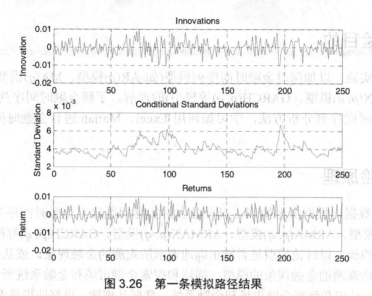

图 3.26　第一条模拟路径结果

在 Matlab 中继续输入：

```
garchplot(Innovations(:,2),Sigmas(:,2),Series(:,2))
```

得到第二条模拟路径结果如图 3.27 所示。

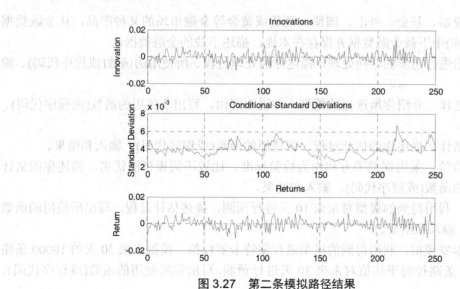

图 3.27　第二条模拟路径结果

3.5 实验三：金融时间序列分析实验

3.5.1 实验目的

通过本次实验，以加深对金融时间序列模型(如 AR(p)模型、MA(q)模型、ARMA(p, q)模型、ARMAX(p, q)模型、GARCH(p, q)等模型)的理解，了解金融时间序列分析基本步骤，初步掌握金融时间序列分析方法，学习如何用 Excel、Matlab 进行金融时间序列分析的实际计算。

3.5.2 实验原理

利用金融数据，根据金融知识，对金融中的实际问题建立金融时间序列模型(如 AR(p)模型、MA(q)模型、ARMA(p, q)模型、ARMAX(p, q)模型、GARCH(p, q)等模型)，并对理论模型进行适度检验，以讨论模型是否能正确地表示所观测的金融现象，或从多个理论模型中选择更加适合所观测的金融现象的模型；描述和探索金融市场和金融系统所处的状态、结构及其运行规律，认识和解释金融市场和金融系统，掌握其规律，更好地指导人们的金融实践。预测甚至控制金融市场和金融系统未来的行为，达到利用和支配市场和金融系统的目的。

3.5.3 实验内容

(1) 选择股票、基金、外汇、国债、期货或黄金等金融市场的某种产品，从金融数据(RESSET 数据库)中下载金融数据并保存在本地，描述下载的金融数据。

(2) 对数据进行初步的转换处理，描述你的处理过程、所使用的函数(或程序代码)、输入和结果。

(3) 模型选择。介绍你所选择的模型，并说明理由，写出所使用的函数(或程序代码)、输入和结果。

(4) 参数估计。描述你的估计过程、所使用的函数(或程序代码)、输入和结果。

(5) 模型检验。采用误差平方和作为检验标准，比较不同模型的优劣。描述你的估计过程、所使用的函数(或程序代码)、输入和结果。

(6) 预测。利用得到的模型对未来 10 天进行预测，描述估计过程，写出所使用的函数(或程序代码)、输入和结果。

(7) 蒙特卡罗模拟。利用得到的模型进行蒙特卡罗模拟，模拟未来 30 天的 10000 条路径，用这 10000 条路径的平均值对未来 30 天进行预测,写出你所使用的函数(或程序代码)、输入和结果。

3.5.4 实验步骤

以使用 Matlab 软件为例加以说明。

第一步：下载金融数据。例如，从锐思金融研究数据库下载股票在一年内的日收盘价的历史数据，以 Excel 格式用某文件名保存在目录中。如果是从网站下载的免费数据，要去掉收盘价为零的数据。要描述股票的名称、股票代码、数据包含哪些字段、数据的开始时间、数据的结束时间及数据的长度等。在 Matlab 中编写自动读取得到的以 Excel 格式保存的数据。

第二步：对数据进行初步的转换处理。如数据正确性检查、缺损值的处理、奇异值的处理、将价格数据转换为收益率数据，对收益率数据进行零均值的检验与处理、平稳性的检验与处理等。

第三步：模型选择。根据第二步的结果，按照模型选择的方法和步骤选择合适的模型，要计算均值、方差、自相关系数、偏自相关系数等，在 $AR(p)$ 模型、$MA(q)$ 模型、$ARMA(p, q)$ 模型、$ARMAX(p, q)$ 模型、$GARCH(p, q)$ 等模型中选择一个模型，确定模型的阶。有时要先多选几个模型进行比较。

第四步：参数估计。用 Matlab 中的函数求出模型参数的估计值。

第五步：模型检验。进行误差平方和检验、FPC 检验、AIC 检验和 BIC 检验等。

第六步：预测。利用得到的模型，在 Matlab 中编程，对未来 10 天进行预测，将结果复制到实验报告中。

第七步：蒙特卡罗模拟。利用得到的模型在 Matlab 中编程，进行蒙特卡罗模拟，模拟未来 30 天的 10000 条路径。求这 10000 条路径的平均值，对未来 30 天进行预测，并将结果复制到实验报告中。

第八步：编写实验报告。

3.5.5 实验报告要求

实验报告包括实验者信息(姓名、学号、专业、班级、成绩等)、实验基本信息(实验名称、实验地点、实验设备、设备号、使用软件、实验时间等)、实验原理(简述)、实验内容、实验过程、实验数据和实验结果、实验分析和结论、实验心得体会等部分。

本章小结

(1) 本章主要介绍了金融时间序列的概念，讨论了金融时间序列的构成因素及其分解，分析了金融时间序列的统计特性，介绍了自相关系数和偏自相关系数的概念。本章还介绍了 AR 模型、MA 模型、ARMA 模型和 GARCH 模型，讨论了这些模型的识别、参数估计、模型检验、预测等方法。本章还介绍了 Matlab 的金融时间序列工具箱和 GARCH 工具箱以及使用它们进行金融时间序列分析的方法。最后，本章还给出了用 Excel 和 Matlab 进行金融时间序列分析的实验。

(2) 时间序列是指将某种现象的某一个统计指标在不同时间上的各个数值，按时间先后顺序排列而形成的序列。金融时间序列是指按照时间先后顺序排列的金融数据，即是金融领域里的时间序列。

(3) 时间序列分析是一种广泛应用的数量分析方法，主要用于描述和探索现象随时间发展变化的数量规律性。金融时间序列分析是以金融理论为指导，运用时间序列分析原理和方法，描述和探索金融现象随时间发展变化的数量规律性，揭示金融市场的内在结构，用于指导人们的金融实践。

(4) 金融时间序列分析通常分确定性的时间序列分析与随机性的时间序列分析两种，前者研究各种时间序列因素分解以及长期趋势、季节变动、循环变动三要素的分析；后者则主要研究随机变动，采用 AR 模型、MA 模型和 ARMA 模型等。

(5) 对于一个平稳时间序列，则可以采用自回归 AR 模型、移动平均 MA 模型和自回归移动平均 ARMA 模型进行分析，主要包括数据采集整理、模型的识别、参数估计、模型检验、预测等步骤。

(6) 在实际的金融时间序列中，有许多时间序列的方差是随着 t 的变化而变化的，不满足平稳性假设。利用广义自回归条件异方差模型(GARCH 模型)可以对这类问题进行建模。

思考讨论题

1. 什么是金融时间序列？金融时间序列分析主要有哪些作用？
2. 金融时间序列分析通常分为哪两种类型？分别解决什么问题？
3. 确定性金融时间序列分析主要包括哪几个步骤？
4. 对平稳金融时间序列可采用哪些模型进行分析？主要有哪几个步骤？
5. 什么情况下可使用 GARCH 模型来分析金融时间序列？主要有哪几个步骤？
6. 通过网上收集资料和学习研究，谈谈你对金融时间序列分析及其应用的最新进展的认识和看法。

第 4 章 金融风险价值的计算

【学习要点及目标】

- 理解金融风险价值 VaR 模型，了解金融市场风险、金融市场风险的度量与管理。
- 掌握风险价值 VaR 的计算方法，熟练掌握单个资产的 VaR 计算方法；会进行资产组合的 VaR 计算。
- 熟练掌握计算 VaR 的参数法，会用 Matlab 采用历史模拟法计算 VaR。
- 掌握计算 VaR 的蒙特卡罗模拟法，会用 Matlab 采用 GARCH、GJR、EGARCH 模型计算 VaR。

【核心概念】

金融风险　风险价值(VaR)　金融市场风险　金融风险管理　计算 VaR 的参数法　历史模拟法　蒙特卡罗模拟法　回顾测试

本章介绍度量金融风险的风险价值(Value at Risk，VaR)模型，介绍了计算风险价值 VaR 的参数方法(包括直接法、移动平均法和指数移动平均法)、历史模拟法(一般法、拔靴法和改进的拔靴法)和蒙特卡罗模拟法，给出了用 Excel 和 Matlab 计算风险价值 VaR 的案例。

4.1 金融风险价值 VaR 模型

自 20 世纪 50 年代以来，在现代金融理论的指导下，金融工作者创造了许多衍生金融产品，同时也创立了不少用于识别和度量金融风险的模型和技术，这些产品、模型和技术被称为"金融领域的高科技"。VaR 模型就是最有代表性的模型之一，它是由 J.P.Morgan 公司首先建立的，它用一个具体的数说明在未来 24 小时该公司全球业务所承担的风险情况。在该模型的基础上，J.P.Morgan 公司于 1994 年推出了第一个市场风险管理软件系统——RiskMetrics。从此，金融企业计算机应用不仅涉及前台事务处理，而且开始进入后台决策支持系统的新阶段。

以巴塞尔银行监督管理委员会为代表的金融监管部门，也积极运用这些高科技进行外部的监管和控制。由于用 VaR 模型测量金融市场风险具有科学、实用、准确和综合的特点，受到国际金融界(包括金融监管部门)的普遍欢迎，迅速发展成为一种风险管理的标准。

2005 年年初中国银监会发布了《商业银行市场风险管理指引》，并于 2005 年 3 月 1 日起实施，该指引鼓励业务复杂程度和市场风险水平较高的商业银行逐步开发和使用内部模型计量风险价值，对所承担的市场风险水平进行量化估计，将风险价值(VaR)模型作为内部模型的标准方法之一。

2008年全球金融危机爆发，也引起了金融机构和金融监管部门的反思，在应对此次金融危机的过程中，直接催生了第三版巴塞尔资本协议(即巴塞尔资本协议III)，它可以说是金融监管框架调整的代表性成果，该协议的草案于2010年提出，并在短短一年时间内就获得了最终通过。于2013年1月6日又发布了最新规定。

巴塞尔资本协议III是商业银行风险管理的国际标准，作为20国集团和巴塞尔委员会的正式成员国，中国全面参与了金融危机以来的国际金融监管改革进程，高度重视国际新监管标准的实施工作。根据巴塞尔III的核心要求，并结合中国银行业改革发展实践，银监会确立了具有中国特色的审慎资本监管框架。2012年7月，经国务院批准，发布了《商业银行资本管理办法(试行)》。为配合新的资本监管制度实施，银监会陆续发布了一系列配套监管规则和指导性意见。《商业银行资本管理办法(试行)》于2013年1月1日开始实施。这是中国为满足国际新监管标准，并结合我国银行业实际而制定的银行资本监管新规，又被称为中国版"巴塞尔协议III"。是否实施该资本协议，被视为"最好的银行风险管理"重要标志。

4.1.1 金融市场风险概述

现代企业经营中一般面临三类风险：战略风险、业务风险和金融风险。金融风险是指由于金融市场因素发生变化而对企业的现金流产生负面影响，导致企业的金融资产或收益发生损失，并最终引起企业价值下降的可能性。金融企业面临的主要金融风险类型有金融市场风险、信用风险、操作风险、流动性风险和法律风险等。

金融市场风险主要指金融市场基础变量(如利率、汇率、股票价格等)的变化而使金融资产的市场价值发生变化的可能性。随着资本市场的全球化、放松金融监管和金融创新等新的变化，金融风险的重点从传统的信用风险转向市场风险，而且市场风险也成为引起信用风险的重要因素，因此金融市场风险成为金融监管的重点。

4.1.2 金融市场风险的度量与管理

金融风险管理是指为改变企业所面临的金融风险状况而采取的一系列的管理行为。风险管理一般包括4个方面的含义：①风险辨识，辨认和识别企业所面临的风险类型；②风险测量，定量描述企业面临的这些风险的大小程度，评估这些风险对企业有何种程度的影响，确定应该回避哪些风险，可以承担哪些风险等；③风险控制，针对风险的类型，选择最佳的风险控制技术，使风险损失降到最低限度；④风险防范，包括确定企业的风险管理原则，建立相应的组织机构，制定风险管理制度和风险防范措施等。对金融企业来说，在这 4 个方面中风险的测量是关键。

风险测量是金融风险管理的基础和核心。随着金融全球化的发展趋势，金融市场的交易规模不断增大，动态性和复杂性不断增加，金融市场风险的测量技术也变得越来越综合和复杂。在现代金融理论基础上，金融工作者创立了许多先进的风险管理模型和技术。目前，金融市场风险的测量模型和技术主要包括灵敏度分析、波动性方法、VaR 模型、压力测试和极值理论等，其中 VaR 模型是目前金融市场风险测量的主流方法。VaR 模型与返回检验和压力测试一起构成了巴塞尔协议的内部模型法。

4.1.3 VaR 模型

VaR 模型是由 J.P.Morgan 公司首先建立的，当时 J.P.Morgan 公司的总裁 Dennis Weatherstone 要求其下属每天下午 4 点 15 分给他一份一页的报告，并用一个具体的数说明在未来 24 小时该公司全球业务所承担的风险情况。为了满足这一要求，J.P.Morgan 公司的风险管理人员开发了一种能够测量不同交易、不同业务部门市场风险，并且将这些风险集成为一个数的风险测量模型，这就是 VaR 模型。基于该模型，J.P.Morgan 公司于 1994 年推出了第一个市场风险管理软件系统——RiskMetrics。

VaR 的定义：在正常的市场条件下，给定置信水平和持有期，某种投资组合可能发生的最大损失值。

例如，某公司的投资组合在置信水平为 99%，持有期为一天时的 VaR 为 65 万元。它说明该公司可以有 99%的把握相信持有一天该投资组合的最大损失不会超过 65 万元。换句话说，该公司持有一天该投资组合的损失超过 65 万元的可能性只有 1%。通俗地说，即损失超过 65 万元的可能性是百年一遇。这与我国劳动人民在长期与洪水斗争中，总结出用百年一遇、20 年一遇来描述洪水的危害的思想是完全一致的。VaR 不仅描述了损失的大小，还描述了发生损失的频率。

VaR 的数学定义：给定置信水平 $1-\alpha$ 和时间间隔 t，如果一家实体机构在时间间隔 t 内预计损失额超过 M 的概率小于 α，则称这家实体机构在时间间隔 t 内的 VaR 为 M。

即

$$P\{损失额 > M\} < \alpha$$

VaR 的计算是以概率论与数理统计为基础的，类似于区间估计。以单个资产的 VaR 计算为例，说明 VaR 的计算。

假设有一家美国银行的风险经理，要计算 100 万欧元资产在 95%置信水平下的日 VaR。已知即期汇率 b_0 为 1 欧元兑 1.25 美元。凭过去的观察知道美元与欧元的汇率的变动率 r 服从均值为 0、标准差为 0.0125 的正态分布(注：$r = (b_1 - b_0)/b_0$，$b_1 = b_0(1+r)$)。

因为汇率的变动率 r 服从均值为 0、标准差为 0.0125 的正态分布，所以 $\frac{r-\mu}{\sigma}$ 服从标准正态分布。设 $\frac{r-\mu}{\sigma}$ 的绝对值大于 k 的概率为 α (=1-0.95)，即 $\frac{r-\mu}{\sigma}$ 的绝对值不大于 k 的概率为 $1-\alpha$ (=95%)。则由 $P\{|\frac{r-\mu}{\sigma}|\leqslant k\}=1-\alpha$，即 $P\{-k\leqslant\frac{r-\mu}{\sigma}\leqslant k\}=1-\alpha$，所以 $k=z_{1-\frac{\alpha}{2}}$，因此，$P\{\mu-z_{1-\frac{\alpha}{2}}\sigma\leqslant r\leqslant\mu+z_{1-\frac{\alpha}{2}}\sigma\}=1-\alpha$，记 $r_a=\mu-z_{1-\frac{\alpha}{2}}\sigma$，$r_b=\mu+z_{1-\frac{\alpha}{2}}\sigma$，则汇率的变动率 r 落在区间 $[r_a, r_b]=[\mu-z_{1-\frac{\alpha}{2}}\sigma, \mu+z_{1-\frac{\alpha}{2}}\sigma]$ 中的概率为 $1-\alpha$ (=95%)，其最小的汇率的变动率 r 为 $r_a=\mu-z_{1-\frac{\alpha}{2}}\sigma$。由此可计算出 95% 置信水平下的最大损失。

因为 $\mu=0$，$\sigma=0.0125$，$\alpha=0.05$，$z_{1-\frac{\alpha}{2}}=z_{0.975}=1.96$，所以 $r_a=\mu-z_{1-\frac{\alpha}{2}}\sigma=0-1.96\times 0.0125=-0.0245$。$b_1=b_0(1+r)=1.25\times(1-0.0245)=1.219375$。95% 置信水平下的最大日损失为 $1\,000\,000\times(1.219375-1.25)=-30\,625$ (美元)。

上面是通过 $\frac{r-\mu}{\sigma}$ 的绝对值大于 k 的概率为 α 来计算 VaR，实际上是汇率的变动率 $r<r_a=\mu-z_{1-\frac{\alpha}{2}}\sigma$ 和 $r>r_b=\mu+z_{1-\frac{\alpha}{2}}\sigma$ 的概率为 α，而汇率的变动率 $r>r_b=\mu+z_{1-\frac{\alpha}{2}}\sigma$ 时，是收益而不是损失。

用类似于单侧区间估计的方法，可以只计算损失，也称单尾方法(对应地称上面的方法为双尾方法)。仍以上例说明。

$P\{\frac{r-\mu}{\sigma}\geqslant k\}=1-\alpha$，$P\{\frac{r-\mu}{\sigma}<k\}=\alpha$，$k=-z_\alpha$，因此，$P\{\mu-z_\alpha\sigma\leqslant r<+\infty\}=1-\alpha$，记 $r_a=\mu-z_\alpha\sigma$，则汇率的变动率 r 落在区间 $[r_a, +\infty)=[\mu-z_\alpha\sigma, +\infty)$ 中的概率为 $1-\alpha$ (=95%)，其最小汇率的变动率 r 为 $r_a=\mu-z_\alpha\sigma$。由此可计算出 95% 置信水平下的最大损失。

因为 $\mu=0$，$\sigma=0.0125$，$\alpha=0.05$，$z_\alpha=z_{0.95}=1.65$，所以 $r_a=\mu-z_\alpha\sigma=0-1.65\times 0.0125=-0.020625$。$b_1=b_0(1+r)=1.25\times(1-0.020625)=1.22421875$。

95% 置信水平下的最大日损失为 $1\,000\,000\times(1.25-1.22421875)=25\,781.25$ (美元)。

用单尾方法计算的 VaR 比用双尾方法计算的 VaR 要小一些。

上面的计算中有 3 个已知条件要给定：①置信水平(一般为 95%、97.5%、99% 等)；②持有期(一般为一天、一周、10 天、半个月、一个月等)；③变动率 r 服从概率分布及其参数(上题中 r 服从正态分布，其均值为 0，标准差为 0.0125)。

对于多个资产的组合，方法类似，但要复杂得多。涉及多元随机变量的概率分布及其参数(如均值向量、协方差矩阵等)。一般需要利用计算机来计算。

如果只知道汇率变动服从的分布，但不知参数值(如均值和标准差未知)，可根据历史数据用参数估计法对其参数进行估计。如果连汇率变动服从的分布也不知道，则要根据历史数据采用非参数估计法对其分布进行估计。

由于 VaR 模型具有对金融市场风险测量的科学、实用、准确和综合等许多优点，它获得了广泛的应用，范围涉及证券、投资银行、商业银行、养老基金及非金融企业等。目前，VaR 模型的应用已不仅仅局限在金融市场风险的测量方面，而且逐步应用到信用风险、流动性风险、现金流风险和操作风险等方面。利用 VaR 模型还可确定内部风险资本需求、设定风险限额、在风险调整的基础上更合理地分析业绩，应用于金融监管等。

4.1.4 风险价值 VaR 的计算方法

由前面计算 VaR 的简单例子不难看出，VaR 计算的核心在于估计资产组合未来损益的(联合)概率分布。大多数情况下，直接估算资产组合未来损益的(联合)概率分布几乎是不可能的，因为资产组合往往包含种类繁多的金融工具，而且有些新金融工具没有足够的历史数据可用。通常将资产组合用其市场因子来表示，即将资产组合的价值表示成其所有市场因子的函数，通过市场因子的变化来估计资产组合未来损益的(联合)概率分布。因此 VaR 的计算可分 3 步进行。

(1) 把资产组合中的每一种资产损益表示为市场因子的函数——市场因子映射。
(2) 预测市场因子的波动性——市场因子波动性模型。
(3) 根据市场因子的波动性估计资产组合的价值变化和分布——估值模型。

在这 3 步中市场因子波动性模型和估值模型是关键，不同的市场因子波动性模型和估值模型构成计算 VaR 的不同方法。

常常用历史数据的统计量(如样本均值、样本标准差等)来表示市场因子，对历史数据采用不同的方法计算样本均值和样本标准差，得到计算风险价值(VaR)的不同方法。主要有三类，即参数方法、历史模拟法和蒙特卡罗模拟法。

1．参数法

参数法计算可采用直接法、移动平均和指数移动平均 3 种方法。

1) 直接法

直接法是直接计算所有 n 个样本的样本均值和样本标准差。日变化率的样本均值的计算公式为

$$\mu = \frac{1}{n}\sum_{i=1}^{n} r(i) \tag{4.1}$$

日变化率的样本标准差的计算公式为

$$\sigma = \sqrt{\frac{1}{n-1}\sum_{i=1}^{n}(r(i)-\mu)^2} \tag{4.2}$$

用单尾法计算置信度为 $1-\alpha$ 的单位资产收益率的日 VaR 为

$$\text{VaR}_{1-\alpha} = \mu - z_\alpha \sigma \tag{4.3}$$

分别取 α=0.05、0.025 和 0.01，可得 z_α 分别等于 1.65、1.96 和 2.33，因此可得置信度为 95%、97.5%和 99%的 VaR 分别为

$$\text{VaR}_{0.95} = \mu - 1.65\sigma \tag{4.4}$$

$$\text{VaR}_{0.975} = \mu - 1.96\sigma \tag{4.5}$$

$$\text{VaR}_{0.99} = \mu - 2.33\sigma \tag{4.6}$$

2) 移动平均法

移动平均法只计算最近 m(m 为移动窗口的宽度)个样本的样本均值和样本标准差。更早的历史数据(移动窗口外的)不参加计算，m 可以根据总体的不同特性选用不同的值。

设 m 为移动窗口的宽度，日变化率的样本均值的计算公式为

$$\mu(i) = \frac{1}{m} \sum_{j=1}^{m} r(i-j) \tag{4.7}$$

日变化率的样本标准差的计算公式为

$$\sigma(i) = \sqrt{\frac{1}{m-1} \sum_{j=1}^{m} (r(i-j) - \mu(i))^2} \tag{4.8}$$

样本均值和样本标准差均随时间变化，可以反映最近的变化情况。

3) 指数移动平均

指数移动平均是用最近 m 个样本以指数加权平均来计算样本均值和样本标准差，距离越近的样本的权重越大。

设 m 为移动窗口的宽度，日变化率的样本均值的计算公式为

$$\mu(i) = \frac{1}{\sum_{k=1}^{m} \lambda^{k-1}} \sum_{j=1}^{m} \lambda^{j-1} r(i-j) \tag{4.9}$$

日变化率的样本标准差的计算公式为

$$\sigma(i) = \sqrt{\frac{1}{\sum_{k=1}^{m} \lambda^k} \sum_{j=1}^{m} \lambda^{j-1} (r(i-j) - \mu(i))^2} \tag{4.10}$$

λ 为衰退因子，$0<\lambda<1$，它的选取隐含对距离目前时间越近的样本给予越重的权数，对样本均值和样本标准差的贡献越大，λ 的值越小，离目前时间越远的样本的权数衰减得越快。

2．历史模拟法

历史模拟法的基本假设是过去的变化情况会在未来重现。利用过去一段时间的历史数

据进行重新抽样,模拟未来一段时间的变化情况,抽样区间和抽样方法的不同,就形成不同的历史模拟法,主要有一般法和拔靴法(Bootstrap),还给出一种改进的拔靴法。

1) 一般法

一般法让所有 n 个样本均参与抽样,随机抽取 k 次,模拟未来 k 天的日变化率,称为一条路径,k 称为路径长度。重复模拟 k_n 条路径,若置信水平取 $1-\alpha$,将 k_n 条路径按分量由小到大进行排序,取排序后的第 αk_n 条路径的每一个分量为对应的未来 k 天每天的 VaR,即 $1-\alpha$ 置信水平下持有 1 份(100 元)该国债的最大日损失。

用以下简单例子来说明。

假设有一个市场指数基金经理,要计算当前价值为 1000 万美元的基金在 95%的置信水平下的日风险价值(VaR)。已有今天之前的 1001 天的指数的历史数据。计算采取以下 4 个步骤:

(1) 把 1001 个市场指数数据 I_i ($i = 1, 2, \cdots, 1001$)转换成 1000 个市场指数收益率数据 $R_i=(I_i-I_{i-1})/I_{i-1}$($i = 1, 2, \cdots, 1000$)。

(2) 利用这 1000 个历史单日收益率 R_i ($i = 1, 2, \cdots, 1000$),随机抽取 2000 次,计算基金收益率一天内的 2000 种可能值,从而得出基金价值在一天内的 2000 个模拟变化值。

(3) 把基金 2000 个模拟变化值排序,就可以得到频度分布形状。

(4) 找出全部模拟值最左侧的 5%处的值,这个数值的绝对值就是基金在 95%的置信水平上的日风险价值(VaR)。

2) 拔靴法(Bootstrap)

拔靴法(Bootstrap)只让最近 m(m 为移动窗口的宽度)个样本参与抽样,更早的历史数据(移动窗口外的)不参加抽样,m 可以根据总体的不同特性选用不同的值。其余与一般法相同。

3) 改进的拔靴法

一般法和拔靴法采用均匀分布对过去一段时间的样本进行抽样,如果不是采用均匀分布而是采用任何一种别的分布进行抽样,则称为改进的拔靴法。

例如,像指数移动平均法一样,考虑到距离越近的样本越重要,采用指数分布进行抽样,即指数分布拔靴法。

3. 蒙特卡罗模拟法

蒙特卡罗模拟法假设总体服从某种概率分布,根据历史数据估计其参数,然后利用总体服从的概率分布,模拟未来一段时间的变化情况。

例如,假设总体服从正态分布 $N(\mu, \sigma^2)$,根据历史数据采用不同的方法估计其参数 μ 和 σ,则形成不同的蒙特卡罗模拟法。同样也可假设总体服从 T 分布。

条件均值采用 ARMAX(R,M,N_x) 模型，即

$$r_t = \mu_t + \varepsilon_t$$

$$\mu_t = c + \sum_{i=1}^{R}\phi_i r_{t-i} + \sum_{j=1}^{M}\theta_j \varepsilon_{t-i} + \sum_{k=1}^{N_x}\beta_k X(t,k) \tag{4.11}$$

$$\varepsilon_t \big| I_{t-1} \sim N(0,\sigma_t^2)$$

式中：I_{t-1} 为在 $t-1$ 期所有可利用的信息集合；X 为解释回归矩阵，它的每一列是一个时间序列，$X(t,k)$ 是 X 的第 t 行、第 k 列上的元素。

记

$$\varepsilon_t = z_t \sigma_t \tag{4.12}$$

则 $z_t \sim N(0,1)$，z_t 为独立的正态分布的随机变量。

标准差 σ 可采用下列 3 种模型之一估计。

1) GARCH 模型

经济学家 Engle 在 1982 年提出了 ARCH 模型[2]，其主要特点是方差随时间变化而变化，Bollerslev 在 1986 年提出了 GARCH(p,q) 模型，即

$$\sigma_t^2 = \kappa + \sum_{i=1}^{p} G_i \sigma_{t-i}^2 + \sum_{j=1}^{q} A_j \varepsilon_{t-j}^2 \tag{4.13}$$

其中：

$$\begin{aligned} &\sum_{i=1}^{p} G_i + \sum_{j=1}^{q} A_j < 1 \\ &\kappa > 0 \\ &G_i > 0 \quad i=1,2,\cdots,p \\ &A_j > 0 \quad j=1,2,\cdots,q \end{aligned} \tag{4.14}$$

2) GJR 模型

Glosten、Jagannathan 与 Runkle 在 1993 年提出了 GJR (p,q) 模型，即

$$\sigma_t^2 = \kappa + \sum_{i=1}^{p} G_i \sigma_{t-i}^2 + \sum_{j=1}^{q} A_j \varepsilon_{t-j}^2 + \sum_{j=1}^{q} L_j S_{t-j}^{-} \varepsilon_{t-j}^2 \tag{4.15}$$

其中：

$$S_t^{-} = \begin{cases} 1 & \text{若 } \varepsilon_t < 0 \\ 0 & \text{其他情况} \end{cases} \tag{4.16}$$

$$\sum_{i=1}^{p} G_i + \sum_{j=1}^{q} A_j + \frac{1}{2}\sum_{j=1}^{q} L_j < 1$$

$$\begin{aligned} &\kappa > 0 \\ &G_i > 0 \quad i=1,2,\cdots,p \\ &A_j > 0 \quad j=1,2,\cdots,q \\ &A_j + L_j > 0 \quad j=1,2,\cdots,q \end{aligned} \tag{4.17}$$

3) EGARCH 模型

Nelson 在 1991 年提出了 EGARCH 模型,即

$$\ln \sigma_t^2 = \kappa + \sum_{i=1}^{p} G_i \ln \sigma_{t-i}^2 + \sum_{j=1}^{q} A_j \left[\left| \frac{\varepsilon_{t-j}}{\sigma_{t-j}} \right| - E\left\{ \left| \frac{\varepsilon_{t-j}}{\sigma_{t-j}} \right| \right\} \right] + \sum_{j=1}^{q} L_j \left(\frac{\varepsilon_{t-j}}{\sigma_{t-j}} \right) \tag{4.18}$$

其中:

$$E\{|Z_{t-j}|\} = E\left\{ \left| \frac{\varepsilon_{t-j}}{\sigma_{t-j}} \right| \right\} = \begin{cases} \sqrt{\frac{2}{\pi}} & \text{正态分布} \\ \sqrt{\frac{\nu-2}{\pi}} \dfrac{\Gamma\left(\dfrac{\nu-1}{2}\right)}{\Gamma\left(\dfrac{\nu}{2}\right)} & T\text{分布} \end{cases} \tag{4.19}$$

用蒙特卡罗模拟法计算 VaR 的步骤如下。

(1) 选择市场因子的变化的随机过程和分布,估计其相应的参数。通过计算机模拟市场因子未来的各种可能的变化情形,即得到未来市场因子的各种可能的取值。

(2) 对未来市场因子的每一种可能的取值,利用资产定价公式或其他方法计算组合的价值及其变化。

(3) 根据组合价值变化分布的模拟结果,计算出特定置信度下的 VaR。

通常要模拟市场因子 100 000 种以上的可能的变化情形,得到未来市场因子的 100 000 种以上的取值,分别计算组合的价值得到 100 000 个以上的结果,将这些数值排序,就可以得到频度分布形状,找出全部模拟值最左侧的 5%处的值,这个数值的绝对值就是基金在 95%的置信水平上的日风险价值(VaR)。

蒙特卡罗模拟法克服了参数方法和历史模拟法的不足,具有高度的灵活性,能解释各种风险,包括波动性风险和信用风险,很多银行机构都采用蒙特卡罗模拟技术。随着计算机功能的日益提升,这种方法越来越受到欢迎。

但是,蒙特卡罗模拟法的主要缺点是计算量大、计算时间长,一般微机的功能还不能胜任实时处理的要求,对一较大的金融机构的实时处理需要强大的超级计算能力。

4.1.5 模型的评价方法

采用回顾测试法对各种模型及模型参数进行评价和比较。例如，可以用2002年5月8日至2007年7月30日的收盘价的日变化率的1265个数据为建模用历史数据，2007年7月31日至2008年8月6日的收盘价的日变化率的250个数据值作为回顾测试检验数据，进行评价和比较。表4.1是巴塞尔委员会和国际清算银行(BCBS)规定的惩罚区。

表4.1 回顾测试结果的分区(样本容量为250，置信水平取99%)

区 域	超限次数	扩大因子提高比例
绿灯区	0~4	0.00
黄灯区	5	0.40
	6	0.50
	7	0.65
	8	0.75
	9	0.85
红灯区	10及以上	1.00

对应的其他置信水平的惩罚区见表4.2。

表4.2 回顾测试结果的分区(样本容量为250)

区 域	超限次数			扩大因子提高比例
	置信水平为99%	置信水平为97.5%	置信水平为95%	
绿灯区	0~4	0~9	0~17	0.00
黄灯区	5	10	18~19	0.40
	6	11	20~21	0.50
	7	12~13	22~23	0.65
	8	14	24~25	0.75
	9	15	26	0.85
红灯区	10及以上	16及以上	27及以上	1.00

4.2 使用Excel计算风险价值VaR的案例

采用我国上海证券交易所国债每日收盘价为原始数据，选取1999年第8期国债，债券代码为101998，取样时间段为2002年5月8日至2008年8月6日，共1516个样本数。分别用参数法的直接法和移动平均法计算置信度为95%、97.5%和99%时该国债的风险价值VaR。

4.2.1　在 Excel 中用参数法的直接法计算风险价值 VaR

第一步：下载数据。例如，从锐思金融研究数据库下载某股票在 4 年的日收盘价的历史数据，用文件名 exl-9908.xls 保存在本地的 Excel 中，如图 4.1 所示。

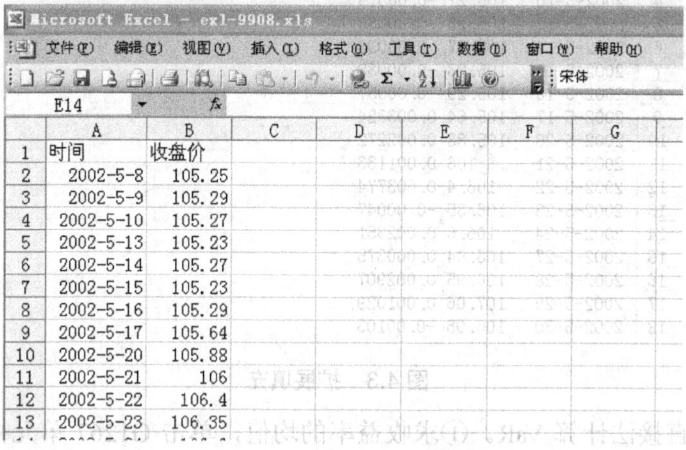

	A	B	C	D	E	F	G
1	时间	收盘价					
2	2002-5-8	105.25					
3	2002-5-9	105.29					
4	2002-5-10	105.27					
5	2002-5-13	105.23					
6	2002-5-14	105.27					
7	2002-5-15	105.23					
8	2002-5-16	105.29					
9	2002-5-17	105.64					
10	2002-5-20	105.88					
11	2002-5-21	106					
12	2002-5-22	106.4					
13	2002-5-23	106.35					

图 4.1　某股票的日收盘价

第二步：计算收益率。单击 C3 单元格，在编辑栏中输入“=(B3-B2)/B2”；按 Enter 键后结果如图 4.2 所示。

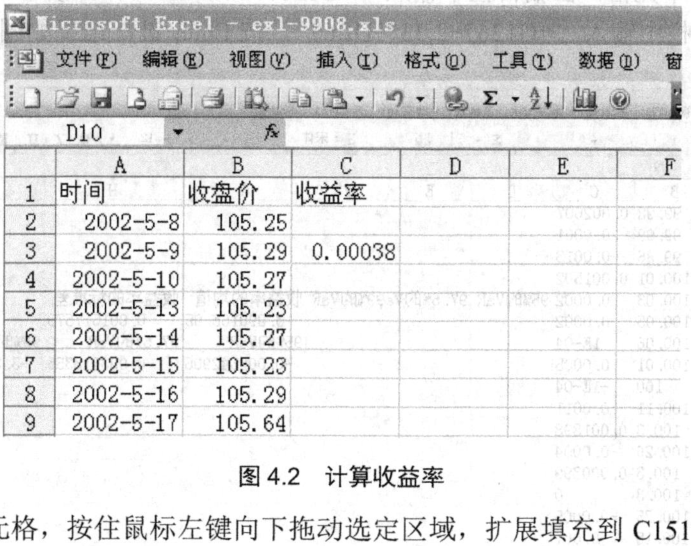

	A	B	C	D	E	F
1	时间	收盘价	收益率			
2	2002-5-8	105.25				
3	2002-5-9	105.29	0.00038			
4	2002-5-10	105.27				
5	2002-5-13	105.23				
6	2002-5-14	105.27				
7	2002-5-15	105.23				
8	2002-5-16	105.29				
9	2002-5-17	105.64				

图 4.2　计算收益率

单击 C3 单元格，按住鼠标左键向下拖动选定区域，扩展填充到 C1517；结果如图 4.3 所示。

金融数据分析技术(基于Excel和Matlab)

图4.3 扩展填充

第三步：用直接法计算VaR。①求收益率的均值，单击G1267单元格，在编辑栏中输入"=AVERAGE(C3:C1267)"；按Enter键。②求收益率的标准差。单击H1267单元格，在编辑栏中输入"=STDEV(C3:C1267)"；按Enter键。③分别求置信度为95%、97.5%和99%的日风险价值VaR。单击G1269单元格，在编辑栏中输入"=G1267-1.65*H1267"，按Enter键；单击H1269单元格，在编辑栏中输入"=G1267-1.96*H1267"，按Enter键；单击I1269单元格，在编辑栏中输入"=G1267-2.33*H1267"，按Enter键；结果如图4.4所示。

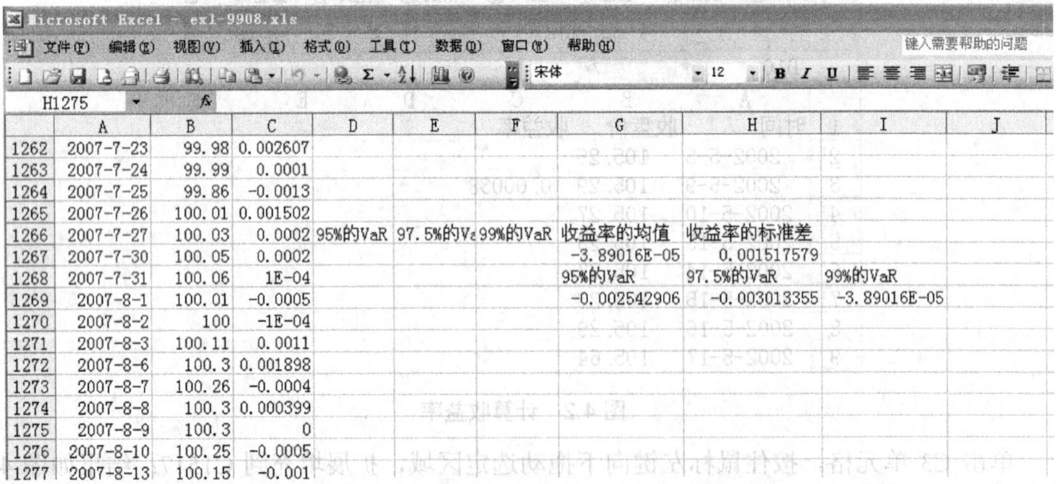

图4.4 求收益率的均值、标准差和风险价值(VaR)

132

第四步：画出收益率和直接法计算的风险价值 VaR 的图形。①复制 G1269:I1269 单元格，选择性粘贴其值至 D1267:F1267；②选中单元格 D1267:F1267，按住鼠标左键向下拖动选定区域，扩展填充到 D1517:F1517。结果如图 4.5 所示。③ 选中区域 A1268:A1517 和 C1268:F1517，画折线图，结果如图 4.6 所示。

Microsoft Excel - exl-9908.xls

	A	B	C	D	E	F	G	H	I
1264	2007-7-25	99.86	-0.0013						
1265	2007-7-26	100.01	0.001502						
1266	2007-7-27	100.03	0.0002				收益率的均值	收益率的标准差	
1267	2007-7-30	100.05	0.0002	95%的VaR	97.5%的VaR	99%的VaR	-3.89016E-05	0.001517579	
1268	2007-7-31	100.06	1E-04	-0.0025429	-0.0030134	-0.003575	95%的VaR	97.5%的VaR	99%的VaR
1269	2007-8-1	100.01	-0.0005	-0.0025429	-0.0030134	-0.003575	-0.002542906	-0.003013355	-0.00357486
1270	2007-8-2	100	-1E-04	-0.0025429	-0.0030134	-0.003575			
1271	2007-8-3	100.11	0.0011	-0.0025429	-0.0030134	-0.003575			
1272	2007-8-6	100.3	0.001898	-0.0025429	-0.0030134	-0.003575			
1273	2007-8-7	100.26	-0.0004	-0.0025429	-0.0030134	-0.003575			
1274	2007-8-8	100.3	0.000399	-0.0025429	-0.0030134	-0.003575			
1275	2007-8-9	100.3	0	-0.0025429	-0.0030134	-0.003575			
1276	2007-8-10	100.25	-0.0005	-0.0025429	-0.0030134	-0.003575			
1277	2007-8-13	100.15	-0.001	-0.0025429	-0.0030134	-0.003575			
1278	2007-8-14	100.21	0.000599	-0.0025429	-0.0030134	-0.003575			
1279	2007-8-15	100.2	-1E-04	-0.0025429	-0.0030134	-0.003575			
1280	2007-8-16	100.3	0.000998	-0.0025429	-0.0030134	-0.003575			

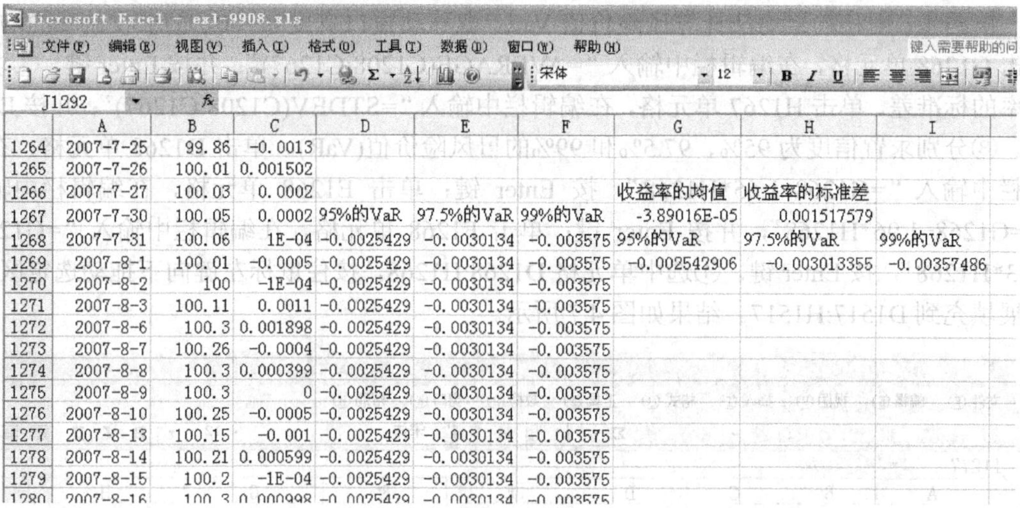

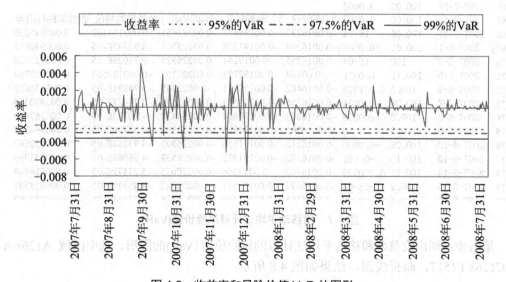

图 4.5　扩展填充

图 4.6　收益率和风险价值 VaR 的图形

金融数据分析技术(基于 Excel 和 Matlab)

4.2.2 在 Excel 中用参数法的移动平均法计算风险价值(VaR)

第一步至第三步同上。

第四步：用移动平均法计算风险价值 VaR。取移动窗口宽度 $m=60$，①求收益率的均值，单击 G1268 单元格，在编辑栏中输入 "=AVERAGE(C1208:C1267)"；并按 Enter 键。②求收益率的标准差。单击 H1267 单元格，在编辑栏中输入 "=STDEV(C1208:C1267)"；并按 Enter 键。③分别求置信度为 95%、97.5%和 99%的日风险价值(VaR)。单击 D1268 单元格，在编辑栏中输入 "=G1268-1.65*H1268"，按 Enter 键；单击 E1268 单元格，在编辑栏中输入 "=G1268-1.96*H1268"，并按 Enter 键；单击 F1268 单元格，在编辑栏中输入 "=G1268-2.33*H1268"，按 Enter 键。④选中单元格 D1268:H1268，按住鼠标左键向下拖动选定区域，扩展填充到 D1517:H1517。结果如图 4.7 所示。

图 4.7　用移动平均法计算风险价值(VaR)

第五步：画出收益率和移动平均法计算的风险价值(VaR)的图形。选中区域 A1268:A1517 和 C1268:F1517，画折线图，结果如图 4.8 所示。

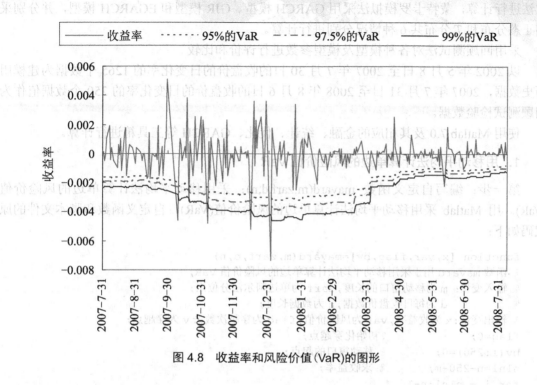

图4.8 收益率和风险价值(VaR)的图形

4.3 使用Matlab软件计算风险价值(VaR)的案例

4.3.1 数据描述

采用我国上海证券交易所国债每日收盘价为原始数据,选取1999年第8期国债、2001年第10期国债、2001年第12期国债和2002年第3期国债4种,债券代码分别为101998、100110、100112和100203,到期日分别为2009年9月23日、2011年9月25日、2011年10月30日和2012年4月18日,年限均为10年,票面利率分别为3.30%、2.95%、3.05%和2.34%,均为按年付息,取样时间段均为2002年5月8日至2008年8月6日,共1516个样本数。原始数据还采用了上交所国债指数,取样时间段为2003年1月2日至2008年8月6日,共1358个样本数。

4.3.2 采用的模型和方法

采用参数法、历史模拟法和蒙特卡罗模拟法三类方法进行计算。其中参数法采用直接法、移动平均法和指数移动平均法3种模型进行计算,历史模拟法分一般法、拔靴法两种

金融数据分析技术(基于 Excel 和 Matlab)

方法进行计算,蒙特卡罗模拟法采用 GARCH 模型、GJR 模型和 EGARCH 模型,并分别采用正态分布和 T 分布共 6 种情况分别进行计算。

采用回顾测试法对各种模型及模型参数进行评价和比较。

以 2002 年 5 月 8 日至 2007 年 7 月 30 日的收盘价的日变化率的 1265 个数据为建模用历史数据,2007 年 7 月 31 日至 2008 年 8 月 6 日的收盘价的日变化率的 250 个数据值作为回顾测试检验数据。

使用 Matlab 7.0 及其相应的金融、统计、优化、GARCH 等工具箱进行计算。

1. 用移动平均法计算单边的风险价值 VaR

第一步:编写自定义函数 mavard(m,zarf,d,n):采用移动平均法计算单边的风险价值(VaR)。用 Matlab 采用移动平均法计算单边的风险价值(VaR),自定义函数和脚本文件的原代码如下:

```
function [x,var,flag,bv]=mavard(m,zarf,d,n)
% 函数 mavard 用于采用移动平均法计算单边的风险价值 VaR;
% 输入变量:m 为移动窗口的长度,zarf 为单边阿尔法分位点;
%          d 为每日收盘价数据,n 为数据长度;
% 输出变量:x 为收益率,var 为风险价值,flag 为穿越次数,bv 为穿越点;
flag=0;              %初始化穿越点;
bv(1:250)=0;         % 移动窗口的起点;
n1n1=n-250-m;        % 求收益率;
for i = n1n1:n-1
    x(i) = (d(i+1)-d(i))/d(i);
end
                     % 计算初始窗口的样本均值;
y1=0;
for i=n1n1:n1n1+m-1
y1=y1+x(i);
end
y(1)=y1/m;
                     % 计算移动窗口内的样本均值;
for i = 2:250
    y(i) = y(i-1)-(x(n1n1+i-2)/m)+(x(n1n1+m+i-2)/m);
end
for i=1:250
                     % 计算移动窗口内的样本标准差;
xigma1=0;
  for j=1:m
    xigma1=xigma1+(x(n1n1+m-1+i-j)-y(i))*(x(n1n1+m-1+i-j)-y(i));
  end
xigma1=xigma1/(m-1);
xigma(i)=sqrt(xigma1);
var(i)=y(i)-zarf*xigma(i);        % 计算风险价值 VaR;
```

```
        if x(n1n1+m-1+i)<var(i)        % 计算穿越次数和穿越点；
            flag=flag+1;
            bv(flag)=i+n1n1+m-1;
        end
    end
```

第二步：编写脚本文件 mavar2p，调用自定义函数 mavard(m,zarf,d,n)，采用移动平均法计算单边的风险价值 VaR 并画图。脚本文件 mavar2p 的原代码如下：

```
% mavar2p 用于调用函数 mavard 采用移动平均法计算单边的风险价值 VaR,并画图；
% zarf 标准正态分布上阿尔法分位点；

data=xlsread('e:\exl\exl-9908.xls');        % 读入数据；
n=size(data,1);                  % 求数据的长度；
d=data(1:n);
zarf=1.96;                       % 设置信度,这里是 95%；
bv2=[1:50];                      % 初始化穿越点；
m=25;                            % 设置移动窗口的长度；
[x,var,flag,bv]=mavard(m,zarf,d,n);   % 调用自定义函数 mavard；
zarf                             % 显示结果
m
flag
bv2=bv(1:50);
bv2
                                 % 画图；
u(1:250)=0;
t=[1:250];
xx=x(n-250:n-1);
var2=var(1:250);
plot(t,xx,'b-',t,var2,'r-',t,u,'k-')
```

备注：在 data=xlsread('e:\exl\exl-9908.xls');中要改成你自己的 Excel 数据文件的文件路径和文件名。

第三步：将脚本文件 mavar2p 中的对应于自定义函数 mavard(m,zarf,d,n)的输入参数 m,zarf 的值修改为需要的值，保存后运行脚本文件 mavar2p。

2. 历史模拟法

第一步：编写自定义函数 hsimf，用于采用历史模拟法的拔靴法计算单边的风险价值 VaR，其原代码如下：

```
function [vardown,flag,bv]=hsimf(m,k,kn,r1,arf)
% 自定义函数 hsimf 用于采用历史拟法计算单边的风险价值 VaR;
% 输入变量： m 为移动窗口的长度,k 为路径长度,kn 为路径的条数；
%           r1 为日收益率数据,1-arf 为置信度,arf 为阿尔法；
% 输出变量： y 为收益率,vardown 为风险价值下限,varup 为风险价值上限,
```

```
%          flag 为穿越次数,bv 为穿越点;
flag=0;           % 初始化
bv=0;
n=size(r1,1);     % 输入数据长度
y=zeros(kn,k);    % 初始化 y
for ii=1:k
    t1=n-k-m+ii+m*rand(kn,1);  % 在宽度为 m 的移动窗内随机抽 kn 个数
    t=uint16(t1);              % 取为整数,作为被抽取数的下标
    for j=1:kn
        u=t(j);
        y(j,ii)=r1(u);
    end
end
yy=sort(y);              % 对 y 的每一列从小到大排序
kk=arf*kn;               % 得到比例为 arf 的分界点
vardown=yy(kk,:);        % 得到风险价值
for i=1:250
    if r1(n-k+i)<vardown(i)
        flag=flag+1;     % 计算穿越次数
        bv(flag)=i;      % 记录穿越点
    end
end
```

第二步:编写脚本文件 dohsim,用于调用自定义函数 hsimf,采用历史模拟法计算单边的风险价值 VaR,并画图。其原代码如下:

```
% 脚本文件 dohsim 用于调用自定义函数 hsimf 采用历史模拟法计算单边的风险价值 VaR;
% 其中:m 为移动窗口的长度,k 为路径长度,kn 为路径的条数;
%     d 为每日收盘价数据,r1 为日收益率,1-arf 为置信度,arf 为阿尔法;
%     vardown 为风险价值下限,flag 为穿越次数,bv 为穿越点;
data=xlsread('e:\exp\exl-9908.xls');    % 读入数据
d=data(:,1);                            % 取出日收盘价数据
r1=price2ret(d);                        % 转换为收益率
n=size(r1,1);                           % 计算输入数据长度
m=60;                                   % 设置移动窗口的宽度
arf=0.05;                               % 设置置信度
kn=10000;                               % 设置模拟次数(路径的条数)
k=250;                                  % 设置路径长度
[vardown,flag,bv]=hsimf(m,k,kn,r1,arf); % 调用自定义函数 hsimf 采
                                        用历史拟法计算单边的风险价值
flag                                    % 显示穿越次数
bv                                      % 显示穿越点
t2=[1:k];        % 画 x 轴、收益率曲线和 VaR 的曲线(画在一个图中)
u(1:k)=0;
rr=r1(n-k:n-1);
plot(t2,rr,'b-',t2,vardown,'r-',t2,u,'g-')
```

备注：data=xlsread('e:\exl\exl-9908.xls');中要改成你自己的 Excel 数据文件的文件路径和文件名。

第三步：将脚本文件 dohsim 中的对应于自定义函数 hsimf(m,k,kn,r1,arf)的输入参数 m、k、kn、r1、arf 的值修改为需要的值，保存后运行脚本文件 dohsim。

3．蒙特卡罗模拟法

第一步：编写脚本文件 simulationd，采用蒙特卡罗模拟法计算单边的风险价值 VaR。脚本文件 simulationd 的原代码如下：

```
% 脚本文件 simulationd 用于采用蒙特卡罗模拟法计算单边的风险价值 VaR；
% 输入变量:m0 为移动窗口的起点,m 为移动窗口的长度,k 为路径长度,
%           kn 为路径的条数；
% 仅估计一次 GARCH 的系数；
% d 为每日收盘价数据, n 为输入数据长度,1-arf 为置信度,arf 为置信水平；
% 输出变量:r 为收益率,v1 为风险价值下限,flag 为穿越次数,bv 为穿越点；
data=xlsread('e:\exl\exl-9908.xls');    % 读入数据；
n=size(data,1);                          % 求数据的长度；
d=data(1:n);
r=price2ret(d);                          % 求收益率；
arf=0.01                                 % 置信水平；
kn=10000                                 % 设置路径的条数；
x=r(1:n-251);                            % 截取建模数据；
                % 设置 GARCH 模型；
spec=garchset('R',1,'M',1,'P',1,'Q',1,'Display','off');
coeff=garchfit(spec,x)                   % 求模型参数；
y=garchsim(coeff,250,kn,60);             % 进行蒙特卡罗模拟；
yy=y';                                   % 排序；
yyyy=sort(yy);
kk=arf*kn;                               % 求分位点；
var1=yyyy(kk:kk,:);                      % 求风险价值；
v1=var1';
rr=r(n-250:n-1);                         % 截取检验数据；
u(1:250)=0;                              % 画图
t=[1:250];
plot(t,rr,'b-',t,v1,'r-',t,u,'g-')
                                         % 计算穿越次数和穿越点；
flag=0;
bv(1)=0;
for i=1:250
    if rr(i)<v1(i)
        flag=flag+1;
        % bv(flag)=n-251+i;
```

```
        bv(flag)=i;
    end
end
                    % 显示结果
flag
bv
```

备注：在 data=xlsread('e:\exl\exl-9908.xls');中要改成你自己的 Excel 数据文件的文件路径和文件名。

第二步：将脚本文件 simulationd 中的对应于部分修改为需要的值，保存后运行脚本文件 simulationd。

4.3.3 计算结果

图 4.9 所示为 1999 年第 8 期国债(记为国债 9908)、2001 年第 10 期国债(记为国债 0110)、2001 年第 12 期国债(记为国债 0112)、2002 年第 3 期国债(记为国债 0203)和上交所国债指数(记为国债指数)2002 年 5 月 8 日至 2008 年 8 月 6 日的收盘价。图 4.10 所示为 1999 年第 8 期国债(记为国债 9908)2002 年 5 月 8 日至 2008 年 8 月 6 日的收盘价。

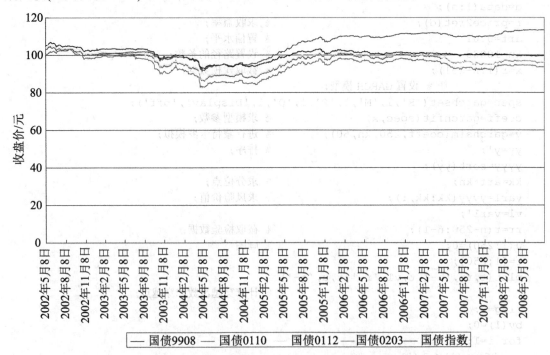

图 4.9　2002 年 5 月 8 日至 2008 年 8 月 6 日的收盘价

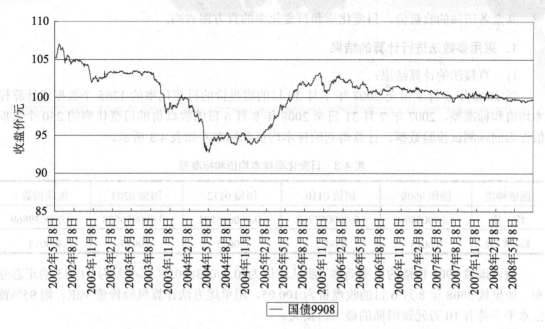

图 4.10 国债 9908 自 2002 年 5 月 8 日至 2008 年 8 月 6 日的收盘价

图 4.11 所示为国债 9908 自 2002 年 5 月 8 日至 2008 年 8 月 6 日收盘价的日变化率。

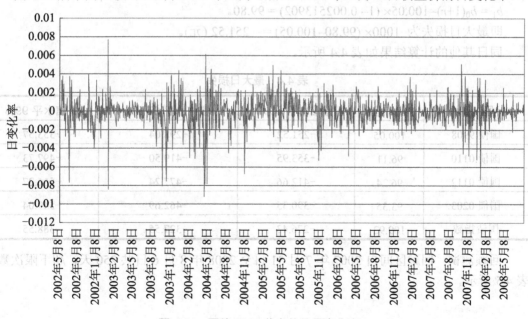

图 4.11 国债 9908 收盘价的日变化率

其余各国债的收盘价、日变化率和日变化率的直方图省略。

1．采用参数法进行计算的结果

1) 直接法的计算结果：

以 2002 年 5 月 8 日至 2007 年 7 月 30 日的收盘价的日变化率的 1265 个数据值计算样本均值和标准差，2007 年 7 月 31 日至 2008 年 8 月 6 日的收盘价的日变化率的 250 个数据值作为回顾测试检验数据。计算得到的样本均值和标准差如表 4.3 所示。

表 4.3 日变化率样本均值和标准差

国债种类	国债 9908	国债 0110	国债 0112	国债 0203	国债指数
均 值	-0.000038902	-0.000052763	-0.000055891	-0.000056528	-0.000039869
标 准 差	0.0015	0.0022	0.0025	0.0025	0.0015

假设国债 9908 价格的日变动率 r 服从均值为 -0.000038902、标准差为 0.0015 的正态分布。如果按 2008 年 8 月 6 日的收盘价为 100.05，用单尾方法计算风险价值 VaR，则 95% 置信水平下持有 10 万元该国债的最大日损失。

因为 $\mu = -0.000038902$，$\sigma = 0.0015$，$\alpha = 0.05$，$z_\alpha = z_{0.95} = 1.65$，

所以 $r_a = \mu - z_\alpha \sigma = -0.000038902 - 1.65 \times 0.0015 = -0.002513902$。

$b_1 = b_0(1+r) = 100.05 \times (1 - 0.002513902) = 99.80$。

即最大日损失为 $1000 \times (99.80 - 100.05) = -251.52$ (元)。

同日其他的计算结果如表 4.4 所示。

表 4.4 最大日损失

国 债	收 盘	置信水平 95%	置信水平 97.5%	置信水平 99%
国债 9908	100.05	-251.52	-298.04	-353.57
国债 0110	96.11	-353.95	-419.50	-497.73
国债 0112	96.24	-412.66	-477.24	-566.27
国债 0203	93.35	-390.35	-462.69	-549.04
国债指数	109.92	-276.43	-327.55	-388.55

回顾测试：回顾区间自 2007 年 7 月 31 日至 2008 年 8 月 6 日共 250 天，超下限次数如表 4.5 所示。

表 4.5 回顾区间的超下限次数

国 债	置信水平为 95%		置信水平为 97.5%		置信水平为 99%	
	下 限	超限次数	下 限	超限次数	下 限	超限次数
国债 9908	−0.002513902	5	−0.0029789	5	−0.00353390	4
国债 0110	−0.003682763	5	−0.0043648	2	−0.00517876	1
国债 0112	−0.004183891	4	−0.0049589	4	−0.00588389	1
国债 0203	−0.004181528	6	−0.0049565	3	−0.00588153	2
国债指数	−0.002514869	1	−0.0029799	0	−0.00353487	0

国债 9908 的置信水平为 95%的超下限次数如图 4.12 所示。

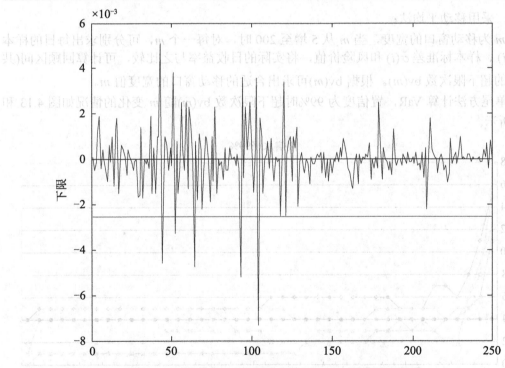

图 4.12 国债 9908 在置信水平为 95%时的超下限次数

其余国债分别在置信水平为 95%、97.5%和 99%下的超下限次数示意图省略。
根据是巴塞尔委员会和国际清算银行(BCBS)规定的惩罚区进行分区，如表 4.6 所示。

表 4.6 各种模型方法的超限次数比较

模型		国债	置信水平为 99%			置信水平为 97.5%			置信水平为 95%		
			参数 $m \geq$ ($\lambda =$)	超限次数	区域	参数 $m \geq$ ($\lambda =$)	超限次数	区域	参数 $M \geq$ ($\lambda =$)	超限次数	区域
参数法模型	样本均值和标准差	国债 9908		4	绿灯		5	绿灯		5	绿灯
		国债 0110		1	绿灯		2	绿灯		5	绿灯
		国债 0112		1	绿灯		4	绿灯		4	绿灯
		国债 0203		2	绿灯		3	绿灯		6	绿灯
		国债指数		0	绿灯		0	绿灯		1	绿灯

2) 采用移动平均法:

设 m 为移动窗口的宽度,当 m 从 5 增至 200 时,对每一个 m,可分别求出每日的样本均值 $\mu(i)$、样本标准差 $\sigma(i)$ 和风险价值,将实际的日收益率与之比较,可计算回顾区间(共 250 天)的超下限次数 $bv(m)$。根据 $bv(m)$ 可求出合适的移动窗口的宽度值 m。

用单尾方法计算 VaR,置信度为 99%时超下限次数 $bv(m)$ 随 m 变化的情况如图 4.13 和表 4.7 所示。

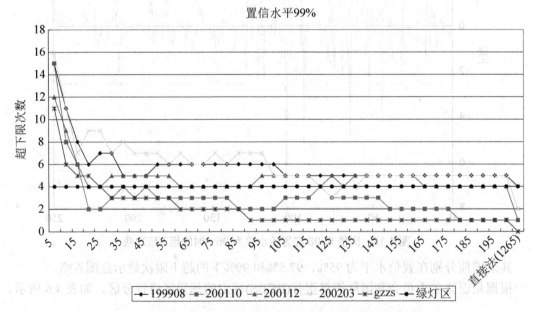

图 4.13 置信度为 99%时超下限次数 $bv(m)$ 随 m 的变化情况

第4章 金融风险价值的计算

表4.7 置信度为99%时的超下限次数 bv(m) 随 m 变化情况表

99%	5	10	15	20	25	30	35	40	45	50	55	60	65	70	75	80	85	90	95	100
国债9908	15	11	8	6	7	7	5	5	5	6	6	6	6	6	6	6	6	6	6	6
国债0110	15	8	6	2	2	3	4	3	3	3	3	3	3	3	3	2	2	2	2	2
国债0112	12	9	6	4	5	5	5	5	5	4	4	4	4	4	4	4	4	4	4	5
国债0203	16	11	7	9	7	8	7	7	7	6	7	6	7	7	7	7	7	7	7	5
国债指数	11	6	5	5	3	3	3	3	3	2	2	2	2	2	2	2	1	1	1	1

99%	105	110	115	120	125	130	135	140	145	150	155	160	165	170	175	180	185	190	195	200
国债9908	5	5	5	5	5	5	5	5	5	5	5	5	5	5	5	5	5	5	5	5
国债0110	3	3	3	3	3	2	2	2	2	2	2	2	2	2	2	1	1	1	1	1
国债0112	5	5	5	5	4	5	5	5	5	5	5	5	4	4	4	4	4	4	4	4
国债0203	5	5	5	5	4	5	5	5	5	5	5	5	5	5	5	5	5	5	5	5
国债指数	1	1	1	1	1	1	1	1	1	1	1	1	1	1	1	1	1	1	1	1

由上述可知,国债0110和国债指数在移动窗口的宽度分别为 $m=20$ 和 $m=25$ 后,超下限次数均不超过4,进入绿灯区。国债0112在移动窗口的宽度为 $m=165$ 后,超下限次数均不超过4,进入绿灯区。而国债9908和国债0203在移动窗口的宽度为 $m=200$ 时,超下限次数仍然为5,未进入绿灯区,进入了黄灯区。

置信度为97.5%和95%时,超下限次数 bv(m) 随 m 变化情况表省略。

根据巴塞尔委员会和国际清算银行(BCBS)规定的惩罚区分区情况如表4.8所示。

表4.8 各种模型方法的超限次数比较

模型	国债	置信水平为99%			置信水平为97.5%			置信水平为95%		
		参数 $m \geq$ ($\lambda =$)	超限次数	区域	参数 $m \geq$ ($\lambda =$)	超限次数	区域	参数 $m \geq$ ($\lambda =$)	超限次数	区域
参数法模型 移动平均	国债9908	200	5	黄灯	20	9	绿灯	20	15	绿灯
	国债0110	20	4	绿灯	20	9	绿灯	15	14	绿灯
	国债0112	165	4	绿灯	15	9	绿灯	15	16	绿灯
	国债0203	200	5	黄灯	55	9	绿灯	15	17	绿灯
	国债指数	25	4	绿灯	10	9	绿灯	10	12	绿灯

3) 指数移动平均法

设 m 为移动窗口的宽度,衰减因子 λ 从 0.91 增至 0.99,对每一个 λ,当 m 从 5 增至 200 时,对每一个 m,可分别求出每日的样本均值 $\mu(i)$、样本标准差 $\sigma(i)$ 和风险价值,将实际的日收益率与之比较,可计算回顾区间(共 250 天)的超下限次数 $bv(m)$。根据 $bv(m)$ 可求出合适的移动窗口的宽度值 m 和最佳的衰退因子 λ。

用单尾方法计算风险价值 VaR,置信度为 99%时,对于不同的 λ,超下限次数 $bv(m)$ 随 m 变化情况如表 4.9 所示。

表 4.9 置信度为 99%时对于不同 λ 的超下限次数 $bv(m)$ 随 m 变化情况

99%	lmda	0.9	0.91	0.92	0.93	0.94	0.95	0.96	0.97	0.98	0.99
国债 9908	$m \geq$	200	200	200	200	200	200	200	200	200	200
	bv	6	5	5	5	5	5	5	5	5	5
	m 最小	110	50	45	35	35	20	20	20	20	20
	bv 最小	5	5	5	5	5	5	5	5	5	5
国债 0110	$m \geq$	20	20	20	20	20	20	20	20	15	15
	bv	3	3	3	3	3	3	3	3	4	3
	m 最小	30	30	20	20	20	20	20	20	20	20
	bv 最小	2	2	2	2	2	2	2	2	2	2
国债 0112	$m \geq$	85	45	30	30	85	200	200	200	110	95
	bv	4	4	4	4	4	5	4	5	4	4
	m 最小	20	20	20	20	20	20	20	20	20	20
	bv 最小	4	4	4	4	4	4	4	4	4	4
国债 0203	$m \geq$	200	200	200	200	200	200	200	200	200	170
	bv	6	5	5	6	6	6	7	6	6	6
	m 最小	100	80	80	15	20	20	35	35	35	110
	bv 最小	5	5	5	6	6	6	6	6	6	6
国债指数	$m \geq$	15	15	15	15	15	15	15	25	25	25
	bv	4	4	4	4	4	4	4	4	4	4
	m 最小	35	35	35	35	40	45	55	60	60	80
	bv 最小	1	1	1	1	1	1	1	1	1	1

由上述可知,国债 0110 对 λ 从 0.91 至 0.99,在移动窗口的宽度为 m=20 后,超下限次数均不超过 4,进入绿灯区。当 λ=0.92 时,最小在 m=20 时,超下限次数不超过 2,是最小的。

国债 0112 对 λ 从 0.90~0.94 和 0.98~0.99,在移动窗口的宽度分别为 m=30~110 后,

第4章 金融风险价值的计算

超下限次数均不超过 4，进入绿灯区。当 λ=0.92 时，最小在 m=30 时，超下限次数不超过 4，是最小的。而 λ=0.95~0.97 时，m=200 时，超下限次数仍然超过 5，落入黄灯区。

国债 0203 仅当 λ=0.99 时，在移动窗口的宽度分别为 m=170 后，超下限次数均不超过 4，进入绿灯区。其余 λ 从 0.90~0.98，在移动窗口的宽度为 m=200 时，超下限次数仍然为 5、6 或 7，未进入绿灯区，落入黄灯区。

国债 9908 对所有 λ 在移动窗口的宽度为 m=200 时，超下限次数仍然为 5 或 6，落入黄灯区。当 λ=0.97 时，在移动窗口的宽度分别为 m=30 后，超下限次数均不超过 5，未进入绿灯区，落入黄灯区。

国债指数对所有 λ 在移动窗口的宽度为 m=25 后，超下限次数均不超过 4，进入绿灯区。当 λ=0.90~0.93 时，最小在 m=35 时，超下限次数不超过 1，是最小的。

用单尾方法计算风险价值 VaR，置信度为 97.5% 和 95% 时，对于不同的 λ，超下限次数 $bv(m)$ 随 m 的变化情况表省略。

根据巴塞尔委员会和国际清算银行(BCBS)规定的惩罚区分区情况如表 4.10 所示。

表 4.10 各种模型方法的超限次数比较

模型	国债	置信水平为 99%			置信水平为 97.5%			置信水平为 95%		
		参数 $m\geq$ (λ=)	超限次数	区域	参数 $m\geq$ (λ=)	超限次数	区域	参数 $m\geq$ (λ=)	超限次数	区域
指数移动平均	国债 9908	30 (0.97)	5	黄灯	20 (0.96)	9	绿灯	15 (0.97)	16	绿灯
	国债 0110	20 (0.92)	3	绿灯	15 (0.99)	9	绿灯	15 (0.99)	14	绿灯
	国债 0112	30 (0.92)	4	绿灯	15 (0.99)	7	绿灯	10 (0.99)	16	绿灯
	国债 0203	170 (0.99)	4	绿灯	35 (0.99)	9	绿灯	15 (0.99)	17	绿灯
	国债指数	15 (0.93)	4	绿灯	15 (0.94)	7	绿灯	10 (0.98)	12	绿灯

2．采用历史模拟法的计算结果

1） 一般法

置信水平分别取 99%、97.5% 和 95%，固定窗口，宽度为 m=1265(或 1107)，路径长度取 250，路径的条数取 10000，采用历史模拟法的一般法计算 250 天的风险价值，计算回顾区间共 250 天,超下限次数为 lag。结果见表 4.11。

表 4.11 回顾区间(共 250 天)的超下限次数

模型		国债	置信水平为 99%			置信水平为 97.5%			置信水平为 95%		
			窗口宽度 m	超限次数	区域	窗口宽度 m	超限次数	区域	窗口宽度 m	超限次数	区域
历史模拟	一般法	国债 9908	1265	2	绿灯	1265	4	绿灯	1265	7	绿灯
		国债 0110	1265	0	绿灯	1265	1	绿灯	1265	6	绿灯
		国债 0112	1265	0	绿灯	1265	4	绿灯	1265	7	绿灯
		国债 0203	1265	0	绿灯	1265	3	绿灯	1265	6	绿灯
		国债指数	1107	0	绿灯	1107	0	绿灯	1107	1	绿灯
	拔靴法	国债 9908	250	5	黄灯	250	7	绿灯	250	17	绿灯
			130	4	绿灯	130	7	绿灯	130	16	绿灯
			65	5	黄灯	65	6	绿灯	65	8	绿灯
		国债 0110	250	1	绿灯	250	3	绿灯	250	9	绿灯
			130	1	绿灯	130	4	绿灯	130	9	绿灯
			65	6	黄灯	65	9	绿灯	65	12	绿灯
		国债 0112	250	2	绿灯	250	5	绿灯	250	11	绿灯
			130	1	绿灯	130	4	绿灯	130	9	绿灯
			65	2	绿灯	65	6	绿灯	65	12	绿灯
		国债 0203	250	3	绿灯	250	5	绿灯	250	11	绿灯
			130	2	绿灯	130	5	绿灯	130	8	绿灯
			65	6	黄灯	65	8	绿灯	65	9	绿灯
		国债指数	250	1	绿灯	250	1	绿灯	250	6	绿灯
			130	0	绿灯	130	3	绿灯	130	5	绿灯
			65	1	绿灯	65	4	绿灯	65	6	绿灯

2) 拔靴法(Bootstrap)

置信水平分别取 99%、97.5%和 95%,移动窗口的宽度 m 分别取 250、130 和 65,路径长度取 1,路径的条数取 10000,采用历史模拟法的拔靴法计算一天的风险价值,计算回顾区间(共 250 天)的超下限次数为 lag。结果见表 4.11。

国债 9908, $m = 250$, kn = 10000, arf = 0.0500, flag = 17 的图形,如图 4.14 所示。

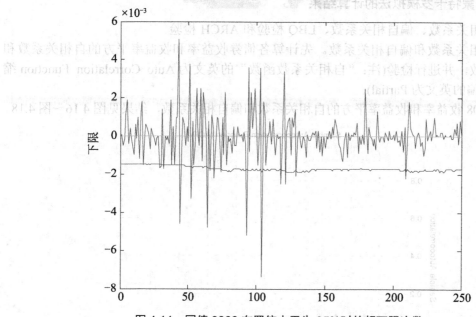

图 4.14 国债 9908 在置信水平为 95%时的超下限次数

国债 0110，$m=65$，kn = 10000，arf = 0.0500，flag =12 的图形如图 4.15 所示。

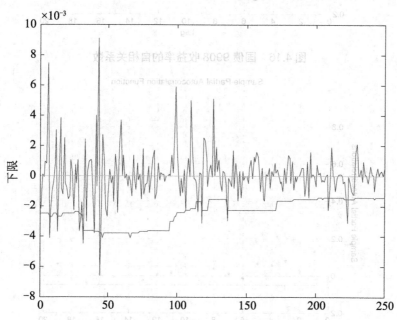

图 4.15 国债 0110 在置信水平为 95%时的超下限次数

3. 采用蒙特卡罗模拟法的计算结果

1) 自相关系数、偏自相关系数、LBQ 检验和 ARCH 检验

(1) 自相关系数和偏自相关系数。先计算各债券收益率和收益率平方的自相关系数和偏自相关系数,并进行检验(注:"自相关系数函数"的英文为 Auto Correlation Function 缩写为 ACF;偏的英文为 Partial)。

国债 9908 收益率和收益率平方的自相关系数和偏自相关系数,结果见图 4.16~图 4.18。

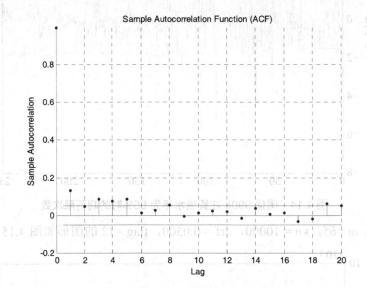

图 4.16 国债 9908 收益率的自相关系数

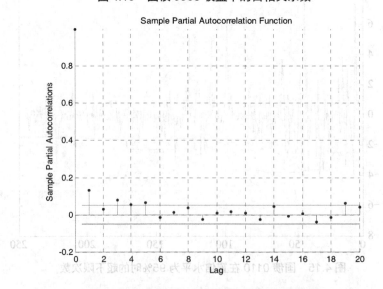

图 4.17 国债 9908 收益率的偏自相关系数

第 4 章 金融风险价值的计算

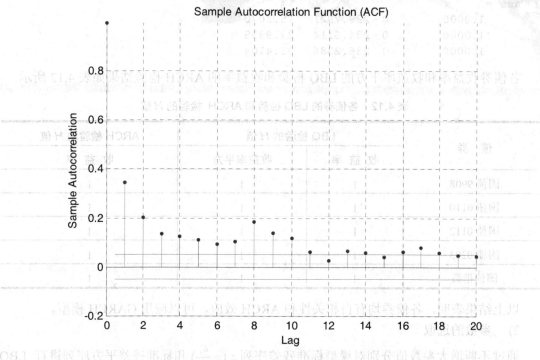

图 4.18 国债 9908 收益率平方的自相关系数

其余国债收益率和收益率平方的自相关系数和偏自相关系数省略。

(2) LBQ 检验和 ARCH 检验。对各债券收益率和收益率平方进行 LBQ 检验，并对各债券收益率进行 ARCH 检验。国债 9908 收益率和收益率平方的 LBQ 检验和收益率的 ARCH 检验结果如下：

```
[H,pValue,State,CriticalValue]=lbqtest(r1-mean(r1),[10 15 20]',0.05)
 [H pValue State CriticalValue]
ans =
        1.0000    0.0000    66.8782    18.3070
        1.0000    0.0000    70.9342    24.9958
        1.0000    0.0000    82.7771    31.4104
[H,pValue,State,CriticalValue]=lbqtest((r1-mean(r1)).^2,[10 15 20]',0.05);
 [H pValue State CriticalValue]
ans =
        1.0000    0         443.0832   18.3070
        1.0000    0         464.1499   24.9958
        1.0000    0         490.9475   31.4104
[H,pValue,State,CriticalValue]=archtest(r1-mean(r1),[10 15 20]',0.05);
```

```
[H pValue State CriticalValue]
ans =
    1.0000         0  229.7921   18.3070
    1.0000         0  234.6114   24.9958
    1.0000         0  236.2386   31.4104
```

各债券收益率和收益率平方的 LBQ 检验和收益率的 ARCH 检验结果如表 4.12 所示。

表 4.12 各债券的 LBQ 检验和 ARCH 检验的 H 值

债 券	LBQ 检验的 H 值		ARCH 检验的 H 值
	收 益 率	收益率平方	收 益 率
国债 9908	1	1	1
国债 0110	1	1	1
国债 0112	1	1	1
国债 0203	1	1	1
国债指数	1	1	1

以上结果表明，各债券均有自相关性和 ARCH 效应，可以应用 GARCH 模型。

2) 参数的选取

通过不断增大参数值分别对模型标准残差序列 $z_t(=\frac{\varepsilon_t}{\sigma_t})$ 和标准残差平方序列进行 LBQ 检验，并对模型标准残差序列进行 ARCH 检验，采用简单模型优先原则来选择模型参数。

例如，对国债 9908 收益率序列用 ARMAX(2,1,0)和 GARCH(1,1)模型建模，各系数如下：

```
  Boundary Constraints Active: Standard Errors May Be Inaccurate.
    Mean: ARMAX(2,1,0); Variance: GARCH(1,1)
    Conditional Probability Distribution: Gaussian
    Number of Model Parameters Estimated: 7
                         Standard        T
  Parameter    Value      Error      Statistic
  -----------  ---------  ---------  ---------
           C   5.3082e-007  9.75e-006     0.0544
        AR(1)    0.831       0.013078    63.5422
        AR(2)   -0.033095    0.025201    -1.3132
        MA(1)   -0.70376     0.018157   -38.7602
            K    2e-007      2.1295e-008   9.3920
     GARCH(1)    0.71077     0.021938    32.3995
      ARCH(1)    0.20906     0.01763     11.8581
```

对模型标准残差序列进行 LBQ 检验的结果如下：

```
ans =
      0    0.6060    8.2341   18.3070
      0    0.6619   12.2256   24.9958
      0    0.4136   20.7228   31.4104
```

对模型标准残差平方序列进行 LBQ 检验的结果如下：

```
ans =
      0    0.8057    6.1130   18.3070
      0    0.9508    7.2337   24.9958
      0    0.9957    7.2634   31.4104
```

对模型标准残差序列进行 ARCH 检验的结果如下：

```
ans =
      0    0.8138    6.0175   18.3070
      0    0.9516    7.2080   24.9958
      0    0.9954    7.3520   31.4104
```

模型标准残差序列 $z_t(=\dfrac{\varepsilon_t}{\sigma_t})$ 的自相关系数和标准残差平方序列的自相关系数见图 4.19 和图 4.20。

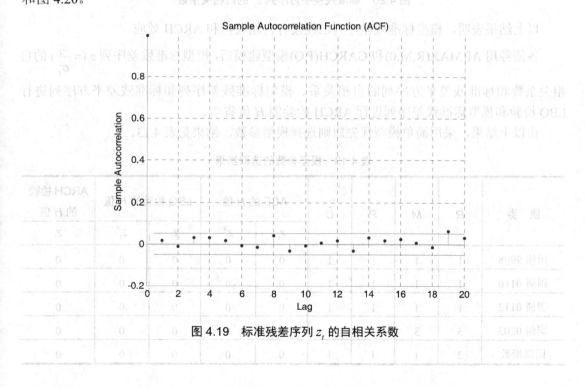

图 4.19　标准残差序列 z_t 的自相关系数

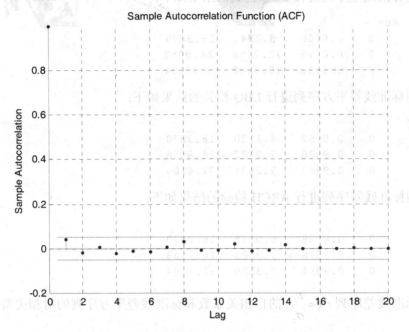

图 4.20　标准残差平方序列 z_t^2 的自相关系数

以上结果表明，模型标准残差序列已经没有自相关性和 ARCH 效应。

各债券用 ARMAX(R,M,0) 和 GARCH(P,Q) 模型建模后，模型标准残差序列 $z_t(=\dfrac{\varepsilon_t}{\sigma_t})$ 的自相关系数和标准残差平方序列的自相关系、模型标准残差序列和标准残差平方序列进行 LBQ 检验和模型标准残差序列进行 ARCH 检验的 H 值省略。

由以上结果，采用简单模型优先原则选择模型参数，结果见表 4.13。

表 4.13　模型参数的选取结果

债　券	R	M	P	Q	ACF 的 H 值		LBQ 检验的 H 值		ARCH检验的 H 值
					z_t	z_t^2	z_t	z_t^2	z_t
国债 9908	1	1	1	1	0	0	0	0	0
国债 0110	1	1	1	1	0	0	0	0	0
国债 0112	1	1	1	1	0	0	0	0	0
国债 0203	3	3	1	1	0	0	0	0	0
国债指数	2	1	1	1	0	0	0	0	0

3) 计算结果

条件均值采用 ARMA(R,M)模型，国债 9908、国债 0110、国债 0112 的参数均为 $R=1$、$M=1$，国债 0203 的参数均为 $R=3$、$M=3$，国债指数的参数均为 $R=2$、$M=1$。

(1) 置信水平取 99%、97.5%和 95%，移动窗口宽度为 $m=250$、500 和 750 等，利用 Matlab 7.0 及其相应的 GARCH 工具箱，条件方差采用 GARCH(1,1)模型，参数 $p=1$、$q=1$，高斯分布。模型参数更新周期为每 50 天更新一次，路径长度取 50，路径的条数取 10000，采用蒙特卡罗模拟法计算 50 天的风险价值，计算回顾区间(共 250 天)的超下限次数，结果如表 4.14、表 4.15 所示。

表 4.14 GARCH(1,1)模型高斯分布的超下限次数

模型		国债	置信水平为 99%			置信水平为 97.50%			置信水平为 95%		
			m	f	区域	m	f	区域	m	f	区域
蒙特卡罗模拟	GARCH(1,1)高斯分布	国债 9908 $R=1$ $M=1$	250	5	黄灯	250	8	绿灯	250	13	绿灯
			500	5	黄灯	500	7	绿灯	500	11	绿灯
			750	5	黄灯	750	5	绿灯	750	10	绿灯
		国债 0110 $R=1$ $M=1$	250	2	绿灯	250	6	绿灯	250	8	绿灯
			500	1	绿灯	500	4	绿灯	500	7	绿灯
			750	1	绿灯	750	3	绿灯	750	7	绿灯
		国债 0112 $R=1$ $M=1$	250	4	绿灯	250	7	绿灯	250	12	绿灯
			500	4	绿灯	500	6	绿灯	500	12	绿灯
			750	4	绿灯	750	4	绿灯	750	9	绿灯
		国债 0203 $R=3$ $M=3$	250	5	黄灯	250	6	绿灯	250	9	绿灯
			500	4	绿灯	500	6	绿灯	500	11	绿灯
			750	3	绿灯	750	5	绿灯	750	8	绿灯
			1000	2	绿灯	1000	3	绿灯	1000	6	绿灯
		国债指数 $R=2$ $M=1$	250	2	绿灯	250	2	绿灯	250	7	绿灯
			500	1	绿灯	500	1	绿灯	500	5	绿灯
			750	1	绿灯	750	1	绿灯	750	1	绿灯
			1000	0	绿灯	1000	0	绿灯	1000	1	绿灯

表 4.15 GARCH(1,1)模型高斯分布的平均下限

模型	国债	置信水平为 99%		置信水平为 97.5%		置信水平为 95%	
		m	平均下限	m	平均下限	m	平均下限
蒙特卡罗模拟 高斯分布	GARCH(1,1) 国债9908	250	-0.00283392285431	250	-0.00232855943180	250	-0.00192623004041
		500	-0.00282894902526	500	-0.00230610737980	500	-0.00189641569621
		750	-0.00310950675028	750	-0.00252833340755	750	-0.00207384320180
	国债0110	250	-0.00507744988176	250	-0.00407762344197	250	-0.00331836848193
		500	-0.00477026986357	500	-0.00382839325393	500	-0.00311320974707
		750	-0.00499663287965	750	-0.00407065285632	750	-0.00334639370159
	国债0112	250	-0.00449170413396	250	-0.00363035515855	250	-0.00296698579796
		500	-0.00442286393255	500	-0.00353747382558	500	-0.00287353152931
		750	-0.00484183604904	750	-0.00393293379026	750	-0.00322442997746
	国债0203	250	-0.00490301235357	250	-0.00397835681214	250	-0.00325371655854
		500	-0.00458251559968	500	-0.00373745939668	500	-0.00307206039123
		750	-0.00535358978936	750	-0.00432516828337	750	-0.00353348151606
		1000	-0.00662639468404	1000	-0.00512998504453	1000	-0.00410475184974
	国债指数	250	-0.00164955516160	250	-0.00138647827307	250	-0.00116233575488
		500	-0.00178700805595	500	-0.00148896167204	500	-0.00124093575792
		750	-0.00243734399072	750	-0.00199068686357	750	-0.00163724067593
		1000	-0.00306483565746	1000	-0.00246625146394	1000	-0.00200804369284

(2) 置信水平取 99%、97.5%和 95%，移动窗口宽度为 m=250、500 和 750 等，利用 Matlab 7.0 及其相应的 GARCH 工具箱，条件方差分别采用 GJR(1,1)模型，参数 p=1、q=1，高斯分布；EGARCH(1,1)模型，参数 p=1、q=1，高斯分布；GARCH(1,1)模型，参数 p=1、q=1，T 分布；GJR(1,1)模型，参数 p=1、q=1，T 分布；EGARCH(1,1)模型，参数 p=1、q=1，T 分布。模型参数更新周期为每 50 天更新一次，路径长度取 50，路径的条数取 10000，采用蒙特卡罗模拟法计算下 50 天的风险价值，计算回顾区间(共 250 天)的超下限次数，结果省略。

4.3.4 模型评价和比较

1. 同一种国债采用不同模型和模型参数的比较

以国债 9908 为例，表 4.16 所示为国债 9908 各种模型方法的超限次数。

第4章 金融风险价值的计算

表4.16 国债9908各种模型方法的超限次数比较

模型		国债	置信水平为99%			置信水平为97.5%			置信水平为95%		
			参数 $m=(\lambda=)$	超限次数	区域	参数 $m=(\lambda=)$	超限次数	区域	参数 $m=(\lambda=)$	超限次数	区域
I	I1	国债9908	1265	4	绿灯		5	绿灯		5	绿灯
	I2	国债9908	200	5	黄灯	20	9	绿灯	20	15	绿灯
	I3	国债9908	30 (0.97)	5	黄灯	20 (0.96)	9	绿灯	15 (0.97)	16	绿灯
II	II1	国债9908	1265	2	绿灯	1265	4	绿灯	1265	7	绿灯
	II2	国债9908	250	5	黄灯	250	7	绿灯	250	17	绿灯
			130	4	绿灯	130	7	绿灯	130	16	绿灯
			65	5	黄灯	65	6	绿灯	65	8	绿灯
	II3	国债9908	250	0	绿灯	250	5	绿灯	250	8	绿灯
			130	0	绿灯	130	0	绿灯	130	7	绿灯
			65	0	绿灯	65	0	绿灯	65	0	绿灯
III	III1	国债9908	250	5	黄灯	250	8	绿灯	250	13	绿灯
		$R=1$	500	5	黄灯	500	7	绿灯	500	11	绿灯
		$M=1$	750	5	黄灯	750	5	绿灯	750	10	绿灯
	III2	国债9908	250	5	黄灯	250	7	绿灯	250	14	绿灯
		$R=1$	500	5	黄灯	500	7	绿灯	500	11	绿灯
		$M=1$	750	5	黄灯	750	5	绿灯	750	10	绿灯
	III3	国债9908	250	5	黄灯	250	7	绿灯	250	12	绿灯
		$R=1$	500	5	黄灯	500	7	绿灯	500	9	绿灯
		$M=1$	750	5	黄灯	750	5	绿灯	750	8	绿灯
	III4	国债9908	500	5	黄灯	500	5	绿灯	500	11	绿灯
		$R=1$	750	4	绿灯	750	5	绿灯	750	10	绿灯
		$M=1$	1000	4	绿灯	1000	5	绿灯	1000	7	绿灯
	III5	国债9908	500	4	绿灯	500	5	绿灯	500	11	绿灯
		$R=1$	750	4	绿灯	750	5	绿灯	750	10	绿灯
		$M=1$	1000	3	绿灯	1000	5	绿灯	1000	7	绿灯
	III6	国债9908	500	4	绿灯	500	5	绿灯	500	10	绿灯
		$R=1$	750	4	绿灯	750	5	绿灯	750	10	绿灯
		$M=1$	1000	4	绿灯	1000	5	绿灯	1000	8	绿灯

由表 4.16 可知,对国债 9908 而言,置信水平越高,模型的影响越大,置信水平为 99% 时,对不同的模型既有黄灯也有绿灯。而置信水平为 97.5% 和 95% 时,各种模型都是绿灯。历史模拟法的一般法和改进拔靴法在 3 种置信水平下均为绿灯,但有高估风险的倾向。参数法的直接法、蒙特卡罗模拟法采用 T 分布时 GJR(1,1) 和 EGARCH(1,1) 在 3 种置信水平下均为绿灯,但置信水平为 95% 时,非常接近黄灯,而且移动窗口的宽度要大于 500,即至少需要两年的历史数据。

2. 同一种模型对不同国债的计算结果的比较

以蒙特卡罗模拟法采用 GARCH(1,1) 模型高斯分布为例,表 4.17 所示为各种国债的超下限次数。

表 4.17 GARCH(1,1) 模型高斯分布的超下限次数

模型	国债	置信水平为 99%			置信水平为 97.50%			置信水平为 95%		
		m	f	区域	m	f	区域	m	f	区域
蒙特卡罗模拟 GARCH(1,1) 高斯分布	国债 9908 $R=1$ $M=1$	250	5	黄灯	250	8	绿灯	250	13	绿灯
		500	5	黄灯	500	7	绿灯	500	11	绿灯
		750	5	黄灯	750	5	绿灯	750	10	绿灯
	国债 0110 $R=1$ $M=1$	250	2	绿灯	250	6	绿灯	250	8	绿灯
		500	1	绿灯	500	4	绿灯	500	7	绿灯
		750	1	绿灯	750	3	绿灯	750	7	绿灯
	国债 0112 $R=1$ $M=1$	250	4	绿灯	250	6	绿灯	250	12	绿灯
		500	4	绿灯	500	6	绿灯	500	12	绿灯
		750	4	绿灯	750	4	绿灯	750	9	绿灯
	国债 0203 $R=3$ $M=3$	250	5	黄灯	250	6	绿灯	250	9	绿灯
		500	4	绿灯	500	6	绿灯	500	11	绿灯
		750	3	绿灯	750	5	绿灯	750	8	绿灯
		1000	2	绿灯	1000	3	绿灯	1000	6	绿灯
	国债指数 $R=2$ $M=1$	250	2	绿灯	250	5	绿灯	250	7	绿灯
		500	1	绿灯	500	3	绿灯	500	5	绿灯
		750	1	绿灯	750	1	绿灯	750	1	绿灯
		1000	0	绿灯	1000	1	绿灯	1000	1	绿灯

由表 4.17 可知,对采用高斯分布的 GARCH(1,1) 模型的蒙特卡罗模拟法而言,置信水平越高,同一种方法对不同的国债效果差异越显著,国债 9908 和国债 0203 在置信水平为 99%

时，为黄灯，而国债0110、国债0112和国债指数为绿灯，但国债0112非常接近黄灯。而置信水平为97.5%和95%时，各种国债都是绿灯。

3. 同一模型对同一种国债采用不同参数的计算结果比较

以采用高斯分布的GARCH(1,1)模型的蒙特卡罗模拟法和国债0203为例，表4.18所示为在移动窗口宽度m取不同值时国债0203的超下限次数。

表4.18　GARCH(1,1)模型高斯分布的超下限次数

模 型	国 债	置信水平为99%			置信水平为97.50%			置信水平为95%		
		m	f	区 域	m	f	区 域	m	f	区 域
蒙特卡罗模拟GARCH(1,1)模型高斯分布	国债0203 $R=3$ $M=3$	250	5	黄灯	250	6	绿灯	250	9	绿灯
		500	4	绿灯	500	6	绿灯	500	11	绿灯
		750	3	绿灯	750	5	绿灯	750	8	绿灯
		1000	2	绿灯	1000	3	绿灯	1000	6	绿灯

由表4.18可知，对采用高斯分布的GARCH(1,1)模型的蒙特卡罗模拟法和国债0203而言，置信水平越高，不同参数的效果差异越显著，国债0203在置信水平为99%时，随移动窗口宽度m的增大，由黄灯转为绿灯，而且m越大，效果越好。而置信水平为97.5%和95%时，参数m的影响不显著。

4. 不同时间段对模型和参数选取的影响

以参数法的直接法和国债9908为例，表4.19和图4.21是国债9908日变化率样本均值和样本标准差。

表4.19　国债9908日变化率的样本均值和样本标准差

年　度	样本均值	样本标准差
2002	−0.00010394327	0.00164216113
2003	−0.00012722901	0.0015292717
2004	−0.0002510527	0.00199213094
2005	0.0003248203	0.00145805021
2006	−0.00005512077	0.00104304329
2007	0.00000742118	0.00129390275
2008	−0.00007140777	0.00096363401
总计	−0.00003400301	0.0014778264

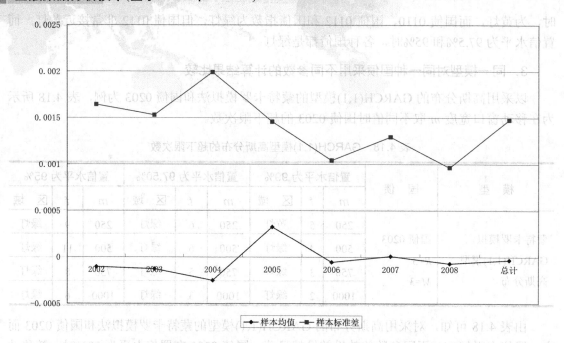

图 4.21 国债 9908 收盘价日变化率的样本均值和样本标准差

由表 4.19 可知，国债 9908 日变化率的样本均值在 2004 年为 -0.0002510527，而 2005 年为 0.0003248203，样本标准差在 2004 年为 0.00199213094，而 2006 年为 0.00104304329。不同时间段的参数变化较大。

5. 移动窗口类模型的窗口宽度的影响

以采用移动平均法为例，m 为移动窗口的宽度，当 m 从 5 增至 200 时，由超下限次数 $bv(m)$ 可求出合适的移动窗口的宽度值 m。各国债进入绿灯区的 m 值如表 4.20 所示。

表 4.20 进入绿灯区的最小 m(移动窗口的宽度值)

置 信 度	国债 0110	国债指数	国债 0112	国债 9908	国债 0203
99%	$m=20$	$m=25$	$m=165$	$m=200$(黄灯区)	$m=200$(黄灯区)
97.5%	$m=20$	$m=10$	$m=15$	$m=20$	$m=55$
95%	$m=15$	$m=10$	$m=15$	$m=20$	$m=15$

由表 4.20 可知，置信水平越高，不同国债对 m 越敏感，且随着置信水平的增加，进入绿灯区的最小 m 值逐步变大。

6. 指数移动类模型的衰减指数的影响

以指数移动平均法为例,衰减因子 λ 从 0.91 增至 0.99,由超下限次数 bv(m) 求出合适的移动窗口的宽度值 m 和最佳的衰减因子 λ,如表 4.21 所示。

表 4.21 各种模型方法的超限次数比较

模型	国债	置信水平为 99%			置信水平为 97.5%			置信水平为 95%		
		参数 $M\geq(\lambda=)$	超限次数	区域	参数 $M\geq(\lambda=)$	超限次数	区域	参数 $M\geq(\lambda=)$	超限次数	区域
指数移动平均	国债 9908	30 (0.97)	5	黄灯	20 (0.96)	9	绿灯	15 (0.97)	16	绿灯
	国债 0110	20 (0.92)	3	绿灯	15 (0.99)	9	绿灯	15 (0.99)	14	绿灯
	国债 0112	30 (0.92)	4	绿灯	15 (0.99)	7	绿灯	10 (0.99)	16	绿灯
	国债 0203	170 (0.99)	4	绿灯	35 (0.99)	4	绿灯	15 (0.99)	17	绿灯
	国债指数	15 (0.93)	4	绿灯	15 (0.94)	7	绿灯	10 (0.98)	12	绿灯

由表 4.21 可知,置信水平越高,不同国债对 λ 和 m 越敏感,且随着置信水平的增加,进入绿灯区的最小 m 值逐步变大,而 λ 值则逐步变小。

4.3.5 主要结论

根据上面的计算结果和分析可以得出以下主要结论。

(1) 同一种国债采用不同模型和模型参数效果不同,且置信水平越高,模型和参数的影响越大,越要慎重选择模型和参数。

(2) 同一种模型对不同国债的计算效果不同,置信水平越高,同一种方法对不同的国债效果差异越显著,越要慎重选择模型和参数。

(3) 不同时间段的参数变化较大,要注意更新模型和模型参数。

(4) 对移动窗口类模型的窗口宽度有影响,置信水平越高,不同国债对 m 越敏感,且随着置信水平的增加,进入绿灯区的最小 m 值逐步变大。

(5) 对指数移动类模型的衰减指数也有影响,置信水平越高,不同国债对 λ 和 m 越敏感,且随着置信水平的增加,进入绿灯区的最小 m 值逐步变大,而 λ 值则逐步变小。

金融数据分析技术(基于 Excel 和 Matlab)

4.4 实验四：金融市场风险的 VaR 计算实验

4.4.1 实验目的

通过本次实验，加深对风险价值(VaR)概念的理解，初步掌握金融风险价值 VaR 的计算方法，学习如何用 Excel、Matlab 进行金融风险价值 VaR 的计算。

4.4.2 实验原理

VaR 模型是目前金融市场风险测量的主流方法。VaR 模型与返回检验和压力测试一起构成了巴塞尔协议的内部模型法。

VaR 是指在正常的市场条件下，给定置信水平和持有期，某种投资组合可能发生的最大损失值。

VaR 的数学定义：给定置信水平 $1-\alpha$ 和时间间隔 t，如果一家实体机构在时间间隔 t 内预计损失额超过 M 的概率小于 α，则称这家实体机构在时间间隔 t 内的 VaR 为 M，即

$$P\{损失额 > M\} < \alpha$$

通常采用参数法、历史模拟法和蒙特卡罗模拟法三类方法计算 VaR。其中参数法有直接法、移动平均和指数移动平均 3 种模型进行计算，历史模拟法分一般法、拔靴法和改进拔靴法 3 种方法进行计算，蒙特卡罗模拟法采用 GARCH 模型、GJR 模型和 EGARCH 模型 3 种模型，并分别采用正态分布和 T 分布共 6 种情况分别进行计算。

4.4.3 实验内容

(1) 选择股票、基金、外汇、国债、期货或黄金等金融市场的某种产品，从金融数据库(如 RESSET 数据库)中下载金融数据并保存在本地，描述下载的金融数据。

(2) 对数据进行初步的转换处理，描述你的处理过程，写出所使用的函数(或程序代码)、输入和结果。

(3) 用直接法计算 VaR。写出所使用的函数(或程序代码)、输入、计算结果和图形。

(4) 用移动平均法计算 VaR。选取移动窗口的宽度 m，写出所使用的函数(或程序代码)、输入、计算结果和图形。

(5) 用蒙特卡罗模拟法计算 VaR。采用的模型和分布，写出所使用的函数(或程序代码)、输入、计算结果和图形。

(6) 结果比较分析。巴塞尔委员会和国际清算银行(BCBS)规定的惩罚区域，对各种模型方法的超限次数进行比较，讨论各种计算方法的优、缺点。

4.4.4 实验步骤

1. 使用 Excel 软件

具体步骤如下。

第一步：下载数据。例如，从锐思金融研究数据库下载某股票在 4 年的日收盘价的历史数据，以 Excel 格式用某文件名保存在目录中。如果是从网站下载的免费数据，要去掉收盘价为零的数据。

第二步：计算收益率。参见第 4.2.1 节。

第三步：用直接法计算 VaR。参见第 4.2.1 节。

第四步：画出收益率和直接法计算的 VaR 的图形。参见第 4.2.1 节。

第五步：用移动平均法计算 VaR。参见第 4.2.2 节。

第六步：画出收益率和移动平均法计算的 VaR 的图形。参见第 4.2.2 节。

第七步：分别取移动窗口宽度 m 为 5、20、120 和 250，重复第六步和第七步的过程，分别得到不同的结果和图形。

第八步：结果比较分析。用巴塞尔委员会和国际清算银行(BCBS)规定的惩罚区域，对各种模型方法的超限次数进行比较，讨论各种计算方法的优、缺点。

第九步：编写实验报告。

2. 使用 Matlab 软件

第一步：下载数据。例如，从锐思金融研究数据库下载某股票在 4 年的日收盘价的历史数据，以 Excel 格式用某文件名保存在目录中。如果是从网站下载的免费数据，要去掉收盘价为零的数据。

第二步：用直接法和移动平均法计算 VaR 并画图。①编写自定义函数和脚本文件。在 Matlab 中，编写自动读取第一步得到以 Excel 格式保存的数据，计算日收益率的最近 m(即移动窗口宽度)个样本的样本均值 μ 和样本标准差 σ，计算置信度为 $1-\alpha$ 的日 VaR，并画出收益率和 VaR 的图形的 M 文件(自定义函数和脚本文件)，调试正确后存盘(可参考 4.3.2 小节)。②用直接法计算 VaR 并画图。取移动窗口宽度 m=数据长度-250，给定 α，运行①中的脚本文件，得到直接法计算的置信度为 $1-\alpha$ 的 VaR 和图形，将结果和图形复制到实验报告中。③用移动平均法计算 VaR 并画图，分别取 m 为 5、20、60 和 250，给定 α，运行①中的脚本文件，得到移动平均法计算的置信度为 $1-\alpha$ 的 VaR 和图形，将结果和图形复制到实验报告中。

第三步：用蒙特卡罗模拟法计算 VaR。①编写自定义函数和脚本文件。在 Matlab 中，编写自动读取第一步得到以 Excel 格式保存的数据，计算日收益率，用蒙特卡罗模拟法计算置信度为 $1-\alpha$ 的日 VaR，并画出收益率和 VaR 的图形的 M 文件(自定义函数和脚本文件)，调试正确后存盘(可参考 4.3.2 节)。②用蒙特卡罗模拟法计算 VaR 并画图。取定路径的条数 k_n，给定 α，运行①中的脚本文件，得到蒙特卡罗模拟计算的置信度为 $1-\alpha$ 的 VaR 和图形，将结果和图形复制到实验报告中。

第四步：结果比较分析。用巴塞尔委员会和国际清算银行(BCBS)规定的惩罚区域，对各种模型方法的超限次数进行比较，讨论各种计算方法的优、缺点。

第五步：编写实验报告。

4.4.5 实验报告要求

实验报告包括实验者信息(姓名、学号、专业、班级、成绩等)、实验基本信息(实验名称、实验地点、实验设备、设备号、使用软件、实验时间等)、实验原理(简述)、实验内容、实验过程、实验数据和实验结果、实验分析和结论、实验心得体会等部分。

本章小结

(1) 本章简要介绍了金融风险、金融市场风险、金融风险管理等概念，重点介绍了 VaR 模型和 VaR 的计算方法，具体介绍了使用 Excel 和 Matlab 计算金融 VaR 的参数法、历史模拟法和蒙特卡罗模拟法，最后给出了用 Excel 和 Matlab 计算 VaR 的案例和实验。

(2) VaR 的定义。在正常的市场条件下，给定置信水平和持有期，某种投资组合可能发生的最大损失值。

(3) VaR 的数学定义。给定置信水平 $1-\alpha$ 和时间间隔 t，如果一家实体机构在时间间隔 t 内预计损失额超过 M 的概率小于 α，则称这家实体机构在时间间隔 t 内的 VaR 为 M，即

$$P\{损失额 > M\} < \alpha$$

(4) VaR 的计算可分 3 步进行。①把资产组合中的每一种资产损益表示为市场因子的函数——市场因子映射；②预测市场因子的波动性——市场因子波动性模型；③根据市场因子的波动性估计资产组合的价值变化和分布——估值模型。在这 3 步中市场因子波动性模型和估值模型是关键，不同的市场因子波动性模型和估值模型构成计算 VaR 的不同方法。计算风险价值(VaR)主要有三类，即参数方法、历史模拟法和蒙特卡罗模拟法。

(5) 参数法假设总体服从某种分布，用历史数据的统计量(如样本均值、样本标准差等)表示市场因子来计算 VaR。参数法主要有直接法、移动平均和指数移动平均 3 种方法。直接法假设总体服从正态分布，直接计算所有 n 个样本的样本均值和样本标准差，从而计算 VaR。移动平均法只计算最近 m(m 称为移动窗口的宽度)个样本的样本均值和样本标准差。指数移动平均是用最近 m 个样本以指数加权平均来计算样本均值和样本标准差，距离越近的样本的权重越大。

(6) 历史模拟法的基本假设是过去的变化情况会在未来重现。利用过去一段时间的历

史数据，进行重新抽样，模拟未来一段时间的变化情况，抽样区间和抽样方法的不同，就形成不同的历史模拟法，主要有一般法和拔靴法(Bootstrap)和改进的拔靴法。

(7) 蒙特卡罗模拟法假设总体服从某种概率分布，根据历史数据估计其参数，然后利用总体服从的概率分布，模拟未来一段时间的变化情况。

(8) 采用回顾测试法对各种模型及模型参数进行评价和比较。可以选出针对特定市场、特定产品在一定时间范围内较为适合的模型和合适的参数。

思考讨论题

1. 什么是金融风险？它主要包括哪几种类型？
2. 什么是金融市场风险？金融市场风险管理的主要内容是什么？
3. 什么是 VaR 模型？通过网上收集资料和学习研究，谈谈你对 VaR 模型及其作用的认识和看法，并与大家分享你所了解到的 VaR 模型研究有哪些新的进展。
4. 计算 VaR 的参数方法、历史模拟法和蒙特卡罗模拟法各有什么优、缺点？
5. 如何对计算 VaR 的各种模型及模型参数进行评价和比较？你认为这种评价和比较有什么意义？

第 5 章 资产组合的计算

【学习要点及目标】

- 理解资产组合基本原理,掌握资产组合收益率与方差的计算方法。
- 了解资产组合的有效前沿,会计算两种风险资产组合预期收益和方差。
- 掌握计算均值方差的有效前沿的计算方法,会计算带约束条件的资产组合的有效前沿。
- 会计算投资组合的最优资产分配。
- 会进行收益序列与价格序列间的转换和协方差矩阵与相关系数矩阵间的转换。

【核心概念】

资产组合　预期收益　预期风险　资产组合的收益率　资产组合的方差　有效前沿　最优资产分配

在丰富的金融投资理论中,资产组合理论有着非常重要的地位。现代资产组合理论(Modern Portfolio Theory,MPT),也有人将其称为现代证券投资组合理论、证券组合理论或投资分散理论。也就是说,投资者借助资产组合模型,在将不同的投资品种按一定的比例组合在一起作为投资对象的过程中,通过平衡预期收益和预期风险的关系,以求得单位风险水平上的收益最高或单位收益水平上风险最小。

从历史发展来看,投资者很早就认识到了将资金分散地进行投资可以降低风险,19 世纪 50 年代,现代资产组合理论之父、美国经济学家亨利·马科维茨(Markowitz),提出了资产组合理论的基本原则,并于 1952 年发表了"证券组合选择",这标志着资产组合理论的正式诞生。马科维茨是第一个正式描述投资组合分散化的学者,并将分散化概念进行了量化。时至今日,"不要把所有的鸡蛋放在一个篮子里"成为了多元化资产组合的最佳比喻,且已成为现代金融投资世界中的一条真理。

随着近年来国内信息化建设的快速推进,投资管理人可以借助各种使用方便的软件工具(如 Matlab 等),较为及时、精确地取得大量历史数据,并进行全面的投资与风险的计算、分析与控制,进而构建一套基于信息技术应用的、切实可行的资产组合管理模式。

5.1 资产组合基本原理

资产组合一般是指投资者持有的一组资产,即一个资产多元化的投资组合,它通常可能会包含股票、债券、货币市场资产、现金及实物资产(如黄金)等。

构建资产组合的两个关键因素是预期收益和风险,即投资者未来的投资收益是一种经过评估的预期收益,它有可能实现,也可能因为意外风险或不利事件的发生而存在不确定性。因此,为了应对预期收益所存在的随机波动的不确定性,投资者可以借助收益的概率分布,以便较为完整地描述未来可能发生的各种结果。概率分布可以分为离散和连续两种类型,如图 5.1 所示。

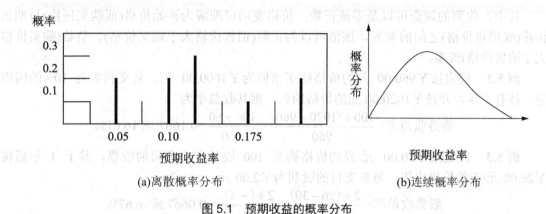

图 5.1 预期收益的概率分布

5.1.1 收益序列与价格序列间的转换

对于投资者而言,取得投资收益是至关重要的,收益是投资活动的全部意义所在。计算已实现的(历史)收益是投资者评价其投资成功与否,或评价其委托的投资管理者投资好坏的主要依据。

1. 收益的两个要素

一般投资的收益由两个要素构成。

(1) 收入。即从投资中获得的定期的现金流、利息或股息等,收入可以反映出现金流与资产价格(如购买价或当前市价)之间的关系。

(2) 资本增值(损失)。即资产价格的增值或减值,也可简称为价格变动。在长期情况下,它是资产的购买价与可能的或已实现的售价之间的差额;在短期情况下,它是销售价格与该短期收盘价格之间的差额。

收入与资本增值(损失)的合计,称为资产投资的收益,即

$$资产投资的收益=收入+价格变动$$

其中,收入要素可以为零或正数;价格变动要素可以为零、正数或负数。

例 5.1 按面值(¥1000.00 元)购买并持有到期的债券,将提供现金流或利息形式的收入,但不会有价格变动;若以 ¥800.00 元的价格购买并持有上述到期的债券,将同时提供收入(支付的利息)与价格变动(此时为增值)。

2. 单个资产的收益率与相对收益

单个资产(如证券)的收益率是指投资者在给定的持有期内所获取的全部现金流与资产的购买价格之比，结果用小数形式或百分数形式表示，即

$$收益率=\frac{所有收到的现金+整个时期内的价格变动}{购买价格}$$

其中，收到的现金可以是零或正数；价格变动可理解为初始价格(或购买价格)与期末价格(或销售价格)之间的差异，该值可以为正数(销售价格大于购买价格)、负数(购买价格大于销售价格)或零。

例 5.2 假定按¥960.00元的价格购买面值为¥1000.00元、名义利率为10%的国库券，持有1年，并按¥1020.00元的价格销售，则其收益率为

$$债券收益率=\frac{100+(1020-960)}{960}=\frac{100+60}{960}=0.1667 \text{ 或 } 16.67\%$$

例 5.3 假定按¥30.00元/股的价格购买100股某上市公司的股票，并于1年后按¥26.00元/股的价格出售，每股支付的股利为¥2.00元。

$$股票收益率=\frac{2+(26-30)}{30}=\frac{2+(-4)}{30}=-0.0667 \text{ 或 } -6.67\%$$

在投资收益的计算中，有时不能使用负收益(如指数或几何平均值)，此时可使用相对收益的概念，即

$$相对收益=以小数形式表示的收益率+1.0$$

3. 将收益率序列转换为价格序列

在处理金融时间序列时，有时需要把收益率序列转换为价格序列。

例 5.4 已知资产收益率和时间间隔如表5.1所示。假设某资产初始价格为¥10元，起始时间为2000年12月18日。试求该资产价格的时间序列，收益率采用离散方法。

表5.1 资产收益率及时间

收益率	0.10	0.05	-0.05
时间间隔/天	182	91	92

将收益率时间序列转换为价格时间序列的结果，如表5.2所示。

表5.2 资产各时间的价格

时间	2000年12月18日	2001年6月18日	2001年9月17日	2001年12月18日
价格	10.0000	11.0000	11.5500	10.9725
收益率	—	0.10	0.05	-0.05
时间间隔	—	182	91	92

计算提示：某时间的价格=前一时间的价格×(1+收益率)。

4. 将价格序列转换为收益率序列

在处理金融时间序列时,有时需要把价格序列转换为收益率序列。

例 5.5 已知某股票的价格时间序列如表 5.3 所示。求出该股票的收益率时间序列。

表 5.3 股票各时间对应的价格

时 间	0	6	9	12
价 格	100	110	115	110

计算时间间隔和收益率的结果,如表 5.4 所示。

表 5.4 转换后的收益率

时间间隔	6	3	3
收益率	0.1000	0.0455	-0.0435

计算提示:某时间的收益率=(该时间的价格-前一时间的价格)/前一时间的价格。

5.1.2 协方差矩阵与相关系数矩阵间的转换

投资者可以通过算术平均或几何平均的方法较为容易地计算出一段时期内资产的平均收益,该平均值显示了相关数据的中间值,却没有反映数据的离散程度。

投资风险与可能出现的结果的离散程度存在相关性。即离散是指资产价格或收益的波动性,而投资的风险正是来自于这种价格的波动。如果一项资产的收益没有可变性,它就没有风险。例如,购买一年期收益率为10%的短期国债,并持有至期满,将会得到10%的(名义)收益率(除非国家政府不履行责任)。

1. 风险的衡量

投资者若要分析一段时间内各种主要金融资产的收益情况,仅仅依据平均值是不够的,还需要了解关于收益的变动性或离散程度。主要金融资产类型收益的平均值和分布范围(即收益离差)的示意图如图 5.2 所示。

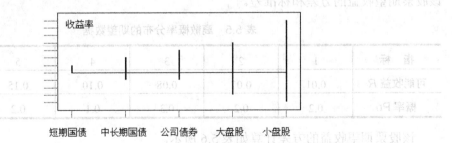

图 5.2 主要资产的收益离差

从图 5.2 中可以看出，股票收益的变动范围比债券和国债大，小盘股的变化范围比大盘股大，对于这种波动性，投资者通常是需要借助标准差等方式来计量其风险的。

2. 单个资产的预期收益和风险

资产的预期收益是指投资者根据某种特定的概率分布计算出的资产收益的期望值，该期望值是所有可能结果的加权平均，其权重就是某种可能结果发生的概率。

对于某个单一资产，其资产收益的期望值(或期望收益率)的计算式为

$$E(R) = \sum_{i=1}^{m} R_i \Pr_i$$

式中，$E(R)$ 为某种资产的期望收益率；R_i 为第 i 个可能的收益率；$\Pr_i$ 为第 i 个收益率的概率；m 为可能收益率的个数。

投资者若要量化、计算和度量投资风险，通常须使用方差或标准差。方差和标准差是衡量概率分布的分散程度的，即它们是衡量随机变量围绕均值的离散程度，离散程度越大，方差或标准差就越大。也就是说，投资者期望的收益的概率分布越紧凑，其方差或标准差也越小，其离散程度也随之变小，则资产的投资风险就越小。

因此，基于概率分布的单一资产期望收益的方差或标准差的计算如下：

(1) 期望收益的方差。

$$\sigma^2 = \sum_{i=1}^{m} [R_i - E(R)]^2 \Pr_i$$

(2) 期望收益的标准差。

$$\sigma = (\sigma^2)^{1/2}$$

提示：标准差只是简单地衡量各种可能结果与期望值差别的加权平均，它提供了衡量实际收益值与期望值之间差异的方法。在正态概率分布的情况下，单一资产的实际收益在 ± 1 个标准差之间的概率为 68%，而在 ± 2 个标准差之间的概率为 95%。

例 5.6 假设某股票未来的期望收益有 5 种可能的结果，每种可能的结果都被指定了一个概率，这些概率的总和为 1.0，如表 5.5 所示。试根据表 5.5 提供的期望数据，分别计算该股票期望收益的方差和标准差。

表 5.5 离散概率分布的期望数据

指标	1	2	3	4	5	概率合计
可能收益 R_i	0.01	0.07	0.08	0.10	0.15	
概率 $\Pr_i$	0.2	0.2	0.3	0.1	0.2	1.0

该股票期望收益的方差计算如表 5.6 所示。

第 5 章 资产组合的计算

表 5.6 使用期望数据计算标准差

步 骤	1	2	3	4	5	说 明
(1) 可能收益 R_i	0.01	0.07	0.08	0.10	0.15	
(2) 概率 Pr_i	0.2	0.2	0.3	0.1	0.2	合计 1.0
(3) = (1)×(2)	0.002	0.014	0.024	0.010	0.030	$E(R)=0.080$
(4) = $R_i - E(R)$	−0.070	−0.010	0.000	0.020	0.070	
(5) = $(4)^2$	0.0049	0.0001	0.0000	0.0004	0.0049	
(6) = (5)×(2)	0.00098	0.00002	0.00000	0.00004	0.00098	$\sigma^2 = 0.00202$

即期望收益的方差为 $\sigma^2 = 0.00202$。

期望收益的标准差为 $(0.00202)^{1/2} = 0.0449 = 4.49\%$。

3. 资产组合的收益和风险

在分析投资收益和风险的时候，虽然单个资产的收益和风险的计算很重要，但是投资者通常需要明白，基于分散化原理的整个投资组合的收益和风险才是最终的决定因素。此时，投资者将面对马科维茨曾经提出的一个基本问题，即资产组合的风险与该组合中单个资产的风险之和相等吗？

马科维茨认为，资产组合的风险不仅仅是单个资产风险的加权平均，还需要考虑组合中单个资产收益之间的关系。即投资者单独持有某种资产的风险可能很大，但将其加入资产组合时风险就会降低很多。

(1) 资产组合的期望收益。投资组合的权重是指资产组合总价值中各种资产的百分比，一般用 w 来表示。各种资产的权重总和为 100% 或 1.0，即

$$w_1 + w_2 + \cdots + w_n = \sum_{i=1}^{n} w_i = 1.0$$

任何一个资产组合 p 的期望收益可以用单个资产的加权平均期望收益来计算，即

$$E(R_p) = \sum_{i=1}^{n} w_i E(R_i)$$

式中，$E(R_p)$ 为资产组合的期望收益；w_i 为第 i 种证券的权重，且 Σw_i 的结果为 1.0；$E(R_i)$ 为第 i 种证券的期望收益；N 为投资组合中不同资产的数量。

(2) 资产组合的风险。投资者持有的资产组合的风险如同单个资产，可以通过方差或标准差来衡量，不过其风险一般是低于单个资产的加权平均风险。即根据大数法则，投资者可以通过分散化原则显著降低资产组合的风险。

采用方差或标准差计算与分析资产组合的风险时，一般要考虑两个因素。

① 加权单个资产的风险，即单个资产的资金百分比对单个资产的方差进行加权。

② 加权资产之间的联动性，即资产之间的相关系数及协方差。

相关系数 ρ_{ij} 是一个统计学中衡量资产收益之间联动性的绝对度量方法，它可以衡量任意两个资产收益之间的关系程度，是一个取值范围为-1.0～+1.0 的度量相关性的指标。有以下几种情况：

ρ_{ij} =+1.0，表示完全正相关；即若干不同资产因为拥有相同的收益形态，投资者若了解其中一个资产的收益情况，则完全可以预测另一个资产的收益，此时用标准差衡量的资产组合风险是单个资产风险的加权平均。

ρ_{ij} =-1.0，表示完全负(反)相关；即若干不同资产因为拥有完全相反的收益形态，投资者若了解其中一个资产的收益情况，同样完全可以预测与掌握另一个资产的收益。也就是说，当一个资产的收益升高时，另一个资产的收益会降低。例如，将两只完全负相关的股票放在一个投资组合中时，其实际收益与均值(12%)之间的差异被消除了，此时的资产组合没有风险，并将在持有期内稳定产生每年 12%的收益。

ρ_{ij} =0.0，表示零相关；一般而言，将若干零相关的资产(统计独立)配置在一起，可以显著降低资产组合的风险，但风险不能被完全消除。

+1.0> ρ_{ij} >0.0，表示不完全正相关；这是一种投资者通常遇到的情况，例如，两只股票 A 和 B 正相关程度为 ρ =+0.55，若它们各自反映风险的标准差均为 0.215，平均收益为 0.12 且权重均为 0.50，则其资产组合的风险可以降低到标准差 0.18，如表 5.7 所示。

表 5.7 平分资金且相关系数为 +0.55 的资产组合收益与风险

年 份	股票 A	股票 B	资产组合 A 和 B
2000	0.36	0.25	0.305
2001	-0.12	0.13	0.005
2002	-0.1	0.19	0.045
2003	0.34	0.28	0.31
2004	-0.06	-0.35	-0.205
2005	0.3	0.22	0.26
平均收益	0.12	0.12	0.12
标准差	0.215	0.215	0.180

由于若干资产收益之间的相关性十分普遍，因此需要投资者量化互动性的实际程度，并将其应用到资产组合的风险度量中。协方差是研究两个资产收益的联动(或联系)程度的绝对度量方法，与相关系数类似，协方差也可以是以下几种情况：

① 正数，即表明两个资产的收益倾向于同时同方向变动，当一个上升(或下降)，另一个也做同样变动。当协方差为正时，相关系数也为正。

② 负数,即表明两个资产的收益倾向于反向变动,当一个上升(或下降),另一个做反向变动。当协方差为负数时,相关系数也为负。

③ 零,即两个资产的收益独立变动,且没有同方向或反方向变动的趋势。

计算两个资产之间的协方差的公式为

$$\sigma_{AB} = \sum_{i=1}^{m}[R_{A,i} - E(R_A)][R_{B,i} - E(R_B)]Pr_i$$

式中,σ_{AB} 为资产 A 和 B 之间的协方差;R_A 为资产 A 的一个可能的收益;$E(R_A)$ 为资产 A 的期望收益价值;m 为期间资产收益可能结果的数量。

4.相关系数与协方差的联系

相关系数与协方差之间的联系,可以用下面的公式来表示,即

$$\rho_{AB} = \frac{\sigma_{AB}}{\sigma_A \sigma_B}$$

即相关系数是协方差除以两个资产收益的标准差。

参考上述公式,协方差也可以表示为

$$\sigma_{AB} = \rho_{AB}\sigma_A\sigma_B$$

因此,若投资者知道相关系数,就能计算协方差,因为资产收益率的标准差较容易计算。当然,若知道协方差,投资者也可很容易地计算相关系数。

5.协方差矩阵与相关系数矩阵间的转换

例 5.7 已知资产组合中有 3 个品种,每个品种的资产收益率、标准差和相关系数如表 5.8 所示。求该资产组合的协方差距阵。

表5.8 各资产预期回报、权重和相关系数

		资产 A	资产 B	资产 C
预期回报		0.1	0.15	0.12
相关系数距阵	资产 A	1	0.8	0.4
	资产 B	0.8	1	0.3
	资产 C	0.4	0.3	1

计算结果参考,该资产组合的协方差矩阵为

$$\begin{pmatrix} 0.0400 & 0.0400 & 0.0144 \\ 0.0400 & 0.0625 & 0.0135 \\ 0.0144 & 0.0135 & 0.0324 \end{pmatrix}$$

5.1.3 资产组合收益率与方差

马科维茨对资产组合理论的真正贡献之一就是发现了方差和协方差之间关系的重要性。当投资者将一个新的资产添加到资产组合之中时,将产生两种影响。

(1) 用方差衡量的资产本身的风险,被加入到资产组合的风险之中。

(2) 新资产和其他资产之间两两对应的协方差也被加入到资产组合中。

随着资产组合中资产数量的增加,单个资产自身风险(方差)的重要性降低,而协方差的重要性逐步上升。即当一个新的资产加入到资产组合中时,最重要的部分就是这些资产之间的平均协方差。

1. 含有两个资产的资产组合收益与风险

假设某资产组合由资产 1 和资产 2 组成,其收益的标准差的计算式为

$$\sigma_\rho = [w_1^2 \sigma_1^2 + w_2^2 \sigma_2^2 + 2(w_1)(w_2)(\rho_{1,2})\sigma_1 \sigma_2]^{1/2}$$

式中,σ_1^2、σ_2^2 分别为单个资产 1 和 2 的方差;$\rho_{1,2}, \sigma_1 \sigma_2$ 为两个资产之间的协方差;w 为表示每种资产在资产组合中的权重。

该计算公式表明,资产组合的风险不仅包含单个资产的风险,也包含两个资产之间的协方差,这 3 个因素决定了资产组合的风险。

例 5.8 假设两只股票 A 和 B 的统计数据如表 5.9 所示。若投资于每只股票的资金相同,即权重分别为 0.5 和 0.5。试计算该资产组合收益的标准差。

表 5.9 股票 A 和 B 的统计数据

指 标	股票 A	股票 B
均 值	12.12	15.16
标 准 差	21.58	25.97
相关系数	0.29	

$$\begin{aligned}\sigma_\rho &= [w_1^2 \sigma_1^2 + w_2^2 \sigma_2^2 + 2(w_1)(w_2)(\rho_{1,2})\sigma_1 \sigma_2]^{1/2} \\ &= [(0.5)^2(21.58)^2 + (0.5)^2(25.97)^2 + 2(0.5)(0.5)(0.29)(21.58)(25.97)]^{1/2} \\ &= [116.42 + 168.61 + 81.26]^{1/2} = 19.14\end{aligned}$$

一般而言,资产组合的标准差受两只股票之间的相关性影响很大,在其他因素不变的情况下,资产组合风险将随着相关系数从+1.0 的下降而降低。

另外,如果相关系数不变,资产组合的权重也会影响资产组合的风险。即资产组合的风险不仅受其中资产相关性的影响,还要受资金在各种资产中分配比例的影响。

2. 含有 n 个资产的资产组合收益与风险

通常资产组合的风险可以通过添加正相关性较低的资产来降低，且正相关性越小效果越好。即资产组合的风险是每个单个资产风险和单个资产收益之间协方差的函数，用方差表示的资产组合风险为

$$\sigma_\rho^2 = \sum_{i=1}^n w_i^2 \sigma_i^2 + \sum_{i=1}^n \sum_{j=1}^n w_i w_j \sigma_{ij} \quad i \neq j$$

式中，σ_ρ^2 为资产组合收益的方差；σ_i^2 为资产 i 收益的方差；σ_{ij} 为资产 i 和 j 收益的协方差；w_i 为资产组合中投资于资产 i 的权重；$\sum_{i=1}^n \sum_{j=1}^n$ 为双重求和符号，即要将 n^2 个数相加（i 和 j 的所有可能配对）。

上述计算公式的基本含义：资产组合的风险是涉及两个方面的函数，其一是用方差表示的每个资产的加权风险，其二是所有资产可能配对的协方差加权。即决定资产组合风险的 3 个变量是方差、协方差和权重。该计算式也可简化为

$$\sigma_\rho^2 = \sum_{i=1}^n \sum_{j=1}^n w_i w_j \sigma_{ij}$$

或者

$$\sigma_\rho^2 = \sum_{i=1}^n \sum_{j=1}^n w_i w_j \rho_{ij} \sigma_i \sigma_j$$

这些计算公式能计算方差，也能计算协方差。因为当 $i=j$ 时，计算的是方差；当 $i \neq j$ 时，计算的是协方差。

3. 计算资产组合收益与方差

例 5.9 某资产组合中有 3 种资产 A、B、C，组合中各资产的预期收益率分别为 0.1、0.2 和 0.15，权重分别为 0.4、0.2 和 0.4，具体如表 5.10 所示。

表 5.10 资产组合中各资产的明细表

指 标	资 产	资产 A	资产 B	资产 C
协方差	资产 A	0.0100	−0.0061	0.0042
	资产 B	−0.0061	0.0400	−0.0252
	资产 C	0.0042	−0.0252	0.0225
预期收益		0.1	0.2	0.15
资产组合 1 各资产权重		0.4	0.2	0.4
资产组合 2 各资产权重		0.2	0.4	0.4

计算结果参考：两个资产组合的标准差分别为 0.056 和 0.0451，资产收益分别为 0.14 和 0.16。

例 5.10 假设资产组合中有 5 种资产，收益分别为 0.1、0.12、0.14、0.16 和 0.2，方差分别为 0.02、0.03、0.01、0.05、0.02，资产收益率各不相关，各资产权重分别为 0.1、0.2、0.3、0.2、0.2，计算该组合的收益率与方差。

计算结果参考：该资产组合的收益率为 0.1480，方差为 0.0051。

5.2 资产组合的有效前沿

由于证券市场投资存在巨大的风险，许多投资机构或理财专家一般不主张投资者把投资的资产集中在一种产品上。如果一个投资者投资于深证东泰股份(000506)，2001 年 8 月 10 日收盘价为 14.10 元，到了 2006 年 2 月 21 日收盘价则为 1.54 元，跌幅高达 89.08%，如果再要回到原来的价位，需要上涨 9.15 倍，这样的机会几乎是不可能的，如果投资者踩中这样的陷阱，恐怕很难再有翻身的机会。

运用资产组合理论可以有效地降低投资风险，其核心思想是参考马科维茨的资产组合理论，即以马科维茨的均值—方差模型为基础，研究其多目标优化问题。其中，有效前沿是指多目标优化问题的 Pareto 解。即：

(1) 在目标收益率给定的情况下，寻求资产组合风险最小的投资组合方案。

(2) 在设置一定的资产组合风险的情况下，寻求目标收益率最大化的投资组合方案。

具体的模型为

$$\begin{cases} \max \quad E(r_p) = \boldsymbol{x}^{\mathrm{T}} E(\boldsymbol{r}) = \sum x_i E(r_i) \\ \text{St} \quad \sigma_p^2 = \boldsymbol{x}^{\mathrm{T}} \boldsymbol{V} \boldsymbol{x} = \sum_{i,j} x_i x_j \sigma_{i,j} \\ \sum x_i = 1 \end{cases}$$

式中，$\boldsymbol{x} = (x_1, x_2, \cdots, x_n)^{\mathrm{T}}$ 为资产组合的权重向量；$\boldsymbol{V}$ 为协方差矩阵，$\boldsymbol{V} = (\sigma_{i,j})$ 为 n 种资产间的协方差矩阵；r_i 为第 i 种资产的收益率；x_i 为第 i 种资产在总资产中所占的份额；$E(r_p)$、σ_p^2 分别为资产组合的期望收益率和收益率的方差。

5.2.1 两种风险资产组合收益期望与方差

假设有两种资产 A、B，其收益率分别用 R_1、R_2 表示，协方差为 $\boldsymbol{V} = (\sigma_{i,j})$。资产组合为 P，资产组合收益率、方差分别为 R_p、σ_p^2，x_1、x_2 分别表示投资权重，则有

$$R_p = x_1 R_1 + x_2 R_2$$

该资产组合期望收益率与方差为

$$E(r_p) = x_1 E(R_1) + x_2 E(R_2)$$

$$\sigma_p^2 = (x_1, x_2) \begin{pmatrix} \sigma_1^2 & \sigma_{1,2} \\ \sigma_{1,2} & \sigma_2^2 \end{pmatrix} \begin{pmatrix} x_1 \\ x_2 \end{pmatrix} = x_1^2 \sigma_1^2 + 2 x_1 x_2 \sigma_{1,2} + x_2^2 \sigma_2^2$$

这样的资产组合收益率均值与方差如图 5.3 所示。

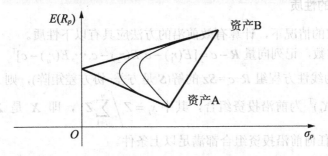

图 5.3 两种风险资产组合收益率均值与方差

5.2.2 均值方差的有效前沿

马科维茨资产组合理论的应用目的之一是寻求一个有效组合，在同样风险水平下具有最高收益，这样不同收益与最小风险构成有效前沿。

1. 投资组合的有效前沿

当投资组合由两个以上多种风险资产构成时，任意投资组合对应的期望收益减去标准差都将位于一个区域之中，如图 5.4 所示。

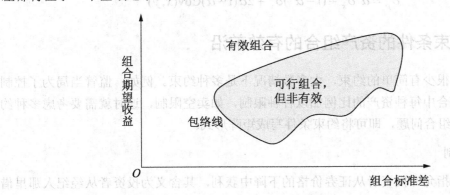

图 5.4 资产组合有效前沿

(1) 可行投资组合：是指满足投资比例之和为 1，即 $\sum x_i = 1$ 的组合。

(2) 可行集。由所有可行投资组合构成的集合，在图 5-4 的曲线内部以阴影表示的区域。

(3) 前沿投资组合。对于任意给定的期望收益水平,所有具有最小方差的投资组合构成的集合,即在图 5-4 中位于包络线上的投资组合。

(4) 有效投资组合。对于任意给定的方差或标准差水平,具有最大收益率的投资组合。

(5) 有效前沿。由所有有效投资组合构成的集合。

2. 有效前沿的性质

在不允许卖空的情况下,计算有效前沿的方法应具有以下性质。

(1) 设 c 为常数,记列向量 $\boldsymbol{R} - c = [E(r_1)-c, E(r_2)-c, \cdots, E(r_n)-c]^T$

如果向量 $\boldsymbol{Z}$ 为线性方程组 $\boldsymbol{R}-c = \boldsymbol{S}z$ 的解($\boldsymbol{S}$ 是方差-协方差矩阵),则 $\boldsymbol{Z} = \boldsymbol{S}^{-1}(\boldsymbol{R}-c)$,那么 $\boldsymbol{X} = (X_1, X_2, \cdots, X_n)^T$ 为前沿投资组合,其中 $x_i = Z_i \Big/ \sum_{j=1}^{n} Z_j$,即 $\boldsymbol{X}$ 是 $\boldsymbol{Z}$ 的规范化,满足 $\sum x_i = 1$;反之,任何前沿投资组合都满足以上条件。

(2) 任意两个前沿投资组合的线性组合仍为前沿投资组合;反之,所有前沿投资组合均可由任意两个不同的前沿组合产生。

说明:性质(1)给出了前沿组合的充分必要条件,即前沿组合可以通过方差-协方差矩阵和超额期望收益矩阵来计算;性质(2)则给出了有效前沿的计算方法,即只要根据性质(1)任意求得两个前沿组合,则通过任意的线性组合可以生成整个有效前沿曲线。

假设对组合 x 的投资比例为 α,对组合 y 的比例为 $(1-\alpha)$ 的组合 ρ,则求解有效组合 ρ 的期望收益和标准差为

$$E(R_\rho) = \alpha E(R_x) + (1-\alpha) E(R_y)$$

$$\sigma_\rho^2 = \alpha^2 \sigma_x^2 + (1-\alpha)^2 \sigma_y^2 + 2\alpha(1-\alpha)\text{Cov}(x,y)$$

5.2.3 带约束条件的资产组合的有效前沿

投资组合中很少有简单的约束,大多数情况下是多种约束。例如,监管当局为了控制风险,对资产组合中每种资产的比例加以种种限制,如卖空限制,这时就需要考虑多种约束条件下的最优组合问题,即可将约束条件写成矩阵形式。

1. 卖空限制

"卖空"是指允许投资者从证券价格的下降中获利,其含义为投资者从经纪人那里借来股票并卖掉。在此之后,卖空者必须在市场中购买相同数量的股票以归还股票的经纪人,这叫做"补进卖空的头寸"。当卖空者预期股票价格会下跌时,股票能够以比卖出价低的价格买回,卖空者将因此获益。

卖空限制就是对股票做空交易实施限制。例如，2010 年美国证监会(SEC)以多数票通过一项新规，即当某一股票的价格较前一交易日的收盘价下跌 10% 或更多时，将触发"价格检验"程序；在那之后的卖空行为将受到限制，只有当卖空价高于全美市场的最优出价的情况下才允许继续卖空。

2．有卖空限制下计算资产组合的有效前沿

当存在卖空限制，即不允许卖空时，可以通过求解最优组合的方式计算带约束条件的资产组合的有效前沿。即参考无卖空限制下有效组合的求解，将其转化为在给定的常数下，求解可行组合集包络线上的切线组合，如图 5.5 所示。

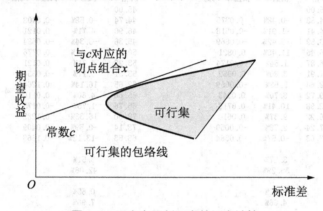

图 5.5　无卖空限制下有效组合计算

带约束条件的资产组合的有效前沿的计算式为

$$\begin{cases} \text{Max} \dfrac{E(r_x)-c}{\sigma_x} \\ \text{St} \quad \sum_{i=1}^{n} x_i = 1 \quad x_i \geqslant 0, \ i=1,\cdots,n \end{cases}$$

式中，c 为任意给定的参数。

$$E(r_x) = \boldsymbol{x}^{\mathrm{T}} \cdot R = \sum_{i=1}^{n} x_i E(r_i)$$

$$\sigma_x = \sqrt{\boldsymbol{x}^{\mathrm{T}} \boldsymbol{S}_x} = \sqrt{\sum_{i=1}^{n}\sum_{j=1}^{n} x_i x_j \sigma_{ij}}$$

注意，约束条件在上述公式中体现为非负约束，即 $X_i \geqslant 0$，其含义是可行的资产组合区域会缩小。在 Excel 中可通过"规划求解"来解决。

5.3 用 Excel 进行资产组合计算的案例

例 5.11 两个风险资产的简单计算。假设有股票 A 和股票 B,这两只股票在某年 1—12 月的价格如图 5.6 所示。图中给出的价格是每只股票的月末价格,其中第 0 月的价格是各股票的初始价格。

	A	B	C	D	E	F	G	H	I	J
1		股票A				股票B				
2	月份	价格	收益率	收益率-均值		价格	收益率	收益率-均值		乘积
3	0	25.00				45.00				
4	1	24.88	-0.48%	-0.0375		44.74	-0.58%	-0.0408		0.00153
5	2	24.41	-1.91%	-0.0518		46.90	4.71%	0.0121		-0.00063
6	3	23.59	-3.42%	-0.0669		45.36	-3.34%	-0.0684		0.00458
7	4	26.46	11.48%	0.0821		50.77	11.27%	0.0776		0.00637
8	5	26.87	1.54%	-0.0174		53.22	4.71%	0.0121		-0.00021
9	6	27.91	3.80%	0.0052		53.31	0.17%	-0.0334		-0.00017
10	7	28.64	2.58%	-0.0069		62.65	16.14%	0.1264		-0.00087
11	8	29.72	3.70%	0.0043		65.60	4.60%	0.0110		0.00005
12	9	32.98	10.41%	0.0713		66.76	1.75%	-0.0175		-0.00125
13	10	36.22	9.37%	0.0610		78.60	16.33%	0.1282		0.00782
14	11	37.24	2.78%	-0.0050		78.14	-0.59%	-0.0409		0.00020
15	12	37.03	-0.57%	-0.0384		68.53	-13.12%	-0.1663		0.00638
16										
17	月期望收益		3.27%				3.51%			
18	年期望收益		39.29%				42.06%			
19										
20	方差(月)		0.22%				0.63%			
21	标准差(月)		4.66%				7.96%			
22										
23	协方差					0.00198				
24						0.00198				
25										
26	相关系数					0.53550				
27						0.53550				

图 5.6 两个风险资产的简单计算

(1) 收益率的计算。

① 连续收益率的计算公式为

$$r_{At} = \ln(\frac{P_{At}}{P_{A,t-1}})$$

即股票 A 在第 t 月的收益率为在第 t 月月末与第 $t-1$ 月月末价格之比的自然对数。

② 离散收益率的计算公式为

$$r_{At} = \frac{P_{At}}{P_{A,t-1}} - 1$$

③ 如果在第 t 月末获得股利收入,记为 Div_t,则收益率为

$$r_{At} = \ln(\frac{P_{At} + \text{Div}_t}{P_{A,t-1}})$$

④ 在考虑股利收入下,股票的离散收益率为

$$r_{At} = \frac{P_{At} + \text{Div}_t - P_{A,t-1}}{P_{A,t-1}}$$

Excel 实验与操作提示:
① 计算股票 A 每月的收益率:选择 C4 单元格,输入公式"=LN(B4/B3)"。
② 计算股票 A 的月期望收益率:选择 C16 单元格,输入公式"=AVERAGE (C4:C15)"。
③ 计算股票 A 的年期望收益率:选择 C17 单元格,输入公式"=12*C16"。
说明:上述操作中的公式采用的是连续收益率。

(2) 方差和标准差的计算。资产随机收益率的方差是收益率偏离预期的期望值,标准差是方差的平方根。方差和标准差可描述证券收益率的变动情况,是风险的常用度量指标。在 Excel 中方差、样本方差、标准差和样本标准差分别用 VAR、VARP、STEDV 和 STDEVP 函数来表示,即

$$\text{VAR} = \frac{1}{n}\sum_{i=1}^{n}(r_i - Er_i)^2$$

$$\text{VARP} = \frac{1}{n-1}\sum_{i=1}^{n}(r_i - Er_i)^2$$

$$\text{STEDV} = \sqrt{\text{VAR}}$$

$$\text{STDEVP} = \sqrt{\text{VARP}}$$

假设未来收益率的分布可以通过历史数据来估计,则 Excel 实验与操作提示:
① 股票 A 的方差(月):选择单元格 C20,输入公式"=VARP(C4:C15)"。
② 股票 A 的标准差(月):选择单元格 C21,输入公式"=STDEVP(C4:C15)"。
③ 股票 A 的方差(年)的公式计算参考"=12 * C20"。
④ 股票 A 的标准差(年)的公式计算参考"=SQRT(12*C20)"。

(3) 协方差的计算。协方差(相关系数)是度量两种风险资产收益之间线性关联程度的统计指标,正的协方差(相关系数)表示资产收益同向变动,负的表示它们反向变动。
协方差的计算式为

$$\text{Cov}(r_A, r_B) = \frac{1}{M}\sum_{i=1}^{M}[r_{At} - E(r_A)] * [r_{Bt} - E(r_B)]$$

式中,M 为观察的周期数,案例中 $M=12$,即 12 个月。

Excel 实验与操作提示:
① 计算股票 A 的收益率与均值的差:选择 D4 单元格,输入公式"=C4-$C$17"。
② 计算股票 A 和股票 B 的收益率与均值的差的乘积:选择单元格 J4,输入公式"=D4*H4"。
③ 计算股票 A 和股票 B 的协方差:选择单元格 E23,输入公式"=AVERAGE(J4:J15)";或者在单元格 E24 中输入公式"=COVAR(C4:C15,G4:G15)"。

(4) 相关系数的计算。相关系数又称为标准协方差，用于表示两个随机变量的线性相关程度，其计算式为

$$\rho_{AB} = \frac{\text{Cov}(r_A, r_B)}{\sigma_A \sigma_B}$$

即相关系数是协方差的标准化，其值介于 $-1.0 \sim +1.0$ 之间，符号"+"或"-"表明两个变量变动的方向相同或相反；若股票 A 和股票 B 的相关系数为 +1.0(-1.0 或 0)，表明两种股票是完全正(负或不)相关，它们收益变化的幅度完全一致(相反或无线性关系)。

Excel 实验与操作提示：

① 方法一，选择单元格 E26，输入公式 "=E23/(C21*G21)"。

② 方法二，选择单元格 E27，输入公式 "=CORREL(C4:G15, G4:G15)"。

例 5.12 资产组合期望收益和方差的计算。参考前例，构造一个由股票 A 和股票 B 各占 50%份额的投资组合，即 $\rho = (w_A, w_B) = (50\%, 50\%)$，其中 $w_A + w_B = 1$。则该投资组合 ρ 的期望收益为

$$E(r_p) = w_A E(r_A) + w_B E(r_B) = 50\% \times (-0.48\%) + 50\% \times (-0.58\%) = -0.53\%$$

投资组合 ρ 的方差为

$$\text{Var}(r_p) = w_A^2 \text{Var}(r_A) + w_B^2 \text{Var}(r_B) + 2w_A w_B \text{Cov}(r_A, r_B)$$

或

$$\sigma_p^2 = w_A^2 \sigma_A^2 + w_B^2 \sigma_B^2 + 2w_A w_B \rho_{AB} \sigma_A \sigma_B$$

根据上述公式，运用 Excel 可以求出资产组合 ρ 的期望收益和方差，如图 5.7 所示。

	A	B	C	D
1	股票A在组合中占的比重		50%	
2			收益率	
3	月份	股票A	股票B	A&B组合
4	1	-0.48%	-0.58%	-0.53%
5	2	-1.91%	4.71%	1.40%
6	3	-3.42%	-3.34%	-3.38%
7	4	11.48%	11.27%	11.37%
8	5	1.54%	4.71%	3.13%
9	6	3.80%	0.17%	1.98%
10	7	2.58%	16.14%	9.36%
11	8	3.70%	4.60%	4.15%
12	9	10.41%	1.75%	6.08%
13	10	9.37%	16.33%	12.85%
14	11	2.78%	-0.59%	1.10%
15	12	-0.57%	-13.12%	-6.84%
16				
17			组合的期望收益	3.39%
18			组合的方差	0.31%
19			组合的标准差	5.58%

图 5.7　组合收益率和方差的计算

第 5 章 资产组合的计算

Excel 实验与操作提示：

① 股票 A、B 的组合收益率(月)计算：选择单元格 D4，输入公式 "=B4*$C$1+C4*$C$1"。

② 计算组合的期望收益：选择单元格 D17，输入公式 "=AVERAGE(D4:D15)"。

③ 计算组合的方差：选择单元格 D18，输入公式 "=VARP(D4:D15)"。

④ 计算组合的标准差：选择单元格 D19，输入公式 "=STDEVP(D4:D15)"。

如果任意改变投资权重 $w_A(w_B=1-w_A)$，则可运用 Excel 中的"模拟运算表"功能计算出两种股票的任意投资组合的期望收益和方差。

Excel 实验与操作提示：

① 输入变量 w_A 的一组设定值，如图 5-8 所示中 A23:A44 单元格区域所示。

② 建立模拟运算的样板。即选择单元格 B22，输入公式 "=SQRT(D18)"；选择单元格 C22，输入公式 "=D16"。

③ 选择单元格区域 A22:C44，选择"数据"→"模拟运算表"菜单命令，在弹出的"模拟运算表"对话框中的"输入引用列的单元格"中输入 "$C$1"，然后单击"确定"按钮。计算结果如图 5.8 所示。

	A	B	C	D	E
1	股票A在组合中占的比重		50%		
21	股票A所占比重	组合的标准差	组合的期望收益		
22		5.58%	3.39%	←模拟运算的样板	
23	0.0%	7.96%	3.51%		
24	7.5%	7.55%	3.49%		
25	15.0%	7.16%	3.47%		
26	22.5%	6.78%	3.45%		
27	30.0%	6.43%	3.44%		
28	37.5%	6.09%	3.42%		
29	45.0%	5.78%	3.40%		
30	52.5%	5.49%	3.38%		
31	60.0%	5.24%	3.37%		
32	67.5%	5.03%	3.35%		
33	75.0%	4.86%	3.33%		
34	82.5%	4.73%	3.31%		
35	90.0%	4.66%	3.30%		
36	97.5%	4.65%	3.28%		
37	105.0%	4.69%	3.26%		
38	112.5%	4.78%	3.24%		
39	120.0%	4.92%	3.23%		
40	127.5%	5.11%	3.21%		
41	135.0%	5.34%	3.19%		
42	142.5%	5.61%	3.18%		
43	150.0%	5.90%	3.16%		
44	157.5%	6.23%	3.14%		

图 5.8 不同投资比例下组合收益率和方差的计算

根据上述操作所获得的数据，可使用 Excel 的图表功能绘制标准差—收益曲线。具体的操作步骤参考如下：

① 选择单元格区域 B23:C44，选择"插入"→"图表"菜单命令，在弹出的"图表向

导–4 步骤之1–图表类型"对话框中,选择"标准类型"/"xy散点图"/"无数据点平滑线散点图",然后单击"下一步"按钮。

② 在"图表向导–4 步骤之 2–图表源数据"对话框中,单击"下一步"按钮。

③ 在"图表向导–4 步骤之 3–图表选项"对话框中,可参考图 5.9 所示的情况,修改相应的图表参数,主要关注的标签页有"标题"、"网格线"和"图例",如添加 X 轴、Y 轴的标题,删除网格线等,然后单击"下一步"按钮。

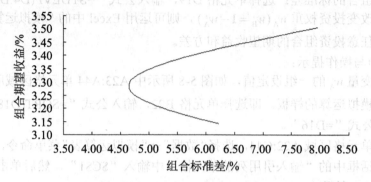

图 5.9 标准差—期望收益曲线

④ 在"图表向导–4 步骤之 4–图表位置"对话框中,选择图表需要嵌入的位置,单击"完成"按钮。

⑤ 设置坐标轴的格式,即右击 X 轴,在弹出的快捷菜单中选择"坐标轴格式"命令,在弹出的"坐标轴格式"对话框中,对"刻度"选项卡中的参数进行修改,如"最小值"设为 0.035、"最大值"设为 0.085 等,如图 5.10 所示。绘制完成的图表如图 5.9 所示。

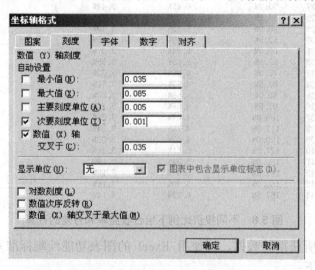

图 5.10 "坐标轴格式"对话框

从图 5.9 所描绘的标准差—期望收益曲线可以看出，随着组合系数的连续变化，投资组合的标准差和期望收益形成了一个类似于抛物线形状的曲线。

例 5.13 多个风险资产投资组合的期望收益和方差的计算。假设投资 4 种风险资产，各种资产的方差—协方差距阵和期望收益距阵，如图 5.11 所示。要求：

① 计算由该 4 种风险资产构造的两个给定组合的数字特征。
② 以此为基础，计算由该两个组合构成的标准差—期望收益曲线。
③ 以该标准差—期望收益曲线为参照，描绘 4 种资产在标准差—期望收益坐标系中的位置。

	A	B	C	D	E	F	G
1	方差-协方差矩阵：S					期望收益矩阵E(r)	
2	0.10	0.01	0.03	0.05		资产1	6%
3	0.01	0.30	0.04	-0.02		资产2	7%
4	0.03	0.04	0.50	0.02		资产3	9%
5	0.05	-0.02	0.02	0.70		资产4	10%

图 5.11 4 个风险资产的方差—协方差和期望收益

(1) 投资组合的矩阵形式。假设投资者投资 N 个风险资产，对该组合的定义为：用 w_i 表示投资在资产 i 上的比例，则投资组合 W 的矩阵形式为

$$W^{\mathrm{T}} = (w_1, w_2, \cdots, w_N)$$

投资组合 W 的期望收益矩阵和方差的矩阵形式分别为

$$E(r_w) = \sum_{i=1}^{N} w_i E(r_i) = W^{\mathrm{T}} E(r) \qquad \mathrm{Var}(r_W) = W^{\mathrm{T}} S W$$

式中，$E(r)$ 为各资产期望收益率组成的列矩阵(列向量)；S 为 N 个风险资产的方差—协方差距阵。任意两个投资组合之间的协方差的矩阵形式为

$$\mathrm{Cov}(W_1, W_2) = W_1^{\mathrm{T}} S W_2$$

Excel 实验与操作提示：

① 如图 5.11 所示，在输入方差—协方差矩阵时，要保证其对称性，矩阵中对角线上的元素为组合中各种资产收益的方差，其他元素为组合中每对资产的协方差。

② 在 Excel 中对矩阵进行计算，需要用到以下几种数组函数：

MDETERM(数组)，返回数组所代表的矩阵行列式的值。

MINVERSE(数组)，返回数组所代表的矩阵的逆。

MMULT(数组 1，数组 2)，返回两个数组矩阵的乘积，结果矩阵的行数与数组 1 相等，列数与数组 2 相等。

矩阵的转置可使用函数 TRANSPOSE(数组)实现。

(2) 风险资产的投资比例。假设给定两个组合，各自的投资比例矩阵及其转置矩阵，

如图 5.12 所示。

	A	B	C	D	E	F
7		组合 1 投资比例 W_1		组合 2 投资比例 W_2		
8			0.2		0.1	
9			0.1		0.6	
10			0.4		0.1	
11			0.3		0.2	
12						
13	投资比例	W_1^T	0.2	0.1	0.4	0.3
14	转置矩阵	W_2^T	0.1	0.6	0.1	0.2

图 5.12　4 个风险资产的投资比例

Excel 实验与操作提示：

① 在构造组合时，必须保证各种资产投资权重之和为 1，即 $\sum_{i=1}^{N} w_i = 1$。

② 投资比例与转置矩阵：选择单元格区域 C13:F13，输入公式"=TRANSPOSE(C8:C11)"，然后按 Ctrl+Shift+Enter 组合键。

(3) 计算两个组合各自的期望收益、方差及两个组合的协方差、相关系数等指标。其计算结果如图 5.13 所示。

	A	B	C	D
17		组合1		组合2
18	期望收益E(r_1)	8.50%	期望收益E(r_2)	7.70%
19	方差Var(r_1)	16.80%	方差Var(r_2)	14.66%
20				
21	协方差Cov(r_1,r_2)	0.0968		
22	相关系数	0.6168		

图 5.13　组合期望收益、方差及两组合的协方差、相关系数的计算

Excel 实验与操作提示：

① 计算组合 1 的期望收益：选择单元格 B18，输入公式"=MMULT(C13:F13，$G$2:$G$5)"，按 Ctrl+Shift+Enter 组合键完成输入。

② 计算组合 1 的方差：选择单元格 B19，输入公式"=MMULT(C13:F13，MMULT(A2:D5，C8:C11))"，按 Ctrl+Shift+Enter 组合键完成输入。

③ 计算两组合的协方差：选择单元格 B21，输入公式"=MMULT(C13:F13，MMULT(A2:D5，E8:E11))"，按 Ctrl+Shift+Enter 组合键完成输入。

④ 计算两组合的相关系数：选择单元格 B21，输入公式"=B21/SQRT(B19*D19)"，按 Ctrl+Shift+Enter 组合键完成输入。

(4) 使用模拟运算表，求出组合 1 和组合 2 不同投资比例下的期望收益和标准差。其计算结果如图 5.14 所示。

第 5 章 资产组合的计算

	A	B	C	D	E
27	组合1的投资比例	0.4			
28	期望收益	8.02%			
29	方差	12.61%			
30	标准差	35.51%			
31					
33			不同投资比例下的期望收益和标准差		
34					
35		组合1的投资比例	标准差	期望收益	
36			35.51%	8.02%	
37		-0.8	55.11%	7.06%	
38		-0.65	51.23%	7.18%	
39		-0.5	47.61%	7.30%	
40		-0.35	44.30%	7.42%	
41		-0.2	41.40%	7.54%	
42		-0.05	38.97%	7.66%	
43		0.1	37.13%	7.78%	
44		0.25	35.95%	7.90%	
45		0.4	35.51%	8.02%	
46		0.55	35.84%	8.14%	
47		0.7	36.90%	8.26%	
48		0.85	38.65%	8.38%	
49		1	40.99%	8.50%	
50		1.15	43.83%	8.62%	
51		1.3	47.08%	8.74%	
52		1.45	50.65%	8.86%	
53		1.6	54.50%	8.98%	
54		1.75	58.55%	9.10%	
55		资产1	31.62%		6%
56		资产2	54.77%		7%
57		资产3	70.71%		9%
58		资产4	83.67%		10%

图 5.14　不同投资比例下的期望收益和标准差

Excel 实验与操作提示：

假设任意给定组合 1 的投资比例为 0.4，则组合 2 的比例为 0.6。

① 计算对应组合的期望收益：选择单元格 B28，输入公式"=B27*B18+(1-B27)*D18"。

② 计算对应组合的方差：选择单元格 B29，输入公式"=B27^2*B19+(1-B27)^2*D19+2*B27*(1-B27)*B21"。

③ 计算对应组合的标准差：选择单元格 B30，输入公式"=SQRT(B29)"。

运用"模拟运算表"功能给出其他比例下的数字特征：

① 选择单元格 C36，输入公式"=B30"；选择单元格 D36，输入公式"=B28"。

② 选择单元格区域 B36:D54，选择"数据"→"模拟运算表"菜单命令，在弹出的"模拟运算表"对话框中的"输入引用列的单元格"内输入"$B$27"，单击"确定"按钮。

③ 选择单元格 C55，输入公式"=SQRT(A2)"；选择单元格 C56，输入公式"=SQRT(B3)"。选择单元格 C57，输入公式"=SQRT(C4)"；选择单元格 C58，输入公式"=SQRT(D5)"。

④ 根据图 5.14 中的数据，绘制标准差与收益曲线如图 5.15 所示。图表的建立过程可参考前前面图 5.9 的相关步骤。

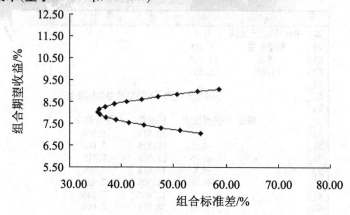

图 5.15 投资组合的标准差—期望收益曲线

(5) 根据图 5.15 所描述的投资组合的标准差—期望收益曲线，在其上标注 4 种资产的位置，操作效果如图 5.16 所示。

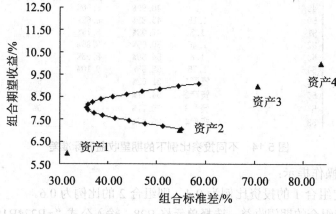

图 5.16 4 个资产的相对位置

Excel 实验与操作提示：

① 参考图 5.14，单元格区域 C55:C58 为资产 1 至资产 4 的标准差，即图 5.11 中的方差—协方差矩阵对角线元素的平方根；对应的期望收益率如单元格区域 E55:E58 所示。

② 在标准差—期望收益坐标系中标出各个资产的位置。选择图 5.15 中的曲线，并右击，在弹出的快捷菜单中选择"数据源"命令，在弹出的"源数据"对话框中选择"系列"选项卡，单击"添加"按钮，分别在"名称"、"X 值"和"Y 值"输入框中输入相应的数据，如图 5.17 所示。然后单击"确定"按钮，即可得到资产系列对应的曲线。

③ 此时的资产系列曲线是一条光滑曲线，如果要在曲线图上以点的形式标注 4 种资产，需要对资产系列曲线做以下调整：右击资产系列曲线，在弹出的快捷菜单中选择"数据系列格式"命令，在弹出的"数据系列格式"对话框的"图案"选项卡中的"线形"和"数据标记"框中进行相应的调整，如图 5.18 所示。

第 5 章 资产组合的计算

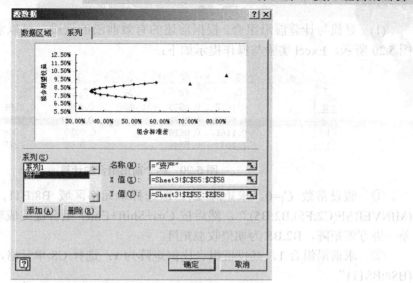

图 5.17 "源数据"对话框

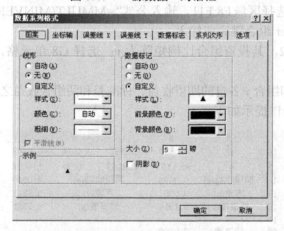

图 5.18 "数据系列格式"对话框

例 5.14 假设证券市场上有 4 种资产,各自的期望收益、方差和协方差如图 5.19 所示。试计算其有效前沿。

	A	B	C	D	E	F
1		期望收益		方差-协方差矩阵		
2	资产A	0.06	0.40	0.03	0.02	0.00
3	资产B	0.05	0.03	0.20	0.00	-0.06
4	资产C	0.07	0.02	0.00	0.30	0.03
5	资产D	0.08	0.00	-0.06	0.03	0.10

图 5.19 4 种资产的期望收益、方差—协方差

189

(1) 寻找与计算前沿组合。根据前述的有效前沿的性质，可以求解两个前沿组合，如图 5.20 所示。Excel 实验与操作提示如下：

	A	B	C	D	E	F	G
7	C_1	Z_1	x	C_2	R-C_2	Z_2	y
8	0	0.1017	0.0539	0.0650	-0.0050	-0.0101	-0.1163
9		0.5662	0.2998		-0.0150	-0.0352	-0.4063
10		0.1161	0.0614		0.0050	0.0046	0.0529
11		1.1049	0.5849		0.0150	0.1275	1.4697

图 5.20 两个前沿组合的计算

① 假设常数 C_1=0，求矩阵 Z_1。即选择单元格区域 B8:B11，输入公式"=MMULT(MINVERSE(C2:F5),B2:B5)"，然后按 Ctrl+Shift+Enter 组合键完成输入。其中 C2:F5 为方差—协方差矩阵，B2:B5 为期望收益矩阵。

② 求前沿组合 1，其投资组合比例矩阵为 x：选择 C8 单元格，输入公式"=B8/SUM(B$8:B$11)"。

③ 假设常数 C_2 = 0.065，求矩阵 R-C_2：选择单元格 E8，输入公式"=B2-$D$8"。

④ 求矩阵 Z_2：选择区域 F8:F11，输入公式"=MMULT(MINVERSE(C2:F5),E8:E11)"，然后按 Ctrl+Shift+Enter 组合键完成输入。

⑤ 求前沿组合 2，其投资组合比例矩阵为 y：选择 G8 单元格，输入公式"=F8/SUM(F$8:F$11)"。

(2) 计算组合 x 和组合 y 各自的期望收益、标准差和两组合收益之间的协方差，如图 5.21 所示。Excel 实验与操作提示如下：

	A	B	C	D	E
14	x^T	0.0539	0.2998	0.0614	0.5849
15	y^T	-0.1163	-0.4063	0.0529	1.4697
16	期望收益(x)	0.0693		期望收益(y)	0.0940
17	方差(x)	0.0367		方差(y)	0.3342
18	标准差(x)	0.1916		标准差(y)	0.5781
19					
20	协方差	0.0498			
21	相关系数	0.4493			

图 5.21 两组合相关指标的计算

① 计算 x^T 矩阵：选择单元格区域 B14:E14，输入公式"=TRANSPOSE(C8:C11)"，按 Ctrl+Shift+Enter 组合键完成输入；

计算 y^T 矩阵：选择单元格区域 B15:E15，输入公式"=TRANSPOSE(G8:G11)"，按 Ctrl+Shift+Enter 组合键完成输入。

② 计算 x 组合的期望收益：选择单元格 B16，输入公式"=MMULT(B14:E14,B2:B5)"；计算 y 组合的期望收益：选择单元格 E16，输入公式"=MMULT(B15:E15,B2:B5)"。

③ 计算 x 组合的期望收益：选择单元格 B17，输入公式"=MMULT(B14:E14,MMULT

(C2:F5,C8:C11))"；计算 y 组合的期望收益：选择单元格 E17，输入公式"=MMULT(B15:E15,MMULT(C2:F5,G8:G11))"。

④ 计算 x 组合的标准差：选择单元格 B18，输入公式"=SQRT(B17)"；计算 y 组合的标准差：选择单元格 E18，输入公式"=SQRT(E17)"。

⑤ 计算两组合之间的协方差：选择单元格 B20，输入公式"=MMULT(B14:E14,MMULT(C2:F5,G8:G11))"，按 Ctrl+Shift+Enter 组合键完成输入。

⑥ 计算两组合之间的相关系数：选择单元格 B21，输入公式"=B20/(B18*E18)"。

(3) 计算有效前沿。根据前面计算得到的两个前沿组合 x 和 y 的线性组合，可以求出整个可行域的包络线，当然有效边界也包含在内。

假设对组合 x 的投资比例为 α，对组合 y 的投资比例为 1-α 的组合为 ρ，参考前述，则可通过下面的公式，得到组合 ρ 的期望收益和标准差为

$$E(R_p) = \alpha E(R_x) + (1-\alpha)E(R_y)$$

$$\sigma_p^2 = \alpha^2 \sigma_x^2 + (1-\alpha^2)\sigma_y^2 + 2a(1-\alpha)\text{Cov}(x,y)$$

令 α =0.3，计算组合 ρ 的期望收益和标准差的结果，如图 5.22 所示。Excel 实验与操作提示如下：

	A	B	C	D	E
23	组合x的投资比例α	30.00%			
24	组合ρ的期望收益	8.66%			
25	组合ρ的标准差	43.35%			
26					
27	不同投资比例下组合的期望收益和标准差				
28	组合x的投资比例α		标准差	期望收益	
29			0.4335	0.0866	
30		-0.4	0.7779	0.1039	
31	组合w	-0.3	0.7275	0.1014	0.1014
32		-0.2	0.6774	0.0989	
33		-0.1	0.6275	0.0965	
34	组合y	0	0.5781	0.0940	0.0940
35		0.1	0.5292	0.0915	
36		0.2	0.4809	0.0891	
37	组合ρ	0.3	0.4335	0.0866	0.0866
38		0.4	0.3874	0.0841	
39		0.5	0.3429	0.0817	
40		0.6	0.3009	0.0792	
41		0.7	0.2626	0.0767	
42		0.8	0.2297	0.0742	
43		0.9	0.2050	0.0718	
44	组合x	1	0.1916	0.0693	0.0693
45		1.1	0.1918	0.0668	
46		1.2	0.2057	0.0644	
47		1.3	0.2308	0.0619	
48		1.4	0.2639	0.0594	
49		1.5	0.3025	0.0570	
50	组合q	1.6	0.3446	0.0545	0.0545

图 5.22 不同投资比例下组合的标准差和组合收益

① 选择单元格 B23，输入数据 30.00%；计算组合 ρ 的期望收益：选择单元格 B24，输入公式"=B23*B16+(1-B23)*E16"。

② 计算组合 ρ 的标准差：选择单元格 B25，输入公式"=SQRT(B23^2*B17+(1-B23)^2*E17+2*B23*(1-B23)*B20)"。

③ 选择单元格 C29，输入公式"=B25"；选择单元格 D29，输入公式"=B24"；在单元格区域 B30:B50 依次输入数据 -0.4~1.6。

④ 选择单元格区域 B29:D50。

⑤ 选择"数据"→"模拟运算表"菜单命令，在弹出的"模拟运算表"对话框的"输入引用列的单元格"中输入"$B$23"，即模拟计算样板中用到的变量 α。

⑥ 根据所获得的数据，使用 Excel 的图表功能可以绘制有效边界曲线，如图 5.23 所示。具体操作过程可参考前例。

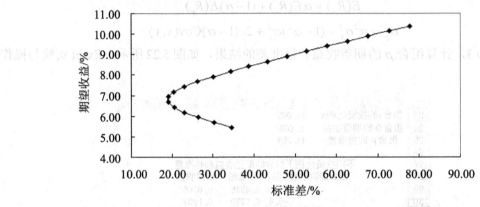

图 5.23 前沿曲线

从图 5.23 中可以看到，由前沿组合 x 和 y 的线性组合构成的所有组合都在可行域的包络线上，但并非所有的组合都是有效组合。例如，组合 ρ（由 30%的组合 x 和 70%的组合 y 构成）为有效组合，组合 q 不是有效组合，但它仍在可行域的边界线上。也就是说，每一个有效组合都是另外任意两个有效组合的线性组合，但是任意两个有效组合的线性组合并非都是有效的。

例 5.15 假设有 4 只证券的期望收益和方差—协方差矩阵，如图 5.24 所示。试计算有卖空限制条件下的有效组合。

	A	B	C	D	E	F
1		方差-协方差矩阵				期望收益
2	0.10	0.03	-0.08	0.05		8%
3	0.03	0.20	0.02	0.03		9%
4	-0.08	0.02	0.30	0.20		10%
5	0.05	0.03	0.20	0.90		11%

图 5.24 4 只证券的期望收益和方差—协方差矩阵

(1) 计算设定投资比例下的 Θ 值,如图 5.25 所示。Excel 实验与操作提示:

① 假设 4 只证券的投资比例,并保证 C12 单元格中的值始终为 1,即在单元格 C2 中输入公式"=SUM(C8:C11)",它表示该值为 4 只证券的投资比例之和。

② 计算组合的期望收益:选择单元格 B14,输入公式:"=MMULT(TRANSPOSE(C8:C11), F2:F5)",按 Ctrl+Shift+Enter 组合键完成输入。

③ 计算组合的标准差:选择单元格 B15,输入公式"=SQRT(MMULT(TRANSPOSE(C8:C11),MMULT(A2:D5,C8:C11)))",然后按 Ctrl+Shift+Enter 组合键完成输入。

④ 参考前述,计算设定投资比例下的 Θ 值:选择单元格 B16,输入公式"=(B14-C7)/B15"。

	A	B	C
7	给定常数	c	0.0900
8	投资比例	x1	0.0000
9		x2	0.0000
10		x3	0.0000
11		x4	1.0000
12		Σ	1.0000
13			
14	组合期望收益		11.00%
15	组合标准差		94.87%
16	Θ(Theta)		0.0211

图 5.25 计算设定投资比例下的 Θ 值

(2) 当给定的常数 $c=0.09$ 时,有卖空限制的投资组合,如图 5.26 所示。Excel 实验与操作提示:

① 选择"工具"→"规划求解"菜单命令,在弹出的"规划求解参数"对话框中对相应的参数进行设置,如图 5.27 所示。其中,两个约束条件的添加方法:单击"添加"按钮,在弹出的"添加约束"对话框中,填写相应的约束条件即可,如各证券的投资比例非负等。

	A	B	C
7	给定常数	c	0.0900
8	投资比例	x1	0.0000
9		x2	0.0000
10		x3	0.5556
11		x4	0.4444
12		Σ	1.0000
13			
14	组合期望收益		10.44%
15	组合标准差		60.76%
16	Θ(Theta)		0.0238

图 5.26 约束条件起作用的投资组合

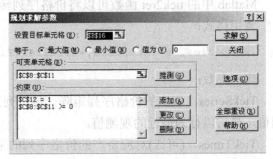

图 5.27 设定"规划求解参数"对话框中的参数

② 完成所有参数的填写后，单击"求解"按钮，在弹出的"规划求解结果"对话框中选择"保存规划求解结果"选项，单击"确定"按钮后，原工作表中的投资比例、组合期望收益、组合标准差和 Θ 值自动转化为满足约束条件的解。

(3) 通过改变工作表中 c 的值，可以得到不同常数 c 下的投资组合。在图 5.26 中，约束条件是起作用的，因为 x_1、x_2 分别为零。然而约束条件不是对所有的通过常数 c 求出的投资组合都起作用。例如，取 c=0.08，可求得投资组合，如图 5.28 所示。

	A	B	C
7	给定常数	c	0.0800
8	投资比例	x1	0.2004
9		x2	0.2587
10		x3	0.4219
11		x4	0.1190
12		Σ	1.0000
13			
14	组合期望收益		9.46%
15	组合标准差		31.91%
16	Θ（Theta）		0.0457

图 5.28　约束条件不起作用的投资组合

5.4　用 Matlab 进行资产组合计算的案例

5.4.1　投资组合常用函数

1. 将价格序列转换为收益率序列

Matlab 中的 tick2ret 函数可以将价格序列转换为收益率序列。

调用格式：

`[RetSeries, etIntervals]=tick2ret(TickSeries,TickTimes,Method)`

输入参数：

TickSeries，资产的价格序列矩阵，每一列为一个资产的价格序列，第一行为最早的观测值，最后以行为最近的观测值。

TickTimes，(可选)对应资产的价格序列的采样时间列向量，默认的是：1，2，3，…。

Method，(可选)转换方法，默认值为 Simple，表示简单收益率，$r_t =(P_t-P_{t-1})/P_{t-1}$。值为 Continuous 时，表示用连续收益率，$r_t=\ln P_t-\ln P_{t-1}$。

输出参数：

RetSeries，资产的收益率序列矩阵。

etIntervals，观测时间间隔列向量。

2. 将收益率序列转换为价格序列

Matlab 中的 ret2tick 函数可以将收益率序列转换为价格序列。

调用格式：

```
[TickSeries,TickTime]=ret2tick(RetSeries,StartPrice,
                RetIntervals,StartTime,Method)
```

输入参数：

RetSeries，资产的收益率序列矩阵。

StartPrice，起始价格，默认值为 1。

RetIntervals，观测时间间隔列向量，默认值为取值全为 1 的列向量。

StartTime，起始价格的观测时间。

Method，(可选)转换方法，默认值为 Simple，表示简单收益率，$r_t = (P_t - P_{t-1})/P_{t-1}$；值为 Continuous 时，表示用连续收益率，$r_t = \ln P_t - \ln P_{t-1}$。

输出参数：

TickSeries，资产的价格序列矩阵。

TickTime，对应资产的价格序列的采样时间列向量。

例 5.16 将保存在 Excel 文件 exl-9908.xls 中的收盘价序列转换为收益率序列。

解 在 Matlab 中输入：

```
data=xlsread('e:\exl\exl-9908.xls');
n=1516;
d=data(1:n);
r1=tick2ret(d);
r2=tick2ret(d,[],'Continuous');
r1(2)
```

结果为：

-1.8995e-004

在 Matlab 中输入：

r2(2)

结果为：

-1.8997e-004

$r_1(2)$是用简单方法计算的收益率序列的第二个值；$r_2(2)$是用连续方法计算的收益率序列的第二个值，它们之间有微小差别。它们之间可以转换，只要在 Matlab 中输入：

```
log(r1(2)+1)
```

结果为-1.8997e-004，即将 $r_1(2)$ 转换为 $r_2(2)$。

可以比较 r1 和 r2 的值，只要计算 r_1-r_2，并画图，在 Matlab 中输入：

```
t=1:n-1;
plot(t,r1-r2)
```

结果如图 5.29 所示。

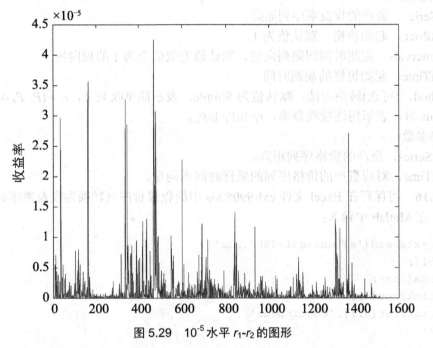

图 5.29 10^{-5} 水平 r_1-r_2 的图形

图 5.29 显示了在 10^{-5} 水平 r_1 和 r_2 的差异。

为了看得更清楚，可以比较 r_1 和 r_2 的前 30 个分量，在 Matlab 中输入：

```
r13=r1(1:30);
r24=r2(1:30);
plot(t,r13,'-r',t,r24,'*b')
```

结果如图 5.30 所示。

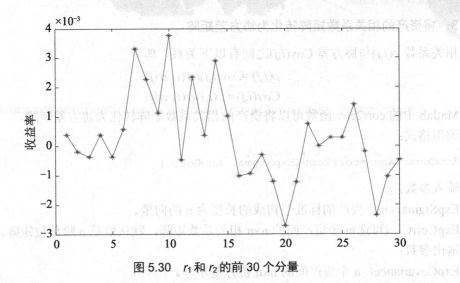

图 5.30 r_1 和 r_2 的前 30 个分量

在 10^{-3} 水平看不出差异,画出 r_1-r_2 的前 30 个分量的图形,在 Matlab 中输入:

```
r5=r13-r24;
plot(t,r5)
```

结果如图 5.31 所示。

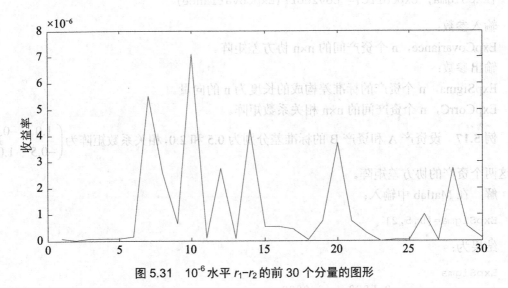

图 5.31 10^{-6} 水平 r_1-r_2 的前 30 个分量的图形

在 10^{-6} 水平,可以看出差异。

3. 将资产的相关系数矩阵转化为协方差矩阵

相关系数 $\rho(i,j)$ 与协方差 $\text{Cov}(i,j)$ 之间有以下关系，即

$$\rho(i,j)=\text{Cov}(i,j)/\sigma(i)\sigma(j)$$
$$\text{Cov}(i,j)=\rho(i,j)\sigma(i)\sigma(j)$$

Matlab 中的 corr2cov 函数可以将资产的相关系数矩阵转化为协方差矩阵。

调用格式：

```
ExpCovariance=corr2cov(ExpSigma, ExpCorrC)
```

输入参数：

ExpSigma，n 个资产的标准差构成的长度为 n 的向量。

ExpCorrC，(可选)n 个资产间的 n×n 相关系数矩阵，默认值是 n 阶单位矩阵。

输出参数：

ExpCovariance，n 个资产间的 n×n 协方差矩阵。

4. 将资产的协方差矩阵转化为相关系数矩阵

Matlab 中的 cov2corr 函数可以将资产的协方差矩阵转化为相关系数矩阵。

调用格式：

```
[ExpSigma, ExpCorrC]= cov2corr(ExpCovariance)
```

输入参数：

ExpCovariance，n 个资产间的 n×n 协方差矩阵。

输出参数：

ExpSigma，n 个资产的标准差构成的长度为 n 的向量。

ExpCorrC，n 个资产间的 n×n 相关系数矩阵。

例 5.17 设资产 A 和资产 B 的标准差分别为 0.5 和 2.0，相关系数矩阵为 $\begin{pmatrix} 1.0 & -0.5 \\ -0.5 & 1.0 \end{pmatrix}$。

求这两个资产的协方差矩阵。

解 在 Matlab 中输入：

```
ExpSigma=[0.5,2]
```

结果为：

```
ExpSigma =
          0.5000    2.0000
```

在 Matlab 中输入：

```
ExpCorrC=[1,-0.5;-0.5,1]
```

结果为：

```
ExpCorrC =
        1.0000   -0.5000
       -0.5000    1.0000
```

在 Matlab 中输入：

```
ExpCovariance=corr2cov(ExpSigma, ExpCorrC)
```

结果为：

```
ExpCovariance =
        0.2500   -0.5000
       -0.5000    4.0000
```

即这两个资产的协方差矩阵 Cov(A,B)=$\begin{pmatrix} 0.25 & -0.5 \\ -0.5 & 4.0 \end{pmatrix}$

如果继续在 Matlab 中输入：

```
[ExpSigma, ExpCorrC]= cov2corr(ExpCovariance)
```

结果为：

```
ExpSigma =
        0.5000    2.0000
ExpCorrC =
        1.0000   -0.5000
       -0.5000    1.0000
```

重新得到资产 A 和资产 B 的标准差和相关系数矩阵。

5. 计算投资组合的预期收益率和标准差

Matlab 中的 portstats 函数可以计算投资组合的预期收益率和标准差。

调用格式：

```
[PortRisk,PortReturn]=portstats(ExpReturn,ExpCovariance,PortWts)
```

输入参数：

ExpReturn，每个资产的期望收益组成的行向量。

ExpCovariance，各资产之间的协方差矩阵。

PortWts，(可选)资产组合的权重矩阵，每行是一种组合的权重行向量。默认值为等权重。

输出参数：

PortRisk，资产组合的风险(预期标准差)。

199

PortReturn，资产组合的预期收益。

例 5.18 设有 3 种资产 A、B、C，各资产的预期收益分别为 0.1、0.2、0.15，各资产之间的协方差矩阵为 $\begin{pmatrix} 0.1 & -0.0061 & 0.0042 \\ -0.0061 & 0.04 & -0.0252 \\ 0.0042 & -0.0252 & 0.0225 \end{pmatrix}$，现用这 3 种资产组成两种不同的投资组合，权重矩阵为 $\begin{pmatrix} 0.4 & 0.2 & 0.4 \\ 0.2 & 0.4 & 0.4 \end{pmatrix}$。试比较两种投资组合的预期收益和风险。

解 在 Matlab 中输入

```
ExpReturn=[0.1,0.2,0.15];
ExpCovariance=[0.01,-0.0061,0.0042;-0.0061,0.04,-0.0252;
               0.0042,-0.0252,0.0225];
PortWts=[0.4,0.2,0.4;0.2,0.4,0.4];
[PortRisk,PortReturn]=portstats(ExpReturn,ExpCovariance,PortWts)
```

结果为

```
PortRisk =
       0.0560
       0.0451
PortReturn =
       0.1400
       0.1600
```

得到第一种投资组合的预期收益为 0.14，风险为 0.056；第二种投资组合的预期收益为 0.16，风险为 0.0451。可知第二种投资组合的预期收益比第一种高 0.02，风险小 0.0109。第二种投资组合优于第一种。

6．从收益率的时间序列计算期望收益和协方差矩阵

Matlab 中的 ewstats 函数可以从收益率的时间序列计算期望收益和协方差矩阵。调用格式：

```
[ExpReturn,ExpCovariance,NumEffObs]=ewstats(RetSeries,
                    DecayFactor,WindowLength)
```

输入参数：

RetSeries，收益率序列矩阵，每一列是一种资产的收益率序列。

DecayFactor，遗忘因子，取值范围是(0, 1]，延期 k 期的权重为其 k 次方。

WindowLength，移动窗口的宽度。

输出参数：

ExpReturn，各资产的期望收益。

ExpCovariance，各资产之间的协方差。

NumEffObs，有效观测值的个数。

例 5.19 用保存在 Excel 文件 exl-9908-zs.xls 中的两种资产收盘价序列数据：①计算这两种资产的期望收益和协方差矩阵；②求这两种资产的期望标准差和相关系数矩阵；③若用这两种资产组成两种不同的投资组合，权重矩阵为 $\begin{pmatrix} 0.4 & 0.6 \\ 0.8 & 0.2 \end{pmatrix}$。试比较两种投资组合的预期收益和风险。

解 （1）在 Matlab 中输入

```
data2=xlsread('e:\exl\exl-9908-zs.xls');
n=1360;
RetSeries=tick2ret(data2);
DecayFactor=0.98;
WindowLength=200;
[ExpReturn, ExpCovariance, NumEffObs]=ewstats(RetSeries,
                         DecayFactor, WindowLength)
```

结果为

```
ExpReturn =
     1.0e-004 *
     -0.6431    0.5070
ExpCovariance =
     1.0e-005 *
      0.2570   -0.0069
     -0.0069    0.0333
NumEffObs =
     49.1206
```

即这两种资产的期望收益分别是 -0.00006431 和 0.00005070，协方差矩阵为

$\begin{pmatrix} 0.00000257 & -0.000000069 \\ -0.000000069 & 0.000000333 \end{pmatrix}$

（2）在 Matlab 中继续输入

```
[ExpSigma, ExpCorrC]  =cov2corr(ExpCovariance)
```

结果为

```
ExpSigma =
     0.0016    0.0006
ExpCorrC =
     1.0000   -0.0743
    -0.0743    1.0000
```

即这两种资产的期望标准差分别是 0.0016 和 0.0006，相关系数矩阵为

$$\begin{pmatrix} 1 & -0.0743 \\ -0.0743 & 1 \end{pmatrix}$$

(3) 在 Matlab 中继续输入

```
PortWts=[0.4,0.6;0.8,0.2];
[PortRisk,PortReturn]= portstats(ExpReturn,ExpCovariance,PortWts)
```

结果为

```
PortRisk =    0.0007
              0.0013
PortReturn = 1.0e-004 *
              0.0470
             -0.4131
```

得到第一种投资组合的预期收益为 0.0000047，风险为 0.0007；第二种投资组合的预期收益为-0.00004131，风险为 0.0013。可知第一种投资组合的预期收益比第一种高，但风险也高一些。第二种投资组合的预期收益为负，所以第一种投资组合优于第二种。

例 5.20 用保存在 Excel 文件 exl-9908-x6x.xls 中的 6 种资产收盘价序列数据：①计算这 6 种资产的期望收益和协方差矩阵；②若用这 6 种资产组成两种不同的投资组合，权重矩阵为

$$\begin{pmatrix} 0.1 & 0.15 & 0.3 & 0.05 & 0.25 & 0.15 \\ 0.2 & 0.05 & 0.1 & 0.25 & 0.13 & 0.27 \end{pmatrix},$$

试比较两种投资组合的预期收益和风险。

解 (1) 在 Matlab 中输入：

```
data2=xlsread('e:\exl\exl-9908-x6x.xls');
n=401;
RetSeries=tick2ret(data2);
DecayFactor=0.985;
DecayFactor
WindowLength=35;
WindowLength
[ExpReturn, ExpCovariance, NumEffObs]=ewstats(RetSeries,
                       DecayFactor, WindowLength)
```

结果为：

```
DecayFactor = 0.9850
WindowLength = 35
ExpReturn = -0.0012  -0.0017   0.0008  -0.0047  -0.0029  -0.0048
```

```
ExpCovariance =
     0.0001    0.0000   -0.0000    0.0000   -0.0000    0.0000
     0.0000    0.0012    0.0001    0.0001   -0.0000   -0.0000
    -0.0000    0.0001    0.0002    0.0001   -0.0000    0.0001
     0.0000    0.0001    0.0001    0.0003   -0.0001    0.0000
    -0.0000   -0.0000   -0.0000   -0.0001    0.0007    0.0000
     0.0000   -0.0000    0.0001    0.0000    0.0000    0.0004
NumEffObs = 27.3862
```

(2) 在 Matlab 中继续输入：

```
PortWts=[0.1,0.15,0.3,0.05,0.25,0.15;0.2,0.05,0.1,0.25,.013,0.27];
[PortRisk,PortReturn]= portstats(ExpReturn,ExpCovariance,PortWts)
```

结果为：

```
PortRisk =
     0.0108
     0.0087
PortReturn =
    -0.0018
    -0.0027
```

5.4.2 投资组合的有效前沿

Matlab 中的 frontcon 函数可以求投资组合的有效前沿。

调用格式：

```
[ PortRisk,PortReturn,PortWts]=frontcon( ExpReturn,
                    ExpCovariance, NumPort, ...)
```

输入参数：

ExpReturn，各资产预期收益列向量。

ExpCovariance，各资产间的协方差矩阵。

NumPort，(可选)有效前沿上点的个数，默认值是 10。

其余参数请参考 Matlab 帮助文件。

输出参数：

PortRisk，每一个投资组合的风险(标准差)，是列向量。

PortReturn，每一个各投资组合的收益率，是列向量。

PortWts，对应于每一个投资组合中各资产的权重。

例 5.21 用保存在 Excel 文件 exl-9908-zs.xls 中的两种资产收盘价序列数据，求投资组合的有效前沿。

金融数据分析技术(基于 Excel 和 Matlab)

解 在 Matlab 中输入

```
data2=xlsread('e:\exl\exl-9908-zs.xls');
n=1360;
RetSeries=tick2ret(data2);
DecayFactor=0.98;
WindowLength=200;
[ExpReturn, ExpCovariance, NumEffObs] =ewstats(RetSeries,
                        DecayFactor, WindowLength)
NumPort=20;
[PortRisk,PortReturn,PortWts]=frontcon(ExpReturn,
                        ExpCovariance,NumPort)
```

结果为

```
PortRisk =
    1.0e-003 *
    0.5294
    0.5295
    0.5299
    0.5306
    0.5316
    0.5328
    0.5344
    0.5362
    0.5382
    0.5405
    0.5431
    0.5460
    0.5491
    0.5524
    0.5560
    0.5598
    0.5639
    0.5682
    0.5727
    0.5774
PortReturn =
    1.0e-004 *
    0.3549
    0.3629
    0.3709
    0.3789
    0.3869
```

```
     0.3949
     0.4029
     0.4110
     0.4190
     0.4270
     0.4350
     0.4430
     0.4510
     0.4590
     0.4670
     0.4750
     0.4830
     0.4910
     0.4990
     0.5070
PortWts =
     0.1323    0.8677
     0.1253    0.8747
     0.1184    0.8816
     0.1114    0.8886
     0.1044    0.8956
     0.0975    0.9025
     0.0905    0.9095
     0.0835    0.9165
     0.0766    0.9234
     0.0696    0.9304
     0.0627    0.9373
     0.0557    0.9443
     0.0487    0.9513
     0.0418    0.9582
     0.0348    0.9652
     0.0278    0.9722
     0.0209    0.9791
     0.0139    0.9861
     0.0070    0.9930
          0    1.0000
```

在 Matlab 中继续输入：

```
frontcon(ExpReturn,ExpCovariance,NumPort)
```

可以画出有效前沿的图形如图 5.32 所示。

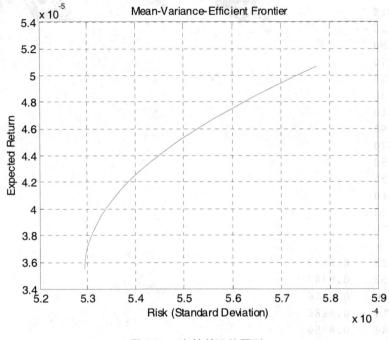

图 5.32 有效前沿的图形

5.4.3 投资组合的最优资产分配

一般投资者的总投资组合包含风险资产组合和无风险资产两个部分，根据投资者对风险的厌恶系数，来确定总投资到这两个部分的比例。在确定了有效前沿后，就可计算出总资产分配到最优风险资产组合中的比例。

Matlab 中的 portalloc 函数可以根据有效前沿求投资组合的最优资产分配。

调用格式：

```
[RiskyRisk, RiskyReturn, RiskyWts, RiskyFraction, OverallRisk, OverallReturn]
= portalloc(PortRisk, PortReturn, PortWts, RisklessRate, BorrowRate, RiskAversion)
```

输入参数：

PortRisk，有效前沿上每一风险资产组合的标准差，是列向量。
PortReturn，有效前沿上每一风险资产组合的预期收益率。
PortWts：对应于每一个投资组合中各资产的权重。
RisklessRate：无风险资产利率。
BorrowRate：借款利率。
RiskAversion：投资者的风险厌恶系数，取值在 2~4 之间，默认值是 3。

输出参数:
RiskyRisk: 最优风险资产组合的标准差。
RiskyReturn: 最优风险资产组合的收益率。
RiskyWts: 最优风险资产组合中各资产的权重。
RiskyFraction: 总投资组合分配到最优风险资产组合中的比例。
OverallRisk: 最优总投资组合的标准差。
OverallReturn: 最优总投资组合的收益率。

例 5.22 若准备用资产 A、资产 B、资产 C 这 3 种资产来构建投资组合,且 3 种资产的预期收益率分别为 0.12、0.23、0.16,资产间的协方差矩阵为

$$\begin{pmatrix} 0.0051 & -0.012 & 0.0039 \\ -0.012 & 0.045 & -0.0026 \\ 0.0039 & -0.0026 & 0.024 \end{pmatrix}$$

无风险资产利率为 0.065,借款利率为 0.15,投资者的风险厌恶系数为 3。求最优风险投资组合和总资产分配。

解 在 Matlab 中输入

```
DecayFactor=0.9;
WindowLength=25;
ExpReturn=[0.12,0.23,0.16];
ExpCovariance=[0.0051,-0.012,0.0039;-0.012,0.045,-0.0026;
            0.0039,-0.0026,0.024];
NumPort=20;
[PortRisk,PortReturn,PortWts]=frontcon(ExpReturn,ExpCovariance,NumPort);
RisklessRate=0.065;
BorrowRate=0.15;
RiskAversion=3;
[RiskyRisk,RiskyReturn,RiskyWts,RiskyFraction,OverallRisk,OverallReturn]
=portalloc(PortRisk,PortReturn,PortWts,RisklessRate,BorrowRate,RiskAvers
ion)
```

结果为

```
RiskyRisk =    0.1472
RiskyReturn =    0.2069
RiskyWts = 0.0079    0.6747    0.3174
RiskyFraction =    1
OverallRisk =    0.1472
OverallReturn =    0.2069
```

即应将总资产 100%分配到风险资产组合中,其中风险资产 A 应占 0.79%,风险资产 B 应占 67.4779%,风险资产 A 应占 31.74%。

在 Matlab 中继续输入

```
portalloc(PortRisk,PortReturn,PortWts,RisklessRate,
                BorrowRate,RiskAversion)
```

可以画出图形如图 5.33 所示。

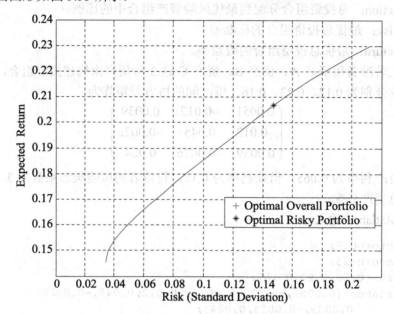

图 5.33　最优资产分配图(1)

如果借款利率降低到 14%，其他参数不变，在在 Matlab 中继续输入

```
BorrowRate=0.14;
[RiskyRisk,RiskyReturn,RiskyWts,RiskyFraction,OverallRisk,OverallReturn]
=portalloc(PortRisk,PortReturn,PortWts,RisklessRate,BorrowRate,RiskAvers
ion)
```

结果为

```
RiskyRisk  =  0.1263
RiskyReturn  =  0.1975
RiskyWts  =  0.1192    0.6033    0.2776
RiskyFraction  =    1.2002
OverallRisk  =    0.1516
OverallReturn  =    0.2090
```

即应将总资产 120.02%分配到风险资产组合中，也就是可借入 20.02%的资金，一起投入到风险资产组合中，其中风险资产 A 应占 11.92%，风险资产 B 应占 60.3379%，风险资产 C 应占 27.76%。总收益提高 0.21%，但风险增大了 0.0044。

在 Matlab 中继续输入：

```
portalloc(PortRisk,PortReturn,PortWts,RisklessRate,BorrowRate,RiskAversion)
```

可以画出图形如图 5.34 所示。

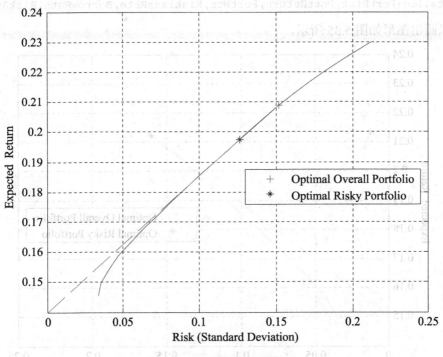

图 5.34　最优资产分配图(2)

如果借款利率乃为 15%，无风险收益提高到 15%，其他参数不变，在 Matlab 中继续输入

```
BorrowRate=0.15;
RisklessRate=0.15;
[RiskyRisk,RiskyReturn,RiskyWts,RiskyFraction,OverallRisk,OverallReturn]
=portalloc(PortRisk,PortReturn,PortWts,RisklessRate,BorrowRate,RiskAversion)
```

结果为

```
RiskyRisk   =     0.1604
RiskyReturn =     0.2123
RiskyWts    =     0    0.7479    0.2521
RiskyFraction =     0.8083
OverallRisk =     0.1296
OverallReturn =     0.2004
```

即应将总资产的 80.83% 分配到风险资产组合中，在风险资产组合中，风险资产 A 应

占 0%，风险资产 B 应占 74.7979%，风险资产 C 应占 25.21%. 将总资产的 19.17%分配到无风险资产中去。总收益比题设条件下减少 0.65%，但风险减小了 0.0176。

在 Matlab 中继续输入

portalloc(PortRisk,PortReturn,PortWts,RisklessRate,BorrowRate,RiskAversion)

可以画出图形如图 5.35 所示。

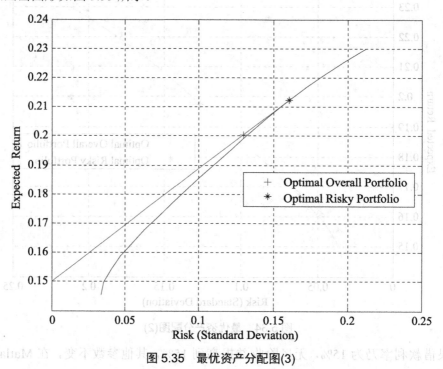

图 5.35 最优资产分配图(3)

5.5 实验五：投资组合分析计算实验

5.5.1 实验目的

通过本次实验，可加深对投资组合理论的理解，了解投资组合分析基本步骤，初步掌握投资组合分析基本方法，学习如何用 Excel、Matlab 进行投资组合分析的实际计算。

5.5.2 实验原理

人们在证券投资决策中应该怎样选择收益和风险的组合呢？人们进行投资，本质上是在不确定性的收益和风险中进行选择。一个理性的投资者会在几个拥有相同预期回报的投资组合中选择其中风险最小的那个投资组合。另一种情况是若风险相同,选择回报最高的那个组合,这样的投资组合称为最优投资组合(Efficient Portfolie)。

美国经济学家马考维茨(Markowitz)1952 年首次提出的投资组合理论(Portfolio Theory)用均值和方差来刻画预期收益率和风险这两个关键因素。以标准差为横坐标,以均值为纵坐标可构成一个直角坐标系,由资产 A 和资产 B 两种资产构成的每一种资产组合可以用该坐标平面中的一个点表示,这个点的坐标就是资产组合的均值和标准差。在该坐标平面上,由资产 A 和资产 B 构成的所有资产组合组成一条连续曲线。两个以上的资产组成的资产组合则形成一个平面区域,称为资产组合的可行域。满足相同预期收益率下风险最小或风险相同时回报最高的投资组合称为有效组合,由所有有效组合对应的点组成的曲线称为有效前沿(或有效边界)。可以用 Excel 或 Matlab 求求出资产组合的有效前沿,进一步可根据投资者对风险的偏好(或风险厌恶系数)来确定投资着的风险资产组合和总资产的最优配置。

5.5.3 实验内容

(1) 已知两股票即四川长虹(600839)和青岛海尔(600690)的年期望收益率分别为 0.1303 和 0.0869,方差分别为 1.6629 和 0.7986。①试画出相关系数分别为 1、-1、0、0.6、-0.6 时该证券组合的可行域;②将 5 个图形画在一起进行分析,给出你的一些结论。

(2) 已知一证券组合由 3 种证券组成,其预期收益率分别为 0.15、0.25、0.13,协方差矩阵为 $\begin{pmatrix} 0.05 & -0.02 & 0.006 \\ -0.020 & 0.04 & -0.003 \\ 0.006 & -0.003 & 0.025 \end{pmatrix}$,无风险收益率为 0.08,借款利率为 0.12,风险厌恶系数为 3。求最优证券组合。写出所使用的函数(或程序体代码)、输入、计算结果和图形。

(3) 选择股票、基金、外汇、国债、期货或黄金等金融市场,从金融数据库(RESSET 数据库)中下载若干个(两个或更多)产品的日收盘价数据并保存在本地。

① 描述你下载的金融数据。

② 将价格序列转换为收益率序列,设记忆因子为 0.98,移动窗口宽度为 60,求期望收益率和期望协方差矩阵,写出所使用的函数(或程序体代码)、输入、计算结果。

③ 利用②中的期望收益率和期望协方差矩阵,取有效前沿上 20 个点,求该投资组合的有效前沿并画出其图形。写出所使用的函数(或程序体代码)、输入、计算结果和图形。

④ 利用③的结果,设无风险收益率为 0.08,借款利率为 0.12,风险厌恶系数为 3。求最优证券组合并画出其图形。写出所使用的函数(或程序体代码)、输入、计算结果、图形并分析你的结果。

5.5.4 实验步骤

以使用 Matlab 软件为例加以讲解。

实验内容 1：使用 Excel 做，可参照 5.3 节的例 5.12、例 5.13 中的提示。也可使用 Matlab 软件做。

实验内容 2：使用 Excel 做，可参照 5.3 节的例 5.14、例 5.15 中的提示。使用 Matlab 软件做，可参照 5.4 节的 5.4.2 进行。

实验内容 3：使用 Matlab 软件做，可参照 5.4 节的 5.4.3 进行。

第一步：下载金融数据。例如，从锐思金融研究数据库下载股票在一年内的日收盘价的历史数据，以 Excel 格式用某文件名保存在目录中。如果是从网站下载的免费数据，要去掉收盘价为零的数据。要描述股票的名称、股票代码、数据包含哪些字段、数据的开始时间、数据的结束时间及数据的长度等。在 Matlab 中，编写自动读取得到的以 Excel 格式保存的数据。

第二步：对数据进行初步的转换处理。如数据正确性检查、缺损值的处理、奇异值的处理、将价格数据转换为收益率数据。求期望收益率和期望协方差矩阵。

第三步：求该投资组合的有效前沿并画出其图形。可参照 5.4 节的 5.4.2 进行。

第四步：求最优证券组合并画出其图形。可参照 5.4 节的 5.4.3 进行。

5.5.5 实验报告要求

实验报告包括实验者信息(姓名、学号、专业、班级、成绩等)、实验基本信息(实验名称、实验地点、实验设备、设备号、使用软件、实验时间等)、实验原理(简述)、实验内容、实验过程、实验数据和实验结果、实验分析和结论、实验心得体会等部分。

本章小结

本章主要介绍了资产组合、资产组合收益率与方差、资产组合的有效前沿等概念，介绍了资产组合基本原理，重点介绍了两种风险资产组合预期收益和方差及其有效前沿的计算方法。本章还介绍了带约束条件的资产组合的有效前沿的计算方法，讨论了投资组合的最优资产分配问题，介绍了用 Excel 和 Matlab 进行收益序列与价格序列间的转换和协方差矩阵与相关系数矩阵间转换的方法。最后给出了用 Excel 和 Matlab 进行投资组合分析计算的案例和实验。

第5章 资产组合的计算

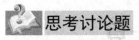 **思考讨论题**

1. 资产组合基本原理是什么？它有什么现实的指导意义和作用？
2. 什么是资产组合的有效前沿？如何计算资产组合的有效前沿？
3. 什么是投资组合的最优资产分配问题？如何计算投资组合的最优资产分配？

第6章 金融衍生品的计算

▦【学习要点及目标】

- 了解金融衍生品的基本概念，知道金融衍生品的主要种类。
- 了解期权定价的二叉树模型，掌握用 Matlab 采用 CRR 型二叉树模型、EQP 型二叉树模型进行期权定价的计算方法。
- 理解 Black-Scholes 期权定价模型，知道 Black-Scholes 方程，掌握 Matlab 的欧式期权价格函数、期货期权定价函数的使用方法，会计算欧式期权敏感性参数。
- 了解期权套期保值的概念，理解套期保值的基本原理，会利用期权构建套期保值策略。

▦【核心概念】

金融衍生品　基础资产　远期合约　期货　期权　互换　看涨期权　看跌期权　欧式期权　美式期权　执行价　到期日　期权定价　套期保值　Black-Scholes 期权定价模型　二叉树期权定价公式　隐含波动率　期权价格的敏感性分析

金融衍生品是金融市场中的一种主要金融产品，是一种极其重要的金融资产，其价格取决于或衍生于其他资产(基础资产)的价格。金融衍生品定价是金融工程的核心内容，也是金融业中发展最快的领域。金融衍生品在全球金融市场中发挥了重要作用，为最终客户提供了更好地管理与其业务发展相关的金融风险的机会。金融衍生品的飞速发展和日益复杂，既反映了最终用户对更好金融风险管理工具的需求，也反映了金融服务业响应市场需求的创新能力。本章介绍金融衍生品的基本概念，在远期合约(Forward)、期货(Future)、期权(Option)、互换(Swaps)四大类金融衍生品中，本章重点介绍期权，并以股票期权等为例介绍期权定价的方法，包括 Black-Scholes 期权定价模型和期权定价的二叉树法。最后，介绍如何利用期权进行套期保值。

6.1 金融衍生品

6.1.1 金融衍生品的基本概念

金融衍生品(Derivatives)是一种合约(Contracts)，它的价值随着基础资产(Underlying Asserts)价值的变动而变动，如远期、期货、期权、互换等合约都是金融衍生品。金融衍生品是一种金融工具，它有各种不同的叫法，如金融衍生商品、金融衍生产品、金融衍生工具、派生金融工具、金融派生品及金融衍生证券等。

金融衍生品合约有标准化的，也有非标准化的。标准化合约是指其基础资产的交易价格、交易时间、资产特征、交易方式等都是事先标准化的，此类合约大多在交易所上市交易，如期货、期权等。非标准化合约是指以上各项由交易的双方自行约定，因此具有很强的灵活性，如远期协议、互换等。

金融衍生品是与金融相关的派生物，其共同特征是保证金交易，即只要支付一定比例的保证金就可进行全额交易，不需实际上的本金转移，合约的执行一般也采用现金差价结算的方式进行，只有在满期日以实物交割方式履约的合约才需要买方交足货款。因此，金融衍生品交易具有杠杆效应。保证金越低，杠杆效应越大，风险也就越大。

6.1.2 金融衍生品的种类

国际上金融衍生品种类繁多，随着金融创新活动还在不断地产生新的金融衍生品。金融衍生产品主要有以下几种分类方法。

(1) 按基础商品或资产可以分为商品类衍生品和金融类衍生品。

① 商品类衍生品。以农产品、有色金属、能源、软产品、畜产品等为基础商品的衍生品，如各种商品期货。

② 金融类衍生品。以债券、货币、股权等为基础资产的衍生品，如股指期货等。

(2) 根据产品形态可以分为远期合约(Forward)、期货(Future)、期权(Option)、互换(Swaps)四大类。

① 远期合约是交易双方约定在未来某一特定时间、以某一特定价格、买卖某一特定数量和质量资产的交易形式。远期合约是根据买卖双方的特殊需求由买卖双方自行签订的合约。远期交易流动性较低。

② 期货合约也是交易双方约定在未来某一特定时间、以某一特定价格、买卖某一特定数量和质量资产的交易形式。但期货合约是期货交易所制定的标准化合约，对合约到期日及其买卖的资产的种类、数量、质量作出了统一规定。期货交易流动性较高。

③ 期权交易是买卖权利的交易。期权合约规定了在某一特定时间、以某一特定价格买卖某一特定种类、数量、质量原生资产的权利。期权合同既有在交易所上市的标准化合同，也有在柜台交易的非标准化合同。

④ 互换合约是一种为交易双方签订的在未来某一时期相互交换某种资产的合约。更为准确地说，互换合约是当事人之间签订的在未来某一期间内相互交换他们认为具有相等经济价值的现金流(Cash Flow)的合约。较为常见的是利率互换合约和货币互换合约。互换合约中规定的交换货币是同种货币，则为利率互换；是异种货币，则为货币互换。

(3) 根据交易地点可分为场内交易和场外交易。

① 场内交易。它指所有的供求方都集中在交易所进行竞价交易的交易方式，又称交易所交易。将所有交易者都集中在一个交易所进行交易，可增加交易的密度，交易所还可引入做市商，可以形成流动性较高的市场。期货交易和部分标准化期权合同交易都属于这种交易方式。

② 场外交易。它指交易双方直接成为交易对手的交易方式，又称柜台交易。这种交易方式可以根据每个使用者的不同需求设计出不同内容的产品，有许多形态。场外交易不断产生金融创新。但是，由于每个交易的清算是由交易双方相互负责进行的，交易参与者仅限于信用程度高的客户，出售衍生品的金融机构需要有高超的金融技术和风险管理能力。互换交易和远期交易是具有代表性的场外交易的衍生品。

(4) 按基础产品的交易形式可以分为对称交易和不对称交易。

① 对称交易。交易双方的风险收益是对称的，买卖双方都负有在将来某一日期按照一定条件进行交易的义务，包括远期合约、期货、互换。

② 不对称交易。交易双方风险收益是不对称的，合约购买方有权选择履约与否，包括期权及期权的变通形式，如认股权证、可转换债券、可换股债券、利率上限(下限、上下限)等。

6.1.3 金融衍生品的功能

金融衍生品在全球金融市场中发挥了重要作用，为最终客户提供了更好地管理与其业务发展相关的金融风险的机会。金融衍生品的飞速发展和日益复杂，既反映了最终用户对更好金融风险管理工具的需求，也反映了金融服务业响应市场需求的创新能力。

1. 从微观角度看金融衍生品的功能

(1) 规避市场风险。金融衍生品市场的首要功能是规避风险，这是金融衍生品市场赖以存在和发展的基础。而防范风险的主要手段是套期保值，如利率远期、利率期货、利率期权等都可以用于规避利率波动的风险。

(2) 套利。比如，利率互换就是一种利用双方比较优势的套利产品。

(3) 投机。规避市场风险和套利都是针对风险厌恶的投资者而言的，而对于投机者而言，金融衍生品则增加了市场的投机机会。投机者通过承担风险获取利润，只要是在透明公开的条件下进行，投机是有利于促进市场效率的。

(4) 提高交易效率，实现价格发现。衍生产品提高了市场的流动性，降低交易成本，从而提高了整个市场的交易效率。金融衍生品市场集中了各方面的参加者，带来了成千上万种关于衍生品的基础资产的供求信息和市场预期，通过交易所类似拍卖方式的公开竞价，形成了市场均衡价格。金融衍生品的价格形成有利于提高信息的透明度，金融衍生品市场与基础市场的高度相关性，提高了整个市场的效率。

(5) 构造组合，促进金融市场的完善。衍生产品补充和丰富了金融市场的交易品种，通过构造衍生产品和原生(基础)产品的组合可以为投资者提供任何收益和风险特性相匹配的产品。

2．从宏观角度看金融衍生品的功能

(1) 资源配置功能。金融衍生品市场的价格发现机制有利于全社会资源的合理配置。一方面，衍生品市场近似于完全竞争市场，其价格接近于供求均衡价格，这一价格用于配置资源的效果，优于用即期信号安排下期生产和消费。所以，衍生品市场形成的价格常常成为一个国家，甚至全世界范围内的价格。另一方面，金融衍生品市场的价格是基础市场价格的预期，能反映基础市场未来预期的收益率。当基础市场预期收益率高于社会资金平均收益率时，社会资金就会向高收益率的地方流动。

(2) 容纳社会游资功能。金融衍生品市场的出现为社会游资提供了一种新的投资渠道，不仅使一部分预防性货币需求转化为投资性货币需求，而且产生了新的投资性货币需求，使社会游资有了容身之处，并通过参与金融衍生品市场而发挥作用。

(3) 降低国家风险功能。国家风险包括政治风险、经济风险、金融风险。这 3 种风险是密切相联的，具有极强的互动关系。监管到位的金融衍生品市场对降低国家风险具有重要作用。首先，衍生品市场可以降低金融市场风险，提高金融体系的效率，从总体上降低了融资成本；其次，金融衍生品市场可降低国家的经济风险。通过金融衍生品市场，国家能对其外汇储备进行套期保值，规避由于汇率变动造成的外债风险等，都将影响国家的经济风险；最后，金融衍生品市场可间接影响国家的政治风险。

但是，金融衍生品市场也是一把双刃剑，如果监管不到位，也能引发金融风险、经济风险甚至政治风险。2008 年由美国次债危机引发的全球金融危机、经济危机和欧洲主权债务危机就是例子。

6.1.4　金融衍生品的风险管理

1．金融衍生品的风险

金融衍生品是为了规避金融市场价格风险而产生的，然而运用不当，其中也蕴含着巨大的风险。金融衍生工具的功能和风险是其与生俱来、相辅相成的两个方面。任何收益都伴随着一定的风险，衍生产品只是将风险和收益在不同偏好客户之间重新分配，并不能消除风险。金融衍生工具在为单个经济主体提供市场风险保护的同时，将风险转移到另一个经济主体身上。这样就使得金融风险更加集中、更加隐蔽、更加猝不及防，增强了金融风险对金融体系的破坏力。著名的巴林银行倒闭案以及住友商社在有色金属期货交易中亏损高达 28 亿美元等巨大金融风险大案等一系列金融风险事件的爆发都证明了金融衍生品市场存在巨大的风险。

由于金融衍生品交易具有高度技术性、复杂性的特点，会计核算方法和监管一般不能对金融衍生品潜在风险进行充分反映和有效管理。金融衍生品把基础商品、利率、汇率、期限、合约规格等予以各种组合、分解、复合出来的金融衍生产品，日趋艰涩、精致，不但使业外人士如坠云里雾中，就是专业人士也经常看不懂。金融衍生产品强大的杠杆效应诱使各种投机者参与投机。金融衍生工具交易既能在一夜之间使投资者获巨额收益，也能使投资者弹指间血本无归、倾家荡产。金融衍生工具交易风险会通过自身的特殊机制及现代通信传播体系传播扩展，导致大范围甚至是全球性的反应，轻则引起金融市场大幅波动，重则酿成区域性或全球性的金融危机。网络传播效应加大了金融衍生工具的风险。美国的次贷危机引发的全球金融危机、经济危机和欧洲主权债务危机就是一个例子。

在金融改革和金融创新不断多样化的背景下，金融衍生工具的发展和应用存在着巨大的风险。

2. 风险成因

(1) 金融衍生品风险产生的微观主体原因。造成金融衍生品风险的主要原因有内部控制薄弱，对交易员缺乏有效的监督。另外，过度的激励机制激发了交易员的冒险精神，增大了交易过程中的风险系数。例如，巴林银行覆灭的主要原因是内部风险管理混乱到了极点。

(2) 金融衍生产品风险的宏观成因。造成金融衍生产品风险的另一主要原因是金融监管不力，金融衍生产品的过度创新，拉大了金融交易链条，助长了投机。金融衍生产品市场上交易者、经纪机构与衍生交易监管者之间的信息不对称，容易产生"劣币驱逐良币"的现象。例如，英国和新加坡的金融监管当局事先监管不力，或未协力合作，是导致巴林银行倒闭的重要原因之一。2008年由美国次债危机引发的全球金融危机，金融创新过度和金融监管不力也是主要的原因。

3. 金融衍生品的风险管理

对于金融衍生品的风险管理，国际上主要采取企业自控、行业协会和交易所自律、政府部门监管的三级风险管理模式。

(1) 微观金融主体内部自我监督管理。建立风险决策机制和内部监管制度，加强内部控制，严格控制交易程序体，将操作权、结算权、监督权分开，设立严格的层次分明的业务授权，加大对越权交易的处罚力度。设立专门的风险管理部门，通过"风险价值方法"(VaR)和"压力试验法"度量和防范在金融衍生品交易中的风险。

(2) 交易所内部监管。交易所是衍生产品交易组织者和市场管理者，它通过制定场内交易规则，监督市场的业务操作，保证交易在公开、公正、竞争的条件下进行。交易所要建立完备的金融衍生市场制度，包括：市场信息披露、大额报告、市场准入等制度；建立衍生市场的担保制度、持仓限额制度，发挥第一、二道防线的作用；加强清算、结算和支付系统的管理；加强财务监督。

(3) 行业协会。通过行业协会等自治组织，制定行业发展规范和标准，加强场外交易的信息披露，引导行业健康、规范发展。

(4) 政府部门的宏观调控与监管。完善立法，对金融衍生产品设立专门完备的法律；加强对从事金融衍生产品交易的金融机构的监管，对金融机构进行定期与不定期的现场与非现场的检查；负责审批衍生产品交易所的成立和交易所申请的衍生产品品种。严格区分银行业务与非银行业务，控制金融机构业务交叉的程度。另外，金融衍生产品交易在世界范围内超国界蓬勃开展，单一国家和地区已无法对其风险进行全面的控制，因此应加强对金融衍生产品的国际监管和国际合作。

6.1.5 我国金融衍生品市场的发展现状

我国金融衍生品市场与股票市场一起随着我国金融体制的市场化改革开始出现。自1990年后，我国开始逐步引入期货市场与包括商品期货、外汇期货、国债期货、指数期货及配股权证等一系列金融衍生产品，期货公司与交易所如雨后春笋般冒出，但当时由于监管层对金融衍生品的定位不够清晰、监管缺位，市场参与主体层次较低、投机盛行导致大量违规行为发生等一系列问题，大部分金融衍生品交易被迫中断试点，只有少数商品期货品种保留了下来，与此同时大量期货公司倒闭，交易所被取缔，中国的金融衍生品市场发展陷入了低潮。2004年推出的买断式回购，2005年推出的银行间债券远期交易、人民币远期产品、人民币互换和远期结算的机构安排等，意味着中国衍生品市场已小荷初露。此后，伴随着股权分置改革而创立的各式权证使衍生品开始进入普通投资者的视野，权证市场成为仅次于香港地区的全球第二大市场。2006年9月8日，中国金融期货交易所在上海挂牌成立，拉开了我国金融衍生品市场发展的大幕。2010年4月16日，中金所正式推出沪深300股指期货合约，2013年9月6日推出5年期国债期货合约。黄金期货于2008年1月9日在上海期货交易所鸣锣上市，2013年10月9日石油沥青期货合约在上海期货交易所上市，使得期货市场品种体系进一步健全，国外成熟市场主要的大宗商品期货品种基本上都在我国上市交易。中国衍生品市场的重新崛起。

但是，尽管目前我国商品期货市场发展迅速，但由于上市品种较少、起步较晚，缺乏重要战略资源的定价权。另外，我国金融衍生品市场的发展依然滞后，因此我国的金融衍生品市场还有巨大的发展空间。

对于全球市场来说，2008年的金融危机是百年一遇的危机，但对中国的衍生品市场而言实则是"机"大于"危"。它使中国不少本来没有进入期货市场意愿的中小企业，认识到原材料价格大幅波动对其经营业绩造成的损害，大大增强了他们使用期货进行套期保值的意愿。我国金融衍生品市场，尤其是商品期货市场，在金融危机中实现的跳跃式增长。中国期货市场已进入百万亿规模时代。

本次金融危机也为我国的金融衍生品市场的发展提供重要的启示：金融衍生品的发展，

应适应实体经济的规模和需要。金融衍生品的发展如果脱离实体经济的实际需要,就会产生灾难性的后果。完善的制度建设是金融衍生品发展的关键。有效的政府监管是必不可少的,这次次债危机,主要问题出在缺乏监管的场外交易,而场内市场基本没有问题。

吸取国际金融衍生品市场发展的经验和教训,我国金融衍生品的发展将更加顺利,并将呈现以下趋势。

(1) 金融监管将进一步加强,监管先行,然后开放。监管制度不断完善,市场运行基础逐步夯实。

(2) 先重点发展交易所市场,然后才是发展场外衍生品。我国是新兴市场国家,由于信用风险高等原因,重点发展交易所市场更容易取得成功。

(3) 我国场内金融衍生品将先从简单的、基础的产品开始发展,以便和当前的金融创新能力、投资者风险管理水平和监管能力相适应。这次美国次债危机主要是许多场外衍生品设计复杂、定价复杂,给价格操纵创造了空间,增加了监管难度。

(4) 随着我国利率汇率市场化改革逐步深入,商品期货市场将进一步完善,股指期货、股票期货、债券期货以及期权互换等其他衍生品将不断推出。市场规模明显扩大,在经济社会发展中作用日益突出。

(5) 将及早对场外衍生品的监管进行立法准备,将场外衍生品交易纳入到未来期货法的监管范畴,以未雨绸缪。

(6) 将会要求各金融机构加强衍生品的信息披露,提高场外市场透明度。

6.2 期　权

6.2.1 期权的概念

期权(Option)是一种选择权,期权交易实质上是一种权利的买卖。期权的买方在向卖方支付一定数额的货币后,即拥有在一定的时间内以一定价格向对方购买或出售一定数量的某种商品或有价证券的权利,而不负必须买进或卖出的义务。

例如,如果一投资者于 3 月份从股票期权出售者处购买一份 12 月份到期的欧式看涨股票期权,执行价格为 100 元,期权价格为 8 元。若 12 月该股票价格为 130 元,投资者可以 100 元的价格从股票期权出售者处购买一份股票,期权出售者不能不卖。若 12 月该股票价格为 60 元,投资者可以不买。期权出售者不能有异议。

如果一投资者于 3 月份从股票期权出售者处购买一份 12 月份到期的欧式看跌股票期权,执行价格为 100 元,期权价格为 8 元。若 12 月该股票价格为 70 元,投资者可以 100 元的价格将股票卖给期权出售者,期权出售者不能不买。若 12 月该股票价格为 120 元,投资者可以不卖,期权出售者不能有异议。

期权是一种特殊的合约协议,它赋予持有人在某给定日期或该日期之前的任何时间以固定价格购进或售出一种资产的权利。对于期权的买方而言，他只有权利而没有义务，但对于卖方，它却有绝对的义务。

除了股票期权外，以其他资产作为基础资产的期权也被广泛交易，包括外汇及其期货、农产品期货，金、银，固定收益证券，行业指数等。

6.2.2 期权的分类

(1) 按期权所包含的选择权的不同，期权可分为买权(看涨期权)和卖权(看跌期权)。

买权，又称看涨期权(Call Option)，是指期权的出售者给予期权的持有者在到期日或之前、以确定的价格(执行价格)向期权出售者购买一定数量资产的权力。

卖权，又称看跌期权(Put Option)，是指期权的出售者给予期权的持有者在到期日或之前、以确定的价格(执行价格)向期权出售者卖出一定数量资产的权力。

(2) 按期权合约对执行时间的限制，期权可分为欧式期权、美式期权等。

欧式期权：是只有在到期日才能执行的期权。

美式期权：在到期日之前都可以执行的期权。

百慕大期权：可在其有效期的某些特定天数之内执行。

亚式期权：收益由确定时期内标的资产的平均价值来确定。

(3) 按期权的基础资产的不同可分为股票期权、期货期权、外汇期权、指数期权等。本章以股票期权为重点加以介绍。

有关期权的专用术语：

执行价(X)：预先商定的期权执行时的交易价格。

到期日(T)：期权到达一定日期后便会失效，这一日期被称为到期日。

交易数量(N)：期权执行时，标的物品的交易数目。

看涨期权价格(C)：为得到期权所赋予权力而支付的价格。

看跌期权价格(P)：为得到期权所赋予权力而支付的价格。

6.2.3 股票期权的利润函数

在每一份股票期权合约中，期权持有者有权按特定的时间和执行价格购买或出售 100 股股票。

例 6.1 设一投资者于 3 月份从股票期权出售者处购买一份 12 月份到期的欧式看涨期权，执行价格为 100 元，期权价格为 8 元，无风险利率为 3%。试给出双方的利润函数。

买方支出了 C 元购买期权，算上利息，相当于在到期日支出了 $Ce^{(T-t)r}$ 元。如果到期日股票的价格为 S_T，当 S_T 大于等于执行价格 X 时，买方可以用执行价格 X 购买股票，相当于收入为 $S_T - X$。当 S_T 小于执行价格 X 时，买方可以不购买股票，相当于收入为 0。

所以买方(多头)的收入函数为

$$L = -Ce^{(T-t)r} + \max(S_T - X, 0)$$
$$= -8e^{(12-3) \times 0.03/12} + \max(S_T - 100, 0) \quad (6.1)$$

同样分析可得，卖方(空头)的收入函数为

$$L = Ce^{(T-t)r} - \max(S_T - X, 0)$$
$$= 8e^{(12-3) \times 0.03/12} - \max(S_T - 100, 0) \quad (6.2)$$

式中，L 为利润函数；C 为期权价格；T 为到期月份；t 为购买月份；r 为无风险年利率；S_T 为到期价格；X 为执行价格。

用 Matlab 计算并画图，在 Matlab 中输入以下命令：

```
T=12;
t=3;
r=0.03;
C=8;
X=100;
ST=[0:10:200];
L=max(ST-X,0)-C*exp((T-t)*r/12);
plot(ST,L,'-r','LineWidth',2)
title('看涨多头利润图');
xlabel('标的资产价格');
ylabel('利润');
grid on
```

结果见图 6.1。

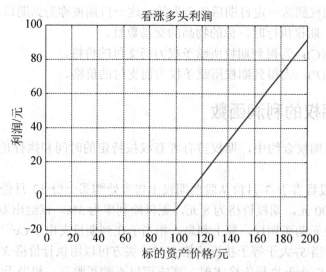

图 6.1　看涨买方利润

在 Matlab 中输入以下命令：

```
L= C*exp((T-t)*r/12)- max(ST-X,0);
plot(ST,L,'--b','LineWidth',2)
title('看涨空头利润图');
xlabel('标的资产价格');
ylabel('利润');
grid on
```

结果见图 6.2。

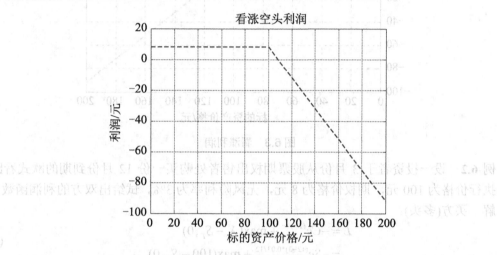

图 6.2 看涨卖方利润

在 Matlab 中输入以下命令：

```
T=12;
t=3;
r=0.03;
C=8;
X=100;
ST=[0:10:200];
L=max(ST-X,0)-C*exp((T-t)*r/12);
plot(ST,L,'-r','LineWidth',2)
title('看涨多空双方利润图');
xlabel('标的资产价格');
ylabel('利润');
hold on
L= C*exp((T-t)*r/12)- max(ST-X,0);
plot(ST,L,'--b','LineWidth',2)
grid on
legend('看涨多头','看涨空头',0)
```

结果见图 6.3。

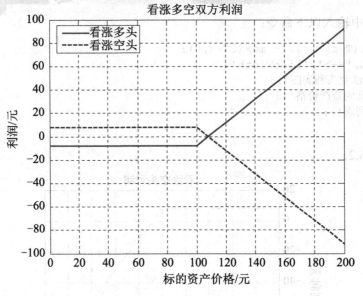

图 6.3 看涨利润

例 6.2 设一投资者于 3 月份从股票期权出售者处购买一份 12 月份到期的欧式看跌期权，执行价格为 100 元，期权价格为 8 元，无风险利率为 3%。试给出双方的利润函数。

解 买方(多头)：

$$L = -Ce^{(T-t)r} + \max(X - S_T, 0)$$
$$= -8e^{(12-3)*0.03/12} + \max(100 - S_T, 0) \tag{6.3}$$

卖方(空头)：

$$L = Ce^{(T-t)r} - \max(X - S_T, 0)$$
$$= 8e^{(12-3)*0.03/12} - \max(100 - S_T, 0) \tag{6.4}$$

在 Matlab 中输入以下命令：

```
T=12;
t=3;
r=0.03;
C=8;
X=100;
ST=[0:10:200];
L=max(X-ST,0)-C*exp((T-t)*r/12);
plot(ST,L,'-r','LineWidth',2)
title('看跌多头利润图');
xlabel('标的资产价格');
ylabel('利润');
grid on
```

结果见图 6.4。

第 6 章 金融衍生品的计算

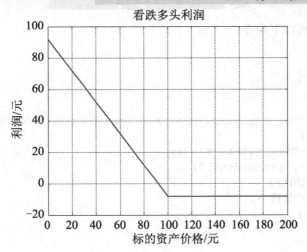

图 6.4 看跌买方利润

在 Matlab 中输入以下命令：

```
L= C*exp((T-t)*r/12)- max(X-ST,0);
plot(ST,L,'--b','LineWidth',2)
title('看跌空头利润图');
xlabel('标的资产价格');
ylabel('利润');
grid on
```

结果见图 6.5。

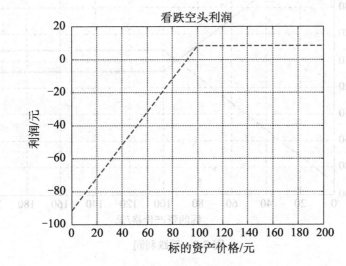

图 6.5 看跌卖方利润

225

在 Matlab 中输入以下命令：

```
T=12;
t=3;
r=0.03;
C=8;
X=100;
ST=[0:10:200];
L=max(X-ST,0)-C*exp((T-t)*r/12);
plot(ST,L,'-r','LineWidth',2)
title('看跌利润图');
xlabel('标的资产价格');
ylabel('利润');
grid on
hold on
L= C*exp((T-t)*r/12)- max(X-ST,0);
plot(ST,L,'--b','LineWidth',2)
legend('看跌多头','看跌空头',0)
```

结果见图 6.6。

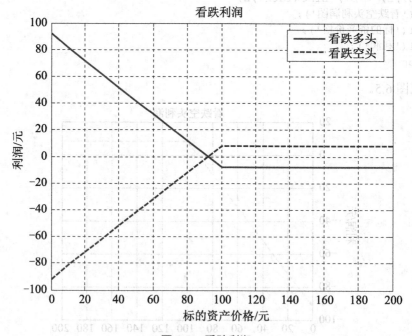

图 6.6　看跌利润

6.3 Black-Scholes 期权定价模型

由上节可知，期权的利润(收益)函数依赖于期权的价格 C，因此，期权的定价是十分重要的。目前，期权定价的模型和方法有许多种，如 Black-Scholes 期权定价模型、二叉树 (Binomial Theory)期权定价公式、有限差分法期权定价、蒙特卡罗模拟期权定价法等。这里主要介绍 Black-Scholes 期权定价模型和二叉树(Binomial Theory)期权定价公式这两个最经典的期权定价方法。Black-Scholes 期权定价模型是金融和经济学家研究最多、应用最广的期权定价公式。

6.3.1 Black-Scholes 方程

期权定价理论的核心原理是动态无套利均衡原理，即用一组头寸不断调整的衍生工具证券组合来复制期权，保持时刻无套利的均衡状态。

Black-Scholes 模型的基本假设：①没有交易费用和税赋；②无风险利率是常数；③市场连续运作；④股价是连续的；⑤股票不派发现金股息；⑥期权为欧式期权；⑦股票可以卖空，而且卖空者得到交易中的全部利益；⑧市场不存在无风险套利机会。

资产价格波动的经典假设，也是被广泛应用的一个假设，是资产价格遵循一扩散过程，称其为几何布朗运动，即

$$dS(t) = \mu S(t)dt + \sigma S(t)dB(t) \tag{6.5}$$

式中，$S(t)$ 为 t 时刻的资产价格；μ 为漂移率；σ 为资产价格的波动率；$B(t)$ 为标准的维纳过程。

Itô 引理 设 $F(S, t)$ 是关于 S 两次连续可微，关于 t 一次可微的函数，$S(t)$ 是满足随机微分方程式(6.5)的扩散过程，则有以下随机变量函数的 Itô 微分公式，即

$$dF(S,t) = F_t dt + F_S dS + \frac{1}{2}\sigma^2 F_{SS} dt \tag{6.6}$$

Black-Scholes 期权定价模型的一个重要假设是资产价格遵循对数正态分布，即

$$F(S,t) = \ln S(t)$$

将该式与式(6.5)同时代入式(6.6)，有

$$d\ln S(t) = (\sigma - \frac{1}{2}\sigma^2)dt + \sigma dB(t)$$

从而有

$$R_t = \ln(\frac{S(t)}{S(t-1)}) = \mu + \sigma Z_t$$

其中 $\mu = \alpha + \frac{1}{2}\sigma^2$，$R_t$ 为资产在 t 期的收益率，有

$$Z_t = B(t) - B(t-1) \stackrel{iid}{\sim} N(0,1)$$

在此过程下，$R_t \sim N(\mu + \sigma^2)$，且对不同的时间是独立的。令 $S(0)$ 为 0 时刻的资产价格，有

$$\ln(\frac{S(t)}{S(0)}) = \mu t + \sigma Z_t \sim N(\mu t, \sigma^2 t) \tag{6.7}$$

此刻 $Z_t \sim N(0,t)$。

看涨期权在到期日的价值为

$$C_T = \max(S_T - X, 0) = \begin{cases} 0, & S_T \leq X \\ S_T - X, & S_T > X \end{cases} \tag{6.8}$$

令 $Y = \ln(\frac{S_T}{S_0})$，可知

$$Y \sim N(\mu t, \sigma^2 t), S_T = S_0 e^Y$$

从而有

$$A = \int_X^\infty S_T f(S_T) dS_T o = \int_{\ln(\frac{X}{S_0})}^\infty S_0 e^Y f(Y)(\frac{\partial S_T}{\partial Y})^{-1} \cdot S_0 e^Y dY$$

$$= \int_{\ln(\frac{X}{S_0})}^\infty S_0 e^Y \frac{1}{\sqrt{2\pi t}\sigma} e^{-\frac{(Y-\mu t)^2}{2\sigma^2 t}} dY$$

$$= \int_{\ln(\frac{X}{S_0})}^\infty S_0 e^{\mu t + \frac{1}{2}\sigma^2 t} \frac{1}{\sqrt{2\pi t}\sigma} e^{-\frac{(Y-\mu t - \sigma^2 t)^2}{2\sigma^2 t}} dY \quad (令 \xi = \frac{Y - \mu t - \sigma^2 t}{\sigma\sqrt{t}})$$

$$= S_0 e^{\mu t + \frac{1}{2}\sigma^2 t} \int_{\ln(\frac{X}{S_0}) - \mu t - \sigma^2 t}^\infty \frac{1}{\sqrt{2\pi}} e^{-\frac{1}{2}\xi^2} d\xi$$

$$= S_0 e^{rt} N(d_1)$$

其中：$r = \mu + \frac{1}{2}\sigma^2$

$$d_1 = \{\ln(\frac{S_0}{X}) + (r + \frac{1}{2}\sigma^2)t\}/\sigma\sqrt{t}$$

又

$$B = \int_X^\infty f(S_T)dS_T = \int_{\ln(\frac{X}{S_0})}^\infty f(Y)dY$$

$$= \text{Prob}\{Y > \ln(\frac{X}{S_0})\} = \text{Prob}\{\frac{Y-\mu t}{\sigma\sqrt{t}} > \frac{\ln(\frac{X}{S_0})-\mu t}{\sigma\sqrt{t}}\}$$

$$= \text{Prob}\{\frac{Y-\mu t}{\sigma\sqrt{t}} < -\frac{\ln(\frac{X}{S_0})-\mu t}{\sigma\sqrt{t}}\} = N(d_2)$$

其中

$$d_2 = \{\ln(\frac{S_0}{X}) + (r - \frac{1}{2}\sigma^2)t\}\Big/\sigma\sqrt{t}$$

从而有期权的预期价值为

$$E(C_T) = A - XB = S_0 e^{rt} N(d_1) - XN(d_2)$$

由现值即得看涨期权的合理价格为

$$C = E(C_T)e^{-rt} = S_0 e^{rt} N(d_1) - XN(d_2) \qquad (6.9)$$

其中：

$$d_1 = \{\ln(\frac{S_0}{X}) + (r + \frac{1}{2}\sigma^2)t\}\Big/\sigma\sqrt{t} \qquad (6.10)$$

$$d_2 = \{\ln(\frac{S_0}{X}) + (r - \frac{1}{2}\sigma^2)t\}\Big/\sigma\sqrt{t} \qquad (6.11)$$

$$= d_1 - \sigma\sqrt{t}$$

$$r = \mu + \frac{1}{2}\sigma^2 \qquad (6.12)$$

同理，可得欧式看跌期权的价格为

$$P = Xe^{-rt}N(-d_2) - S_0 N(-d_1) \qquad (6.13)$$

有 6 种因素影响股票期权的价格：①股票的现价 S；②执行价格 X；③到期期限 t；④股票价格的波动率 σ；⑤无风险利率 r；⑥期权有效期内预计发放的红利。

6.3.2 欧式期权价格函数

在 Matlab 的金融衍生品工具箱(Financial Derivatives Toolbox)中，已经将 Black-Scholes 期权定价模型编写成计算欧式期权价格的函数 blsprice。可直接调用该函数计算欧式期权价格。
调用方式：

```
[Call,Put]=blsprice(Price,Strike,Rate,Time,Volatility,Yield)
```

输入参数:

Price,基础资产的当前价格,如果是股票期权,则是股票的现价。

Strike,执行价格。

Rate,无风险利率。

Time,到期期限,即期权的存续期,以年为单位。

Volatility,基础资产价格的波动率(标准差),如果是股票期权,则是股票价格的波动率。

Yield,基础资产的红利率。

输出参数:

Call,欧式看涨期权的价格。

Put,欧式看跌期权的价格。

例 6.3 设一欧式期权,股票价格 100 元,年波动率为 30%,期权执行价格为 95 元,期权的到期时间为 3 个月,无红利、无风险利率为 6%。试给出该股票欧式看涨和看跌期权的价格。

解 在 Matlab 中输入以下命令:

```
Price=100;
Strike=95;
Rate=0.06;
Time=0.25;
Volatility=0.3;
Yield=0;
[Call,Put] = blsprice(Price, Strike, Rate,Time, Volatility, Yield)
```

结果为

```
Call =  9.5488          Put =    3.1344
```

即该股票欧式看涨期权的价格为 9.5488 元,该股票欧式看跌期权的价格为 3.1344 元。

也可用 Excel 根据公式(6.9)至式(6.13)来计算本例欧式期权价格,具体步骤如下。

(1) 输入参数。在 B3 至 B7 单元格中分别输入当前股票价格 S、期权执行价格 X、无风险利率 r、到期时间(年)T、股票的年波动率 σ 的值,如图 6.7 所示。

(2) 根据式(6.10)求出 d_1 的值,根据式(6.11)求出 d_2 的值。单击 B9 单元格,在编辑栏输入"=(LN(B3/B4)-(B5+0.5*B7^2)*B6)/(B7*SQRT(B6))";单击 B10 单元格,在编辑栏输入"=B9-SQRT(B6)*B7"。

(3) 输出 $N(d_1)$、$N(d_2)$、$N(-d_1)$、$N(-d_2)$ 的对应值。单击 B12 单元格,在编辑栏输入"=NORMSDIST(B9)";单击 B13 单元格,在编辑栏输入"=NORMSDIST(B10)";单击 B14 单元格,在编辑栏输入"=NORMSDIST(-B9)";单击 B15 单元格,在编辑栏输入"=NORMSDIST(-B10)"。

(4) 根据式(6.9),求欧式看涨期权的价格 C。单击 B17 单元格,在编辑栏输入"=B3*B12-B4*EXP(-B5*B6)*B13"。

(5) 根据式(6.13)，求欧式看跌期权的价格 P。单击 B18 单元格，在编辑栏输入 "=B4*EXP(-B5*B6)*B15-B3*B14"。

结果如图 6.7 所示。

	A	B
1	用Black-Scholes期权定价模型计算欧式期权价格	
2		
3	当前股票价格S	100
4	期权执行价格X	95
5	无风险利率为r	0.06
6	到期时间(年)T	0.25
7	股票的年波动率σ	0.3
8		
9	d1	0.166955296
10	d2	0.016955296
11		
12	N(d1)	0.566297388
13	N(d2)	0.50676386
14	N(-d1)	0.433702612
15	N(-d2)	0.49323614
16		
17	看涨期权的价格C	9.203921518
18	看跌期权的价格P	2.78955578

图 6.7 Excel 计算本例欧式期权价格

用 Excel 计算得该股票欧式看涨期权的价格为 9.203921518 元，该股票欧式看跌期权的价格为 2.78955578 元。用 Excel 计算的结果与用 blsprice 函数计算的结果大体相同。

6.3.3 期货期权定价

在 Matlab 的金融衍生品工具箱(Financial Derivatives Toolbox)中，计算期货期权价格的函数 blkprice，可直接调用该函数计算期货期权价格。

调用方式：

[Call,Put]=blkprice(Price,Strike,Rate,Time,Volatility)

输入参数：

Price，期货的现价。
Strike，期权执行价格。
Rate，无风险利率。
Time，到期期限，即期权的存续期，以年为单位。
Volatility，期货价格的波动率(标准差)。

输出参数:

Call,欧式看涨期权的价格。

Put,欧式看跌期权的价格。

例 6.4 设一欧式期货期权,期货现价 25 元,年波动率为 26%,期权执行价格为 20 元,期权的到期时间为 3 个月,无风险利率为 6%。试给出该期货欧式看涨和看跌期权的价格。

解 在 Matlab 中输入以下命令:

```
Price=25;
Strike=23;
Rate=0.06;
Time=0.25;
Volatility=0.26;
[Call,Put]=blkprice(Price,Strike,Rate,Time,Volatility)
```

结果为:

```
Call =    2.4536
Put  =    0.4834
```

即该期货欧式看涨期权的价格为 2.4536 元,该期货欧式看跌期权的价格为 0.4834 元。

6.3.4 隐含波动率

在已知看涨期权价格 C、当前基础资产价格 S、期权执行价格 X、无风险利率 r、到期时间(年)T 的情况下,应用 Black-Scholes 期权定价模型也可以求出股票的年波动率 σ 的值,称其为隐含波动率。

在 Matlab 的金融衍生品工具箱(Financial Derivatives Toolbox)中,计算隐含波动率的函数是 blsimpv。

调用方式:

```
Volatility=blsimpv(Price,Strike,Rate,Time,Value,Limit,Yield,Tolerance,Class)
```

输入参数:

Price,基础资产的现价。

Strike,期权执行价格。

Rate,无风险利率。

Time,到期期限,即期权的存续期,以年为单位。

Value,欧式期权价格。

Limit,欧式期权波动率上限,默认值是 10。

Yield,基础资产的年红利率。

Tolerance，可以忍受的隐含波动率，默认值是 1.0×10^6。

Class，欧式期权的种类，如果是看涨输入"Class={'call'}"，看跌输入"Class={'put'}"，默认值是看涨。

输出参数：

Volatility，隐含波动率。

例 6.5 设一欧式股票看涨期权，股票现价 100 元，年波动率为 30%，期权执行价格为 95 元，期权价格为 10 元，期权的到期时间为 3 个月，无红利、无风险利率为 7.5%，隐含波动率的上限为 0.5。试给出该欧式看涨期权的隐含波动率。

解 在 Matlab 中输入：

```
Price=100;
Strike=95;
Rate=0.075;
Time=3/12;
Value=10;
Limit=0.5;
Yield =0;
Volatility=blsimpv(Price,Strike,Rate,Time,Value, Limit,Yield,
                Tolerance,Class)
```
得：Volatility =   0.3722

或 `Volatility=blsimpv(Price,Strike,Rate,Time,Value, Limit,Yield,
                [],{'Call'})`

得：Volatility =   0.3722

或 `Volatility=blsimpv(Price,Strike,Rate,Time,Value, Limit,
                Yield,[],true)`

得：Volatility =   0.3722

即该欧式看涨期权的隐含波动率为 0.3722。

6.4 Black-Scholes 期权价格的敏感性分析

期权价格的敏感性是指当影响期权价格的因素发生一定的变化时，会对期权价格产生的方向性和幅度上的影响。对这些敏感性指标的分析不仅有助于对期权定价模型的理解，而且对于期权的运用策略构建上有极大的帮助。针对广义 Black-Scholes 模型，期权价格的敏感性指标主要有 6 个，它们是 Δ(Delta)、Π(Gamma)、Λ(lambda)、ρ(rho)、Θ(theta)、Vega，这 6 个指标也称为欧式期权避险参数。这些参数可以从不同角度描述期权和含期权的投资组合的风险特征，还可以利用这 6 个敏感性金融参数进行套期保值。

(1) Δ(Delta)：是期权价格对标的资产价格的一阶导数，即 $\Delta = \dfrac{\mathrm{d}C}{\mathrm{d}S}$。

(2) Γ(Gamma)：是 Delta 的导数，简单地说，Gamma 是期权价格对标的资产的二阶导数，即 $\Gamma = \dfrac{\mathrm{d}^2 C}{\mathrm{d} S^2}$

(3) Λ (lambda)：是期权价格的弹性，即 $\Lambda = \dfrac{S}{C}\dfrac{\mathrm{d}C}{\mathrm{d}S}$。

(4) ρ (rho)：是期权价格对无风险利率的导数，即 $\rho = \dfrac{\mathrm{d}C}{\mathrm{d}R}$。

(5) Θ (theta)：是期权价格对时间的导数，即 $\Theta = \dfrac{\mathrm{d}C}{\mathrm{d}t}$。

(6) Vega：是期权价格对波动率的导数，即 $\mathrm{Vega} = \dfrac{\mathrm{d}C}{\mathrm{d}\sigma}$。

(1) 在 Matlab 的金融衍生品工具箱中，计算 Δ(Delta)的函数是 blsdelta。

调用方式：

`[CallDelta,PutDelta]=blsdelta(Price,Strike,Rate,Time,Volatility,Yield)`

输入参数：

Price，基础资产的现价。
Strike，期权执行价格。
Rate，无风险利率。
Time，到期期限，即期权的存续期，以年为单位。
Volatility，基础资产价格的波动率(标准差)，如果是股票期权，则是股票价格的波动率。
Yield，基础资产的红利率。

输出参数：

CallDelta，欧式看涨期权的 Δ(Delta)。
PutDelta，欧式看跌期权的 Δ(Delta)。

(2) 在 Matlab 的金融衍生品工具箱中，计算 Γ(Gamma)的函数是 blsgamma。

调用方式：

`Gamma=blsgamma(Price,Strike,Rate,Time,Volatility,Yield)`

输入参数：

Price，基础资产的现价。
Strike，期权执行价格。
Rate，无风险利率。
Time，到期期限，即期权的存续期，以年为单位。
Volatility，基础资产价格的波动率(标准差)，如果是股票期权，则是股票价格的波动率。
Yield，基础资产的红利率。

第6章 金融衍生品的计算

输出参数：

Gamma，欧式期权的 Γ(Gamma)。

欧式看涨期权和欧式看跌期权的 Γ(Gamma)相同。

(3) 在 Matlab 的金融衍生品工具箱中，计算 Λ(lambda) 的函数是 blslambda。

调用方式：

```
[CallEl,PutEl]=blslambda(Price,Strike,Rate,Time,Volatility,Yield)
```

输入参数：

Price，基础资产的现价。

Strike，期权执行价格。

Rate，无风险利率。

Time，到期期限，即期权的存续期，以年为单位。

Volatility，基础资产价格的波动率(标准差)，如果是股票期权，则是股票价格的波动率。

Yield，基础资产的红利率。

输出参数：

CallEl，欧式看涨期权的 Λ(lambda)。

PutEl，欧式看跌期权的 Λ(lambda)。

(4) 在 Matlab 的金融衍生品工具箱中，计算 ρ(rho)的函数是 blsrho。

调用方式：

```
[CallRho,PutRho]=blsrho(Price,Strike,Rate,Time,Volatility,Yield)
```

输入参数：

Price，基础资产的现价。

Strike，期权执行价格。

Rate，无风险利率。

Time，到期期限，即期权的存续期，以年为单位。

Volatility，基础资产价格的波动率(标准差)，如果是股票期权，则是股票价格的波动率。

Yield，基础资产的红利率。

输出参数：

CallRho，欧式看涨期权的 ρ(rho)。

PutRho，欧式看跌期权的 ρ(rho)。

(5) 在 Matlab 的金融衍生品工具箱中，计算 Θ(theta)的函数是 blstheta。

调用方式：

```
[CallTheta,PutTheta]=blstheta(Price,Strike,Rate,Time,Volatility,Yield)
```

输入参数:

Price,基础资产的现价。

Strike,期权执行价格。

Rate,无风险利率。

Time,到期期限,即期权的存续期,以年为单位。

Volatility,基础资产价格的波动率(标准差),如果是股票期权,则是股票价格的波动率。

Yield,基础资产的红利率。

输出参数:

CallTheta,欧式看涨期权的 Θ(theta)。

PutTheta,欧式看跌期权的 Θ(theta)。

(6) 在 Matlab 的金融衍生品工具箱中,计算 Vega 的函数是 blsvega。

调用方式:

```
Vega=blsvega(Price,Strike,Rate,Time,Volatility,Yield)
```

输入参数:

Price,基础资产的现价。

Strike,期权执行价格。

Rate,无风险利率。

Time,到期期限,即期权的存续期,以年为单位。

Volatility,基础资产价格的波动率(标准差),如果是股票期权,则是股票价格的波动率。

Yield,基础资产的红利率。

输出参数:

Vega,欧式期权的 Vega。

欧式看涨期权和欧式看跌期权的 Vega 相同。

例 6.6 设一欧式股票期权,股票现价 50 元,年波动率为 30%,期权执行价格为 50 元,期权的到期时间为 3 个月,无红利、无风险利率为 12%。试给出该欧式看涨和看跌期权的各敏感性值。

解 在 Matlab 中输入:

```
Price=50;
Strike=50;
Rate=0.12;
Time=3/12;
Volatility=0.3;
Yield=0;
[CallDelta,PutDelta]=blsdelta(Price,Strike,Rate,Time,
                    Volatility,Yield)
得: CallDelta = 0.5299        PutDelta = -0.4701
```

输入：Gamma=blsgamma(Price,Strike,Rate,Time,Volatility, Yield)
得：Gamma = 0.0530
输入：[CallEl,PutEl]=blslambda(Price,Strike,Rate,Time,
                               Volatility,Yield)
得：CallEl =   8.8633   PutEl =   -7.8633
输入：[CallRho,PutRho]=blsrho(Price,Strike,Rate,Time,
                               Volatility,Yield)
得：CallRho =   5.8763   PutRho =   -6.6237
输入：[CallTheta,PutTheta]=blstheta(Price,Strike,Rate,Time,
                               Volatility,Yield)
得：CallTheta = -5.9673   PutTheta =   -5.9673
输入：Vega=blsvega(Price,Strike,Rate,Time,Volatility, Yield)
得：Vega =   9.9455

6.5 期权定价的二叉树法

期权的二叉树定价模型(Binomial Option Price Model，BOPM)是将期权合约的到期期限分成若干个时间段(每一个时间段称为一个时间间隔)，并假定基础资产(也称为标的资产)在经过每一个时间间隔以后，其期末价格只有两种可能的状态(上涨和下跌)。因此，标的资产和期权的价格随时间的变化，可以用二叉树表示。通过构造一个标的资产和无风险债券的组合，使得该组合在任何状态下的未来现金流和该期权的未来现金流完全相同。依据无套利定价原则，该期权的现价应与该组合的现价相等。从而得到期权的定价。用该方法得到的期权定价公式类似于二项式展开，因此，二叉树期权定价模型也称为二项式期权定价模型。它是应用最广泛的期权定价模型之一。

6.5.1 二叉树期权定价模型

期权的有效期可分为 n 段时间间隔 t，假设在每一个时间段内资产价格从开始的 S 运动到两个新值 uS 和 dS 中的一个。其中 $u>1$、$d<1$，设价格上升的概率为 p，下降的概率则为 $1-p$。在 0 时刻，股票价格为 S；时间为 Δt 时，股票价格有两种可能：uS 和 dS；时间为 $2\Delta t$ 时，股票价格有 3 种可能：uuS、udS、ddS，以此类推。

下面来分析一下以上述资产为标的物的期权的二叉树情况(见图 6.8)。在 0 时刻，期权价格为 C；时间为 Δt 时，期权价格有两种可能：C_u 和 C_d；时间为 $2\Delta t$ 时，期权价格有 3 种可能：C_{uu}、C_{ud} 和 C_{dd}。以此类推，图 6.9 中给出了期权价格的完整二叉树。在时刻 $i\Delta t$，期权价格有 $i+1$ 种可能。

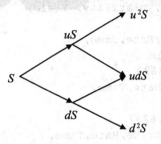
图 6.8 资产价格的二叉树

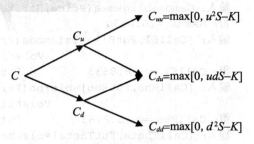
图 6.9 期权收益的二叉树

假设有一个投资组合,包含了 Δ 份股票和价值为 B 的无风险债券,那么在期末,这个组合的价值变成(r 为无风险利率)$\Delta uS+rB$ 的概率为 q、变成 $\Delta dS+rB$ 的概率为 $1-q$,图 6.10 中给出了组合价值的二叉树图。

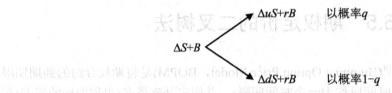
图 6.10 投资组合收益二叉树

适当选择 Δ 和 B,使得该组合的期末价值与期权的期末价值相等,也就是 Δ 和 B 满足

$$\begin{cases} \Delta uS + rB = C_u \\ \Delta dS + rB = C_d \end{cases}$$

即

$$\begin{cases} \Delta = \dfrac{C_u - C_d}{(u-d)S} \\ B = \dfrac{dC_u - uC_d}{(d-u)r} \end{cases}$$

根据无套利均衡原理可以得出该组合和期权的期初价值也应该一样,即

$$C = \Delta S + B = \frac{C_u - C_d}{u-d} + \frac{dC_u - uC_d}{(d-u)r} = \frac{r-d}{(u-d)r}C_u + \frac{u-r}{(u-d)r}C_d$$

记 $p = \dfrac{r-d}{(u-d)}$,则 $1-p = \dfrac{u-r}{(u-d)}$。上式就可以简化成

$$C = \frac{pC_u + (1-p)C_d}{r}$$

同理可得

$$C_u = \frac{pC_{uu} + (1-p)C_{ud}}{r}$$

$$C_d = \frac{pC_{ud} + (1-p)C_{dd}}{r}$$

所以，有

$$\begin{aligned}C &= \frac{pC_u + (1-p)C_d}{r} \\ &= \frac{p(pC_{uu} + (1-p)C_{ud})}{r^2} + \frac{(1-p)((pC_{ud} + (1-p)C_{dd})/r)}{r} \\ &= \frac{p^2 C_{uu} + 2p(1-p)C_{ud} + (1-p)^2 C_{dd}}{r^2} \\ &= \frac{(p^2 \max\{0, u^2 S - K\} + 2p(1-p)\max\{0, udS - K\} + (1-p)^2 \max\{0, d^2 S - K\})}{r^2}\end{aligned}$$

将上式推广，进行递归可以得到更一般的结果，对于有 n 期的期权，期权价格 C 满足

$$C = \frac{1}{r^n} \sum_{i=1}^n C_n^i p^i (1-p)^{n-i} \max\{0, u^i d^{n-i} S - K\}$$

这个公式就是二叉树期权定价模型，可以用它来计算期权的价格。该期权定价公式类似于二项式展开，因此，也称其为二项式期权定价模型。它是应用最广泛的期权定价模型之一。

6.5.2 二叉树定价函数

在 Matlab 的金融衍生品工具箱中，已经将二叉树期权定价模型编写成计算欧式期权价格的函数 binprice。可直接调用该函数计算欧式期权价格。

调用方式：

`[AssetPrice,OptionPrice]=binprice(Price,Strike,Rate,Time, Increment,Volatility,Flag, DividendRate,Dividend,ExDiv)`

输入参数：

Price，基础资产的当前价格，如果是股票期权，则是股票的现价。
Strike，期权的执行价格。
Rate，无风险利率。
Time，到期期限，即期权的存续期，以年为单位。
Increment，时间的增量。
Volatility，基础资产价格的波动率(标准差)，如果是股票期权，则是股票价格的波动率。
Flag，期权种类的标志，看涨期权 Flag=1，看跌期权 Flag=0。
DividendRate，红利率，默认值是 0。
Dividend，基础资产价外的红利金额，除了固定红利之外的红利。

ExDiv，基础资产的除息日。

输出参数：

AssetPrice，基础资产在二叉树每个节点的价格。

OptionPrice，期权在二叉树每个节点的价格。

例 6.7 考虑一个看涨期权，股票的执行价格为 95 元，当前价格为 100 元，存续期为 3 个月，波动率为 0.5。时间增量为 0.05 年，无风险利率为 10%。时间周期 0.25/0.05=5，红利为 0，3 个时间周期后支付 5 元分红，利用二叉树模型估计该看涨期权的价格。

解 在 Matlab 中输入

```
Price=100;
Strike=95;
Rate=0.1;
Time=3/12;
Volatility=0.5;
Increment=0.05;
Flag=1;
DividendRate=0;
Dividend=5;
ExDiv=3;
[AssetPrice,OptionPrice]=binprice(Price,Strike,Rate,Time,
    Increment,Volatility,Flag,DividendRate,Dividend,ExDiv)
```

得到结果为

```
AssetPrice =
100.0000  111.2713  123.8732  137.9629  148.6915  166.2807
     0     89.9677  100.0495  111.3211  118.8981  132.9629
     0          0    80.9994   90.0175   95.0744  106.3211
     0          0         0    72.9825   76.0243   85.0175
     0          0         0         0    60.7913   67.9825
     0          0         0         0         0    54.3608
OptionPrice =
 12.1011   19.1708   29.3470   42.9629   54.1653   71.2807
     0      5.3068    9.4081   16.3211   24.3719   37.9629
     0          0     1.3481    2.7402    5.5698   11.3211
     0          0         0         0         0         0
     0          0         0         0         0         0
     0          0         0         0         0         0
```

所以，利用二叉树模型估计该看涨期权的价格为 12.1011 元。

为了比较用二叉树期权定价模型和用 Black-Scholes 期权定价模型对同一期权计算得到的价格差异，将例 6.7 中"3 个时间周期后支付 5 元分红"改为无分红。

用二叉树期权定价模型计算：在 Matlab 中输入：

```
Price=100;
Strike=95;
Rate=0.1;
Time=3/12;
Volatility=0.5;
Increment=0.05;
Flag=1;
DividendRate=0;
Dividend=0;
ExDiv=3;
[AssetPrice,OptionPrice]=binprice(Price,Strike,Rate,Time,
    Increment,Volatility,Flag,DividendRate,Dividend,ExDiv)
```

得到该看涨期权的价格为 13.9830 元。

用 Black-Scholes 期权定价模型计算：在 Matlab 中输入

```
Price=100;
Strike=95;
Rate=0.1;
Time=3/12;
Volatility=0.5;
Yield=0
[Call,Put]=blsprice(Price,Strike,Rate,Time,Volatility,Yield)
```

得到该看涨期权的价格为 13.6953 元。

两者相差 0.2877 元，主要因为是 Increment=0.05，时间周期 n=0.25/0.05=5，即将期限 3 个月分成 5 个时间段，分段比较少。如果分成更多个时间段，随着时间段个数 n 的增大，用二叉树期权定价模型计算的价格，将逐渐逼近用 Black-Scholes 期权定价模型计算的价格。例如：

Increment=0.01，时间周期 n=0.25/0.01=25，得该期权的价格为 13.6123 元。
Increment=0.005，时间周期 n=0.25/0.005=50，得该期权的价格为 13.7225 元。
Increment=0.0025，时间周期 n=0.25/0.0025=100，得该期权的价格为 13.6767 元。
越来越接近用 Black-Scholes 期权定价模型计算得到的价格 13.6953 元。

6.6 投资组合套期保值策略

金融衍生品的主要功能之一就是为投资者已有的投资组合头寸进行保值。套期保值的工具和方法有很多，如利用看跌期权、投资组合复制策略、指数期货、期权敏感性参数等来实施投资组合的套期保值。本节主要以保护性看跌期权策略和期权敏感性参数策略为例，介绍投资组合的套期保值方法。

6.6.1 套期保值的基本原理

套期保值(Hedging)是指投资者对已持有有风险的投资组合，利用一种或几种金融工具，选取适当的策略，保证使新的投资组合期末的总价值在某给定的最低限度水平之上。

设 V_0 为投资者所持有的资产头寸在当前的总价值(期初财富)，V_T 为期终财富，则套期保值的目标可以用公式表示为 $V_0 \geqslant kV_T(0<k<1)$，其中，参数 k 是任意给定的最低限度水平，代表期终财富与期初财富比值的最低限额。

套期保值策略被广泛应用于资产组合管理和风险管理中。套期保值的基本原理是利用金融衍生品价格与其标的资产价格之间、同一标的资产的各种衍生品价格之间所存在的密切相关性，通过构造相反或相同的头寸，对冲保值对象的风险，以达到利用金融衍生品为标的资产、利用标的资产为其衍生品或利用一些金融衍生品为其他金融衍生品进行保值的目的。

通常用资产价格的波动率(标准差)来表示价格风险，它指出价格上涨(收益)和价格下跌(损失)的幅度大小，因此，这样定义的风险有两面性，既有有利的一面，也有不利的一面。根据投资者的风险厌恶程度，套期保值的目标分为双向套期保值和单向套期保值。双向套期保值是要尽量消除所有的价格风险(包括有利的和不利的部分)。单向套期保值则只要尽量消除风险的不利部分，保留风险的有利部分。双向套期保值的主要金融工具有远期、期货、互换等金融衍生工具，构筑双向套期保值头寸的成本较低。单向套期保值的主要金融工具有期权和与期权相关的金融衍生品等金融衍生工具，构筑单向套期保值头寸的成本较高。投资者在确定套期保值目标时，不仅取决于投资者的风险厌恶程度和对未来价格走向的预期，还需要在套期保值目标与套期保值成本之间进行权衡。

6.6.2 利用保护性看跌期权策略进行套期保值

由于看跌期权具有规避向下的风险，保留向上的机会的特点，因此，可以用它来实现投资组合的套期保值。

最简单的股票与股票期权组合的交易策略由一个股票现货多头和一个以该股票为标的的看跌期权多头组成。该策略要求投资者在购买一份期初价格为 S_0 的股票的同时，再购买一份期初价格为 P、执行价格为 X 的看跌股票期权。通过采用此策略，投资者既能享受股价上涨的收益，又能避免股价下跌的损失，因此，该策略称为保护性看跌期权的多头策略。在这种策略下，投资者实际上是预测股价会继续上涨，希望由此享受利润。但又担心万一股价出现下跌，为了保险起见，用一份看跌期权多头来锁定损失。用该策略构造的投资组合的到期利润为

$$L = -S_0 e^{rT} + S - P e^{rT} + \max\{X - S, 0\}$$

例 6.8 假设某投资者于 1 月初以 26 元的市场价格购买了一份 A 公司的股票,计划持有到年底。同时他又买了一份该股票的看跌期权,股票的执行价格为 21 元,存续期为 12 个月,波动率为 0.3,无风险利率为 6%,不考虑红利。①试画出该保护性看跌期权的多头策略的利润曲线图;②分析比较不同执行价格下该策略的利润曲线图。

解 ①画出该保护性看跌期权的多头策略的利润曲线图。
首先计算看跌期权的价格:在 Matlab 中输入:

```
S0=26;
X=21;
r=0.06;
T=1;
Volatility=0.3;
Yield=0;
[Call,Put]=blsprice(S0,X,r,T,Volatility,Yield)
```

得到结果为

```
Call =  6.8868          Put =   0.6638
```

即看跌期权的价格 P 为 0.6638 元。

再画利润曲线图:再在 Matlab 中继续输入:

```
S=(0:2:50);
L1=-S0*exp(r*T)+S;
[Call,Put]=blsprice(S0,X,r,T,Volatility,Yield)
L2=-Put* exp(r*T)+max(X-S,0);
L=L1+L2;
plot(S,L1,':B','LineWidth',2)
hold on
plot(S,L2,'--G','LineWidth',2)
plot(S,L,'r','LineWidth',2)
title('保护性看跌期权的多头策略利润曲线图');
xlabel('标的资产的到期价格');
ylabel('利润 L');
legend('股票','看跌期权','投资组合',0)
grid on
l= L(1)
```

得最大损失: l = −7.3126。利润曲线见图 6.11。
由计算结果和曲线图形可知,每份该资产组合的成本为 26.6638 元,最大损失为 7.3126 元。同时可享受股价上涨的利润。

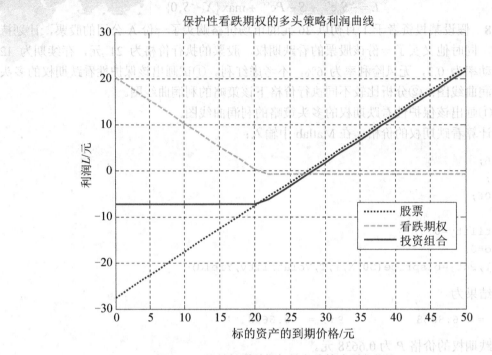

图 6.11 保护性看跌期权的多头策略利润曲线

② 分析比较不同执行价格下该策略的利润曲线图。

另取 3 个不同的期权执行价格，分别为 $X=16$、28、35，画出组合对应的利润曲线图，与 $X=21$ 的情况进行比较。

在 Matlab 中继续输入：

```
S0=26;
r=0.06;
T=1;
Volatility=0.3;
Yield=0;
X=16;
[Call,Put]=blsprice(S0,X,r,T,Volatility,Yield);
L=-(Put+S0)*exp(r*T)+S+max(X-S,0);
plot(S,L,'-.B','LineWidth',2)
hold on
L16=L(1)
X=21;
[Call,Put]=blsprice(S0,X,r,T,Volatility,Yield);
L=-(Put+S0)*exp(r*T)+S+max(X-S,0);
plot(S,L,'r','LineWidth',2)
L21=L(1)
```

```
X=29;
[Call,Put]=blsprice(S0,X,r,T,Volatility,Yield);
L=-(Put+S0)* exp(r*T)+S+max(X-S,0);
plot(S,L,':M','LineWidth',2)
L29=L(1)
X=42;
[Call,Put]=blsprice(S0,X,r,T,Volatility,Yield);
L=-(Put+S0)* exp(r*T)+S+max(X-S,0);
plot(S,L,'--G','LineWidth',2)
L42=L(1)
title('不同执行价格下资产组合的利润曲线图');
xlabel('标的资产的到期价格');
ylabel('组合的利润L');
legend('X=16','X=21','X=29', 'X=42',0)
grid on
```

得最大损失分别为：$L_{16} = -11.6929$，$L_{21} = -7.3126$，$L_{29} = -2.7236$，$L_{42} = -0.3728$。不同执行价格下资产组合的利润曲线见图 6.12。

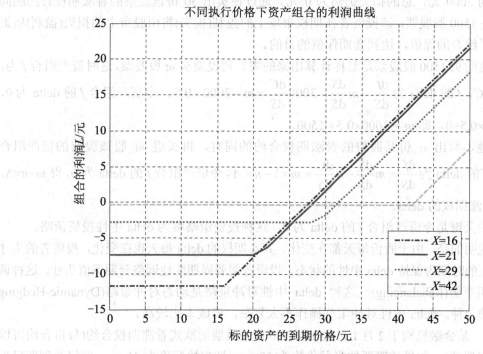

图 6.12 不同执行价格下资产组合的利润曲线

由计算结果和曲线图形可知，随着执行价格的提高，最大损失不断减小，该策略所对应的保值效果越来越好。当执行价格为 42 元时，最大损失为仅为 0.3728 元。

6.6.3 利用期权敏感性参数进行套期保值

期权有 6 个敏感性参数，也称为期权的避险参数。通过这些参数中的一个或多个中性，可以对资产组合进行套期保值。以 Δ(delta)为例，它反映期权标的资产价格的变动对期权价格的影响程度。假设某股票看涨期权的 delta =0.5，则当股票价格变动一个微小的量 ΔS 时，期权价格的变动 ΔC 约为 $0.5\Delta S$。如果某投资者卖出了 30 份该股票的看涨期权合约(每份合约可以购买 100 股股票)，如果股票的当前价格为 100 元，执行价也为 100 元，期权的有效期为 3 个月。每股的期权价格为 10 元(即每份合约的价格为 1000 元)。若明天股票的价格为 102 元，ΔS=2 元，则 $\Delta C=0.5\Delta S=1$ 元，期权的价格应为 11 元。该投资者将在期权方面损失 3000 元，为了对冲在期权方面的损失，该投资者可以在今天购买 1500 股股票，这样，明天他在股票方面将获利 3000 元，总的损失为 0 元。而若明天的股价为 98 元时，ΔS=-2 元，则 $\Delta C=0.5\Delta S=-1$ 元，期权的价格应为 9 元。该投资者将在股票方面损失 3000 元，但在期权方面将获利 3000 元，总的损失仍然为 0 元。通过在卖出 30 份该股票的看涨期权合约的同时，再买进 1500 股股票，该投资者在期权市场上的盈利(损失)将由股市上的损失(盈利)所抵消，实现了组合的保值，达到套期保值的目的。

那么这购买 1500 股股票是怎样计算出来的呢？假设要买 m 股股票，这时资产组合 f 为：$f=mS-3000C$，f 的 delta 为 $\dfrac{df}{dS}=m\dfrac{dS}{dS}-3000\dfrac{dC}{dS}=m-3000\times 0.5$，令资产组合 f 的 delta 为 0，则 $m-3000\times 0.5=0$，即 $m=3000\times 0.5=1500$。

一般地，卖出 n 份某股票的看涨期权合约的同时，再买进 m 股该股票的资产组合 $f=mS-nC$，f 的 delta 为 $\dfrac{df}{dS}=m\dfrac{dS}{dS}-n\dfrac{dC}{dS}=m\times 1-n\times \Delta$，令资产组合 f 的 delta 为 0，得 $m=n\times \Delta$，其中 Δ 是看涨期权的 delta。

这里的关键是令资产组合 f 的 delta 为 0，这种投资策略称为 delta 中性投资策略。

需要说明的是，由于股价每天都在变化，其实期权的 delta 每天也在变化，投资者的头寸只能在很短的时期内保持 delta 中性的状态。投资者需要周期性地调整套期保值头寸，这种调整被称为再平衡(Rebalancing)。这种 delta 中性对冲策略是动态对冲策略(Dynamic-Hedging Schemes)的一种。delta 中性对冲策略操作不太复杂，但成本比较高。

例 6.9 某金融机构于 2 月 1 日卖出了 100 份某股票的欧式看涨期权合约(每份合约可以购买 100 股股票)，如果该股票的当前价格为 50 元，期权执行价为 45 元，期权的到期日为 5 月 1 日，股票的波动率为 25%，市场无风险利率为 6%。如果该金融机构拟采取为 delta 中性套期保值策略，则：

(1) 期初要持有多少标的股票的多头头寸？

(2) 若到了 3 月 1 日，股价变为 55 元，金融机构该如何操作？

(3) 若到了 4 月 1 日，股价变为 40 元，金融机构该如何操作？

解 (1)在 Matlab 中输入：

[CallDelta,PutDelta]=blsDelta(50,45,0.06,3/12,0.25,0)

结果为：

CallDelta =0.8474, PutDelta =-0.1526

即该股票的欧式看涨期权的 Δ(delta)值为 0.8474。

设应持有股票 m 股，则按照 delta 中性套期保值策略，有

$$m = n \times \Delta = 10000 \times 0.8474 = 8474$$

因此，期初需要购买 8474 股股票，就可以为看涨期权空头头寸进行套期保值。

(2) 在 Matlab 中输入：

[CallDelta,PutDelta]=blsDelta(55,45,0.06,2/12,0.25,0)

结果为：

CallDelta = 0.9828, PutDelta = -0.0172

即该股票的欧式看涨期权的 Δ(delta)值为 0.9828。

设应持有股票 m 股，则按照 delta 中性套期保值策略，有

$$m = n \times \Delta = 10000 \times 0.9828 = 9828$$

即该金融机构需要持有 9828 股股票，因此，3 月 1 日还要再购买 1354 股股票才可以继续为看涨期权空头头寸进行套期保值。

(3) 在 Matlab 中输入：

[CallDelta,PutDelta]=blsDelta(40,45,0.06,1/12,0.25,0)

结果为：

CallDelta =   0.0634, PutDelta =   -0.9366

即该股票的欧式看涨期权的 Δ(delta)值为 0.0634。

设应持有股票 m 股，则按照 delta 中性套期保值策略，有

$$m = n \times \Delta = 10000 \times 0.0634 = 634$$

即该金融机构需要持有 634 股股票，因此，4 月 1 日可以卖出 9194 股股票，剩下的 634 股股票就可以继续为看涨期权空头头寸进行套期保值。

6.7 实验六：金融衍生品定价计算实验

6.7.1 实验目的

通过本次实验，加深对期权定价模型的理解，了解期权进行套期保值策略，初步掌握期权定价模型的计算方法，学习如何用 Excel、Matlab 或 SAS 进行期权定价的实际计算。

6.7.2 实验原理

金融衍生品是金融市场中的一种主要金融产品，金融衍生品定价是金融工程的核心内容，也是金融业中发展最快的领域。金融衍生品在全球金融市场中发挥了重要作用。期权是四大类金融衍生品中的一种。Black-Scholes 期权定价模型、二叉树(Binomial Theory)期权定价公式是两个最经典的期权定价方法。

Black-Scholes 期权定价公式有以下几个。

欧式看涨期权的价格，即

$$C = E(C_T)\mathrm{e}^{-rt} = S_0 N(d_1) - X\mathrm{e}^{-rt} N(d_2) \tag{6.14}$$

欧式看跌期权的价格，即

$$P = X\mathrm{e}^{-rt} N(-d_2) - S_0 N(-d_1) \tag{6.15}$$

其中：

$$d_1 = \{\ln(\frac{S_0}{X}) + (r + \frac{1}{2}\sigma^2)t\} \Big/ \sigma\sqrt{t} \tag{6.16}$$

$$d_2 = \{\ln(\frac{S_0}{X}) + (r - \frac{1}{2}\sigma^2)t\} \Big/ \sigma\sqrt{t}$$

$$= d_1 - \sigma\sqrt{t} \tag{6.17}$$

$$r = \mu + \frac{1}{2}\sigma^2 \tag{6.18}$$

在 Matlab 的金融衍生品工具箱中，用 Black-Scholes 期权定价模型计算期货期权价格的函数是 blkprice，用二叉树期权定价模型计算欧式期权价格的函数是 binprice。

6.7.3 实验内容

(1) 求保护性看跌期权的多头策略的总利润函数。

保护性看跌期权的多头策略就是投资者购买一份股票的同时再购买一份看跌期权，采用此策略既能享受股价上涨的收益，又能避免股价下跌的损失。

设一投资者于 3 月份以 70 元的市场价格购买了一份 A 公司的股票,计划持有到 6 月份,其利润函数为

$$L = -S_t e^{(T-t)r} + S_T$$

同时他又买了一份 6 月份到期的欧式看跌期权,执行价格为 90 元,期权价格为 10 元,无风险利率为 3%。试给出投资者的总利润函数并画出其图形。

(2) 设一欧式期权,股票价格为 100 元,期权执行价格为 95 元,期权的到期时间为 3 个月,无红利,该股票看涨期权的报价是 15 元,看跌期权的报价是 5 元。若无风险利率为 12%,年波动率 50%,用 Black-Scholes 模型计算该报价是高了还是低了?若无风险利率为 8%,年波动率 30%,该报价是高了还是低了?

(3) 设一欧式股票期权,股票现价 100 元,年波动率 30%,期权执行价格为 95 元,期权的到期时间为 3 个月,无红利,无风险利率为 10%。试给出该欧式看涨和看跌期权的各敏感性值。

(4) 考虑一个看跌期权,股票的执行价格为 45 元,当前价格为 50 元,存续期为 3 个月,波动率为 0.3。时间增量为 0.05 年,无风险利率为 8%。时间周期 0.25/0.05=5,红利为 0,无分红,利用二叉树模型估计该看跌期权的价格。

6.7.4 实验步骤

(1) 使用 Excel 软件,可参考本章相关内容。
(2) 使用 Matlab 软件,可参考本章相关内容。

6.7.5 实验报告要求

实验报告包括实验者信息(姓名、学号、专业、班级、成绩等)、实验基本信息(实验名称、实验地点、实验设备、设备号、使用软件、实验时间等)、实验原理(简述)、实验内容、实验过程、实验数据和实验结果、实验分析和结论、实验心得体会等部分。

本章小结

(1) 本章介绍金融衍生品的基本概念,在远期合约、期货、期权、互换这四大类金融衍生品中,本章重点介绍期权,并以股票期权等为例,介绍期权定价的方法,包括 Black-Scholes 期权定价模型和期权定价的二叉树法。本章还简单介绍了如何利用期权进行套期保值。最后,给出了用 Excel 和 Matlab 进行金融衍生品计算的案例和实验。

(2) 金融衍生品是一种合约,它的价值随着基础资产价值的变动而变动。根据产品形

态，金融衍生品可以分为远期、期货、期权、互换等四大类。金融衍生品是为了规避金融市场价格风险而产生的，然而运用不当，其中也蕴含着巨大的风险。

(3) 期权是一种选择权，期权交易实质上是一种权利的买卖。期权的买方在向卖方支付一定数额的货币后，即拥有在一定的时间内以一定价格向对方购买或出售一定数量的某种商品或有价证券的权利，而不负必须买进或卖出的义务。

(4) 期权定价的模型和方法有许多种，Black-Scholes 期权定价模型和二叉树期权定价公式是两个最经典的期权定价方法。Black-Scholes 期权定价模型是金融和经济学家研究最多、应用最广的期权定价公式。

(5) 套期保值是指投资者对已持有的有风险的投资组合，利用一种或几种金融工具，选取适当的策略，保证使新的投资组合期末的总价值在某给定的最低限度水平之上。

思考讨论题

1. 什么是金融衍生品？根据产品形态，金融衍生品可以分为哪几大类？
2. 金融衍生品有哪些功能？金融衍生品有什么作用？存在哪些风险？如何进行金融衍生品的风险管理？
3. 我国金融衍生品市场的发展现状是什么？我国金融衍生品的发展趋势是什么？
4. 目前，期权定价的模型和方法主要有哪几种？它们各有什么优、缺点？
5. 如何用 Matlab 采用 Black-Scholes 期权定价模型和二叉树期权定价公式计算股票期权的价格？

第 7 章 固定收益证券的计算

【学习要点及目标】

- 了解固定收益证券的基本概念，知道固定收益证券的种类和报价方式。
- 掌握固定收益证券的定价、短期债券的定价、可转让定期存单定价、可转换债券定价方法。
- 了解固定收益证券的久期与凸性，知道债券的风险管理概念。
- 了解利率期限结构的概念，会计算利率的期限结构，会计算特定时间利率。

【核心概念】

固定收益证券 附息债券 零息债券 短期债券 可转让定期存单 债券的久期 债券的凸性 利率的期限结构

固定收益证券是非常重要的金融产品，它的种类最多，在证券家族中占有重要地位。本章主要介绍固定收益证券的基本概念、现金流的现值和终值的计算、债券的定价、利率的期限结构理论、债券久期和凸性的计算等内容。

7.1 固定收益证券的基本概念

7.1.1 固定收益证券

1. 固定收益证券的相关概念

固定收益证券是指中央机构、地方政府、银行以及其他金融机构发行的金融债券，如国债、公司债券、资产抵押证券。固定收益证券可以让投资人在特定时间内取得固定的收益，并预先通过面值、期限、利率等因素来决定固定收益证券的票面价值。

固定收益证券涉及发行者、金融中介、机构和个人投资者。发行者包括政府、各类具有资质的公司、商业银行等，他们在公平的债券市场出售证券。机构和个人投资者是购买固定收益类证券的基金公司、保险公司、个体投资者等单位及个人。金融中介是位于发行者和投资者之间的，为发行机构代销证券的机构，包括一级经销商、二级经销商等。

2. 固定收益证券的分类

按照发行机构的不同，固定收益证券可分为政府证券、机构证券、公司证券、市政证券等；按照计息方式的不同，可以分为附息债券和零息债券；根据利息支付方式的不同，可分为附息债券、零息债券、贴现债券、固定利率债券、浮动利率债券等；按照回购期长短的不同，固定收益证券可以分为短期、中期和长期债券。小于1年的称为短期证券，1～10年的称为中期债券，10年以上的称为长期债券。

附息债券又称为息票债券，是指在债券票面上附有利息额、支付利息期限的债券。附息债券的利息支付方式一般会在偿还期内按期付息，如每半年或一年付息一次。附息债券是一种长期债券，一般为5年以上。

零息债券是指以贴现方式发行，不附息票，而于到期日时按面值一次性支付本利的债券。零息债券发行时按低于票面金额的价格发行，而在兑付时按照票面金额兑付，其利息隐含在发行价格和兑付价格之间。零息债券的债券期限一般少于1年。

3．固定收益证券的基本特征

固定收益证券的基本特征包括期限、票面价值、息票利率、嵌入式期权等。

期限即到期日，是指固定收益证券购买合同中声明的终止时间。票面价值即债券本金，是指证券发行方承诺的在到期日或之前支付给证券持有者的金额。息票利率是指证券发行方定期支付的利息与本金之比，一般为年利率。嵌入式期权是指在证券中包含的赋予证券发行方和持有方的选择权。对于发行方来说，包括可赎回条款、提前支付期权、偿债基金条款等选择权；对于持有方来说，包括可转换的权利、可售回的权利等选择权。从某种程度上讲，嵌入式期权并不是一个完整的期权工具，

4．固定收益证券的计息与计价

1) 天数计算惯例

固定收益证券的天数是指证券票面所规定的计息时间长度。天数的计算惯例通常表示为X/Y的形式。X定义为两个日期之间天数的计算方式，Y定义为参考期限总天数的度量方式。对不同的证券发行人或在不同的国家，有不同的天数计算惯例。

实际操作中通常有以下几种惯例：

- 实际天数/实际天数。
- 实际天数/365。
- 实际天数/360。
- 30/360。

前3种方式都是以实际天数来计算，后一种惯例假设每月为30天，并根据以下规则确定付息日至交割日或交割日至下一个付息日间的天数。设前一个日期最后一天为31号，则以30号计；若后一个日期为31号，则如果前一日期为30或31号，则以30号计，否则仍以31号计，然后按照(年份差)×360+(月份差)×30+(日期差)公式来计算两个日期之间的天数。

第 7 章　固定收益证券的计算

2) 应计利息的计算

固定收益证券的应计利息是指债券发行方应支付给持有方的利息。证券的应计利息是从前一支付利息日(含)开始到交割日为止，累加计算得到的。其计算公式为

$$应计利息 = 每次支付利息额 \times \frac{上一个付息日至交割日的天数}{一个付息周期的天数}$$

3) 计价

固定收益证券的计价是根据计息天数和票面利率来计算证券价格。根据报价中是否含应计利息，可以分为全价和净价。债券买方向卖方支付的价格中包含了应计利息，称为全价；不包含应计利息的价格称为净价，即：

$$净价 = 全价 - 应计利息$$

例如，2014 年 5 月 1 日以 108 元的全价购买面值 100 元债券，已计息天数为 260，票面利率为 2%，每年付一次利息。其中，108 元包含本金和应计利息，去掉应计利息 R，$R = (0.02 \div 365) \times 票面价值 \times 计息天数$，该债权净价为 $108 - ((0.02 \div 365) \times 260 \times 100) = 106.58$(元)。

7.1.2　美国固定收益证券的种类

美国的固定收益证券包括以下几种。

1．国债

美国国债是美国财政部发行，以美国国家的信用为担保的债券。国债的流动性极好，交易极为活跃，其交易的买卖价差比其他债券要小得多。美国国债分为两种，即零息国债和附息国债，附息国债又可分为固定利率国债和浮动利率国债。零息国债是指债券持有人只能在到期日才能够领取本金和利息。附息国债是指票面上附有息票，定期支付利息。

2．联邦政府机构债券

除了美国财政部以外，美国联邦政府机构也可以发行债券，主要由联邦政府相关机构发行的债券和政府主管企业发行的债券。联邦政府的债券主要有两类，即信用类债券和住房抵押贷款支付类债券。信用类债券不需要担保品或者是抵押物，完全依赖于发行企业的实际经济能力。住房抵押支付类债券是资产支付证券的一种，其偿付给证券持有人的本金和利息主要由住房抵押贷款来提供。

3．市政债券

美国市政债券是由美国各州地方政府为筹借建设资金而发行的以政府信用为担保的债券，根据债券持有人是否需要向地方政府交税，分为免税债券和不免税债券两种。市政债券还可分为短期和长期两类，短期市政债券主要用来弥补市政机构税收收入和支出之间的不足。长期市政债券则主要用于向一些市政或公益项目提供资金。

4. 公司债券

发行公司债券的机构必须是承担有限责任的公司，如"有限责任公司"和"股份有限公司"等，其他类型的公司，如无限责任公司等均不能发行公司债券。公司债券根据其发行者的不同可分为公用事业债、交通通信债、产业公司债、金融机构债等类别。公司债券的种类因偿还期的不同而又分为商业票据、中期票据和长期票券3种。

7.1.3 固定收益证券的定价

固定收益证券的价值是其未来现金流的净值。需要估计未来的现金流、确定合适的贴现率，使用贴现率来计算未来现金流的现值。固定收益债券的定价需要根据其类别来定价，即零息债券和附息债券。

1. 货币的时间价值

1) 货币的时间价值

货币的时间价值是指货币经历一定时间的投资和再投资所增加的价值，也称为资金的时间价值。

现值 PV(Present Value)是某项资产的当前价值，是指对未来现金流量以恰当的折现率折现后的当前价值。

终值 FV(Final Value)是某项资产的未来价值，是指若干期以后包括本金和利息在内的未来价值

2) 单期投资的终值与现值计算

单期投资的终值计算式为

$$FV = C_0 \times (1+r) \tag{7.1}$$

式中，C_0 为 $t=0$ 时刻的现金流。

例 7.1 假定投资 1000 元，期限 1 年，年利率 5%。1 年后该投资的价值有多少？

$$FV = 1000 \times (1+0.05) = 1050(元)$$

单期投资的现值计算式为

$$PV = \frac{C_1}{(1+r)} \tag{7.2}$$

式中，C_1 为 $t=1$ 时刻的现金流；r 为货币的利率。

例 7.2 假设利率为 3%，在 1 年后需要现金 20000 元。问现在应该存入多少钱？

$$PV = \frac{20000}{(1+0.03)} = 19417.48(元)$$

第7章 固定收益证券的计算

3) 多期投资的终值与现值计算

多期投资的终值为

$$FV = C_0(1+r)^T \tag{7.3}$$

式中，C_0 为 $t=0$ 时刻的现金流；r 为货币的利率；T 为投资所持续的时期数。

例 7.3 假如存入现金 2000 元，利率为 3%，期限为 3 年，采用连续复利计算方式，到期后将取得多少现金？

$$FV = 2000 \times (1+0.03)^3 = 2185.54(元)$$

多期投资的现值为

$$PV = \frac{C_t}{(1+r)^T} \tag{7.4}$$

式中，PV 为投资现值；C_T 为 T 时刻的现金流；r 为利率；T 为期限。

例 7.4 如存入 5000 元，利率为 10%。请问需要多长时间可以增长到 10000 元？

$$5000 = \frac{10000}{(1+0.1)^T}$$

$T=7.2725$ 年。

多次复利的终值为

$$FV = C_0 \times \left(1+\frac{r}{m}\right)^{mT} \tag{7.5}$$

式中，FV 为终值；m 为复利次数；T 为期限；r 为贴现率。

例 7.5 存入现金 1000 元，存期为 4 年，银行年利率为 10%，每 1 季度付息一次。请问 4 年后终值为多少？

$$FV = 1000 \times \left(1+\frac{0.1}{4}\right)^{4\times 4} = 1484.46(元)$$

4) 永续年金现值

永续年金是指无限恒定收付的年金，是一种期限可无限延长的普通年金。

$$PV = \frac{C}{(1+r)} + \frac{C}{(1+r)^2} + \frac{C}{(1+r)^3} + \frac{C}{(1+r)^4} + \cdots \tag{7.6}$$

5) 永续增长年金现值

永续增长年金是利率不断增长的年金。

$$PV = \frac{C}{(1+r)} + \frac{C(1+g)}{(1+r)^2} + \frac{C(1+g)^2}{(1+r)^3} + \frac{C(1+g)^3}{(1+r)^4} + \cdots \tag{7.7}$$

2．美国短期债券的定价

美国短期债券定价的原则是按照债券的内在价值来计算的，是指债券到期日前的全部现金收入流的现值。债券价格等于息票利息的现值与债券面值的现值之和。

债券的价格是由其未来现金流入量的现值决定的,债券未来现金收入由各期利息收入和到期时债券的变现价值两部分组成。

债券价格为

$$\sum_{t=1}^{n}\frac{i}{(1+r)^{t}}+\frac{B}{(1+r)^{n}} \tag{7.8}$$

式中,i 为各期利息收入;B 为债券面值;n 为债券的付息期数;r 为市场利率。

例 7.6 某公司于 2014 年 2 月 1 日购买一张票面额为 2000 元的债券,票息为 5%,每年 2 月 1 日支付一次利息,并于 5 年后 1 月 31 日到期。当时的市场利率为 10%。请为该债券定价。

$$P=\frac{100}{(1+0.1)}+\frac{100}{(1+0.1)^{2}}+\frac{100}{(1+0.1)^{3}}+\frac{100}{(1+0.1)^{4}}+\frac{100+2000}{(1+0.1)^{5}}$$
$$=1620.92(元)$$

判断债券价值是否被低估或高估,首先需要根据适当的贴现率或到期收益率计算出债券的理论价值;然后将理论价值和当前的市场价格进行比较,如果前者大于后者,则表明债券被低估;反之则为高估。

3. 零息债券的定价

零息债券是指不附带票息,债券持有方在债券到期之前不支付任何利息的债券。某些债券在其存续期内不支付利息,投资者收益的获取是通过购买价格和到期值的差额来实现的。零息债券唯一的现金流就是到期后票面价值的赎回。

$$p=\frac{B}{(1+r)^{n}}$$

式中,P 为零息债券的价格;B 为到期价值;r 为市场利率;n 为时间。

例 7.7 计算 10 年后到期,到期价值为 2000 美元,年市场利率为 8% 的零息债券的价格。

$$P=\frac{2000}{(1+0.08)^{10}}$$
$$=926.387(元)$$

4. 可转让定期存单的定价

可转让定期存单的定价是指参照定期存款单定价的方式来计算债券价格。其主要包括贴现定价法和未来现金流定价法两种类型。

1) 贴现定价

贴现是债券尚未到期,持有人为获得现金而以一定贴现率从债券发行方获得的资金。贴现率常常利用市场上类似债券的收益率,有时直接使用市场利率。

第7章 固定收益证券的计算

2) 未来现金流

一般债券的现金流包括债券持有期利息的支付、债券到期时的票面价值。一般支付利息是一年一次，或者每半年一次。因此，一般债券的现金流由年金和债券到期价值两部分组成。

例 7.8 一个 10 年期年利率为 10%，每半年付息一次的债券的现金流由以下部分组成。

半年的利息：(1000×10%)/2 =50(元)

到期价值：1000 元

该债券有 20 笔半年的现金流和一笔现在起 20 个半年期后的 1000 元的现金流。

贴现率的确定：贴现率是参照市场可比较债券的利率水平来决定的，一般是比照同一到期日、同一信用等级的债券利率情况。

贴现率一般用年利率表示，当半年付息一次时，采用年利率的一半来表示半年的贴现率。

例 7.9 有一债券，面值为 1000 元，折现率为 0.1，息票率为 0.6，在 5 年内分别采用息票支付和半年息票支付的方式，计算债券的价格。

债券价格见表 7.1。

表 7.1 债券价格

期 限	年息票支付	半年息票支付
0.5		28.57143
1	55	27.21088
1.5		25.91513
2	50	24.68107
2.5		23.50578
3	45	22.38646
3.5		21.32044
4	41	20.30518
4.5		19.33827
5	37	18.4174
	$1000/(1.10)^5$=621	676.8394
	849	908.4914

7.1.4 固定收益证券的久期与凸性

1. 债券的久期

债券的久期就是考虑了债券产生的所有现金流的现值因素后计算的债券实际期限，是债券所有人在收到现金收益之前平均需要等待的时间。债券的期限实际上只考虑了本金的偿还，而没有考虑到利息等其他的支付内容。债券久期则包含了本金以外所有可能支付的现金流的支付时间。

债券久期的计算式为

$$D = \sum_{t=1}^{T} t w_t = \sum_{t=1}^{T} t \times \frac{\frac{c_t}{(1+R)^t}}{\sum_{t=1}^{T} \frac{c_t}{(1+R)^t}} = \frac{\sum_{t=1}^{T} t \times \frac{c_t}{(1+R)^t}}{P_0} \tag{7.9}$$

式中，D 为债券久期；w_t 为 t 时期的权重；T 为债券到期日；t 为现金流的支付期；c_t 为 t 时期产生的现金流；R 为到期收益率；P_0 为债券价格。

例 7.10 假设票面价值为 1000 元，期限为 3 年，每年付息一次，票面利率为 8% 的债券，市场价格为 950.25 元，到期收益率为 10%。计算该债权的久期。

$$D = 1 \times 0.07653 + 2 \times 0.06958 + 3 \times 0.85388 = 2.78(年)$$

息票债券的久期小于债权的期限，零息债券的久期与名义到期期限相等；债券的息票利率与久期是成反比的，债券息票利率越高，久期越短；在债券久期计算过程中，对所有的现金流所采用的折现率是相同的；久期只考虑了债券价格变化与到期收益率变化之间的线性关系。

2. 债券的凸性

债券的凸性是指债券价格变化与到期收益率变化之间的关系呈现一种凸性关系，即当到期收益率达到某一水平时，债券价格的增加值要大于收益率上升到相同数值时债券价格的降低值，这种特性称为凸性。

当到期收益率发生较大变化时，利用债券久期所推算的债券价格并不等于债券实际价格，利率变化引起债券实际价格的上升幅度比久期的线性估计要高，而下降的幅度要相对较小，两者近似的精确度取决于到期收益率曲线的凸性。

债券凸性的计算式为

$$P = P_0 + \frac{dP_0}{dR} \times \Delta R + \frac{1}{2} \frac{d^2 P_0}{dR^2} \times (\Delta R)^2 \tag{7.10}$$

第7章 固定收益证券的计算

$$P_0 = \sum_{t=1}^{n} \frac{c_t}{(1+R)^t}$$

$$\frac{dp_0}{dR} = -\sum_{t=1}^{n} \frac{tc_t}{(1+R)^t} \times \frac{1}{1+R}$$

$$\frac{d^2 P_0}{dR^2} = -\sum_{t=1}^{n} \frac{t(1+t)c_t}{(1+R)^t} \times \frac{1}{(1+R)^2}$$

推导得出

$$v = \frac{1}{2}\left[\sum_{t=1}^{n} \frac{\frac{c_t}{(1+R)^t}}{P_0} \times t(1+t)\right] \times \frac{1}{(1+R)^2}$$

式中，v 为债券凸性值；t 为现金流的支付期；C_t 为 t 时期产生的现金流；R 为到期收益率；P_0 为债券价格。

7.1.5 利率的期限结构

1．计算利率的期限结构

1）即期利率和远期利率

即期利率定义为从今天开始计算并持续 n 年期限投资的到期收益率。这里所考虑的投资是指整个计算期间再没有其他的投入，所以 n 年即期利率实际上就是 n 年期零息票收益率。比如购买政府发行的一种无息债券，投资者可以低于票面价值的价格获得，债券到期后，债券持有人可按票面价值获得一次性的支付，这种购入价格的折扣额相对于票面价值的比率则是即期利率，有

$$P_t = \frac{M_t}{1+y_t} \tag{7.11}$$

式中，P_t 为零息债券的价格；M_t 为零息债券到期日的价值；y_t 为即期利率。

远期利率是由当前时刻的即期利率隐含的将来某一时期的收益率，是指隐含在给定的即期利率之中，从未来的某一时点到另一时点的利率。例如，1×6 远期利率，即表示 1 个月之后开始的期限为 6 个月的远期利率。

一般来说，第 n 期限的远期利率就定义为

$$P_n = \frac{(1+y_n)^n}{(1+y_{n-1})^{n-1}} - 1 \tag{7.12}$$

式中，P_n 为第 n 期的远期利率；y_n 为第 n 期的即期利率；y_{n-1} 为上一期的即期利率。

将具有相同信用级别的期限不同的债券收益率的关系用二维坐标图表示就是收益率曲线。到期收益率随到期日的不同而不同,两者之间的关系称为利率的期限结构。

2) 关于收益率期限通常流行的 3 种基本理论

(1) 纯预期理论。该理论认为,债券的远期利率等于市场整体对未来一段时期内债券短期利率的预期值。如果预期利率会上升,则利率期限结构会呈上升趋势;如果预期未来利率下降,则利率限期结构会呈下降趋势。

(2) 流动性偏好理论。该理论认为,远期利率等于市场整体对未来短期利率的预期加上一个流动性溢价。债券投资者认为,远期利率要高于他们所预期的未来短期利率。一条正向的收益率曲线并不一定表明市场预期未来利率会上升,远期利率反映了市场对未来的预期和流动性风险的估计,剩余期限越长风险越大。流动性偏好理论的优点在于考虑了预期和流动性风险的影响;不足在于流动性风险并不必然随时间递增,投资者特定的资产状况使得他们偏好某些期限债券。

(3) 市场分割理论。市场分割理论认为债券市场可分割为短、中、长期市场,这 3 个市场是相对分割的,各个市场的利率水平由各个市场上资金的供给与需求关系来确定,与其他期限资金市场上的供求关系无关。根据这个观点,利率的期限结构是由不同期限市场的均衡利率决定的。

3) 利差

利差是指在不同环境下,不同种或相同债券收益率的比较结果。利差的影响因素包括嵌入式期权对利差的影响、流动性对利差的影响、违约风险、税收待遇等。

(1) 绝对利差。绝对利差是指直接用期限相同的两种债务工具收益率进行比较的结果。

其计算式为

$$绝对利差 = A\ 债券的到期收益率 - B\ 债券的到期收益率$$

绝对利差通常用基点来衡量,一般情况下,若非特别指明,利差都是指绝对利差。

(2) 相对利差。它是用绝对利差除以收益债券的收益率所得到的指标。其计算式为

$$相对利差 = 绝对利差 / 债券\ B\ 的到期收益率$$

(3) 收益比率。它是指期限相同的两种债券到期收益率的比值,其计算式为

$$收益比率 = 债券\ A\ 的到期收益率 / 债券\ B\ 的到期收益率$$
$$= 1 + 相对利差$$

(4) 市场间利差与市场内利差。市场间利差是指固定收益证券市场的不同子市场之间的可比较的债券到期收益率之差,市场间利差随着到期期限的增加而增加;市场内利差是指在共同的子市场内不同类别债券到期收益率之差。计算市场内利差时,计算差价的债券所包含的期限、息票利率、嵌入期权等特征都必须相同或相近,才可以进行差别计算。

(5) 信用利差。信用利差是指除了信用等级不同，其他所有方面都相同的两种债券收益率之间的差额，代表了仅仅用于补偿信用风险而增加的收益率。信用等级高的债券间信用利差较小；反之亦然。信用利差在经济活跃期会下降，在经济低迷期会增加，因此可将信用利差作为预测经济发展周期的一个重要指标。

(6) 税后收益率与应税等价收益率。税后收益率是指债券投资者购买的债券在纳税之后的收益率，其计算式为

$$\text{税后收益率} = \text{应税收益率} \times (1-\text{边际税率})$$

应税等价收益率是指可以达到该证券相同税收后收益率的税前收益率，其计算式为

$$\text{应税等价收益率} = \text{免税收益率}/(1-\text{边际税率})$$

(7) 静态利差。静态利差是指假定投资者持有债券至偿还期，债券所实现的收益曲线会在国债到期收益曲线之上，静态利差相当于波动率为零时的利差。静态利差的确定可使用不同的利差对债券未来现金流按各期的即期利率进行贴现，并最终取贴现价值与债券价格相等的利差作为静态利差。

(8) 期权调整利差。期权调整利差是将含债券价值与市场价格之间的差别化为收益率之差，利率波动性越大，期权调整利差就越低。

7.2 用 Excel 进行固定收益证券分析案例

例 7.11 计算固定债券应计利息。

某债券 2007 年 1 月 1 日发行，2007 年 11 月 1 日为起息日，成交日期是 2007 年 7 月 1 日，息票利率为 0.1，票面价值为 1000 元，按半年期付息，日计数基准为 30、360，则使用 Excel 提供的财务函数 accrint 计算其应计利息。

accrint("2007/1/1","2007/11/1", "2007/7/1",0.1,1000,2,0)=50，

表明 2007 年 7 月 1 日应计利息为 50 元。

accrint 为 Excel 提供的财务函数，可以返回定期支付利息的债券的应计利息，其各参数表示及其含义如下：

accrint(issue,first_interest,settlement,rate,par,frequency,basis)

该函数返回定期付息有价证券的应计利息。其中 issue 为有价证券的发行日，first_interest 为有价证券的起息日，settlement 为有价证券的成交日，即在发行日之后有价证券卖给购买者的日期，rate 为有价证券的年息票利率，par 为有价证券的票面价值，frequency 为年付息次数，basis 为日计数基准类型。处理方法如图 7.1 所示。

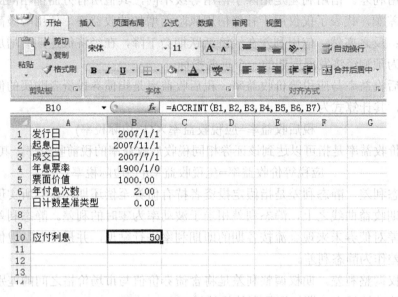

图 7.1 计算固定债券应计利息

例 7.12 计算债券到期可回收额。

某债券 2000 年 2 月 1 日发行, 2000 年 6 月 5 日到期, 总投资额为 5000 元, 假设贴现率为 6%, 使用日计数基准, 则该债券到期日可回收的总金额为多少?

使用 Excel 财务函数 received 计算债券到期回收金额。received 函数可用于计算一次性付息的有价债券到期收回金额, 其格式为:

```
received(settlement,maturity,investment,discount,basis)
```

其中, Settlement 为证券的结算日, 结算日是在发行日之后, 证券卖给购买者的日期。maturity 为有价证券的到期日, 到期日是有价证券有效期截止时的日期; investment 为有价证券的投资额; discount 为有价证券的贴现率; basis 为日计数基准类型。

可回收金额=received("2000/2/1","2000/6/5", 5000,0.06, 0)=5105.51 元

可回收金额如图 7.2 所示。

例 7.13 计算有价证券的贴现率。

假设某债券于 2005 年 2 月 1 日成交, 2005 年 7 月 10 日到期, 价格为 1000 元, 清偿价格为 1200 元, 日计数基准为实际天数/360, 计算该债券的贴现率。

第 7 章 固定收益证券的计算

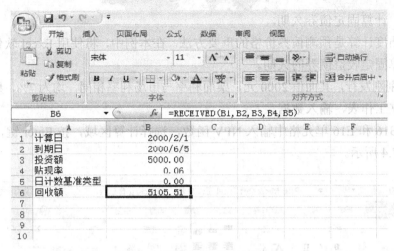

图 7.2 计算债券到期可回收额

使用 Excel 财务函数 disc(settlement,maturity,pr,redemption,basis), settlement 为证券的结算日，结算日是在发行日之后，证券卖给购买者的日期；maturity 为有价证券的到期日，到期日是有价证券有效期截止时的日期；pr 为有价证券的价格；redemption 为有价证券的清偿价值；basis 为日计数基准类型。

债券贴现率=disc("2005/2/1","2005/7/10", 1000,1200, 2)=0.38

债券贴现率如图 7.3 所示。

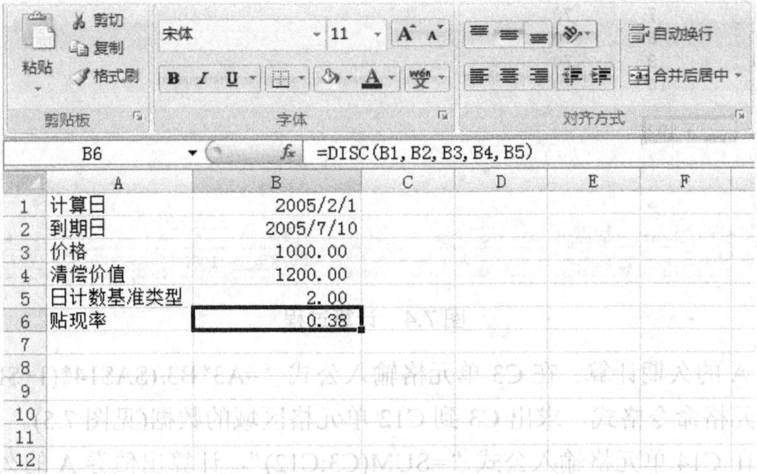

图 7.3 计算有价证券的贴现率

例 7.14 计算固定债券久期。

久期和凸度计算是预测债券价格的重要方法。在本例中，将使用 Excel 软件，根据样本数据，来计算固定收益债券的久期。

债券 A 刚刚发行，其面值 2000 元，票面利率与市场利率相同，均为 7%，期限为 10 年。

(1) 建立工作表，输入数据。

分别在 B16 和 E16 单元格中输入 NPV 函数，选择计算区域，按 Enter 键，计算债券 A 价格，如图 7.4 所示。

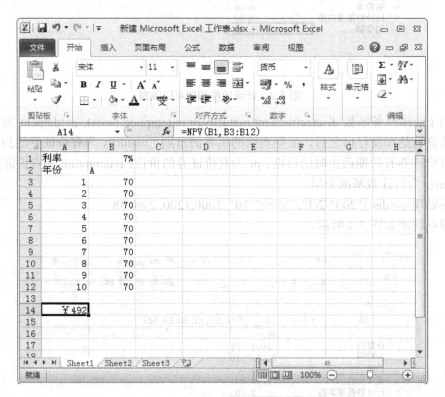

图 7.4 计算过程

(2) 债券 A 的久期计算。在 C3 单元格输入公式 "=A3*B3/($A$14*(1+$B$1)^A3)"，通过自动填充单元格命令格式，求出 C3 到 C12 单元格区域的数据(见图 7.5)。

(3) 分别在 C14 单元格输入公式 "=SUM(C3:C12)"，计算出债券 A 的久期(见图 7.6)。

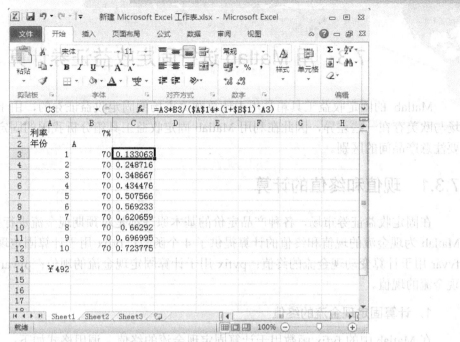

图 7.5 自动填充单元格

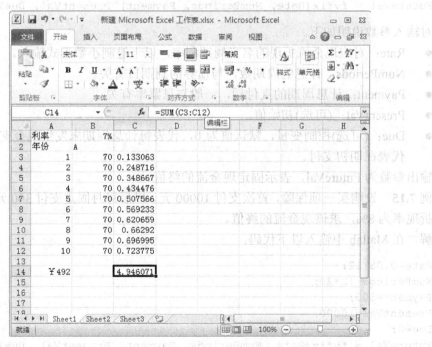

图 7.6 计算债券 A 的久期

7.3 用 Matlab 进行固定收益证券计算

Matlab 的固定收益工具箱是用于计算欧美市场的固定收益证券的，由于我国的债券市场与欧美存在一些差异，因此在利用 Matlab 固定收益工具箱分析我国的固定收益证券时，要注意产品间的区别。

7.3.1 现值和终值的计算

在固定收益证券市场，各种产品定价的基本原理都是对预期现金流进行折现后再定价，Matlab 为现金流的现值和终值的计算提供了 4 个函数：fvfix 用于计算固定现金流的终值；fvvar 用于计算变动现金流的终值；pvfix 用于计算固定现金流的现值；pvvar 用于计算变动现金流的现值。

1. 计算固定现金流的终值

在 Matlab 中的 fvfix 函数用于计算固定现金流的终值，调用格式如下：

```
FutureVal = fvfix(Rate, NumPeriods, Payment, PresentVal, Due)
```

对输入参数说明如下。

- Rate：对应现金流折现的名义周期利率，以十进制小数形式输入。
- NumPeriods：计息的周期数，与债券的到期日有关。
- Payment：计息周期的支付额，一般与息票率有关。
- PresentVal：(可选)初始值。
- Due：(可选)控制变量，默认值为 0，代表每计息周期末发生现金支付，值为 1 则代表在期初支付。

输出参数为 FutureVal，表示固定现金流的终值。

例 7.15 设购买一项保险，首次支付 10000 元，以后每月固定支付 300 元，支付 20 年。如果折现率为 8%，求该现金流的终值。

解 在 Matlab 中输入以下代码：

```
Rate=0.08/12;
NumPeriods=12*20;
Payment=300;
PresentVal=10000;
Due=0;
FutureVal = fvfix(Rate, NumPeriods, Payment, PresentVal, Due)
```

结果为:

```
FutureVal = 2.2597e+005
```

即该现金流的终值为 225970 元。

2. 计算变动现金流的终值

在 Matlab 中的 fvvar 函数用于计算固定现金流的终值,调用格式如下:

```
FutureVal = fvvar(CashFlow, Rate, IrrCFDates)
```

对输入参数说明如下。
- CashFlow:现金流向量,包含初始投资(以负数表示)作为初始现金流。
- Rate:对应的周期贴现率。
- IrrCFDates:(可选)对于非周期性折现率时的日期(列)向量,默认值是固定周期。

输出参数为 FutureVal 表示变动现金流的净终值。

例 7.16 设有一项投资,2013 年 1 月 10 日投入 10000 元,2014 年 2 月 15 日收回 2600 元,2014 年 4 月 10 日收回 2200 元,2014 年 6 月 5 日收回 2800 元,2014 年 12 月 12 日收回 4500 元。如果折现率为 8%,求该现金流的净终值。

解 在 Matlab 中输入以下代码:

```
CashFlow=[-10000,2600,2200,2800,4500];
Rate=0.08;
IrrCFDates=['01/10/2013';'02/15/2014';'04/10/2014';'06/05/2014';'12/12/2014'];
FutureVal = fvvar(CashFlow, Rate, IrrCFDates)
```

结果为:

```
FutureVal = 908.4573
```

即该现金流的净终值为 908.46 元。

3. 计算固定现金流的现值

在 Matlab 中的 pvfix 函数用于计算固定现金流的现值,调用格式如下:

```
PresentVal = pvfix(Rate, NumPeriods, Payment, ExtraPayment, Due)
```

对输入参数说明如下。
- Rate:对应现金流折现的名义周期利率,以十进制小数形式输入。
- NumPeriods:计息的周期数,与债券的到期日有关。
- Payment:计息周期的支付额,一般与息票率有关。
- ExtraPayment:(可选)最后一个周期的额外支付额,默认值为 0。
- Due:(可选)控制变量,默认值为 0,代表每计息周期末发生现金支付,值为 1 则代表在期初支付。

输出参数为 PresentVal，表示固定现金流的现值。

例 7.17 设有一项投资，期初需要投入 16000 元，以后每月固定能回收 200 元，共可回收 10 年，最后还可获得额外 1000 元。如果折现率为 8%。求该现金流的净现值。

解 在 Matlab 中输入以下代码：

```
Rate=0.08/12;
NumPeriods=12*10;
Payment=200;
ExtraPayment =1000;
Due=0;
PresentVal = pvfix(Rate, NumPeriods, Payment, ExtraPayment, Due)
```

结果为：

```
PresentVal =  1.6935e+004
```

即该现金流的现值为 16935 元，净现值为：16935-16000=935(元)。

4．计算变动现金流的现值 pvvar 函数

在 Matlab 中的 pvvar 函数用于计算变动现金流的现值，调用格式如下：

```
PresentVal = pvvar(CashFlow, Rate, IrrCFDates)
```

对输入参数说明如下。

- CashFlow：现金流向量，包含初始投资(以负数表示)作为初始现金流。
- Rate：对应的周期贴现率。
- IrrCFDates：(可选)对于非周期性折现率时的日期(列)向量，默认值是固定周期。

输出参数为 PresentVal，表示变动现金流的净现值。

例 7.18 设有一项投资，2013 年 1 月 10 日投入 10000 元，2014 年 2 月 15 日收回 2600 元，2014 年 4 月 10 日收回 2200 元，2014 年 6 月 5 日收回 2800 元，2014 年 12 月 12 日收回 4500 元。如果折现率为 8%，求该现金流的净现值。

解 在 Matlab 中输入以下代码：

```
CashFlow=[-10000,2600,2200,2800,4500];
Rate=0.08;
IrrCFDates=['01/10/2013';'02/15/2014';'04/10/2014';'06/05/2014';'12/12/2014'];
PresentVal = pvvar(CashFlow, Rate, IrrCFDates)
```

结果为

```
PresentVal =  783.6328
```

即该现金流的净现值为 783.63 元。

7.3.2 计算内部收益率

内部收益率是使得投资现金流的现值等于投资价格的收益率，其计算式为

$$\frac{cf_1}{1+r} + \frac{cf_2}{(1+r)^2} + \cdots + \frac{cf_n}{(1+r)^n} + \text{investment} = 0$$

式中，investment(负值)为零时刻的初始费用；cf_n 为第 n 年的现金流；n 为年数；r 为内部收益率。

内部收益率也称为到期收益率。

1．周期现金流的内部收益率

在 Matlab 中的 irr 函数用于计算内部收益率，调用格式如下：

```
Return = irr(CashFlow)
```

输入参数 CashFlow，表示现金流向量，向量的第一个元素是初始投资。如果初始投资是负的，而所有其他的现金流都是正的，函数 irr 输出的值是唯一的。如果未来现金流有一些是负的，函数 irr 产生的解不是唯一的。如果现金流是按月支付的，用 12 乘输出结果可得到年收益率。

例 7.19　一项初始投资为 10000 元，投资第一年末可回收 2000 元，第二年末可回收 1800 元，第三年末可回收 3000 元，第四年末可回收 3600 元，第五年末可回收 6000 元。求内部收益率。

解　在 Matlab 中输入以下代码：

```
CashFlow=[-10000,2000,1800,3000,3600,6000];
Return = irr(CashFlow)
```

结果为：

```
Return = 0.1539
```

内部收益率为：15.39%。

2．非周期现金流的内部收益率

如果是非周期现金流，则要用函数 xirr。调用格式如下：

```
Return = xirr(CashFlow, CashFlowDates, Guess, MaxIterations)
```

对输入参数说明如下。

- CashFlow：现金流向量。
- CashFlowDates：现金流发生日期(列)向量。
- Guess：(可选)预期回报的初始估计，默认值是 0.1(10%)。

- MaxIterations：(可选)迭代次数，默认值是 50。

例 7.20　设有一项投资，2013 年 1 月 10 日投入 10000 元，2014 年 2 月 15 日收回 2600 元，2014 年 4 月 10 日收回 2200 元，2014 年 6 月 5 日收回 2800 元，2014 年 12 月 12 日收回 4500 元。求该现金流的内部收益率。

解　在 Matlab 中输入以下代码：

```
CashFlow=[-10000,2600,2200,2800,4500];
IrrCFDates=['01/10/2013';'02/15/2014';'04/10/2014';'06/05/2014';'12/12/2014'];
Return = xirr(CashFlow, CashFlowDates)
```

结果为

```
Return = 0.1361
```

即内部收益率为：13.61%。

7.3.3　固定收益证券产品的定价

1. 美国短期债券的定价

(1) Matlab 的固定收益工具箱的函数 tbillprice 用于对美国短期债券进行定价，调用格式如下

```
Price = tbillprice(Rate, Settle, Maturity, Type)
```

对输入参数说明如下。
- Rate：债券的收益率。
- Settle：债券的结算日。
- Maturity：债券的到期日。
- Type：(可选)债券的类型，1 表示货币市场(实际天数/360)，2 表示债券市场(实际天数/365)，3 表示贴现率(实际天数/360)，默认值是 1。

输出参数为 Price，表示债券的价格。

例 7.21　设有一个美国国债的利率为 3.75%，结算日为 2015 年 3 月 17 日，到期日为 2015 年 10 月 31 日。求该债券的价格。

解　在 Matlab 中输入以下代码：

```
Rate=0.0375;
Settle='17-Mar-15';
Maturity='31-Oct-15';
Type=2;
Price = tbillprice(Rate, Settle, Maturity, Type)
```

第 7 章 固定收益证券的计算

结果为

```
Price = 97.7028
```

即该债券的价格为 97.70 元。

(2) Matlab 的固定收益工具箱的函数 tbillyield 用于计算美国短期债券的收益率,调用格式如下:

```
[MMYield, BEYield, Discount] = tbillyield(Price, Settle, Maturity)
```

对输入参数说明如下。
- Price:债券的价格。
- Settle:债券的结算日。
- Maturity:债券的到期日。

对输出参数说明如下。
- MMYield:货币市场的收益率。
- BEYield:债券市场的收益率。
- Discount:债券的贴现率。

例 7.22 设有一个美国国债的价格为 97.70,结算日为 2015 年 3 月 17 日,到期日为 2015 年 10 月 31 日。分别求该债券的货币市场的收益率、债券市场的收益率、债券的贴现率。

解 在 Matlab 中输入以下代码:

```
Price = 97.7028;
Settle='17-Mar-15';
Maturity='31-Oct-15';
[MMYield, BEYield, Discount] = tbillyield(Price, Settle, Maturity)
```

结果为

```
MMYield = 0.0371
BEYield = 0.0375
Discount = 0.0363
```

即该债券的货币市场的收益率为 3.71%、债券市场的收益率为 3.75%、债券的贴现率为 3.63%。

2. 附息债券的定价

Matlab 的金融工具箱的函数 bndprice 用于对付息债券进行定价,调用格式如下:

```
[Price, AccruedInt] = bndprice(Yield, CouponRate, Settle, Maturity)
```

对输入参数说明如下。
- Yield:半年计息一次的债券的到期收益率。
- CouponRate:每年的收益率(票息率)。

271

- Settle：结算日。
- Maturity：到期日。

对输出参数说明如下。

- Price：价格。
- AccruedInt：累计收益。

例 7.23 设有一个债券的票面利率为 5%，结算日为 2015 年 1 月 20 日，到期日为 2017 年 1 月 15 日，如果半年计息一次的债券的到期收益率为 5.25%。求该债券的价格和累计收益。

解 在 Matlab 中输入以下代码：

```
Yield =0.0525;
CouponRate = 0.05;
Settle = '20-Jan-2015';
Maturity = '15-Jun-2017';
[Price, AccruedInt] = bndprice(Yield, CouponRate, Settle, Maturity)
```

结果为

```
Price = 99.4377
AccruedInt = 0.4945
```

即该债券的价格为 99.4377，累计收益为 0.4945。

函数 bndprice 还有另一种包含更多输入参数的调用格式，请参阅 Matlab 的帮助文件。

3. 可转让定期存单(CD)定价

Matlab 的固定收益工具箱的函数 **cdprice** 用于对可转让定期存单(CD)进行定价，调用格式如下：

```
[Price, AccrInt] = cdprice(Yield, CouponRate, Settle, Maturity, IssueDate, Basis)
```

对输入参数说明如下。

- Yield：CD 收益率。
- CouponRate：每年的收益率(票息率)。
- Settle：结算日。
- Maturity：到期日。
- IssueDate：发行日。
- Basis：(可选)计算天数的法则。0 代表 actual/actual(默认值)，1 代表 30/360 (SIA)，2 代表 actual/360，3 代表 actual/365，4 代表 30/360 (PSA)，5 代表 30/360(ISDA)，6 代表 30/360(European)，7 代表 actual/365 (Japanese)，8 代表 actual/actual (ISMA)，9 代表 actual/360 (ISMA)，10 代表 actual/365 (ISMA)，11 代表 30/360E (ISMA)。

对输出参数说明如下。
- Price：价格。
- AccrInt：累计收益。

例 7.24 设存单(CD)收益率为 5.25%，票息率为 4.75%，结算日为 2015 年 3 月 17 日，到期日为 2015 年 10 月 31 日，发行日为 2014 年 1 月 10 日。求价格。

解 在 Matlab 中输入以下代码：

```
Yield=0.0525;
CouponRate=0.0475;
Settle= '17-Mar-15';
Maturity ='31-Oct-15';
IssueDate= '10-Jan-14';
[Price, AccrInt] = cdprice(Yield, CouponRate, Settle, Maturity, IssueDate)
```

结果为

```
Price = 99.5105
AccrInt = 5.6868
```

即该可转让定期存单(CD)的价格为 99.5105 元，累计收益为 5.6868 元。

Matlab 中的函数 cdai 用于计算可转让定期存单(CD)的累计收益，函数 cdyield 用于计算可转让定期存单(CD)的收益率。具体可参阅 Matlab 的帮助文件。

7.3.4 固定收益证券的久期与凸性

1. 债券的久期

Matlab 的固定收益工具箱的函数 cfdur 用于计算固定收益证券的久期，调用格式如下：

```
[Duration, ModDuration] = cfdur(CashFlow, Yield)
```

对输入参数说明如下。
- CashFlow：各期现金流向量。
- Yield：贴现率。

对输出参数说明如下。
- Duration：久期。
- ModDuration：修正久期。

例 7.25 设某金融产品的现金流为连续 9 年支付 2750 元，第 10 年还本付息 102750 元，贴现率为 0.0275。求该金融产品的久期和修正久期。

解 在 Matlab 中输入以下代码：

```
CashFlow=[2750,2750, 2750, 2750, 2750, 2750, 2750, 2750, 2750, 102750];
Yield=0.0275;
[Duration, ModDuration] = cfdur(CashFlow, Yield)
```

结果为

```
Duration   =  8.8777
ModDuration =  8.6401
```

即该金融产品的久期为 8.8777，修正久期为 8.6401。

2. 债券的凸度

Matlab 的固定收益工具箱的函数 cfconv 用于计算固定收益证券的凸度，调用格式如下：

```
CFlowConvexity = cfconv(CashFlow, Yield)
```

对输入参数说明如下。

- CashFlow，各期现金流向量。
- Yield，贴现率。

输出参数为 CFlowConvexity，表示凸度。

例 7.26 求例 7.25 中金融产品的凸度。

解 在 Matlab 中输入以下代码：

```
CashFlow=[2750,2750, 2750, 2750, 2750, 2750, 2750, 2750, 2750, 102750];
Yield=0.0275;
CFlowConvexity = cfconv(CashFlow, Yield)
```

结果为

```
CFlowConvexity = 88.7378
```

即该金融产品的凸度为 88.7378。

7.3.5 利率的期限结构

已知债券的收益率，要计算利率的期限结构，可用 Matlab 的固定收益工具箱的函数 zbtyield 来计算，调用格式如下：

```
[ZeroRates, CurveDates] = zbtyield(Bonds, Yields, Settle, OutputCompounding)
```

对输入参数说明如下。

- Bonds：息票的时间、利率、面值。
- Yields：债券息票的收益率。
- Settle：结算日。
- OutputCompounding：复利的计算方式，1 代表每年支付一次利息，2 代表每半年支付一次利息，3 代表每 4 个月支付一次利息，4 代表每季度支付一次利息，6 代表每两个月支付一次利息，12 代表每月支付一次利息，-1 代表复利。

对输出参数说明如下：
- ZeroRates，期限结构的日期对应的利率。
- CurveDates，期限结构的日期。

例 7.27 已知国债面值是 100 美元，各期收益率如表 7.2 所示。

表 7.2 国债各期收益率

国债品种	票息	到期日	当期收益(票息、市场价格)
3 个月		10-Apr-2015	1.05
6 个月		20-Oct-2015	1.21
2 年	2.75	31-Dec-2016	1.78
5 年	3.15	25-Nov-2019	3.02
10 年	4.25	15-Feb-2024	4.15
30 年	5.50	10-Jul-2044	5.25

如果结算日是 2015 年 1 月 18 日。求利率的期限结构。

解 在 Matlab 中输入以下代码：

```
Bonds=[datenum('10-Apr-2015'),0,100;
       datenum('20-Oct-2015'),0,100;
       datenum('31-Dec-2016'),2.75,100;
       datenum('25-Nov-2019'),3.15,100;
       datenum('15-Feb-2024'),4.25,100;
       datenum('10-Jul-2044'),5.5,100];
Yields=[0.0105;0.0121;0.0178;0.0302;0.0415;0.0525];
Settle= datenum('18-Jan-2015');
[ZeroRates, CurveDates] = zbtyield(Bonds, Yields, Settle, 2)
```

结果为

```
ZeroRates =
        0.0105
        0.0121
        0.0204
        0.0390
        0.0530
        0.0574
CurveDates =
      736064
      736257
      736695
      737754
      739297
      746748
```

275

进一步可画出利率的期限结构曲线，在 Matlab 中输入以下代码：

```
t=[0.3,0.6,2,5,10,30];
r= ZeroRates;
Plot(t,r)
```

结果如图 7.7 所示。

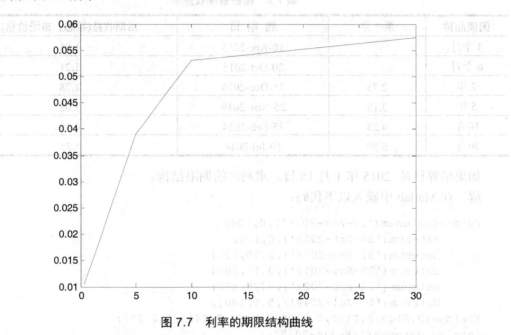

图 7.7　利率的期限结构曲线

已知债券的价格，要计算利率的期限结构，可用 Matlab 的固定收益工具箱的函数 zbtprice 来计算，Matlab 中的函数 ratetimes 用于计算特定时间的利率，它们的调用格式可参阅 Matlab 的帮助文件。

7.4　实验七：固定收益证券计算实验

7.4.1　实验目的

通过本次实验，加深对固定收益证券基本概念的理解，了解固定收益证券的主要品种，初步掌握固定收益证券定价的计算方法，学习如何用 Excel、Matlab 进行现金流现值和终值、现金流的内部收益率、固定收益证券产品定价、固定收益证券的久期与凸性、利率的期限结构等的实际计算。

7.4.2 实验原理

固定收益证券是种类最多同时也是非常重要的金融产品,在 Excel 中,可用相关函数对固定收益证券进行计算和分析。

在 Matlab 的固定收益证券工具箱(Fixed-Income Toolbox)中,用函数 fvfix、fvvar、pvfix 和 pvvar 计算现金流现值和终值,用函数 irr 和 xirr 计算现金流的内部收益率,用函数 tbillprice、tbillyield、bndprice、cdprice 等进行固定收益证券产品定价,用函数 cfdur、cfconv 等计算固定收益证券的久期与凸性,用函数 zbtyield 计算利率的期限结构。

7.4.3 实验内容

(1) 净现值是指一项投资的未来现金流的现值减去初始投资。在公司理财中常用净现值来进行投资项目的决策:如果一项投资的净现值大于零,则可以投资该项目;如果一项投资的净现值小于零,则不应该投资该项目,如果一项投资的净现值等于零,则可以投资该项目也可以不投资该项目。设有一项投资,当年 1 月 10 日投入 10000 元,第二年 2 月 15 日可收回 2600 元,第三年 4 月 10 日可收回 2800 元,第四年 6 月 5 日可收回 3000 元,第五年 12 月 12 日可收回 4800 元。如果折现率为 8%,问该项目值得投资吗?如果折现率为 10%,该项目还值得投资吗?

(2) 在公司理财中也可用内部收益率来进行投资项目的决策:如果一项投资的内部收益率大于贴现率(资金的成本),则可以投资该项目;如果一项投资的内部收益率小于贴现率,则不应该投资该项目;如果一项投资的内部收益率等于贴现率,则可以投资该项目也可以不投资该项目。设有一项投资,当年 1 月 10 日投入 10000 元,第二年 2 月 15 日可收回 2600 元,第三年 4 月 10 日可收回 2800 元,第四年 6 月 5 日可收回 3000 元,第五年 12 月 12 日可收回 4800 元。如果用内部收益率来做投资项目的决策,当折现率为 8%时,该项目值得投资吗?当折现率为 10%时,该项目还值得投资吗?

(3) 设有一个债券的票面利率为 6%,结算日为 2015 年 3 月 20 日,到期日为 2018 年 1 月 5 日,如果半年计息一次的债券的到期收益率为 6.25%。求该债券的价格和累计收益。

(4) 已知国债面值是 100 美元,各期的收益率如表 7.3 所示。

表 7.3 几种国债的各期收益率

国债品种	票 息	到 期 日	当期收益(票息、市场价格)
3 个月		10-Mar-2015	1.75
6 个月		12-Oct-2015	2.01

续表

国债品种	票息	到期日	当期收益(票息、市场价格)
2 年	2.65	25-Dec-2016	2.58
5 年	3.25	13-Nov-2019	3.22
10 年	4.35	8-Feb-2024	4.25
30 年	5.65	17-Jul-2044	5.45

如果结算日是 2015 年 1 月 6 日。求利率的期限结构。

(5) 债券的利率风险免疫策略。久期和凸性可以用来管理资产或负债的利率风险，通过构建一个零久期的资产组合，这个资产组合就可以在一定程度上免受利率变化的影响，如果这个资产组合的凸性也为零，则这个资产组合免受利率变化的影响效果会更好，这种利用久期和凸性进行套期保值的方法称为债券的利率风险免疫策略。

设某保险公司卖出了一份养老保险，未来 6 年末将一次性付给投保人 120000 元养老金。为了保证到期有足够的现金支付，该公司考虑将当前收到的保险金采用利率风险免疫策略投资到债券市场。如果目前债券市场有 6、8、15 年期的债券可以选择，债券的面值均为 100，票面利率分别为 2.5%、3%和 3.3%，目前的市场贴现率为 3%，每年付息一次。问该保险公司应如何构建这 3 种资产的组合进行投资。

7.4.4 实验步骤

以使用 Matlab 软件为例加以说明。

(1) 用函数 pvvar 计算现金流的净现值进行判断。

第一步：设置现金流向量 CashFlow、贴现率 Rate 和对应现金流的时间 IrrCFDates。

第二步：调用计算非周期现金流的净现值的函数 PresentVal = pvvar(CashFlow, Rate, IrrCFDates)，计算出净现值。

第三步：根据净现值是大于零、小于零还是等于零，作出是否可以投资的判断。

(2) 求该现金流的内部收益率。

第一步：用函数 xirr 计算内部收益率。

第二步：根据内部收益率是大于、小于还是等于贴现率，作出是否可以投资的判断。

(3) 用函数 bndprice 进行固定收益证券产品定价。

(4) 用函数 zbtyield 计算利率的期限结构。

(5) 设 3 种资产的组合为 $x=w_1x_1+w_2x_2+w_3x_3$，根据债券的利率风险免疫策略，资产组合 x 的久期和凸性要分别等于负债的久期和凸性，权重之和等于 1，得到 3 个方程，从而解出权重值 w_1、w_2 和 w_3。再利用资产组合 x 的现值要等于负债的现值，可求出分别投资于这 3 种债券的数量。

第一步：用函数 pvvar 分别求出负债和 3 个债券的现值。
第二步：用函数 cddur 分别求出负债和 3 个债券的久期。
第三步：用函数 cfconv 分别求出负债和 3 个债券的凸性。
第四步：列出方程组，解出权重值 w_1、w_2 和 w_3。
第五步：求出分别投资于这 3 种债券的数量。

7.4.5　实验报告要求

实验报告包括实验者信息(姓名、学号、专业、班级、成绩等)、实验基本信息(实验名称、实验地点、实验设备、设备号、使用软件、实验时间等)、实验原理(简述)、实验内容、实验过程、实验数据和实验结果、实验分析和结论、实验心得体会等部分。

本章小结

（1）本章主要介绍固定收益证券的基本概念、现金流的现值和终值的计算、债券的定价、利率的期限结构理论、债券久期和凸性的计算等内容。本章还给出了用 Excel 和 Matlab 进行固定收益证券计算的案例和实验。

（2）固定收益证券是指中央机构、地方政府、银行以及其他金融机构发行的金融债券。如国债、公司债券、资产抵押证券。固定收益证券可以让投资人在特定时间内取得固定的收益，并预先通过面值、期限、利率等因素来决定固定收益证券票面价值。

（3）债券的久期就是考虑了债券产生的所有现金流的现值因素后计算的债券实际期限，是债券所有人在收到现金收益之前平均需要等待的时间。

（4）债券的凸性是指债券价格变化与到期收益率变化之间的关系呈现一种凸性关系，即当到期收益率达到某一水平时，债券价格的增加值要大于收益率上升到相同数值时债券价格的降低值，这种特性被称为凸性。

（5）将具有相同信用级别的期限不同的债券收益率的关系用二维坐标图表示就是收益率曲线。到期收益率随到期日的不同而不同，两者之间的关系称为利率的期限结构。

思考讨论题

1. 什么是固定收益证券？固定收益证券有哪些类型？固定收益证券有什么基本特征？
2. 如何用 Matlab 计算固定收益证券的价格？
3. 什么是固定收益证券的久期与凸性？如何用 Matlab 计算固定收益证券的久期与凸性？
4. 什么是利率的期限结构？如何用 Matlab 计算利率的期限结构和特定时间利率？

第 8 章 信用评分与行为评分

【学习要点及目标】

- 了解信用评分与行为评分的基本概念，知道社会征信体系。
- 了解信用评分的统计学方法。
- 了解信用评分的非统计学方法。
- 了解行为评分模型及其应用。

【核心概念】

信用卡 征信 社会征信体系 信用评分 行为评分 判别分析 回归分析 分类树法 最邻近法 线性规划 非线性规划 人工神经网络 遗传算法 马尔可夫链 贝叶斯-马尔可夫链 企业评级 个人信用评分

8.1 信用评分与行为评分的基本概念

8.1.1 信用卡与信用卡管理

信用卡是银行向个人和单位发行的信用支付工具，凭此向特约单位购物、消费和向银行存取现金，具有转账结算、存取现金、消费信用等功能。信用卡按使用对象分为单位卡和个人卡；按信誉等级分为金卡和普通卡；按币种分为人民币卡和外币卡；按载体材料分为磁条卡和智能卡(下称 IC 卡)，如图 8.1 所示。以 IC 卡为例，其形式是一张正面印有发卡银行名称、有效期、号码、持卡人姓名等内容，嵌有智能芯片，背面有签名条的卡片。

图 8.1　IC 智能信用卡

作为一种非现金交易付款的方式，信用卡与普通银行储蓄卡相比，最方便的使用方式就是可以在卡里没有现金的情况下进行普通消费。信用卡不鼓励预存现金，先消费后还款，享有免息缴款期(一般享有最长达 60 天的免息期)，可自主分期还款(有最低还款额)。信用卡的实质就是一种消费贷款，它提供一个有明确信用额度的循环信贷账户，借款人可以支取部分或全部额度。偿还借款时也可以全额还款或部分还款，一旦已经使用余额得到偿还，则该信用额度又重新恢复使用。信用卡按信贷形式包括贷记卡和准贷记卡两种。贷记卡是指发卡行给予持卡人一定的信用额度，持卡人可在信用额度内先消费、后还款的国际标准信用卡。准贷记卡是具有我国特色的信用卡中间产品，特指持卡人必须先按照发卡行的要求交存一定金额的备用金，当备用金账户余额不足以支付时，可在发卡行规定的信用额度内透支的信用卡。

而在信用卡的使用过程中，由于不确定因素的影响，导致发卡行、特约商户和持卡人遭受到非正常的经济损失的可能性，便产生了信用卡风险。它包括信用风险、欺诈风险、操作风险等，贯穿于信用卡的营销销售、风险控制和作业管理的各个环节。其中信用风险是银行业务发展面临的主要风险，是指因持卡人信用不良或信用状况恶化，不能按照发卡行的信用卡章程及领用合约的规定偿还信用卡透支消费和预借现金等产生的本金、利息和滞纳金等费用的风险，是银行信用卡风险管理是否成功的关键所在。因为信用风险导致的坏账损失，不仅直接减少了银行的利润，而且监管机构也会因此要求更高的资本准备金。当信用风险的损失远远超过预期水平时，银行会产生巨大的资本危机，所以信用风险管理在信用卡风险管理中占据着核心地位。

8.1.2 社会征信体系

信用卡具有的无担保循环信贷的特性以及贷款实际发生的非计划性、无固定场所、授贷个体多、单笔金额小等特点，决定了它是一项高风险的业务。而信用卡较高的透支利率，又使其能够产生远高于其他银行业务的丰厚收入。根据摩根斯坦利的统计，目前全球信用卡平均透支利率约为 23.5%，而发卡机构的平均融资成本为 5.13%，平均利差高达 18.37%。信用卡业务作为一项以"高风险、高收益"为特点的创新金融业务，要从根本上严控信用风险，还得系统性规划，在监管法规政策不断健全情况下，建立全国性社会征信体系。

在中国银联的积极推动下，发卡机构间已经建立了不良信息共享系统，这使得持卡人的信用风险能够迅速暴露。中国银联已经建有信用卡不良持卡人信息的内部网络。对于那些不按时还款、恶意透支的持卡人信息，会在 15 家会员行之间形成联网的"黑名单"。不过，虽然各家银行在欺诈风险上交流甚多，但又都不太愿意公开自己家的内部资料。因为欺诈案件意味着坏账风险，各家银行都把风险看作是阻止对手扩大业务的关键，因此大家都凭着自己的内网和经验闷头在做。因此，一张能够面向全国、覆盖行业，避免信用卡危机和欺诈的社会征信体系的建立势在必行。

征信是对企业或个人信用的调查和验证，目的在于减轻银行信贷市场和企业信用交易过程中的信息不对称，通过形成信用交易主体的信用档案，建立失信惩戒机制，促进信用经济发展。社会征信体系指由与征信活动有关的法律规章、组织机构、市场管理、文化建设、宣传教育等共同构成的一个体系。征信体系的主要功能是为借贷市场服务，但同时具有较强的外延性，服务于商品交易市场和劳动力市场。1999年上海市率先开展个人信用体系试点，由专门机构采集、保存、整理、分析、使用企业的信用信息，以防范信用风险，保持金融市场稳定。2004年12月中旬，由中国人民银行组织商业银行建设的全国统一个人信用信息基础数据库开始试运行(见图8.2)；2006年开始，央行又着手建立中小企业信用体系，希望把征信体系覆盖到那些和金融机构没有信贷关系的中小企业；2011年10月19日，国务院召开常务会议部署制订社会信用体系建设规划，提出"十二五"期间要全面推进社会信用体系建设，要以社会成员信用信息的记录、整合和应用为重点，建立健全覆盖全社会的征信系统，全面推进社会信用体系建设；2012年12月26日国务院常务会议通过《征信业管理条例》，开展政务诚信建设、社会诚信建设；对个人失信行为进行惩戒等一系列新举措于2013年3月15日正式开始实施。经过多年的发展，我国征信体系建设成效显著：一是构建起了征信管理的基础框架，征信业的雏形开始展现。主要标志是征信业的法律基础和标准化体系逐步建成，人民银行作为我国征信业主要管理者的地位得到确立；二是初步建立了中国特色征信的数据库并开始向全社会提供服务，形成了具有中国特色的金融征信模式；三是建成了一支具有较高专业水平的征信队伍和一系列行之有效的规章制度，为征信事业积累了重要的人力资本和制度保障。

图8.2　个人信用数据库内容

我国征信工作取得如此迅速的进展，建立健全的征信法规和社会信用体系建设使得信贷市场信用评级得以有效推进，个人征信系统提供的信用报告正逐渐成为以信贷信息为核心，全面反映企业和个人借债还钱、遵守合同及遵纪守法状况的"经济身份证"。个人信用信息基础数据库的全国联网运行，可以给银行提供便捷的查询渠道，这不仅节约了银行的成本，降低了贷款风险，也方便了企业和个人的经济金融活动，促进了金融市场的健康发展。

8.1.3 信用评分与行为评分

信用评分指帮助贷款机构发放消费信贷的一整套决策模型和相应的支持技术。这些技术决定谁能得到贷款、得到多少贷款以及提高放贷机构盈利性的操作战略。信用评分技术评估对某一特定消费者发放贷款的风险。信用评分评估的并不是消费者的个人信誉，因为信誉与身高、体重或收入等不同，它并不是一个人的特征，而是贷款人对借款人的评估，反映了借贷双方的情况，以及贷款人对未来经济发展的看法。因此，一些贷款人对某人的评估可能是有信誉的，而另一些贷款人的评估正好相反。将某人描述成没有信誉当然是一种冒犯，贷款人最好只是陈述事实，即不愿意贷款给某人，仅表明不愿意承担某个风险。贷款人必须做出两类决策：一是否要给某个新的申请人贷款；二是如何管理现有客户，包括是否给他们增加信用额度。帮助进行第一类决策的技术叫做"信用评分"，帮助进行第二类决策的技术叫做"行为评分"。

对于信用评分和行为评分，无论采用何种技术，关键问题都是必须有之前客户详细的申请资料以及日后的信用历史资料。所有的技术都要使用样本数据来寻找消费者个人的特点与其后历史"好"或"坏"之间的关系。许多方法都演化为评分卡，即对不同的特征赋予不同的分数，而分数总和即表明消费者个人的风险是否大得难以接受。

信用评分和行为评分模型都是运用先进的数据挖掘技术和统计分析方法，通过对消费者的人口特征、信用历史记录、行为记录、交易记录等大量数据进行系统的分析，挖掘数据蕴含的行为模式、信用特征，捕捉历史信息和未来信用表现之间的关系，发展出预测性的模型，并以一个信用评分来综合评估消费者未来的某种信用表现。例如，其在未来一年内带来坏账损失的概率，给银行带来收益的潜力大小，或消费者接受信用卡营销的概率等，作为消费信贷管理的决策依据。信用评分模型给消费信贷管理人员提供大量具有高度预测力的信息，并帮助管理人员制定行之有效的管理策略，以较高的精度有效开拓市场、控制风险、挖掘收益、实现银行消费信贷业务的高效益。

8.2 建立信用评分卡的统计学方法

8.2.1 信用评分的统计学方法简介

20世纪五六十年代信用评分刚刚兴起时，所使用的方法只有统计学中的判别及分类方法。即使到目前为止，统计方法仍然是建立信用评分卡最常用的方法。该方法的优点在于能够在信用评分的背景下利用关于样本估计量的性质、置信区间、假设检验等方面的知识。

这样，就可以对所建立的评分卡的判别能力以及评分卡中所使用的特征变量的相对重要性进行评价。统计技术使我们能够识别并删除那些在进行判别时不重要的特征变量，并保证所有重要的特征变量保留在信用评分卡中，从而建立一个简洁的评分卡。也可以应用这些信息来确定是否需要对申请表进行修改。

虽然统计学最早被用于评分系统并且目前仍然是信用评分中最重要的方法，但是40年来在使用这一方法时也发生了一些变化。起初，信用评分的统计方法是基于费舍尔(1936)提出的判别分析法。这种方法在费舍尔线性判别函数的基础上产生一个线性评分卡。尽管这种评分卡的评价结果很稳健，但是若要保证这种方法在区分潜在的好、坏客户时是最好的方法，必须做非常严格的假设，而这种假设在实际问题中明显是不成立的。由于费舍尔判别分析法可以看成是一种线性回归方法，因此这启发人们去寻找其他形式的回归方法，这些回归方法的假设较弱，但是在区分好、坏客户时保持最优性并且产生的仍然是线性评分卡。到目前为止，这些方法中最成功的是 Logistic 回归，它已取代线性回归——判别分析法，而成为信用评分领域使用最普遍的统计方法。在最近20年中备受青睐的还有分类树法和递归分割法。利用这一方法，可以按照一定的特征将申请人划分成不同的子组，然后再确定每个子组是满意的客户还是不满意的客户。虽然这种方法不能像线性评分卡那样对每个特征项加权，但结果是一样的，即它们都是用于确定一个申请人是我们所满意的还是不满意客户的一种方法。所有这些方法均被商业机构用于设计实际中的评分卡。当然还有许多统计方法仍处于试验之中，本节最后讨论的基于最近邻的非参数方法就是这种试验之一。

本节将对这些信用评分方法以及它们的统计学背景进行回顾。首先从判别分析开始。接下来分别用3种不同的方法考察线性判别函数是如何作为一种分类器对好、坏客户进行分类的。第一种是决策论方法，这种方法是找到一种使得预期成本最小化的分类准则以决定是否接受一个新的客户。第二种方法是寻找一个可以最大限度地区分满意(好)和不满意(坏)两组客户的函数，费舍尔最初的工作即是按照这一思路进行的。第三种方法是将判别函数看成一个线性回归方程，该方程尽可能好地估计一个客户是否是好客户的可能性。这3种方法均得到一个线性评分卡，利用这一评分卡将好客户和坏客户区分开。Logistic 是建立在回归方法的基础之上，这里回归方程的因变量是"一个客户是好客户"这一事件的概率的非线性函数，Logistic 回归、Probit 分析和 Tobit 分析是评分卡开发中常用的回归分析方法。分类树法及最近邻法与原来的统计分类方法存在较大的差异。最后，讨论一下当分类结果不仅仅是好、坏客户两类而是多于两类时，对一些方法如何进行扩展。

8.2.2 判别分析

1. 判别分析：决策论方法

信贷批准过程最终会在两种行为中进行选择——给予一个新的申请人以贷款或者拒绝

其信贷申请。信用评分试图建立一个最优的准则来协助进行这样的决策，不过这里的最优是指将这样的准则用于以前的申请人样本时是最优的。这样做的优点是对以前的申请人可以知道他们的行为表现。如果决策行为仅仅只有两个——拒绝或者接受，那么将申请人的行为表现分成不止好、坏两种而是两种以上就没有意义了，因为这里"好"的行为就是可被贷款机构接受的行为表现，"坏"的行为就是贷款机构希望拒绝的那些申请人的行为表现。在一些贷款机构，坏的行为被定义成连续若干次未归还贷款，而另一些机构则将严重的违约行为达到一定数量的行为看成坏行为。

这种方法有其内在的偏差，因为这里的样本只包括了那些已经批准了其贷款的申请人，而对那些申请被拒绝的申请人的信息我们并不了解。因此，样本只对那些过去被接受的申请人具有代表性而对过去被拒绝的申请人并不具有代表性。

一种争论认为在信贷决策过程中不仅仅只有接受和拒绝两种选择。例如，信贷人员在做决策时可能要求关于申请人的更多信息才能作出决定或者信贷分析员需要对申请人进行人工决策。但是，这些变化更多地与贷款机构做决策的方式有关，而且最终的决策仍然是接受或拒绝。因此，即使在这些有多种选择行为的决策过程中将申请人分成好客户和坏客户两组，因为最终决策还是要么接受要么拒绝。

假设 $X=(X_1, X_2, \cdots, X_p)$ 是描述申请人信息的 p 个随机变量组成的集合，这些信息可以从申请人的申请表及征信局查询得到。当然，现在这些信息不一定是实物形态的，因为它们可以通过互联网在计算机屏幕上得到或者由贷款机构的员工在打电话的过程中记录下来。交替地使用"变量"和"特征变量"来描述一个典型的 X_i：当强调这种信息的随机性时使用前者，当强调这是哪种类型的信息时使用后者。对某个具体的申请人这些变量的实际值用 $x=(x_1, x_2, \cdots, x_p)$ 表示。在信用评分的术语中，变量 X_i 的不同可能取值或回答 x_i 则被称为 X_i 的特征项。因此，如果一个特征变量是申请人的居住状况，那么相应的特征项可能是自有住房、租赁无家具、租赁有家具、与父母同住、其他。对同样的特征变量，不同的贷款机构可能有不同的特征项。因此，另一个贷款机构可能将申请人的居住状况这一特征变量的特征项分为无按揭自有住房、有按揭自有住房、租赁无家具、租赁有家具、转租、活动房屋、住旅馆、与父母同住、与他人(不包括父母)同住、其他。特征项和特征变量这两个概念常容易搞混，一个简单区分两者的方法是：特征项是对申请表中问题的回答，特征变量则是申请表中所问的问题。

回到贷款机构的决策问题，假设 A 是变量 $X=(X_1, X_2, \cdots, X_p)$ 所有可能取值的集合(也就是申请表中所有可能的回答)，目的是找到一种将集合 A 划分成两个子集 A_G 和 A_B 的准则，依据这一准则将回答属于 A_G 的申请人看成是好客户从而接受其申请，将回答属于 A_B 的申请人看成是坏客户而拒绝其申请，并且使得贷款机构的预期损失达到最小。在这一决策中有两种类型的错误，相应地存在两种类型的损失。一种错误是将一个好客户错误地划分成一个坏客户从而拒绝了其贷款申请，在这种情形下损失了本来可以从该客户得到的利润，不妨假设从每个客户得到的预期利润是一样的，记为 L。另一种错误是将一个坏客户错误地划分成一个好客户从而接受其申请,在这种情形下当该客户的这笔贷款违约时就会形成欠债,假设所有客户的预期债务是一样的,记为 D。

设 P_G 是申请人中好客户的比例,P_B 表示申请人中坏客户的比例。假设每个特征变量有有限个离散的特征项,从而 A 是一个有限集合且只有有限多个不同的特征项。也就是说,在填写申请表时只有有限种不同的方法。令 $p(x|G)$ 表示一个好的申请人具有特征项 x 的概率。这是一个条件概率,可以表示为

$$p(x|G) = \frac{\text{申请人是好客户且具有特征项}x\text{的概率}}{\text{申请人是好客户的概率}} \tag{8.1}$$

同样地,$p(x|B)$ 表示一个坏的申请人具有特征项 x 的概率。

如果定义 $q(G|x)$ 为具有特征项 x 的某个申请人是好客户的概率,那么

$$q(G|x) = \frac{\text{申请人具有特征项}x\text{并且是好客户的概率}}{\text{申请人具有特征项}x\text{的概率}} \tag{8.2}$$

并且如果 $p(x)=$ 申请人具有特征项 x 的概率,那么式(8.1)和式(8.2)可以写成

$$\text{申请人具有特征项 } x \text{ 且是好客户的概率} = q(G|x)p(x) = p(x|G)P_G \tag{8.3}$$

因此,有贝叶斯定理,即

$$q(G|x) = \frac{P(x|G)P_G}{P(x)} \tag{8.4}$$

同样地,可以得到具有特征项 x 的某个申请人是坏客户的概率 $q(B|x)$ 的表达式,即

$$q(B|x) = \frac{P(x|B)P_B}{P(x)} \tag{8.5}$$

从式(8.4)和式(8.5)可以得出

$$\frac{q(G|x)}{q(B|x)} = \frac{P(x|G)P_G}{P(x|B)P_B} \tag{8.6}$$

如果接受特征项属于 A_G 的客户而拒绝特征项属于 A_B 的客户,那么每个申请人的预期损失是

$$L\sum_{x \varepsilon A_B} p(x|G)_{P_G} + D\sum_{x \varepsilon A_G} p(x|B)_{P_B}$$
$$= L\sum_{x \varepsilon A_B} q(G|x)p(x) + D\sum_{x \varepsilon A_G} q(B|x)p(x) \tag{8.7}$$

使得上述预期损失最小化的准则是很简单的。先考虑当将某个特征项 $x=(x_1, x_2, \cdots, x_p)$ 划分到 A_G 或 A_B 时的两类损失。如果该特征项划分到 A_G,那么只有当该客户是一个坏客户时才会产生损失,此时预期损失是 $D_p(x|B)P_B$。如果 x 被划分到 A_B,只有当该客户是一个好客户时才会产生损失,此时预期损失是 $L_p(x|G)P_G$。因此如果 $D_p(x|B)P_B \leq L_p(x|G)P_G$,就将 x 划分到 A_G。因此,使得预期损失最小化的准则可以表示成

$$A_G = \{x| D_p(x|B)P_B \leq L_p(x|G)P_G\} = \left\{x\Big| \frac{D}{L} \leq \frac{p(x|G)P_G}{p(x|B)P_B}\right\}$$

$$=\{x|\frac{D}{L}\leqslant\frac{q(G|x)}{q(B|x)}\} \tag{8.8}$$

此处最后的表达式由式(8.6)得到。

有人对上述准则提出批评，认为此准则依赖于预期损失 D 和 L，而这两个预期损失都是未知的。因此人们提出在建立划分准则时不最小化预期损失，而是将犯某种类型错误的概率保持在一定的可接受水平下，使得犯另一类型错误的概率达到最小。在信贷决策问题中显然是将接受申请的百分比保持在一定水平的条件下使得违约的水平达到最小。将接受申请的百分比保持在一定的水平相当于将拒绝好客户的概率设定在某个固定的水平。

若将接受申请的百分比(接受比率)设定为 α，那么 A_G 必须满足

$$\sum_{x\in A_G}P(x|G)P_G+\sum_{x\in A_G}P(x|B)P_B=\alpha \tag{8.9}$$

同时最小化违约比率。

如果对每个 $x\in A$，定义 $b(x)=p(x|B)P_B$，那么为了找到集合 A_G，有

$$最小=\sum_{x\in A_G}(\frac{b(x)}{p(x)})P(x)$$
$$=\alpha \tag{8.10}$$

利用拉格朗日乘子法(或梯度法则)可以看到，A_G 是关于特征项 x 的集合，这里 $\frac{b(x)}{p(x)}\leqslant c$，而 c 的选择满足上述约束条件。因此

$$A_G=\{x|\frac{b(x)}{p(x)}\leqslant c\}=\{x|q(B|x)\leqslant c\}=\{x|\frac{1-c}{c}\leqslant\frac{P(x|G)P_G}{P(x|B)P_B}\} \tag{8.11}$$

这里第二个不等式利用 $p(x)$ 和 $b(x)$ 的定义得到。

因此，当选择适当的 D 和 L 时，这种方法得到的划分准则与式(8.8)是一样的。

上述的分析在特征变量是连续时仍然成立，只不过此时随机变量不是离散的。唯一不同之处在于上述条件分布函数 $p(x|G)$，$p(x|B)$ 被条件密度函数 $f(x|G)$ 和 $f(x|B)$ 代替，求和符号被积分符号代替。因此，如果将 A 划分成 A_G 和 A_B，并且只接受 A_G 中客户的申请，那么预期损失是

$$L\int_{x\in A_n}f(x|G)P_G\mathrm{d}x+D\int_{x\in A_n}f(x|b)P_B\mathrm{d}x \tag{8.12}$$

使得上述损失最小化的决策准则与式(8.8)类似，即

$$A_G=\{x|DF(x|B)P_B\leqslant LF(x|G)P_G\}=\{x|\frac{D_{P_B}}{L_{P_G}}\leqslant\frac{f(x|G)}{f(x|B)}\} \tag{8.13}$$

1) 单变量正态情形

考虑一个最简单的情形：假设特征变量只有一个，它是连续型的，且在好客户中的分布密度 $f(x|G)$ 是均值为 μ_G、方差为 σ^2 的正态分布，在坏客户中的分布密度是均值为 μ_B、方差为 σ^2 的正态分布，那么

$$f(x|G) = (2\pi)^{-\frac{1}{2}} \exp(\frac{-(x-\mu_G)^2}{\sigma^2})$$

因此式(8.13)中的准则变成

$$\frac{f(x|G)}{f(x|B)} = \frac{\exp(\frac{-(x-\mu_G)^2}{2\sigma^2})}{\exp(\frac{-(x-\mu_B)^2}{2\sigma^2})} = \exp(\frac{-(x-\mu_G)^2+(x-\mu_B)^2}{2\sigma^2}) \geq \frac{D_{P_B}}{L_{P_G}})$$

$$\Rightarrow x(\mu_G - \mu_B) \geq \frac{\mu_G^2 + \mu_B^2}{2} + \sigma^2 \log(\frac{D_{P_B}}{L_{P_G}}) \tag{8.14}$$

因此决策准则变成"如果 x 的值足够大，就接受申请"。

2) 协方差相等的多元正态情形

一个更真实的例子是申请信息中有 p 个特征变量，它们在好客户和坏客户中的分布密度均是多元正态分布，设两个分布的均值分别是 μ_G 和 μ_B，$E(x_i|B) = \mu_{B,i}$，并且 $E(x_i x_j|G) = E(x_i x_j|B)$。

此时，相应的密度函数为

$$f(x|G) = (2\pi)^{-\frac{p}{2}} (\det \Sigma)^{-\frac{1}{2}} \exp(\frac{-(x-\mu_G)^T \Sigma^{-1} (x-\mu_G)^T}{2}) \tag{8.15}$$

这里 $(x-\mu_G)$ 是一个 1 行 p 列的向量，$(x-\mu_B)^T$ 是该向量的转置。与式(8.14)类似，有

$$\frac{f(x|G)}{f(x|B)} \geq \frac{D_{P_B}}{L_{P_G}} \Rightarrow x\Sigma^{-1}(\mu_G - \mu_B)^T \geq \frac{\mu_G \Sigma^{-1} \mu_G^T \mu_B \Sigma^{-1} \mu_B^T}{2} + \log(\frac{D_{P_B}}{L_{P_G}}) \tag{8.16}$$

函数式(8.16)左边是特征变量值的加权和 $x_1 w_1 + x_2 w_2 + \cdots + x_p w_p$，右边是一个常数。因此，式(8.16)得到一个线性评分准则，称为线性判别函数。

上述例子假设分布的均值和协方差是已知的，这种情况实际上很少。通常可用样本均值 m_G 和 m_B 代替 μ_G 和 μ_B，用样本协方差矩阵 S 代替 Σ。这样，式(8.16)的决策准则变成

$$x\Sigma^{-1}(m_G - m_B)^T \geq \frac{m_G S^{-1} m_G^T + m_B \Sigma^{-1} m_B^T}{2} + \log(\frac{D_{P_B}}{L_{P_G}}) \tag{8.17}$$

3) 协方差不等的多元正态情形

上述情形的另一个明显缺陷是对好客户总体和坏客户总体的协方差矩阵相等。假设两个总体的协方差矩阵分别是 Σ_G 和 Σ_B，此时式(8.16)变成

$$\frac{f(x|G)}{f(x|B)} \geq \frac{D_{P_B}}{L_{P_G}}$$

$$\Rightarrow \exp\{-\frac{1}{2}((x-\mu_G)\sum\nolimits_G^{-1}(x-\mu_G)^T - (x-\mu_B)^T\sum\nolimits_G^{-1}(x-\mu_B)^T\} \geq \frac{D_{P_B}}{L_{P_G}}$$

$$\Rightarrow (x(\sum\nolimits_G^{-1}-\sum\nolimits_B^{-1})x^T + 2x(\sum\nolimits_G^{-1}\mu_G^T - \sum\nolimits_G^{-1}\mu_B^T) \geq (\mu_G\sum\nolimits_G^{-1}\mu_G^T + \mu_B\sum\nolimits_G^{-1}\mu^TB) + 2\log(\frac{D_{P_B}}{L_{P_G}})$$

(8.18)

左边是一个关于 $x_1, x_2, \cdots, x_p$ 的二次函数。这似乎是一个更一般的决策准则，它应该比线性准则的效果更好。然而，在实际使用时，需要估计 Σ_B 和 Σ_G，估计的参数数量是协方差相等情形的两倍。这些估计造成的额外的不确定性使得二次函数决策准则不如线性准则稳健，在许多情况下这样做是不值得的。这一点被瑞彻特·周(Reichert Cho)和G.M.瓦格纳(G.M.Wagner)的研究结果所证实(Reichert 等，1983)。

2. 判别分析：将两个组区分开

在费舍尔最初关于线性判别函数的研究中，其目的是试图找到变量的一个组合使得这一组合能够将两个不同的组尽可能地区分开来，而这些组的特征变量是可以得到的。两个不同的组可能是不同的植物亚种，特征变量则是一些物理测量特征；或者两个不同的组是当受到某种伤害时是生存还是死亡，特征变量则是对不同的检查的最初反应。在信用评分中，两个不同的组是被贷款机构划分的好客户和坏客户，特征变量是申请表中的问题以及从征信局得到的信息。

设 $Y = x_1 w_1 + x_2 w_2 + \cdots + x_p w_p$ 是特征变量 $X=(X_1, X_2, \cdots, X_p)$ 的任意一个线性组合，对好客户和坏客户这两个组的分离程度的一个明显的度量方法是考察两组的 Y 的均值的差异程度。因此，考察 $E(Y|G)$ 与 $E(Y|B)$ 之差，选择权重 w_i，满足 $\sum_{i=1}^{n} w_i = 1$，并且使得 $E(Y|G)$ 与 $E(Y|B)$ 之差达到最大。但是，仅这样还不够。例如，在图 8.3 所示的两个例子中，好客户和坏客户特征变量的均值都是一样的，分离度也一样，但在图 8.3 中两个组并不能区分开。因此，在讨论两个组的区分时，还应该考虑它们集聚的程度。

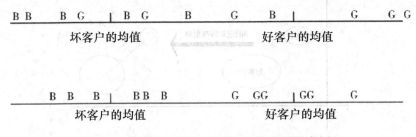

图 8.3 好客户和坏客户的均值都相同的两个例子

费舍尔提出，当两组的样本方差相等时，一个敏感的分离度指标为

$$M = \frac{\text{两个组样本均值的距离}}{\text{每组样本方差}}$$

以样本方差的平方根做分母是为了使得该指标与刻度无关。如果将 Y 乘以一个常数 c 变成 cY，M 不会改变。

假设好客户组和坏客户组的样本均值分别是 m_G 和 m_B，S 是它们共同的样本方差，如果 $Y = x_1w_1 + x_2w_2 + \cdots + x_pw_p$，那么相应的两组之间距离的度量为

$$M = w^T \frac{m_G - m_B}{(w^T S w)^{\frac{1}{2}}} \qquad (8.19)$$

这是因为 $E(Y|G) = w^T m_G$，$E(Y|B) = w^T \cdot m_G^T$，$\text{Var}(Y) = wSw^T$。将式(8.19)对 w 求导数并令导数为 0，可以得到：当 w 满足

$$\frac{m_G - m_B}{(wSw^T)^{\frac{1}{2}}} - \frac{(w \cdot (m_G - m_B)^T)(Sw^T)}{(wSw^T)^{\frac{3}{2}}} = 0 \qquad (8.20)$$

$$(m_G - m_B)(wSw^T) = (Sw^T)(w(m_G - m_B)^T)$$

时，M 达到最大。

上述得到的实际上是 M 的一个驻点，但是 M 对 w 的二阶导数形成一个正定矩阵，保证了它是一个最大值点。由于 $\dfrac{wSw^T}{(w(m_G - m_B)^T)}$ 是一个标量，所以

$$w^T \alpha (S^{-1}(m_G - m_B)^T) \qquad (8.21)$$

因此，这里得到的权重与式(8.17)是一致的，虽然这里并没有正态性假设。无论何种概率分布，它都是一个最好的区分好客户和坏客户的方法。这一结论对任何分布都是成立的，因为距离 M 仅与分布的均值和方差有关。

图 8.4 显示了评分卡式(8.21)的含义。S^{-1} 项对两组进行标准化使得它们在不同的方向上具有相同的离差，w 是连接标准化后的好客户组和坏客户组的均值的方向，因此与此方向垂直的一条直线连接这两个均值。临界分值是两个标准化了的均值距离的中心点。

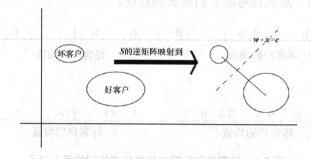

图 8.4　与评分卡相对应的直线

8.2.3 回归分析

1. 线性回归

另外一种用线性判别函数进行信用评分的方法是线性回归。此时,目的是找到特征变量的一个最优线性组合

$$w_0 + w_1 X_1 + w_2 X_2 + \cdots + w_p X_p = \boldsymbol{w}^* \boldsymbol{X}^{*\mathrm{T}}$$

来解释客户违约的概率。这里

$$\boldsymbol{w}^* = (w_0, w_1, w_2, \cdots, w_p) \cdot \boldsymbol{X}^* = (1, X_1, X_2, \cdots, X_p)$$

因此,若 p_i 是样本中第 i 个申请人已经违约的概率,希望找到一组 $\boldsymbol{w}^*$ 最近似于

$$p_i = w_0 + x_{i1} w_1 + x_{i2} w_2 + \cdots + x_{ip} w_p \quad \text{对所有 } i \tag{8.22}$$

设样本中有 n_G 个好客户,为了方便起见,不妨假设它们是样本的前 n_G 个,因此 $p_i=1$,对 $i=1, \cdots, n_G$;剩下的 n_B 个:$i=n_G+1, \cdots, n_G+n_B$ 是坏客户(这里 $n_G+n_B=n$),对这些样本来说,$p_i=0$。

在线性回归中,选取一组系数使得式(8.22)左边和右边的均方误差最小化。这相当于使

$$\sum_{i=1}^{n_G} (1 - \sum_{j=0}^{p} w_j x_{ij})^2 + \sum_{i=n_G+1}^{n_G+n_B} (\sum_{j=0}^{p} w_j x_{ij})^2 \tag{8.23}$$

最小化。

用向量符号,式(8.22)可以表示为

$$\begin{pmatrix} 1 & X_G \\ 1 & X_B \end{pmatrix} \begin{pmatrix} w_0 \\ \boldsymbol{w} \end{pmatrix} = \begin{pmatrix} 1_G \\ 0 \end{pmatrix} \quad \text{或者,} \quad \boldsymbol{Y} \boldsymbol{w}^{\mathrm{T}} = \boldsymbol{b}^{\mathrm{T}} \tag{8.24}$$

这里

$$\boldsymbol{Y} = \begin{pmatrix} 1_G & X_G \\ 1_B & X_B \end{pmatrix}$$

是一个 $n \times (p+1)$ 矩阵。

$$\boldsymbol{X}_G = \begin{pmatrix} x_{11} & \cdots & \cdots & x_{1p} \\ x_{21} & \cdots & \cdots & x_{2p} \\ \cdots & \cdots & \cdots & \cdots \\ x_{nG1} & \cdots & \cdots & x_{nGp} \end{pmatrix}$$

是一个 $n_G \times P$ 矩阵，

$$X_G = \begin{pmatrix} X_{n_G+1 1} & \cdots & \cdots & X_{n_G+1 P} \\ \vdots & \cdots & \cdots & \vdots \\ \vdots & \vdots & \vdots & \vdots \\ X_{n_G+n_B 1} & \cdots & \cdots & X_{n_G+n_B P} \end{pmatrix}$$

是一个 $n_B \times P$ 矩阵，并且

$$\boldsymbol{b}^T = \begin{pmatrix} \boldsymbol{1}_G \\ 0 \end{pmatrix},$$

这里，$\boldsymbol{1}_G(\boldsymbol{1}_B)$ 是所有元素都是 1 的 $1 \times n_G \times (n_B)$ 向量。

最小化式(8.23)相当于

$$\text{Minimize}(\boldsymbol{YW}^T - \boldsymbol{b}^T)^T(\boldsymbol{YW}^T - \boldsymbol{b}^T) \tag{8.25}$$

将目标函数对 W 求偏导并令偏导数为 0，即

$$\boldsymbol{Y}^T(\boldsymbol{YW}^T - \boldsymbol{b}^T) = 0 \text{ 或者 } \boldsymbol{Y}^T\boldsymbol{YW}^T = \boldsymbol{Y}^T\boldsymbol{b}^T$$

$$\boldsymbol{Y}^T \cdot \boldsymbol{b}^T = \begin{pmatrix} 1 & 1 \\ X_G & X_B \end{pmatrix} \cdot \begin{pmatrix} \boldsymbol{1}_G \\ 0 \end{pmatrix} = \begin{pmatrix} n_G \\ n_G \boldsymbol{m}_G \end{pmatrix}$$

且

$$\boldsymbol{Y}^T\boldsymbol{Y} = \begin{pmatrix} 1 & 1 \\ X_G & X_B \end{pmatrix}\begin{pmatrix} 1 & X_G \\ 1 & X_B \end{pmatrix} = \begin{pmatrix} n & n_G \boldsymbol{m}_G + n_B \boldsymbol{m}_B \\ n_G \boldsymbol{m}_G^T + n_B \boldsymbol{m}_B^T & X_G^T X_G + X_B^T X_B \end{pmatrix} \tag{8.26}$$

如果为了解释的需要，将样本期望表示成实际期望，有

$$X_G^T X_G + X_B^T X_B = nE\{X_i X_j\} = n\text{Cov}(X_i, X_j) + n_G \boldsymbol{m}_G \boldsymbol{m}_G^T + n_B \boldsymbol{m}_B \boldsymbol{m}_B^T$$

若 S 是样本协方差阵，则

$$X_G^T X_G + X_B^T X_B = nS + n_G \boldsymbol{m} G_{\boldsymbol{m}_G}^T + n_B \boldsymbol{m}_B \boldsymbol{m}_B^T \tag{8.27}$$

展开式(8.26)并将式(8.27)代入，可以得到

$$nw_0 + (n_G \boldsymbol{m}_G + n_B \boldsymbol{m}_B)\boldsymbol{w}^T = n_G \quad (n_G \boldsymbol{m}_G^T + n_B \boldsymbol{m}_B^T)w_0 + (nS + n_G \boldsymbol{m}_G \boldsymbol{m}_G^T + n_B \boldsymbol{m}_B \boldsymbol{m}_B^T)\boldsymbol{w}^T = n_G \boldsymbol{m}_G^T \tag{8.28}$$

将式(8.28)的第一个等式代入第二个等式，有

$$((n_G \boldsymbol{m}_G^T + n_B \boldsymbol{m}_B^T)(n_G - (n_G \boldsymbol{m}_G + n_B \boldsymbol{m}_B)\boldsymbol{w}^T)/n) + (n_G \boldsymbol{m}_G \boldsymbol{m}_G^T + n_B \boldsymbol{m}_B \boldsymbol{m}_B^T)\boldsymbol{w}^T + nS\boldsymbol{w}^T = n_G \boldsymbol{m}_G^T \tag{8.29}$$

所以 $(\dfrac{n_G n_B}{n})(\boldsymbol{m}_G - \boldsymbol{m}_B)\boldsymbol{w}^T + nS\boldsymbol{w}^T = \dfrac{n_G n_B}{n}(\boldsymbol{m}_G - \boldsymbol{m}_B)^T$

因此，$S\boldsymbol{w}^T = c(\boldsymbol{m}_G - \boldsymbol{m}_B)^T$

式(8.29)给出了线性回归系数 $\boldsymbol{w}=(w_1, w_2, \cdots, w_p)$ 的最佳选择，这一系数与式(8.21)是一样的，它给出的也是一个线性判别函数。这种方法表明，可以通过线性回归中常用的最小二乘法得到信用评分卡的系数。

式(8.22)左边当 i 是好客户时取值为 1，当 i 是坏客户时取值为 0，这样得到一组回归系数，记为 $w(1, 0)^*$。如果当 i 是好客户时式左边取值为 g，当 i 是坏客户时式左边取值为 b，可得到另一组回归系数，此时的回归系数是 $w(g, b)^*$，它与上述回归系数的差异仅仅在常数 w_0，因为

$$w(g,b)^* = b + (g-b)w(1,0)^* \tag{8.30}$$

2．Logistic 回归

线性回归方法有一个明显的缺点，表现在式(8.22)中，右边的取值范围可以从 $-\infty \sim +\infty$，而等式的左边是一个概率，它的取值只能位于 0、1 之间。如果等式的左边是 p_i 的函数将会更加合理一些，这样就不会出现像所有的样本点的因变量取值都一样或利用回归方程进行预测时出现概率小于 0 或大于 1 等此类的问题。一种处理方法是将式(8.22)左边换成概率发生比的对数，这就是 Logistic 回归。维津顿(Wiginton, 1980)是第一批将 Logistic 回归应用于信用评分的研究人员之一。在 Logistic 回归中，将概率发生比的对数表示成特征变量的一个线性组合，即

$$\log(\frac{p_i}{1-p_i}) = w_0 + w_1 x_1 + w_2 x_2 + \cdots + w_p x_p = \boldsymbol{w}\boldsymbol{x}^{\mathrm{T}} \tag{8.31}$$

由于 $\frac{p_i}{1-p_i}$ 的取值在 $0 \sim \infty$，$\log(\frac{p_i}{1-p_i})$ 的取值在 $-\infty \sim +\infty$ 之间。对式(8.31)两边取以 e 为底的指数，可以得到

$$p_i = \frac{e^{\boldsymbol{w}}\boldsymbol{x}}{1 + e^{\boldsymbol{w}}\boldsymbol{x}} \tag{8.32}$$

这就是 Logistic 回归假设。有意思的是如果假设好客户和坏客户的特征变量都服从正态分布，那么此时满足 Logistic 回归假设。设好客户和坏客户特征变量的均值分别是 μ_G 和 μ_B，它们的协方差阵都是 Σ，那么 $E(X_i|\overline{G}) = \mu_{G,i}$，$E(X_i|B) = \mu_{B,i}$，且 $E(X_iX_j|G) = E_*(X_iX_j|B) = \sum_{ij}$。此时，相应的密度函数与式(8.15)一样，也是

$$f(x|G) = (2\pi)^{-\frac{p}{2}} (\det \Sigma)^{-\frac{1}{2}} \exp(\frac{-(x-\mu_G)^{\mathrm{T}} \Sigma^{-1}(x-\mu_G)^{\mathrm{T}}}{2}) \tag{8.33}$$

这里，$(x - \mu_G)$ 是一个 1 行 p 向量，$(x - \mu_G)^{\mathrm{T}}$ 是其转置。如果 p_B 和 p_G 分别表示总体中坏客户和好客户的比例，那么对于具有特征变量值 x 的顾客 i，概率发生比的对数为

$$\log(\frac{p_i}{1-p_i}) = \log(\frac{p_G f(x|G)}{p_B f(x|B)}) = x \Sigma^{-1} 2(\mu_B - \mu_G)^{\mathrm{T}} + (u_G \cdot \Sigma^{-1} \mu_G^{\mathrm{T}} + \mu_B \cdot \Sigma^{-1} \mu_B^{\mathrm{T}}) + \log(\frac{p_G}{p_B}) \tag{8.34}$$

由于这是 x_i 的线性组合,它满足 Logistic 回归假设。但是,还有其他的分布函数也满足 Logistic 回归假设,包括一些并不能产生线性判别函数的分布。例如,考察所有的特征变量都是二分类的并且相互独立的情形。此时

$$\text{prob}(X_i=1|G)=p_G(i); \qquad \text{prob}(X_i=1|G)=1-p_G(i);$$
$$\text{prob}(X_i=1|B)=p_B(i); \qquad \text{prob}(X_i=1|B)=1-p_B(i).$$

因此,如果 p_G、p_B 是总体中好客户和坏客户的先验概率,有

$$\text{prob}(G|\boldsymbol{x})=\frac{\text{prob}(x|G)p_G}{\text{prob}(x)}=\frac{\prod_i p_G(i)^{x_i}(1-p_G(i))^{1-x_i}p_G}{\text{prob}(x)} \tag{8.35}$$

$$\log(\frac{\text{prob}(G|\boldsymbol{x})}{\text{prob}(B|\boldsymbol{x})})=\sum_i x_i(\log(p_G(i))-\log(p_B(i))+\sum_i (1-x_i)\log(1-p_G(i))$$
$$-\log(1-p_B(i)))+\log(\frac{p_G}{p_B}) \tag{8.36}$$
$$=\sum_i x_i(\log(\frac{p_G(i)(1-p_B(i))}{p_B(i)(1-p_G(i))}))+\sum_i (\log(\frac{1-p_G(i)}{1-p_B(i)})+\log(\frac{p_G}{p_B})$$

这仍然是式(8.31)的形式,并且满足 Logistic 回归假设。

与普通回归方法相比,Logistic 回归唯一的困难之处在于它不能使用通常的最小二乘法而必须使用极大似然估计来求回归系数 w,此时需用 Newton-Raphson 迭代算法来解似然方程。随着现代计算机功能的日益强大,这已不是什么问题,即使在开发信用评分卡时常常遇到大量样本时也是如此。

虽然在处理分类问题时,理论上 Logistic 回归要优于线性回归方法,但是如果将两种方法使用同样一组数据集建立信用评分卡,将它们的结果进行比较,就会发现两种方法的分类结果差异非常小。这有点让人惊讶。这种差异在于线性回归试图用特征项的线性组合去拟合违约概率 p 而 Logistic 回归则用特征项的线性组合去拟合 $\log(\frac{p}{1-p})$。正如图 8.5 所示,除非 p 靠近 0 或 1;否则 p 与 $\log(\frac{p}{1-p})$ 相差很小。在信用评分中,这意味着除了在违约概率非常高或非常低的情况下,两种方法得到的信用评分是很接近的。而对违约概率非常高或非常低的申请人,很容易预测他们是否违约。对于难以预测的区域($p=0.5$ 附近),两条曲线是非常相似的。

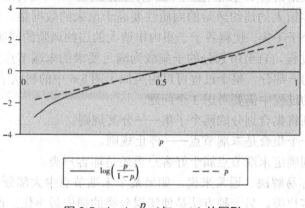

图 8.5 $\log\left(\frac{p}{1-p}\right)$ 与 $ap+b$ 的图形

8.2.4 分类树法

一种与上述方法完全不同的分类及判别方法是分类树法，有时又称为递归分割法(BPA)。其基本思想是将信用申请人的申请表中的回答项划分成不同的组，然后按照不同组中好、坏客户的多少来确定该组是好客户组还是坏客户组(见图 8.6)。1973 年布瑞曼(Breiman)和弗里德曼分别独立地提出将这一方法用于一般的分类问题，在他们的书中描述了许多该方法的统计应用。这一方法很快被用于信用评分领域(马科斯韦奇(Makowski)，1985；考克兰(Coffman)，1986)，人工智能领域也很快意识到该想法的价值。同样的思想也被应用于分类问题，相应的计算机软件也被开发出来从而使得该方法能够得以实施。虽然该类软件有不同的名称，如 CHAID 和 C5，但是两者的基本步骤是一样的(萨佛恩(Safavian)和兰德格瑞波(Landgrebe)，1991)。

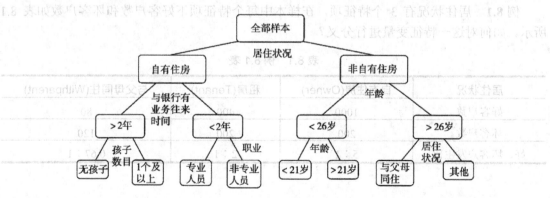

图 8.6 分类树

首先将申请人数据集合 A 按照某一特征划分成两个子集，使得当考察申请人样本时，这两个新的子集内申请人的违约风险的同质性要高于原来的数据集。然后这两个子集又各自进一步划分为两个子子集，使得各子集内申请人的违约风险的同质性比两个子集要高。可以不断重复这一过程，直至所划分的子集成为满足要求的末端节点为止，每个末端节点被划分成 A_G 或 A_B 的一部分，整个过程可以用类似于图 8.6 中的树状结构来表示。

在形成分类树的过程中需要考虑 3 个问题。

(1) 用什么规则将集合划分成两个子集——分叉规则。

(2) 如何决定一个集合是末端节点——停止规则。

(3) 按什么规则确定末端节点属于好客户类还是坏客户类。

第三个问题最容易解决。通常来说，如果某个末端节点中大部分是好客户，就可以将这一节点定义为好客户类。另一种方法是使错误分类的损失最小化。设 D 是由于将一个坏客户错分成好客户所招致的欠债损失，L 是由于将一个好客户错分成坏客户所造成的利润损失，如果一个节点中好客户和坏客户的比率超过 $\dfrac{D}{L}$，就可以将该节点划分为好客户节点，这样可以使得错误分类的损失达到最小。

最简单的分叉规则仅仅考察下一步分叉的结果。首先定义一个度量分叉优良性的指标，对每一个特征都找到最优的分叉，然后再考察在这一度量指标下哪个特征的分叉是最优的。对于连续型变量 x_i，对每个 s 值考察分叉 $\{x_i<s\}$ 和 $\{x_i \geqslant s\}$，并且找到使得度量指标最优的 s。如果 x_i 是分类型变量，考察所有可能类型的分叉，并且检查这些分叉的优良性。通常将各个类型按好客户和坏客户比率递增的顺序排列，最优的分叉将这一排列划分成两组。那么，用什么样的指标来度量分叉的优良性呢？最常用的是 Kolmogorov-Smirnov 统计量，还有其他 4 个统计量也常用，它们是基本不纯度指数(Basic Impurity Index)、基尼指数(Gini Index)、熵指数(Entropy Index)及半和平方(Half-sum of Squares)。现在就来对它们逐一进行考察并将它们应用于下面的例子。

例 8.1 居住状况有 3 个特征项，在样本中每个特征项下好客户数和坏客户数如表 8.1 所示。如何对这一特征变量进行分叉？

表 8.1　例 8.1 表

居住状况	自有住房(Owner)	租房(Tenant)	与父母同住(Withparent)
好客户数	1000	400	80
坏客户数	200	200	120
好、坏客户发生比	5∶1	2∶1	0.67∶1

第 8 章 信用评分与行为评分

1. Kolmogorov-Smirnov 统计量

对于一个连续特征变量 X_i，设 $F(s|G)$ 是 X_i 关于好客户的累积分布函数，$F(s|B)$ 是 X_i 关于坏客户的累积分布函数。假设对于 X_i 而言，坏客户比好客户更倾向于取较小的值，D 和 L 的含义与前面相同，那么一个显然的分叉规则就是在 s 处分叉，其中 s 使得

$$LF(s|G)P_G + D(1-F(s|B))P_B \qquad (8.37)$$

达到最小。

如果 $LP_G = DP_B$，这相当于选择两个分布之间的 Kolmogorov-Smirnov 距离(见图 8.7)而使得 $F(s|G)-F(s|B)$ 达到最小或者更明显地使 $F(s|G)-F(s|B)$ 达到最大。

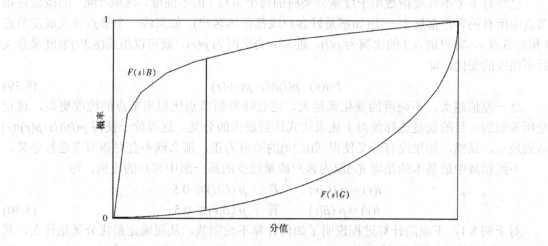

图 8.7 Kolmogorov-Smirnov 距离

如果将所分叉的两个组分别称为左组(l)和右组(r)，那么求上述最大值相当于求 $p(l|B)$ 和 $p(l|G)$ 之差的最大值，这里 $p(l|B)$ 是一个坏客户出现在左组中的概率 (在连续情形下也就是 $F(s|B)$)，$p(l|G)$ 是一个好客户出现在左组中的概率 (在连续情形下也就是 $F(s|G)$)。利用贝叶斯定理，可以将 $p(l|B)$ 重新写成 $\dfrac{p(B|l)P(l)}{p(B)}$，这一公式更加容易计算。因此，对分类型变量和连续型变量，Kolmogorov-Smirnov(KS) 准则变成：找到一个左—右分叉，使得式(8.38)达到最大，即

$$KS = |p(l|B) - p(l|G)| = \left| \frac{p(B|l)}{p(B)} - \frac{p(G|l)}{p(G)} \right| \cdot p(l) \qquad (8.38)$$

对例 8.1，显然最优的分叉要么是"与父母同住"为一组，"自有住房+租房"为另一组；要么是"租房+与父母同住"为一组，"自有住房"为另一组。

金融数据分析技术(基于 Excel 和 Matlab)

当 l=与父母同住，则 r=自有住房+租房：

$$p(l|B) = \frac{120}{500} = 0.24, \quad p(l|G) = \frac{80}{1500} = 0.053, \quad KS=0.187$$

当 l=与父母同住+租房，则 r=自有住房：

$$p(l|B) = \frac{320}{500} = 0.64, \quad p(l|G) = \frac{480}{15000} = 0.32, \quad KS=0.32$$

因此，最优的分叉是"与父母同住+租房"为一组，"自有住房"为另一组。

2. 基本不纯度指数(Basic impurity index) $i(v)$

已经有多个不纯度指数用于度量分类树的每个节点 i 的不纯度，这里"纯"的概念是指节点中所有的客户都属于一类(如都是好客户或都是坏客户)。如果将一个节点分叉成左节点 l 和右节点 r，客户进入 l 的比例为 $p(l)$，进入 r 的比例为 $p(r)$，就可以用式(8.39)来度量分叉后不纯度的变化，即

$$I = i(v) - p(l)i(l) - p(r)i(r) \tag{8.39}$$

这一差值越大，不纯度的变化就越大，这意味着新节点比原来节点的纯度更高，这正是所希望的，目的就是选择使得上述表达式达到最大的分叉。这等价于使得 $p(l)i(l)+p(r)i(r)$ 达到最小。显然，如果没有分叉使得式(8.39)的差值为正，那么就不会对该节点进行分叉。

不纯指数中最基本的是将 $i(v)$ 取为客户数量较少的那一组中客户的比例，即

$$i(v) = p(G|v) \quad 若 \quad p(G|v) \leqslant 0.5$$
$$i(v) = p(B|v) \quad 若 \quad p(B|v) \leqslant 0.5 \tag{8.40}$$

对于例 8.1，下面的计算过程说明了如何计算不纯指数，从而确定最优分叉是什么，其中 D 表示分叉前所有客户的集合。

l=与父母同住，r=自由住房+租房

$$i(v) = \frac{520}{2000} = 0.26, \quad p(l) = \frac{200}{2000} = 0.1, \quad i(l) = \frac{80}{200} = 0.4$$

$$p(r) = \frac{1800}{2000} = 0.9, \quad i(r) = \frac{400}{1800} = 0.22$$

$$I = 0.26 - 0.1(0.4) - 0.9(0.22) = 0.22$$

l=与父母同住+租房，r= 自由住房

$$i(v) = \frac{520}{2000} = 0.26, \quad p(l) = \frac{800}{2000} = 0.4, \quad i(l) = \frac{320}{800} = 0.4$$

$$p(r) = \frac{1200}{2000} = 0.6, \quad i(r) = \frac{200}{1200} = 0.167$$

$$I = 0.26 - 0.4(0.4) - 0.6(0.167) = 0$$

因此，最优的分叉是"与父母同住"为一组，"自有住房+租房"为另一组。

虽然这看上去很有用，但有时候表象是具有欺骗性的。在第二种分叉中 I=0，因为坏客

户数在 3 个节点 v、l、r 中都是最少的。如果某一类客户在 3 个节点中的数量都最小,那么 I 的值必然是 0。这种情形在信用评分中常常发生。由于所有的分叉都得到同样的差值 0,按照这一准则就无法确定哪种分叉是最优的。此外,布瑞曼等(1984)给出了一个有 400 个好客户和 400 个坏客户的例子。在这一例子中,一种分叉是 300 个好客户和 100 个坏客户为一组,另一组是 100 个好客户和 300 个坏客户;另一种分叉是一组为 200 个好客户,另一组为 200 个好客户和 400 个坏客户。这两种分叉都有相同的 $i(v)$,但是大部分人都认为第二种分叉能够区分出一组全是好客户,因而是一种更好的分叉。

3. Gini 指数

与前面定义中的 $i(v)$ 不同,Gini 指数中 $i(v)$ 是二次的,它给予纯度更高的节点更多权重。Gini 指数的定义为

$$i(v)=p(G|v)\,p(B|v)$$
$$G=p(G|v)\,p(B|v)-p(G|l)\,p(B|l)-p(r)(G|r)p(B|r) \tag{8.41}$$

在上述例子中,$l=$与父母同住,$r=$自由住房+租房,即

$$i(v)=(\frac{1480}{2000})\times(\frac{520}{2000})=0.1924$$

$$p(l)=\frac{200}{2000}=0.1,\ i(l)=(\frac{80}{200})\times(\frac{120}{200})=0.24$$

$$p(r)=\frac{1800}{2000}=0.9,\ i(r)=(\frac{400}{1800})\times(\frac{1400}{1800})=0.1728$$

$$I=0.1924-0.1\times(0.24)-0.9\times(0.1728)=0.01288$$

$l=$与父母同住+租房,$r=$自由住房,即

$$i(v)=(\frac{520}{200})\times(\frac{1480}{2000})=0.1924,$$

$$p(l)=\frac{800}{2000}=0.4,\ i(l)=(\frac{320}{800})\times(\frac{480}{800})=0.24$$

$$p(r)=\frac{1200}{2000}=0.6,\ i(r)=(\frac{200}{1200})\times(\frac{1000}{1200})=0.1389$$

$$I=0.1924-0.4\times(0.24)-0.6\times(0.1389)=0.01306$$

Gini 指数显示最优的分叉是"与父母同住+租房"为一个节点,"自有住房"为另一个节点。

4. 熵指数

另外一个非线性指数是熵指数,此时

$$i(v)=-p(G|v)\ln(p(G|v))-p(B|v)\ln(p(B|v)) \tag{8.42}$$

正如它的名字所表明的,这一指数与熵有关,或者说与分叉中节点的好坏客户的信息量有关,并且与用于进行粗糙分类的信息统计量有联系。

利用熵指数考察例 8.1 的分叉问题。

$l=$ 与父母同住，$r=$ 自由住房+租房

$$i(v)=-(\frac{520}{2000})\ln(\frac{520}{2000})-(\frac{1480}{2000})\ln(\frac{1480}{2000})=0.573$$

$$p(l)=0.1,\ i(l)=-(\frac{80}{200})\ln(\frac{80}{200})-(\frac{120}{200})\ln(\frac{120}{200})=0.673$$

$$p(r)=\frac{1800}{2000}=0.9,\ i(r)=-(\frac{400}{1800})\ln(\frac{400}{1800})-(\frac{1400}{1800})\ln(\frac{1400}{1800})=0.530$$

$$I=0.573-0.1(0.673)-0.9(0.530)=0.0287$$

$l=$ 与父母同住+租房，$r=$ 自由住房

$$i(v)=-(\frac{520}{2000})\ln(\frac{520}{2000})-(\frac{1480}{2000})\ln(\frac{1480}{2000})=0.573$$

$$p(l)=\frac{800}{2000}=0.4,\ i(l)=-(\frac{320}{800})\ln(\frac{320}{800})-(\frac{480}{800})\ln(\frac{480}{800})=0.673$$

$$p(r)=\frac{1200}{2000}=0.6,\ i(r)=-(\frac{200}{1200})\ln(\frac{200}{1200})-(\frac{1000}{1200})\ln(\frac{1000}{1200})=0.451$$

$$I=0.573-0.4(0.673)-0.6(0.451)=0.0332$$

熵指数也表明，最优的分叉是"与父母同住+租房"为一个节点，"自有住房"为另一个节点。

5. 最大化半和平方

我们考察的最后一种度量分叉优良性的方法不是一个指数而是来自于 x_2 检验，它可以检验在我们分叉的两个子节点中好客户的比例是否相等。如果这一 x_2 统计量 Chi 大，我们就可以说这一假设是不成立的，也就是说这两个比例不等。Chi 越大，这两个比例越不可能相等，也可以说这两个比例的差异越大。这正是我们分叉时所希望的。因此，我们有如下检验：

如果 $n(l)$ 和 $n(r)$ 分别是左节点和右节点中客户的总数，那么，最大化下式，即

$$\text{Chi}=n(l)n(r)\frac{(p(G|l)-p(G|r))^2}{n(l)+n(r)}$$

将这一检验应用于例 8.1 中。

$l=$ 与父母同住，$r=$ 自由住房+租房

$$n(l)=200,\ p(G|l)=\frac{80}{200}=0.4$$

$$n(r)=1800,\ p(G|r)=\frac{1400}{1800}=0.777,\ 因此，\text{Chi}=25.69$$

l=与父母同住+租房，r=自由住房

$$n(l)=800, p(G|l)=\frac{480}{800}=0.6$$

$$n(r)=1200, p(G|r)=\frac{1000}{1200}=0.833,\text{因此，Chi}=26.13$$

因此，当分叉是"与父母同住+租房"为一个节点，"自有住房"为另一个节点时，Chi 最大。还可以构造一些其他的例子，其分叉与这里的例子不同。

还有其他分叉的方法。布瑞曼等(1984)认为比上述那种仅仅考虑下一步分叉的准则更好的准则是考察当已经进行了 r 代分叉后的情形。这时考虑的不仅仅是当前的分叉对上一节点的改善状况，而且考虑这一分叉在一系列分叉中的重要性。当在分类树的不同水平使用不同的特征变量时，以及不同的特征变量出现在分类树的同一水平上时通常这样做。这样，分类树就可以反映特征变量之间的非线性关系。

可以讨论一个分类树在何时停止以及识别哪个节点是末端节点，但更重要的是讨论停止及剪枝的规则。这就是说，期望最初形成的分类树很大，为了得到一个稳健的树，需要对它进行修剪。如果得到的分类树中的每一个末端节点仅仅含有训练样本集合中的一个元素，这一分类树对训练样本来说是一个完美的判别器，但是对其他样本集来说，其判别能力可能很差。因此，将某个节点作为末端节点是因为下列两个原因之一：第一，节点中样本的数目太少，再往下分叉没有意义，通常当节点中的样本数少于 10 个时，就不再继续分叉；第二，当继续往下分叉时，最优分叉的优良性度量指标与不继续分叉时的值差异很小。在这种情况下必须对"差异很小"有精确的定义，并且这种差异应该低于某个指定的水平 β。

生成了一棵过大的分类树后，可以通过删除一些分叉对这棵树进行修剪。修剪最好的方法是使用一组保留样本，在生成分类树时没有使用这些样本。用这些样本估计不同可能的剪枝方法的预期损失。利用保留样本及分类树 T，设 $T_G(T_B)$ 为划分为好(坏)客户的节点的集合，$r(t, B)$ 是保留样本中在节点 t 并且被分类成坏客户的样本的比例，$r(t, G)$ 是保留样本中在节点 t 并且被分类成好客户的样本比例，那么对预期损失的一个估计为

$$r(T)=\sum_{t\in T_G}\mathrm{Dr}(t,B)+\sum_{t\in T_B}\mathrm{Lr}(t,G) \tag{8.43}$$

如果 $n(T)$ 是分类树 T 的节点数目，定义 $c(T)=t(T)+dn(T)$，通过考察 T^* 的所有子树来对 T^* 进行剪枝并且选择树 T 使得 $c(T)$ 达到最小。如果 $d=0$，就不对原来的树剪枝，当 d 变得很大时，树将仅有一个节点。因此，d 的选择为需要多大的一棵树提供了一个参考。

8.2.5 最邻近法

在分类问题中，最近邻方法是一个标准的非参数统计方法，这一方法最早由菲克斯(Fix)和赫哲思(1952)提出。查特吉(Chatterjee)和巴库(Barcun)(1970)最早将它应用于信用评分领域，后来汉雷和翰得(1996)也使用了这一方法。其基本思想是在申请人数据空间中选择一种

距离来度量任意两个申请人在数据空间中分离的程度。当需要对一个新的申请人进行分类时，考察与该申请人最近的 k 个邻居，将该申请人划分为好客户还是坏客户取决于这 k 个邻居中好、坏客户的比例。

实现这一方法需要解决 3 个问题：度量距离的选取；最近的邻居 k 的数目的选取；k 个邻居中有多少比例的好客户才能将新的申请人划分为好客户。通常，最后一个问题可以这样解决：若 k 个邻居中好客户占大多数，就将新的申请人划分为好客户；否则将其划分为坏客户。但是，如果像之前那样定义平均违约损失是 D，拒绝一个好客户的平均利润损失是 L，那么若在 k 个近邻中好客户的比例至少为 $\frac{D}{D+L}$，就将该申请人划分为好客户。如果一个新的申请人是好客户的可能性是其近邻中好客户的比例，那么这一准则就使得预期损失达到最小。

度量距离的选择显然是至关重要的。福克纳戛（Fukanaga）和弗里克（Flick）(1984)引入了一种广义距离，即

$$d(x_1, x_2) = (x_1 - x_2)A(x_1)((x_1 - x_2)^T)^{\frac{1}{2}} \tag{8.44}$$

式中，$A(x_1)$ 为一个 $p \times p$ 的对称正定矩阵，$A(x_1)$ 被称为局部距离，如果它依赖于 x_1；$A(x_1)$ 被称为整体距离，如果它不依赖于 x_1。局部距离的难点在于它可以反映训练样本的特性但是在整体上不一定适合，因此大部分研究人员都在将研究重点放在整体距离上。在信用评分领域中对最近邻方法进行的最为详尽的考察当属汉雷(Henley)和翰得(1996)的工作。他们将欧氏距离与区分好、坏客户的最优直线的方向结合起来定义度量距离，这里的方向可以从费舍尔线性判别函数得到。如果 w 是定义这一方向的 p 维向量，汉雷和翰得提出的度量距离为

$$d(x_1, x_2) = \{(x_1 - x_2)^T(I + Dw \cdot w^T)(x_1 - x_2)\}^{\frac{1}{2}} \tag{8.45}$$

这里 I 是单位矩阵。为了选择适当的 D 值，他们进行了大量的试验。同样地，对于 k 的选择也做了大量试验。k 的取值显然与训练样本的容量有关，有时候 k 变化 1，结果就显著不同。然而，对于一个容量为 3000 的训练样本，对同一个接受比率，当 k 从 100 变化到 1000 时，所得到的对坏客户的错分比率并没有很大的差异。为了避免取到在局部不适当的 k 值，可以通过选取 k 的分布来对 k 进行平滑。因此，对每一个不同的点，可能存在不同的最近邻数目 k。然而，不使用如此复杂的方法，也能得到满意的结果。

虽然最近邻方法在信用评分领域中还不如线性回归及 Logistic 回归那样使用广泛，但是这一方法在实际使用过程中有其潜在的吸引力。一旦知道了一个新的申请人是好客户或坏客户，就可以将该申请人加入到训练样本中，并将训练样本中老化的客户剔除掉，这样就可以对训练样本进行动态更新。这可以在一定程度上克服由于客户总体发生变化而必须经常对评分系统进行更新所造成的困难。当然，当客户总体发生变化时，度量距离也需要更新，但这种更新的频率并不高。一些人担心使用最近邻方法时计算量很大，这种担心是多

余的，因为现代计算机可以在几秒钟内完成这种计算。然而，在建立评分卡时找到一个好的度量距离在很大程度上与回归方法差不多，因此许多信用评分人员满足于使用传统方法。与决策树方法一样，最近邻方法也不能对申请人的特征变量给出一个分数，这使得该方法的使用者不能真正了解评分系统到底是如何运作的。

在最近邻方法中，对评分系统的表现进行监测几乎是不可能的。很难知道什么时候原来的度量距离已经不适当了。讨论多种方法对回归方法建立的评分卡进行监测，但是这些方法都不能用于最近邻法建立的评分卡的监测。

8.3 信用评分的非统计学方法

最初建立信用评分卡的想法是通过对以前客户数据样本的统计分析帮助放贷机构确定现存的客户或新客户是否是机构所满意的客户。非统计学方法也可以处理同样的问题。在过去的25年中有大量这样的分类问题需要解决。20世纪80年代以前，解决这些分类问题的还只是统计学方法。但是，人们认识到(夫里的(Freed)和格鲁维尔(Glover)1981a，1981b)寻找特征变量的一个最优线性函数对不同的组进行判别这一问题可以用线性规划模型来描述。线性规划方法通过考察相应的绝对误差之和或最大误差来度量拟合优度。如果将错分样本的数量作为拟合优度的度量，就必须在线性规划中引入整数变量，这时就需要考虑整数规划问题。

20世纪70年代，研究人员对人工智能进行了大量的研究，他们试图用计算机程序体来实现人类的一些自然功能，其中最成功的尝试之一是专家系统。在专家系统中，人们将专家在某一领域的知识信息库以及从信息中产生规则的机制输入计算机，计算机然后利用这些知识及机制分析所遇到的新的情形，并且提出解决新的情形下问题的方法，这些解决方法可以达到专家级水平。在医学诊断领域已经成功地开发出了这样的系统。由于专家系统本质上属于分类问题，研究人员考虑将它用于信用评分领域。不过到目前为止，这一方法在信用评分领域的应用还不太成功。

20世纪80年代，基于人工智能分类问题的另一个变体——神经网络，突然引起了研究人员的注意，且其研究热潮一直延续到现在。神经网络模仿人脑利用神经元互相激发并建立学习机制的方法来对决策过程建模。在神经网络系统中，处理单元被相互连接起来，当每个单元接收一个输入信号时，都输出一个信号。有些单元还可以接收外部输入信号并输出信号。将一组数据输入系统，这些数据由样本组成，每个样本都有一组输入信号和一个特定的输出信号。通过调整每个处理单元输出信号与输入信号之间的关联方式，神经网络系统试图学习数据中输入与输出之间的关系。如果输入信号是客户的特征变量，而输出信号是客户的信用表现是好还是坏，就可以将此方法应用到信用评分领域。也可以将评分卡的开发看成是一类组合优化问题。对不同的特征项赋予不同的参数(即可能的分数),并且给出度量每组参数优良性的方法(例如,当使用这样的参数对过去的客户样本进行评价时,错误分类的多少)。在过去的10年中,有多种方法用于解决这类问题,如模拟退火算法、tabu搜索及遗传算法。已经有一些先导性的研究将遗传算法应用于信用评分。将在8.3.4小节对遗传算法进行描述。

8.3.1 线性规划

马格萨瑞恩(Mangasarian,1965)第一个意识到可将线性规划方法应用于分类问题。他研究的是一个两个组的分类问题。他利用线性规划方法建立了一个分离超平面(也就是一个线性判别函数),该超平面可以将两个组完全分开。夫里的和格鲁维尔(1981a)及翰得(1981)认识到,利用最小化绝对误差和(MSAE)或者最小化最大误差(MME)这样的目标函数,即使要判别的两个组并不是完全线性可分的,线性规划方法也能够应用于判别分析问题。

众所周知,信贷机构所要做的决策是将申请变量 $X=(X_1, X_2, \cdots, X_p)$ 的取值构成的集合 A 划分成两个子集: A_G 和 A_B,两者分别表示好、坏客户申请变量的取值构成的集合。假设已经有一个以前的申请人样本,该样本的容量是 n。若 n_G 是样本中好客户的数量(为方便起见不妨设样本中前 n_G 个是好客户),样本中剩下的 n_B 个($i=n_G+1, \cdots, n_G+n_B$)是坏客户,设申请人 i 的申请变量 $X=(X_1, X_2, \cdots, X_p)$ 的取值为($x_{i1}, x_{i2}, \cdots, x_{ip}$)。目的是选择一组权重或分数($w_1, w_2, \cdots, w_p$),使得对于好客户的线性加权和 $w_1 X_1 + w_2 X_2 + \cdots + w_p X_p$ 位于某个临界点 c 之上,对于坏客户这一线性加权和位于临界点 c 之下。如果申请变量转换成了二分类变量,那么可以将权重 w_i 看成对申请表中问题不同回答时的分数。

通常不能希望将好、坏客户完全分开,因此,引入一组非负变量 a_i,如果样本中申请人 i 是好客户,要求 $w_1 x_{i1} + w_2 x_{i2} + \cdots + w_p x_{ip} \geq c - a_i$;如果申请人 j 是坏客户,要求 $w_1 x_{j1} + w_2 x_{j2} + \cdots + w_p x_{jp} \leq c + a_j$。这样,就考虑到了进行判别时可能出现偏差的情况。为了找到权重($w_1, w_2, \cdots, w_p$)使得这些偏差的绝对值之和达到最小,需解下列线性规划问题

$$\text{Min } a_1 + a_2 + \cdots + a_{n_G} + n_B$$

满足
$$w_1 x_{i1} + w_2 x_{i2} + \cdots + w_p x_{ip} \geq c - a_i, \quad 1 \leq i \leq n_G$$
$$w_1 x_{i1} + w_2 x_{i2} + \cdots + w_p x_{ip} \leq c + a_i$$
$$a_i \geq 0, 1 \leq i \leq n_G + n_B \quad a_i \tag{8.46}$$

如果希望最小化最大偏差(MMD),上述约束条件中的偏差项就都简化成一样的,线性规划问题变成

Min
满足
$$w_1 x_{i1} + w_2 x_{i2} + \cdots + w_p x_{ip} \geq c - a, \quad 1 \leq i \leq n_G$$
$$w_1 x_{i1} + w_2 x_{i2} + \cdots + w_p x_{ip} \leq c + a, \quad 1 \leq i \leq n_G + n_B, a \geq 0 \tag{8.47}$$

在信用评分中，线性规划方法比统计方法有优势的地方在于如果想在评分卡中加入某种偏好，线性规划方法可以将这种偏好体现在评分卡中。例如，设 x_1 是"是否 25 岁以下"这一二分类变量(即 $x_1=1$，25 岁以下；$x_0=0$，25 岁及以上)，x_2 是"是否 65 岁以上"这一二分类变量(即 $x_2=0$，65 岁以下；$x_2=1$，65 岁及以上)，希望年龄 25 岁以下的申请人的分数比退休人员高，这时只需将约束条件 $w_1 \geq w_2$ 加入到约束式(8.46)或式(8.47)中。同样地，若希望申请表中变量的得分高于征信局变量的得分(这里变量 X_1 到 X_s 表示申请表变量，X_{s+1} 到 X_p 表示征信局变量)，可以在式(8.46)或式(8.47)中加入约束条件，即

$$w_1 x_{i1} + w_2 x_{i2} + \cdots + w_s x_{is} \geq w_{s+1} x_{is+1} + w_{s+2} x_{is+2} + \cdots + x_p x_{ip} \tag{8.48}$$

对所有 i 使用线性规划时还必须稍微小心一点。线性规划程序不能处理严格不等式，因而要求好客户的分数必须不小于临界分数，坏客户的分数必须不大于临界分数。这意味着，如果可以同时选择临界点和权重，总可以得到一个平凡解：临界点的值为 0，所有权重的值也都为 0。因此，所有客户的信用得分都为 0，且都落在临界点上。一种避免这种情形的方法似乎是将临界值设为某个非 0 值(如设其为 1)。但是夫里的和格鲁维尔(1986a，1986b)指出这不是一种正确的方法，此时需要两次求解模型——一次将临界值设为正的，一次将临界值设为负的。

为了解释这一点，考虑下面的例子(一个变量 X_1，3 个申请人)。

例 8.2 在图 8.8(a)中，两个好客户的特征变量取值分别为 1 和 2，坏客户特征变量的取值为 0。很容易看到，如果临界值为 1，则取 $w_1=1$ 即可，此时不产生错误分类。但是，对于图 8.8(a)中，使得 MSD 最小化的线性规划是

Min $a_1 + a_2 + a_3$

满足 $2w \leq 1+a_1$，$w \geq 1-a_2$，$0 \geq 1-a_3$

其解是 $w=\dfrac{1}{2}$，$a_1=0$，$a_2=0.5$，$a_3=1$，因此，误差总和为 1.5。

但是，若将临界值取为-1，那么最小化 MSD 就变成

Min $a_1 + a_2 + a_3$

满足 $2w \leq -1+a_1$，$w \geq -1-a_2$，$0 \geq -1-a_3$

其解是 $w=-\dfrac{1}{2}$，此时误差总和为 0。

但是，如果对图 8.8(a)取临界值为-1，最优解为 $w=-\dfrac{1}{2}$，误差总和为 1。

实际上，如果好客户的特征变量取值高于坏客户，因此希望特征变量的权重为正，临界分数也为正；如果好客户的特征变量取值倾向于比坏客户低，权重 w_i 就应取负值，临界分数也应是负的。

B	G	G		G	G	B
0	1	2		0	1	2

(a)   (b)

图 8.8 客户的特征变量取值

在那些理想的临界分数应该是 0 的情形下，固定临界分数还会引起另外的问题。在将数据进行线性变换的情形下，线性规划得到的解并不是不变的。人们可能认为将某个变量的所有取值都加上一个常数不会影响所得的权重，也不会影响分类的准确性。不幸的是，这并不正确。下面的例子揭示了这一点。

例 8.3 设有两个特征变量(X_1, X_2)，3 个好客户的取值分别是$(1, 1)$、$(1, -1)$和$(-1, 1)$，3 个坏客户的取值分别是$(0, 0)$、$(-1, -1)$和$(0.5, 0.5)$。如果在临界线通过点$(1, -1)$，因此，其形式可写成$(c+1)X_1+cX_1=1$。对于$0.5<c$ 点$(-1, 1)$的偏差是 2，点$(0.5, 0.5)$的偏差是$c-0.5$，所以评分卡$1.5X_1+0.5X_2$偏差误差最小化，最小值为 2。

如果将两个变量的取值都加 1，则好客户的取值是$(2, 2)$、$(2, 0)$、$(0, 2)$，坏客户的取值为$(1, 1)$、$(0, 0)$、$(1.5, 1.5)$。使得 MSD 最小化的评分卡是$0.5X_1+0.5X_2=1$(见图 8.9)。这一评分卡与数据不加 1 时有较大不同。

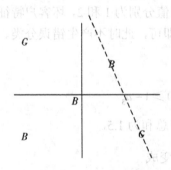 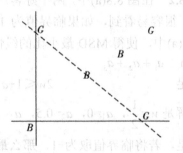

图 8.9 例 8.3 中的点

研究人员已经提出了多种方法对线性规划模型进行修改以解决这些问题。例如，将式(8.46)的一个约束变成

$$w_1x_{i1}+w_2x_{i2}+\cdots+w_px_{ip} \leq c-e+a_i \quad n_G+1 \leq i \leq n_G+n_B \quad (8.49)$$

从而使所划分的两个区域之间有一个间隔。这时必须有一些方法来确定间隔之间的点应该如何分类。当好客户和坏客户特征变量的均值利用格鲁维尔(1990)提出的方法进行标准化后存在较大差异时，通过增加以下约束条件，这些问题已得到解决，即

$$\sum_{j=1}^{p}(n_B\sum_{i=1}^{n_G}x_{ij}-n_G\sum_{i=n_G+1}^{n_G+n_B}x_{ij})w_j=1 \quad (8.50)$$

一种最一般的线性规划模型是夫里的和格鲁维尔(1986b)提出的。他们不仅考虑误差或外部偏差 a_i,而且考虑内部偏差 e_i (即那些分类正确的申请人的分数与临界值的距离)。夫里的和格鲁维尔提出了一个目标函数,该函数是最大内部偏差和外部偏差以及内部和外部偏差绝对值之和的一个加权组合。其相应的线性规划问题为

Min $\quad k_0 a_0 - l_0 e_0 + \sum_{i=1}^{n_G+n_B} k_i a_i + \sum_{i=1}^{n_G+n_B} l_i e_i$

满足 $\quad w_1 x_{i1} + w_2 x_{i2} + \cdots + w_p x_{ip} \geq c - a_0 - a_i + e_0 + e_i \quad 1 \leq i \leq n_G$

$\quad w_1 x_{i1} + w_2 x_{i2} + \cdots + w_p x_{ip} \leq c + a_0 + a_i - e_0 - e_i \quad n_{G+1} \leq i \leq n_G + n_B$

$\quad \sum_{j=1}^{p} (n_B \sum_{i=1}^{n_G} x_{ij} - n_G \sum_{i=n_G+1}^{n_G+n_B} x_{ij}) w_j = 1$

$\quad a_i, e_i \geq 0; \quad 0 \leq i \leq n_G + n_B$ (8.51)

这一规划问题总可以给出非平凡解,并且在对数据进行线性变换的情况下解是不变的。

在实际使用线性规划法时,人们抱怨该方法没有统计学基础,不能检验所估计出的参数是否在统计上是显著的。泽尔瑞(Ziari)等建议用刀切法(Jackknife)或自助法(Bootstrap)对参数进行估计。这两种方法均假设线性规划中所使用的样本代表整个客户总体。通过再抽样从原始样本中重新抽取子样本,每个新的子样本都会生成对参数的不同估计。这些估计的分布反映了总体中参数分布的信息。在刀切法中,一个容量为 t (通常 $t=1$)的子样本从全部样本剔除出来,用剩余的样本建立线性规划模型,得到参数的估计值。将这一过程重复多次。在自助法中,从原来容量为 n 的数据集中有放回地一个容量为 $n=n_G+n_B$ 样本建立线性规划模型,得到模型参数的估计。将这一过程重复多次,这些自助法参数的均值和标准差给出了原始参数估计的标准差的逼近。

人们认为回归方法比线性规划方法相比还有另一个优势。在回归方法中,可以从判别能力最强的变量开始,每次向模型中引入一个变量,这就是许多统计软件中的向前法。这样就可以事先确定所希望的评分卡中特征变量的数目 m 并进行回归,从而找到那些判别能力最强的特征变量。纳斯(Nath)和琼斯(Jones)(1988)说明了如何将杰卡乃夫方法应用于线性规划中,从而挑选出 m 个判别能力最强的特征变量。但是,这时需要解多个线性规划。

艾恩咖克(Drenguc)和克勒(Koehler)(1990)及纳斯、杰克逊(Jackson)和琼斯(1992)的评论性文章对线性规划和回归方法应用于分类问题时进行了比较(他们研究了几个数据集,但是其中没有信用数据集)。他们的研究结果表明,线性规划方法不如统计方法的结果好。

8.3.2 非线性规划——整数规划

线性规划模型使得错误分类的偏差之和达到最小。但是，一个更实用的准则是使得错误分类的样本数目达到最小，或者当将一个坏客户错分成好客户的损失 D 与将一个好客户错分成坏客户的损失 L 有较大差异时使得错误分类的总损失达到最小。在这些准则下建立评分模型仍然可以应用线性规划方法，但是由于一些变量要取整数值(如 0、1 等)，此时需要用整数规划方法。艾恩咖克和克勒(1990)给出了一个利用整数规划建立评分卡的模型，即

$$\text{Min } L(d_1 + \cdots + d_{n_G}) + D(d_{n_{G+1}} + \cdots + d_{n_{G+B}})$$

满足

$$w_1 x_{i1} + \cdots + w_p x_{ip} \geq c - M d_i \quad 1 \leq i \leq n_G$$

$$w_1 x_{i1} + \cdots + w_p x_{ip} \leq c + M d_i \quad n_G + 1 \leq i \leq n_G + n_B$$

$$0 \leq d_i \leq 1 \quad d_i \text{是整数} \tag{8.52}$$

其中，当客户 i 被错分时 d_i 取值为 1，否则 d_i 取值为 0。与前面的线性规划模型一样，当 $c=0$，$w_i=0$，$i=1, \cdots, p$ 时，式(8.52)达到最小，这是一个平凡解。因此，必须将标准化条件加入到约束中，例如

$$\sum_{j=1}^{p}(s_j^+ + s_j^-) = 1$$

$$0 \leq s_j^+, s_j^- \leq 1 \text{ 和 } s_j^+, s_j^- \text{ integer} \quad j=1, \cdots, p$$

$$-1 + 2s_j \leq w_j \leq 1 - 2s_j \quad j=1, \cdots, p \tag{8.53}$$

这一组约束要求 s_j^+、s_j^- 之一是 1 并且相应的 w_i 要么大于 1，要么小于-1(等价于令 c 取正值或取负值)。因此，这相当于要求

$$\sum_{j=1}^{p} w_i = 1 \text{ 和 } c=+1 \text{ 或} -1$$

乔奇米萨勒(Joachimsthaler)和斯坦姆(Stam)(1990)及克勒和艾恩咖克(1990)的研究发现整数规划模型在进行分类时要优于线性规划模型。但是，整数规划有两个缺点：第一，在求解整数规划模型时需要比线性规划模型花费更多的时间，因此它只能处理样本容量为几百这样的规模较小的样本；第二，常常存在几组不同的最优解，这些解对训练样本有相同的错误分类数目，但是对于保留样本的分类结果却很不相同。

迄今为止，整数规划已经被用于解决最小化错误分类样本数目的分类问题，但是它也能用于克服线性规划方法中由于最小化误差之和的绝对值而引起的两个问题：第一个问题是关于消除平凡解并且保证当数据的原点发生变化时权重保持不变。对模型式(8.52)，这一问题可以通过加入标准化条件式(8.53)来克服。同样的标准化方法也可以应用于 MSD 或 MMD 问题。这可以导出下面的整数规划，该规划使得偏差的绝对值之和最小化(MSD)(吉兰(Glen)，1999)。

$$\text{Min} \quad a_1 + a_2 + \cdots + a_{n_G} + n_B$$

满足
$$(w_1^+ - w_1^-)x_{i1} + (w_2^+ - w_2^-)x_{i2} + \cdots + (w_p^+ - w_p^-)x_{ip} \geq c - a_i \quad 1 \leq i \leq n_G$$

$$(w_1^+ - w_1^-)x_{i1} + (w_2^+ - w_2^-)x_{i2} + \cdots + (w_p^+ - w_p^-)x_{ip} \leq c + a_i, n_{G+1} \leq i \leq n_G + n_B$$

$$(w_1^+ - w_1^-) + (w_2^+ - w_2^-) + \cdots + (w_p^+ - w_p^-) = 1$$

$$cs_j^+ \leq w_j^+ \leq s_j^+, cs_j^- \leq w_j^- \leq s_j^- \quad c = 1, \cdots, p$$

$$s_j^+ + s_i^- \leq 1 \quad j = 1, \cdots, p \tag{8.54}$$

这里 w_i^+、$w_i^- \geq 0, 0 \leq s_j^+, s_j^- \leq 1, s_j^+$、$s_j^-$ 是整数，$j=1, \cdots, p$，c 是小于 1 的正数。

这些条件保证 w_i^+、w_i^- 至多有一个是正的，但是一些 w_i^+ 必须非 0。这一结果与式(8.53)中标准化后的结果是一样的。有了这 $2p$ 个整数变量，就能够保证不会出现平凡解并且当数据的原点发生变化时解的结果是不变的。

对线性规划方法的另一个批评是它很难仅利用 m 个特征变量建立最优评分卡。一些学者提出用刀切法来克服这一问题，但是也可以用整数规划式(8.54)来解决。所要做的只需在式(8.54)中加上另一个约束，即

$$\sum_{j=1}^{p}(s_j^+ + s_j^-) = m \tag{8.55}$$

这一条件保证 w_i^+、w_i^- 中仅有 m 个是正的，且仅有 m 个特征变量是非 0 的。可以针对不同的 m 值对规划求解，从而确定当模型中已经包括 m 个特征变量时还有哪些变量应该包含在模型中。这一方法的一个技术性难点是利用 m 个特征变量可能得到几个不同的评分卡，且这些评分卡都是最优的，因此进入 $m+1$ 个特征变量可能意味着有一些变量从评分卡中剔除，而另一些新的变量进入。通过找到所有最优的含 m 个特征变量的评分卡，可以克服这一困难，其方法如下：若解式(8.54)和式(8.55)组成的整数规划，其一解中非 0 特征变量是集合 $C=\{i_1, i_2, \cdots, i_m\}$，加入约束

$$\sum_{j \in C}(s_j^+ + s_j^-) \leq m-1$$

后再解规划。这将给出一个不同的解，并且可以检验它是否给出同样的目标函数值。如果不是的话，这种解是唯一的；如果是的话，重复这一过程直到找到所有的最优解。

8.3.3 人工神经网络

神经网络最初起源于人们试图建立模型来描述人脑的信息处理和交流过程。在大脑中，大量的树突将电信号运送到神经元，神经元则将这些信号转换成电子脉冲沿着轴突输送到突触，这样使得神经元的树突之间的信息相互关联。估计人脑中有 100 亿个神经元(Shepherd 和 Koch, 1990)。与人脑类似，一个神经网络由一组输入(变量)组成，每个输入均被一个权

重增殖，这与树突类似。增殖的结果被加总并被输送到一个神经元，经神经元处理后变成另一个神经元的输入值。

1. 单层神经网络

在单层神经网络中，输入变量经增殖、加总并被神经元处理后的结果不送到另一个神经元，而是将其作为所寻求的结果。可以利用这一结果来预测一个客户是应该被拒绝还是接受。一个单层神经网络可以用图 8.10 表示。

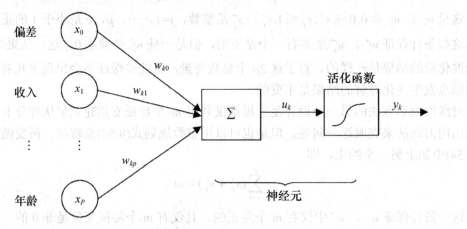

图 8.10 单层神经网络

也可以将单层神经网络用以下的代数式表达出来，即

$$\mu_k = w_{k0}x_0 + w_{k1}x_1 + \cdots + w_{kp}w_p = \sum_{q|=0}^{p} w_{kq}w_q \tag{8.56}$$

$$y_k = F(\mu_k) \tag{8.57}$$

$x_1, \cdots, x_p$ 是输入变量(如信用卡申请表中的特征变量)，每个输入变量的取值被认为是一个信号。权重 w_{ij} (通常称为接合权重)如果是正的就称为是刺激型的(因为此时它们会增加变量 u_k 的值)，如果是负的就称为是抑制型的(因为对正的变量此时它们会减少 u_k 的值)。要注意的是每个权重的下标的书写顺序是(k, p)，这里 k 表示权重所作用的神经元，p 表示(输入)变量。在单层神经网络中，$k=1$，因为此时仅有一个神经元。另外，变量 x_0 被设定为1，因此式(8.56)中的 $w_{k0}x_0$ 就是 w_{k0}，通常称其为偏差，它具有将 u_k 增加或减少一个常数的功能。

用一个活化函数(或者称为转移函数、挤压函数)对 w_k 的值进行变换。在早期的神经网络中，活化函数是线性的，这大大限制了神经网络所能处理的问题的范围。现在，人们使用下面一些转移函数。

(1) 阈函数

$$F(u) \begin{cases} =1 & 若 \quad u \geq 0 \\ =0 & 若 \quad u < 0 \end{cases} \tag{8.58}$$

这意味着，如果 u 是 0，或者大于神经元的值，函数输出结果为 1；否则，函数输出结果为 0。

(2) Logistic 函数

$$F(u) = \frac{1}{1+e^{-an}} \tag{8.59}$$

这两个函数的图形见图 8.11。Logistic 函数中 a 的值决定了曲线的倾斜程度。两个函数均使得神经网络的输出结果限制在 (0, 1) 范围内。有时候希望输出结果在 (-1, +1) 之间，此时可以使用双曲正切函数 $F(u) = \tanh(h)$。

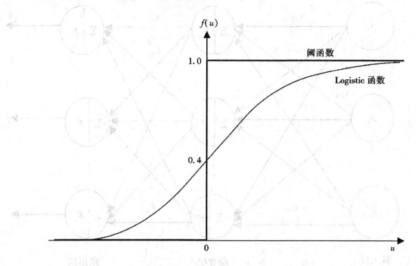

图 8.11 阈函数和 Logistic 函数

给定了权重的值及转移函数，将信用卡申请人的特征变量取值代入式(8.56)，计算式(8.57)中 y_k 的值，将该值与临界值进行比较，就可以预测是否给该申请人发放信用卡。

由一个神经元及阈活化函数组成的模型称为一个感知器。罗斯布莱特(Rosenblatt, 1958、1960)证明，如果所要分类的样本是线性可分的(即当只有两个输入信号时两类样本分别落在一条直线的两边；当有多个输入信号时，两类样本分别落在一个超平面的两边)，利用他给出的一个算法可以找到合适的权重。但是，明斯基(Minsky)和佩珀特(Paprt, 1969)证明，当样本不是线性可分时，感知器不能对两类样本进行区分。

1986 年，麦尔哈特(Rumelhart)、锡恩特恩 (Hinton)和威廉姆斯(Williams)(1986a、1986b)证明，利用多层网络以及非线性转移函数，神经网络可以解决非线性可分样本的分类问题。几乎在同一时间，麦尔哈特和米·克尔兰德 (McClelland) (1986)，帕克尔(Parker, 1982)及里坤(LeCun, 1985)讨论了利用反向传播算法(BP 算法)估计这类模型的权重。由于这是一类最常用的方法，下面对它进行描述。

2. 多层感知器

一个多层感知器有一个输入信号层、一个输出信号层和一些介于这两个层之间、由神经元构成的层(称为隐含层)组成。隐含层中每个神经元都有一组权重作用于它的输入项。一个隐含层中每个神经元的输出都被一组权重作用后变成下一个隐含层的神经元的输入；否则，它们变成输出层的输入。输出层给出它的每个神经元的输出值，将这些值与临界值进行比较，从而对每个样本进行分类。一个3层的感知器如图8.12所示。

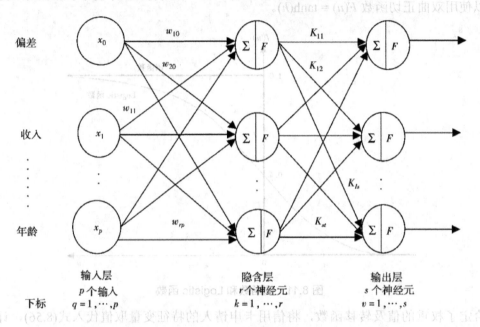

图 8.12　一个多层感知器

可以将一个多层感知器用代数式表示。对于图中的 3 层感知器，从式(8.56)和式(8.57)可以得到

$$y_k = F_1(\sum_{q=0}^{p} w_{kq} x_p) \tag{8.60}$$

这里，F 的下标 1 表示它是输入层之后的第 1 层。$y_k(k=1, \cdots, r)$ 是第一个隐含层的输出。由于一个层的输出是下一层的输入，则有

$$z_v = F_2(\sum_{k=1}^{r} K_{vk} y_k) = F_2(\sum_{k=1}^{r} K_{vk}(F_1(\sum_{q=0}^{p} w_{kq} x_q))) \tag{8.61}$$

这里，z_v 是输出层中神经元 v 的输出，$v=1, \cdots, s$，F_2 是输出层的活化函数，K_{vk} 是作用于 y_k 层的权重，这些权重连接隐含层中的神经元 k 和输出层中的神经元 v。

计算权重向量的过程称为训练。有很多计算权重的方法，但使用最多的是反向传播算

法。在这种方法中,将每个样本的输入变量及该样本所属的类构成的训练对重复地输入到网络中,同时对连接权重进行调整以使某个误差函数达到最小。

8.3.4 遗传算法

简单地说,遗传算法(GA)对一个问题的潜在解的种群进行系统的搜索,使得与解决此问题相近的解保留在候选解中的可能性比其他解要大。遗传算法最早是被赫兰德(Holland,1975)提出的,它与达尔文(Darwin,1859)提出的自然演化法则类似。

1. 基本原理

假设在以下的信用评分公式中,为了对申请人进行分类,要计算参数 a_1,a_2,$\cdots$,a_p,b_1,b_2,$\cdots$,b_p 和 c,即

$$f(x_i) = a_1 x_{i1}^{b_1} + a_{2_1} x_{i2}^{b_2} + \cdots + a_p x_{ip}^{b_p} + c \tag{8.62}$$

式中,x_{i1},$\cdots$,x_{ip} 为第 i 个申请人的特征变量的值。

一旦估计出了这些参数,就可以按照 $f(x_i)$ 是否大于 0 来将申请人划分为好客户或坏客户。

遗传算法的计算程序体如图 8.13 所示。首先,选取 a、b、c 候选值总体。例如,a_1 的取值范围可能在 $-1000 \sim +1000$ 之间等;b_1 的取值范围在 $0 \sim 6$ 之间等。由于算法的缘故,解中的数字用二进制表示,因此,a_1,$\cdots$,a_p,b_1,$\cdots$,b_p 和 c 的解全是由一组 $\{0, 1\}$ 组成。

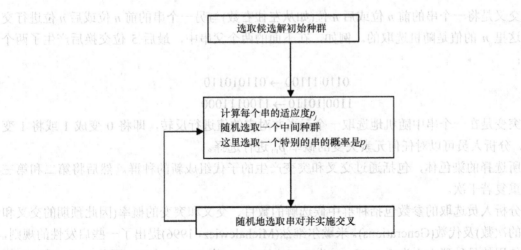

图 8.13 遗传算法的步骤

在这一阶段介绍一些术语。0 和 1 组成的集合称为串或染色体。串由特性或基因组成,每个基因取特别的值称为等位基因。因此,信用评分函数问题由一行基因集合构成,每个

基因取值 0 或 1，每个集合与 a_1、x_1、n_1、a_2、x_2、n_2 有关，以此类推。整行是一个染色体或串。

在第二阶段，从中间种群中选取一些解。此时选取的方法是随机的，除非分析人员有关于这些值的先验知识。为了选取中间种群的成员，计算每个解在初始种群中的表现，这一表现常称为适应度(Fitness)。在信用评分问题中，适应度可以用对样本正确分类的百分比来计算。令 j 表示特殊解，希望比较每个解 f_j 的适应度，但是 f_j 的值依赖于所使用的适应度函数。为了避免这一点，对每个候选解计算标准化的适应度函数 p_j，即

$$p_j = \frac{f_j}{\sum_{j=1}^{n_{\text{pop}}} f_j} \tag{8.63}$$

式中，n_{pop} 为种群中候选解的个数。中间种群是从初始种群中随机选取的，p_j 是一个串被随机抽取的概率，这可以通过将一个轮盘旋转 n_{pop} 次来实施，在这一轮盘中，与每个串对应的圆周部分为整个圆周的 p_j。

这第二阶段所创造的中间种群仅仅由初始种群中的成员构成，其中没有新的串产生。在第三阶段会产生新的串。从中间种群中选取一定数目的串对并实施遗传算子。遗传算子是改变一个串或串对中等位基因值的方法，交叉(Crossover)和突变(Mutation)是其中的两种。对交叉来说，每个染色体有相同的机会 p_c 被选中，这里 p_c 是由分析人员确定的。这可以通过重复地产生一个随机数 r 来实现，并且如果第 k 次的 r 值小于 p_c，那么就选取第 k 个染色体。

交叉是将一个串的前 n 位或后 n 位(如从左往右数)与另一个串的前 n 位或后 n 位进行交换。这里 n 的值是随机选取的。例如，在下面的两个父串中，最后 5 位交换后产生了两个子串：

$$0110|11100 \rightarrow 011010110$$
$$1100|10110 \rightarrow 1100111000$$

突变是在一个串中随机地选取一个元素并对它的值进行反转，即将 0 变成 1 或将 1 变成 0。分析人员可以对任何元素突变的概率 p_m 进行选择。

所选择的染色体，包括通过交叉和突变产生的子代组成新的种群。然后将第二和第三阶段重复若干次。

分析人员选取的参数包括种群中候选解的数目、交叉和突变的概率(因此预期的交叉和突变的次数)及代数(Generations)。米歇尔维兹(Michalewicz, 1996)提出了一些启发性的规则，通常使用的是种群大小为 5～100，p_c 为 0.65～1.00，p_m 为 0.001～0.01。因此，Albright(1994) 在将遗传算法应用于信用联盟评分卡时，所取的种群数量是 100，代数是 450，p_c 为 0.75 左右，p_m 为 0.05 左右。

式(8.62)是信用评分文献中所使用的评分函数的一个例子。通常文献中不会泄露这样的

细节。一篇给出细节的文献是由波斯(Yobas)、克鲁克和罗斯(Rose)(2002)，这篇文章使用的是一个不同的函数。可以用图 8.14 中解的染色体来解释。

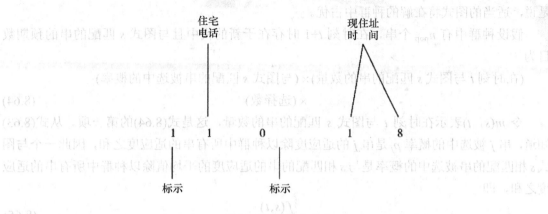

图 8.14 解的染色体

2. 图式

本节考虑在一个串内部特别部分的值的相似性如何加速搜索最优解，所以尝试理解遗传算法如何及为什么能够起作用。因此，考虑一个特别的问题是有帮助的。假设希望利用遗传算法找到 x，使得 $y= -0.5x^2+4x+100$ 达到最大。通过简单的微分，可以知道答案是 4。

假设设定种群是 0～15 的整数值，随机选取 4 个候选解，见表 8.2。考察表 8.2 可以发现，与 0 最接近的串的相对适应度 p_j 比其他串的相对适应度大。

表 8.2 一个遗传算法的候选解

串序号	串	x(十进制)	y(适应度)	p_j
1	1010	10	90.0	0.2412
2	0111	7	103.5	0.2775
3	1100	12	72.0	0.1930
4	0011	2	107.5	0.2882

一个图式(这一术语最先被霍兰德(1968)所使用)是说明串内特定位置的值的一个模板。如果用符号*表示"不关心"这一值是什么，可以看到串 2 和串 4 拥有图式 0**1，而串 1 和串 3 则不拥有该图式。串的相似度可以用来说明为什么遗传算法可能接近最优解。

注意每个串与 2^l 个图式匹配(在每个位置，或者为 0，或者为 1，或者为*，并且共有一个位置)。如果种群中有 n 个串，在 2^l 和 $n2^l$ 之间不同的图式与种群匹配，具体数目取决于多少串具有相同的图式。

现在考虑产生新的种群的效果 (新的种群中含有预期数量的图式)。可以证明，当创造新的代时，在一个给定大小的种群中预期的与适当的图式相匹配的串的数量将增加，也就是说，适当的图式将在解的种群中占优。

假设种群中有 n_{pop} 个串，在时刻 $t+1$ 时存在于新的代中且与图式 s 匹配的串的预期数目为

$$(在时刻 t 与图式 s 匹配的串的数量) \times (与图式 s 匹配的串被选中的概率)$$
$$\times (选择数) \tag{8.64}$$

令 $m(s, t)$ 表示在时刻 t 与图式 s 匹配的串的数量，这是式(8.64)的第一项。从式(8.63)知道，串 j 被选中的概率 p_j 是串 j 的适应度除以种群中所有串的适应度之和，因此一个与图式 s 相匹配的串被选中的概率是与 s 相匹配的串的适应度的平均值除以种群中所有串的适应度之和，即

$$\frac{f(s,t)}{\sum_{j=1}^{n_{pop}} f_j} \tag{8.65}$$

这里，$f(s, t)$ 是在时刻 t 与图式 s 匹配的串的适应度的平均值。最后，选择数就是种群的大小，将这些代入式(8.64)，有

$$m(s, t+1) = m(s, t) \frac{f(s,t)}{\sum_{j=1}^{n_{pop}} f_j} n_{pop} \tag{8.66}$$

这里，$m(s, t+1)$ 是在时刻 $t+1$ 与图式 s 匹配的串的预期数量。将

$$\frac{\sum_{j=1}^{n_{pop}} f_j}{n_{pop}}$$

记为 $\overline{f}$，这是种群中所有串的适应度的平均值，可以将式(8.66)写成

$$m(s, t+1) = m(s, t) \cdot \frac{f(s, t)}{\overline{f}} \tag{8.67}$$

式(8.67)表示，当产生每个代时，如果图式中的平均适应度大于种群的适应度，那么种群中拥有这一图式的串的预期数量将增加，相应地，种群中与这一图式的适应度相对低的串的预期数量将减少。事实上，可以证明，如果一个图式的相对适应度超过平均值，当新的代产生时，拥有这一图式的串的数量将呈指数增长。为了证明这一点，假设 $f(s,t)=(1+k)\overline{f}$，也就是说一个图式的平均适应度与 $\overline{f}$ 成比例(但比 $\overline{f}$ 大)。那么，从式(8.67)，$m(s, 1)=m(s, 0)(1+k)$，$m(s, 2)=m(s, 1)(1+k)=m(s, 0)(1+k)^2$，并且一般的都有 $m(s, t)= m(s, 0)(1+k)^t$。

现在对式(8.67)进行修正，将交叉和突变加入其中。为了理解这一点，需要定义图式的

顺序和长度。一个图式的顺序 H(记为 $O(H)$)是图式中 0 和 1 位置的个数；一个图式的长度(记为 δ)是图式中第一个位置和最后一个固定位置之间的距离。例如，在图式

$$10****1*,$$

中，顺序是 3，长度是 7-1=6。

现在考虑交叉。考虑两个图式

$$s_1: 11****01$$
$$s_2: ***11****$$

由于交叉点的选择是随机的，并且每个点被选中的可能性都相同，假设交叉算子是将两个串的后 4 位进行交换，那么交叉更可能毁坏 s_1，s_2 中后 4 个元素是"不关心"的，因此，如果被任何串所代替，新的子代仍然是图式 s_2 的一个实例。另一方面，后两个元素是 01 的串不大可能被选中来代替 s_1 中的后 4 个元素。s_1 和 s_2 之间相应的距离就是长度，对 s_1 来说是 8(9-1)，对 s_2 来说是 1(5-4)。

因此，长度越大，图式被毁坏的概率也越大。特别地，如果交叉位置是从 $L-1$ 个位置中选择出来的，那么一个图式被毁坏的概率是 $\dfrac{\sigma}{L-1}$，生存的概率为

$$P = 1 - \dfrac{\sigma}{L-1} \tag{8.68}$$

假设一个串被选中进行交叉的概率是 p_c，那么生存的概率可以被修正为 $1 - p_c(\dfrac{\sigma}{L-1})$。但是，在进行交叉的两个串中某些特别的数值(0，1)的特别位置，交叉之后与两个串相匹配的图式之一将仍然与子代相匹配，这一点是有可能的。例如，如果两个串以 11 开始，以 01 结尾(因此，两者都是上述 s_1 的实例)，对位于第二个 0 和 1 之前的点之间的点进行交叉，将可以产生一个子代，该子代仍然与 s_1 匹配。因此，一个图式生存的概率至少是 $1 - p_c(\dfrac{\sigma}{L-1})$。

现在对式(8.67)进行修正使得其也适用于交叉的情形。$m(s，t+1)$是产生了一个新的子代后与 s 匹配的串的预期数量，式(8.67)仅仅考虑到了选择。但是，当有交叉时，在新的子代中与图式 s 匹配的串的预期数量等于复制的种群中串的数量乘以串生存的概率。记住在上一段中"至少"的表达，可以将式(8.67)修正为

$$m(s, t+1) \geqslant m(s,t) \cdot \dfrac{f(s,t)}{\bar{f}} \cdot (1 - (\dfrac{p_c \sigma}{L-1})) \tag{8.69}$$

对于一个给定的串长 $L-1$、给定的图式长度 σ 和进行交叉时的选择概率 p_c，原来对于式(8.67)的解释仍然适用。但是，另外可以说如果交叉的概率下降和(或)在解中串的图式的长度下降，那么与图式 s 匹配的串的预期数量在两代之间将会增加。

可以对式(8.69)进一步修正使其适用于突变的情形(可以参见关于遗传算法的教材，如古尔德伯格(Goldberg，1989)。直观上意识到，当顺序(也就是图式中固定位置的个数)增加时，

给定一个位反转的概率，那么在下一代中与一个图式匹配的串的预期数量下降。

从式(8.69)可以得到结论：当生成给定大小的新子代时，适应度在平均水平以上的与图式相匹配的串(这些串的图式长度短、顺序低)的数量将呈指数增长。这就是图式定理。

8.4 行为评分模型及其应用

8.4.1 行为评分简介

前面介绍的统计和非统计分类方法可以用于确定是否批准一个新的申请人的信贷申请，也可以用于确定现有的客户中哪些在最近或不久的将来会有违约的危险。后一种应用是行为评分的一个例子，行为评分是对客户的还款和使用行为建立模型。这些模型被贷款机构用于调整信贷额度以及对每个客户确定营销和操作策略。也可以用马尔可夫链概率模型对客户的还款和使用行为建模。这类模型对消费者的行为有更多的假设，因此它们不仅仅被用于预测消费者的违约概率。

最初仍然考虑如何将分类方法用于行为评分，描述分类方法建立的行为评分的使用及其变形，用马尔可夫链(Markov)模型应用于行为评分，此时参数是利用以前客户的数据估计得到的。解释如何将这一思想与动态规划结合起来从而形成马尔可夫决策过程模型，用此模型对客户的信用额度进行优化。考虑这些模型的一些变形，特别是当将总体进行分割并对各部分分别建立模型时，也要考察模型参数的估计方法以及检验模型的假设是否有效。在马尔可夫链模型中，估计单个客户的参数值并利用客户个人的表现对参数进行更新。这是一种贝叶斯方法，它与之前的传统模型方法形成对照，故称为贝叶斯—马尔可夫链方法。

8.4.2 马尔可夫链方法

与基于分类的黑箱方法建立的行为评分模型相反，建立消费者的还款和使用行为模型的思想最早在 20 世纪 60 年代初提出。这一想法的基本思想是确定借款人账户所处的可能状态，然后估计在一个账期内账户从一种状态转移到下一种状态的可能性。账户的状态主要取决于账户当前所处位置的信息以及它的近期历史，但是也取决于初始的申请信息。因此，当前的余额、延误的还款期数、过去 6 个月内提醒信的数量可能是典型的信息。目的是对账户的状态进行定义，且在下一个账期中，账户从一个状态转移到任何一个特别状态的概率仅依赖于账户的当前状态，而与账户以前的状态无关。这就是马尔科夫链的定义。

更正式的定义如下：

设 $\{X_0, X_1, X_2, X_3, \cdots\}$ 是一个随机变量集合，随机变量取值为 M 种状态之一。一

个过程被称为有限马尔可夫链,如果它满足

$$\text{Prob}\{X_{t+1}=j|X_0=k_0, X_1=k_1, \cdots, X_{t-1}=k_{t-1}, X_t=i\} = P\{X_{t+1}=j|X_t=i\} \tag{8.70}$$

对所有的 t,i 和 j 都成立,这里 $1\leq j$、$j\leq M$,条件概率 $P\{X_{t+1}=j|X_t=i\}$ 被称为转移概率并用 $p_t(i,j)$ 表示,由概率的性质有 $p_t(i,j)\geq 0$,$\sum_j p_t(i,j)\geq 1$。

由这些概率构成的矩阵用 p_t 表示,因此,$(p_t)(i,j)=p_t(i,j)$。马尔可夫性质式(8.70)表示:给 X_0 的值,通过连乘矩阵 P_0,P_1,…,P_{t+1},可以得到 X_t 的分布,因为

$$P\{X_{i+1}=j|X_0=i\} = \sum_{k(i)\cdots k(t-1)} P\{X_{t+1}=j|x_t=k(t)\}$$

$$P\{X_t=k(t)|X_{t+1}=k(t-1)\}$$
$$\cdots P\{X_2=k(2)|X_1=k(1)\}$$
$$P\{X_1=k(1)|X_0=j\} \tag{8.71}$$

$$= \sum_{k(i)\cdots k(t-1)} P_0^{(i,k(1))} P_1^{(k(1),k(2))} \cdots P_t^{(k(t),j)}$$

$$= (P_0 P_1 \cdots P_t)(i,j)$$

如果对所有的 t、i 和 j,有 $P_t(i,j)=p(i,j)$,这一过程是平稳马尔可夫链。在这种情况下,k 阶转移概率可通过将 P 自乘 k 次得到。因此,有

$$P\{X_{t+1}=j|X_0=i\} = \sum_{k(i)\cdots k(t-1)} p_0^{(i,k(1))} p_1^{(k(1),k(2))} \cdots p_t^{(k(t),j)} = (P\cdot P\cdots\cdots P)(i,j) = P^{t+1}(i,j) \tag{8.72}$$

如 π_{t+1} 是 X_{t+1} 的分布,则 $\pi_{t+1}(i)=\text{Prob}(X_{t+1}=i)$,式(8.72)用向量形式可以写成

$$\pi_{t+1} = P\pi_t = P_{t+1}\pi_0 \tag{8.73}$$

对于非周期马尔可夫链(即不存在 $k>2$,使得 $p^n(i,j)\neq 0$ 对某个 i、j 成立,仅当 n 被 k 整除时等号成立),最后 π_t 收敛于一个极限概率 π^*。将式(8.73)中的 π_t 和 π_{t+1} 用 π^* 代替,则 π^* 必须满足

$$\pi^* = P\pi^* \tag{8.74}$$

马尔可夫链的状态划分为常返(Persistent)状态和滑过状态(Transient),常返状态 i 是指从该状态出发,最终还会返回到该状态,其所对应的 $\pi^*>0$;滑过状态 i 是指马尔可夫链回到该状态的概率小于 1,其对应 $\pi^*=0$。

考虑下面的马尔可夫链模型。

例 8.4 这类模型的一个最简单例子是贷款账户的状态为以下状态之一 $\{\text{NC}, 0, 1, 2, \cdots, M\}$,这里 NC 是没有借款的状态,此时账户的余额为 0;0 表示账户中有余额,但需要偿还的贷款是最近的;1 表示有一次到期未付的借款;i 表示有 i 次到期未付的借款;假设有 M 次到期未付的贷款时,客户被划为坏客户。马尔可夫链转移矩阵为

From/To	NC	0	1	2	⋯	M
NC	$p(NC,NC)$	$p(NC,0)$	0	0		0
0	$p(0,NC)$	$p(0,0)$	$p(0,1)$	0	⋯	0
1	$p(1,NC)$	$p(1,0)$	$p(1,1)$	$p(1,2)$		
2	$p(2,NC)$	0	$p(2,1)$	$p(2,2)$	⋯	
⋯						
M	$p(M,NC)$	$p(M,0)$	0	0	⋯	$p(M,M)$

(8.75)

这是卡尔伯格(Kallberg)和桑德斯(1983)描述的模型，在此模型中账户从一种状态跳到另一种状态。他们所举的例子中数据的平稳转移矩阵为

From/To	NC	0	1	2	3
NC	0.79	0.21	0	0	0
0	0.09	0.73	0.18	0	0
1	0.09	0.51	0	0.40	0
2	0.09	0.38	0	0	0.55
3	0.06	0.32	0	0	0.62

(8.76)

因此，如果所有的账户从无贷款状态 $\pi_0 = (1, 0, 0, 0, 0)$ 开始，经过一个时期后，账户的分布是 $\pi_1 = (0.79, 0.21, 0, 0, 0)$，以后的各个时期的分布为

$$\pi_2 = (0.64, 0.32, 0.04, 0, 0)$$
$$\pi_3 = (0.540, 0.387, 0.058, 0.015, 0)$$
$$\pi_4 = (0.468, 0.431, 0.070, 0.023, 0.008)$$
$$\pi_5 = (0.417, 0.460, 0.077, 0.028, 0.018)$$
$$\pi_{10} = (0.315, 0.512, 0.091, 0.036, 0.046)$$

(8.77)

这是一个估计账户在未来时期坏的贷款（状态3）数量的有用方法。在10个时期之后，将有4.6%的账户成坏账户。这种方法对交易额的变化似乎比其他标准的预测方法更具有稳健性，在这些标准的预测方法中需要使用滞后的交易额变量。

最早的消费者偿还行为马尔可夫链模型之一是斯耶特(Cyert)、戴维森(Davidson)和汤普森(Thompson)(1962)提出的一个信用卡模型。但是，斯耶特模型在会计惯例方面有一定的问题。假设一个账户有20英镑过期未付贷款，其中10英镑过期3个月，10英镑过期1个月。如果标准的还款额是(每月)10英镑，消费者这个月支付了10英镑(因此账户中仍然有20英镑的到期未付贷款)，那么账户中是有10英镑的4个月到期未付贷款、10英镑的2个月到期未付贷款还是10英镑的2个月到期未付贷款、10英镑的1个月到期未付贷款？这一问题被瓦·库勒(Van Kueler、斯布朗克(Spronk)和考克兰(Corcoran)(1981)所解决，他们使用每个数量的一部分而不是像斯耶特、戴维森和汤普森(1962)所建议的那样还清过期最长的贷款。斯耶特模型的另一个变形是考克兰(1981)提出的，他指出如果不同数量大小的贷款使用不同的转移矩阵，评分系统将更加稳定。卡尔伯格和桑德斯(1983)对两个类似的模型进行了探

讨，在他们的研究中，状态空间依赖于期初差额的数量和偿还额是否：①小于总的未付清余额但大于所要求的数量；②在所要求数量的一个较小区间之内；③明显小于所要求的数量；(4)根本就没有还款。

可以定义更复杂的马尔可夫链模型，在这些模型中状态空间中的状态 s 有 3 个元素，$s=(b, n, i)$，这里 b 是未偿还余额，n 是当前连续未还款的期数，i 表示其他重要的特征变量。如果明确贷款机构在每个状态从一个消费者赚取的预期单期收益，可以计算在任何信用额度策略下的预期总收益。事实上，可以更进一步计算一定的坏账水平下使得收益最大的信用额度策略或一定收益水平下坏账额最小的信用额度策略。为说明这一点，看下面的一个邮购的例子。

例 8.5 假设消费者偿还的状态是 $s=(b, n, i)$，其意义同上。从消费者的历史样本，估计以下的量。

$t(s, a)$ 状态 s 下一个账户在下一时期偿还额为 a 的概率。

$w(s, i')$ 状态 s 下一个账户在下一时期其他特征变量从 i 变化为 i' 的概率。

$r(s)$ 状态 s 下在每一时期中客户订货的期望值。

如果订单不多，给定账户在状态 s 的条件下，可以利用动态规划方法计算违约的可能性 $D(s)$。假设连续 N 期未还款为违约，则

$$D(b, N, i)=1 \quad 对所有 b, i, j$$
$$D(0, n, i)=0 \quad 对所有 i, n<1 \tag{8.78}$$

而

$$d(b,n,i) = \sum_{i',a\neq 0} t(s,a)w(s,t')D(b-a,0,i') + \sum_{i'} t(s,0)w(s,t')D(b_0,n+1,a) \tag{8.79}$$

这一点是成立的，因为如果系统处于状态 (b, n, i) 并且偿还额为 a 及 i 变化到 i' 这一事件发生的概率为 $t(s,a)w(s,i')$，那么系统的状态变成 $(b-a, 0, i)$。没有还款且状态转移到 $(b, n+1, i')$ 的概率是 $t(s, 0)w(s, i')$。可以利用式(8.77)和式(8.79)对每个状态计算 $D(b, n, i)$，正如图 8.15 所示，状态的转移或者是朝着网格的底部或者是朝右边，而 $D(b, n, i)$ 的值在这些边线是已知的。

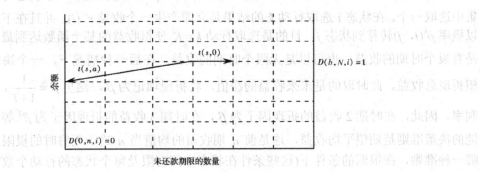

图 8.15 D 的计算

显然当 n 和 i 保持固定时，违约可能性 $D(b, n, i)$ 随着 b 的增加而增加，因为在余额被还清之前，有更多的贷款需要偿还。

根据以往的数据，可以利用上面的方法计算每个状态的违约概率，以及计算每个状态下订货的期望值。然后可以将状态按照违约概率的升序进行排序。例如，在表 8.3 中(这里假设有 9 个状态)，总的订货的期望值是 1000 英镑，贷款机构需要确定多大的违约水平和订货损失是可以接受的。如果他们认为 0.1 的违约水平是可接受的，那么他们可以接受表 8.2 中直到状态 s_8 而拒绝 s_4、s_6 和 s_5 的订货值，因此损失 $\frac{60+40+50}{1000}=15\%$ 的订货。如果他们认为 0.025 的违约水平是可接受的，他们将拒绝来自状态 s_9、s_8、s_4、s_6 和 s_5 的订货，从而损失 $\frac{120+80+60+40+50}{1000}=25\%$ 的订货。因此，管理者必须选择什么样的违约水平 D^* 是可以接受的。由于 $D(b, n, i)$ 随着 b 的增加而增加，可以求解

$$D(L(n, i), n, i) = D^* \tag{8.80}$$

从而得到每个状态 (n, i) 的信用额度 $L(n, i)$。

表 8.3　每种状态下的订货值及违约率

状　态	s_7	s_1	s_3	s_2	s_9	s_8	s_4	s_6	s_5
违约率	0.001	0.004	0.008	0.02	0.06	0.09	0.12	0.15	0.2
订货值/英镑	50	150	250	200	120	80	60	40	50

马尔可夫链的模型有两个要素——状态和收益函数，前者利用转移矩阵描述消费者偿还行为的表现，后者描述某状态中的消费者对贷款机构的价值。如果再加上第三个要素——贷款机构的决策(这一决策对收益及状态之间的转移有影响)，那么就可以得到一个马尔可夫决策过程，这一过程是随机动态规划的一个特例。

正式定义的话，一个马尔可夫决策过程是一个随机过程 $X_t, t=1, 2, \cdots$，这一过程在状态空间 s 上取值。对每个状态 $i \in s$，有一组行动 $k \in K_i$，当过程进入一个状态时必须从行动集中选取一个。在状态 i 选取行动 k 的结果是立即产生一个收益 $r^k(i)$，并且在下一时期系统以概率 $p^k(i, j)$ 转移到状态 j。目的是选取行动 $k \in K_i$ 使得收益的某个函数达到最大。这可以是有限个时期的收益，也可以是无限个时期的收益。在后一种情况下，一个决策准则是期望折现总收益。此时取的是未来收益的净值，将折现项记为 β，这里 $\beta = \frac{1}{1+i}$，i 是给定的利率。因此，在时期 2 收益的折现因子为 β，在时期 3 收益的折现因子为 β^2 等。第二个可能的决策准则是期望平均收益，这是前 n 期收益的均值当 n 趋于无穷时的极限。无论使用哪一种准则，在很弱的条件下(这些条件在状态空间有限及每个状态的行动个数有限时总是成立的，详情见 Puterman, 1994)，最优值及最优行动都满足 Bellman 最优方程。例如，如

果 $v_n(i)$ 是系统从状态 i 开始的 n 个时期的最优总收益，那么

$$v_n(i) = \max_{k \in K_i}\{r^k(i) + \sum_j p^k(i|,j)v_{n-1}(j)\} \tag{8.81}$$

对所有 $i \in s$ 和 $n=1, 2, \cdots$，成立。

同样地，如果 β 是折现因子，$v(i)$ 是系统从状态 i 开始时的最优期望折现收益，那么

$$v(i) = \max_{k \in K_i}\{r^k(i)\sum_j p^k(i,j)\beta v(j)\} \tag{8.82}$$

对所有 $i \in s$ 成立。

标准分析显示(Puterman，1994)，使式(8.82)右边最大化的行动构成折现的状态空间无限问题的最优策略，而使得式(8.81)右边最大化的行动构成了使状态空间有限问题的总收益最大化的最优策略。因此，解最优方程式(8.81)和式(8.82)可以得到最优值和最优行动。解状态空间有限的最优方程式(8.81)时可以这样做：先确定边界条件 $v_0(\cdot)$ 应该是什么(一般情况下$v_0(\cdot)=0$)，然后再求解 $v_1(i)$；求得了 $v_1(\cdot)$ 后，就可以求解 $v_2(\cdot)$；重复这一过程就可以对所有的 n 求得 $v_n(\cdot)$。这一方法也可以用于求最优方程式(8.82)。可以递归地解下列方程组，即

$$v_n(i) = \max_{k \in K}\{r^k(i) + \sum_{j \in s} p^k(i,j)\beta v_{n-1}(j)\} \quad \text{对所有} i \in s, n=1,2\cdots, \tag{8.83}$$

可以证明，解 $v_n(0)$ 收敛于式(8.82)的解 $v(0)$。同样地，如 Puternan(1994)所证明，在某个 n^* 之后，对所有的 $n \geq n^*$，有最大化的行动同时也使得状态空间无限问题最大化。

例 8.6 消费者还款行为的状态是 $s=(b, n, i)$，其中 b 是未偿还贷款余额，n 是最近一次还款到现在的时期数，i 是其他信息，行动是确定每个状态下的信用额度 L。一旦定义了 $p^L(s, s')$ 和 $r^L(s)$，就能很好地确定马尔可夫决策过程行为评分系统。通过从历史数据估计下列指标，可以定义 $p^L(s, s')$：

$t^L(s, a)$ 信用额度 L、下一时期还款额为 a 的账户的状态是 s 概率。
$q^L(s, e)$ 信用额度为 L、下一时期的订货为 e 的账户的状态是 s 概率。
$w^L(s, i')$ 信用额度为 L、其他信息从 i 变化到 i' 的账户的状态是 s 概率。

那么

$$p^L(b,n,i;b+e-a,0,i') = t^L(s,a)q^L(s,e)\ w^L(s,i') \quad b+e-a \leq L; a>0$$

$$p^L(b,n,i;b-a,0,i') = t^L(s,a)(q^L(s,0) + \sum_{e \geq L-b+a} q^L(s,e))w^L(s,i') \quad a>0$$

$$p^L(b,n,i;b+e,n+1,i') = t^L(s,0)(q^L(s,e)\ w^L(s,i') \quad b+e \leq L$$

$$p^L(b,n,i;b,n+1,i') = t^L(s,0)(q^L(s,0) + \sum_{e \geq L-b} q^L(s,e))w^L(s,i') \tag{8.84}$$

贷款机构的收益是总销售额中盈利的部分减去消费者的违约损失。如果假设消费者连续 N 期未还款就被视为违约,那么

$$r^L(b,n,i) = f \sum eq^L(s,e) - bt^L(s,0)\sigma(n-(N-1)) \tag{8.85}$$

如果假设每期的利润被 β 折现,令 $v_n(s)$ 是从状态 s 开始的最优的折现期望利润,$v_n(s)$ 必须满足下列最优方程,即

$$v_n(s) = \max_L \{r^l(s) + \sum_{s' \in S} p^k(s,s')\beta v_{n-1}(s')\} \quad \text{对所有 } s \in S; n = 1, 2, \cdots \tag{8.86}$$

这可以给出一个信用额度策略,此时额度 L 是状态 s 和直到时期结束时的时期数 n 的函数。为了使得策略与时期无关,需要考虑无限期的期望折现利润准则,此时从状态 s 开始的最优值 $v(s)$ 满足

$$v_n(s) = \max_L \{r^k(s) + \sum_{s' \in S} p^k(s,s')\beta v(s')\} \quad \text{对所有 } s \in S; n = 1, 2, \cdots \tag{8.87}$$

使式(8.87)右端最大化的行动给出了使得利润最大化的最优信用额度。

8.4.3 贝叶斯—马尔可夫链方法

考察了基于马尔可夫链模型的行为评分系统,此时模型的参数是根据以前的客户样本进行的估计。这正是传统的统计方法,假设转移概率是固定的并且对同组的客户是一样的。另外的方法——贝叶斯统计方法,则假设这些概率是主观的并且人们对它们的值看法会随着新的信息的取得而发生变化。在行为评分系统中,这意味着一个消费者在下一期偿还一定数量贷款的概率很大程度上取决于消费者的还款历史,这一概率从一个时期到另一个时期的变化取决于贷款是否偿还。模型的参数按照每一期贷款偿还或未偿还而自动更新,最后,单个消费者的参数将完全取决于该消费者的信用历史。

例 8.7 (每期偿还额度固定的贷款)考虑一个简单的情形:假设每期偿还的额度为一个固定的数量的贷款。因此,未知的仅仅是下期是否偿还贷款,这样就有一个月 Bernoulli 随机变量:如果偿还贷款,则 $X=1$;如果不偿还贷款,则 $X=0$。需要估计 $p=\text{Prob}(X=1)$。在任何点上,系统的状态必须反映人们关于 p 值的分布的信念。在贝叶斯统计学中,选择的信念是这样一种分布簇,当有新的信息加入时,更新的信念分布仍然属于该分布簇。这些分布簇是试图估计的变量的共轭分布。对于 Bernoulli 变量的情形,beta 分布是共轭分布簇。

参数为 (r, n) 的 beta 分布 $B(r, n)$(这里 $0 \leq r \leq n$)的密度函数为

$$f_{r,m}(p) = \begin{cases} \dfrac{(m-1)!}{(r-1)!(m-r-1)!} p^{r-1}(1-p)^{m-r-1}, & \text{当 } 0 \leq p \leq 1 \\ 0, & \text{当 } p \text{ 取其他值时} \end{cases} \tag{8.88}$$

假设关于 p 值的先验信念 f_0 是 $B(r, m)$ 并且偿还贷款,那么下一期开始时的信念 f_1 应该满足

$$f_1(p) = \frac{P(X_1=1\mid p)f_0(p)}{P(X_1=1)} = \frac{p(\frac{(m-1)!}{(r-1)!(m-r-1)!}p^r(1-p)^{m-r})}{P(X_1=1)} \tag{8.89}$$

因为

$$P(X_1=1) = \frac{(m-1)!}{(r-1)!(m-r-1)!}\int_0^1 p \cdot p^{r-1}(1-p)^{m-r-1}\mathrm{d}p = \frac{r}{m}$$

那么，有

$$f_1(p) = \frac{m!}{r!(m-r-1)!}p^{r+1}(1-p)^{m-r}$$

也就是说，新的分布是 $B(r+1, m+1)$。同样地，如果没有偿还贷款，则有

$$f_1(p) = \frac{P(X_1=0\mid p)f_0(p)}{P(X_1=0)} = \frac{(1-p)(\frac{(m-1)!}{(r-1)!(m-r-1)!}p^r(1-p)^{m-r})}{P(X_1=0)} \tag{8.90}$$

因为，$P(X_1=0) = \frac{m-r}{m}$，那么，有

$$f_1(p) = \frac{m!}{(r-1)!(m-r)!}p^r(1-p)^{m+1-r}$$

这是 $B(r, m+1)$ 的密度函数。对于这种参数化，可以将 m 看成账户存在以来还款的期数，而将 r 看成此期间还款的次数。

因此，在上述例子中，消费者的状态被 (b, n, r, m) 所确定，这里 b 是尚需偿还的余额，n 是自上次还款以来的期数，下一期偿还概率的信念是 beta 分布 $B(r, m)$。令 $D(b, n, r, m)$ 是当每期还款额是 a 时消费者违约的概率，那么马尔可夫链转移意味着违约概率满足

$$D(b,n,r,m) = \frac{r}{m}D(b-a,0,r+1,m+1) + (1-\frac{r}{m})D(b,n+1,r,m+1) \tag{8.91}$$

当 $n=0,1,2,\cdots,N$；$0 \leqslant r \leqslant m$

且 $D(0, n, r, m)=0$，$D(b, N, r, m)=1$

如果消费者连续 N 期未还款(即连续 N 期违约)，那么边界条件成立。在某种意义上，得到一个与例 8.6 很类似的模型，见图 8.16。

两者的区别在于跳跃的概率按照随机过程的历史随着时期的不同而发生变化。

为了实施这一模型，必须确定在贷款初期偿还概率的先验分布(的参数)，比如说 (r_0, n_0)。可以将它们取为不提供信息的先验值则 $r_0=1$，$n_0=2$。一个更好的方法是施行某个信用评分，并将 (r_0, n_0) 与信用分数建立联系，使得当分数增加时 $\frac{r_0}{n_0}$ 增加。无论选取哪种方法，在 m 个时期(设其中有 r 期偿还贷款)后，关于偿还概率的信念是 $B(r+r_0, m+m_0)$ 这里个人的实际还款历史 (r, m) 比初始条件 (r_0, m_0) 占优。

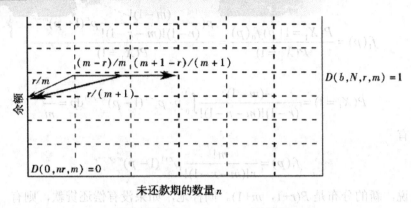

图 8.16　D(b, n, r, m)的计算

例 8.8　(Bierman-Hausman 信用卡模型)第一个还款行为的贝叶斯模型由比尔曼(Bierman)和豪斯曼(Hausman)(1970)提出,该模型用于描述某种信用卡的还款行为,在该信用卡中客户所借的钱必须在下个月再借钱之前全部还清。他们利用马尔可夫决策过程建模,此时状态空间是描述还款概率的信念 beta 分布的参数(r, m)。令 P 是本期发放了贷款并收回时得到的利润,$D(D<0)$是本期发放了贷款但没有收回所造成的损失。如果每一期的成本和利润的折现率为 β(斯瑞瓦森和凯米(Kim)(1987a)讨论了一个更接近实际的折现率),那么 $v(r, m)$——从一个处于状态(r, m)的客户可以赚取的最大期望总利润满足

$$v(r,m) = \max(\frac{r}{m}(P+\beta v(r+1,m+1)) + (1-\frac{r}{m})(D+\beta v(r,m+1));0) \tag{8.92}$$

在这一模型中的两个决策是给予贷款或是不予贷款,而且一旦不予贷款,就永远不会给该客户贷款了。

比尔曼和豪斯曼试图对该模型进行扩展,他们将所做的决策扩展至决定贷款的数量而不是式(8.92)中的"拒绝或者给予全部贷款"这样的决策。他们假设提供的贷款数量是标准贷款数量的一个比例 Y。他们考虑还款概率依赖于所提供的贷款的数量,即 Prob{还款|$Y=y$}$=p_y$,这里 p 是偿还标准数量的概率。这一扩展显示了贝叶斯方法的局限性。希望的是如果标准数量偿还概率的初始信念 $f_0(p)$ 是 beta 分布,那么第一期偿还后的信念仍然是属于 beta 分布簇。这些等同于计算式(8.89)和式(8.90)。如果贷款全部完清(完清的数量占标准还款额的比例为 y),令 $X_1=y$;否则令 $X_1=(0, y)$。与式(8.89)类似,如果 $f_0(p)$ 是 $B(r, m)$ 且 $X_1=y$,可以计算

$$f_1(p) = \frac{P(X_1=y\mid p)f_0(p)}{P(X_1=y)} = \frac{(m+y)!}{(r+y-1)!(m-r-1)!}p^{r+y-1}(1-p)^{m-r-1} \tag{8.93}$$

这仍然是一个 beta 分布。但是,如果没有还款(即 $x_1=(0, y)$),则

$$f_1(p) = \frac{P(X_1=(0,y)\mid p)f_0(p)}{P(X_1=(0,y))} \propto (1-p^y)p^{r-1}(1-p)^{m-r-1} \tag{8.94}$$

这不是 beta 分布。比尔曼和豪斯曼解决了这一问题。他们假设在一次未偿还之后，预期折现利润是 0，也就是说，再不能从该客户获得更多利润。这导出了关于 $v(r, m)$ 的最优方程，即

$$v(r,m) = \max\{(\frac{r}{m})^y(py) + \beta v(r+y, m+y) + (1-(\frac{r}{m})^y)(-Dy); 0\} \quad (8.95)$$

式中，P 和 D 为标准数量的贷款偿还或违约后所得到的利润和损失。前几项对应于贷给消费者标准数量的 y 比例的贷款，后一项对应于未给予贷款。

如果认为在一次未偿还之后预期折现利润是 0 这一假设太严格，那么会引起一系列不同问题。由于偿还参数 p 的后验信念不再属于 beta 分布，消费者的状态就不能再用 (r, m) 描述而是与整个偿还和未偿还的历史有关，也就是说，$((y_1), (0, y_2), (y_3), \cdots, (y_n))$ 可能描述的是某个消费者在时期 1 偿还了 y_1，在时期 2 未还款，在时期 3 偿还了 y_3，等等。因此状态空间的大小呈指数形式增长，从而使得计算几乎变得不可能。蒂里克斯(Dirickx)和维格曼(Wakeman)(1976)对此方法进行了研究，他们证明了此时后验分布可以表示为 beta 分布的一个线性组合，并且如果在某时期的最优决策是不予贷款($y=0$)，那么这一决策对此后的时期也是最优的。但是使用这一模型进行实际计算似乎是不可能的。

例 8.9 (信用卡偿还模型)。对信用卡或邮购卡的偿还行为建立模型更加复杂，因为所要求的还款水平通常是未偿还余额的一个百分比，因此每个月都会发生变化。托马斯(1992)考察了一个模型，在该模型中有两个参数，这些参数用贝叶斯信念描述。第一个参数仍然是下一期的偿还概率 p，第二个参数是一个消费者可负担得起的最大还款额 M，因此如果 $M<R$，消费者将偿还 M，如果 $M \geq R$，消费者的还款额在 R 和 M 之间。与以前一样，设关于 p 的信念是参数为 (r, m) 的 beta 分布。为了处理关于参数 M 的信念，将偿还额分成 k 个可能的水平 1, 2, 3, $\cdots$, k(为方便起见，可看成 1 英镑，2 英镑，3 英镑，$\cdots$)。不直接估计 M，而是定义 Bernoulli 随机变量 $M_1, M_2, M_3, \cdots$，这里

$$p_i = P\{M_i=1\} = P\{M \geq i \mid M \geq i-1\} \quad 当 i=1, 2, \cdots, k \quad (8.96)$$

因此，$M_i=1$ 表示如果可负担的还款额至少是 $i-1$ 英镑，它至少是 i 英镑。给定这些边际分布 M_i，可以构造 M 的分布，至少得到一个取值为 1 英镑、2 英镑等的离散变量。由于 M_i 是 Bernoulli 随机变量并且相互独立，可以用参数为 (r_i, m_i) 的 beta 分布描述每个概率 p_i 的信念。集中考虑模型的还款方面，消费者的状态可以由 $(b, n, r, m, r_1, m_1, r_2, m_2, \cdots, r_k, m_k)$ 给定，这里 b 是未偿还余额，n 是自从某个偿还后的期数，r 和 m 是描述偿还参数 p 的信念 beta 分布的参数，则 r_i 和 m_i 是描述参数 p_i 的信念 beta 分布的参数。转移的状态如下：

如果没有偿还，$(b, n, r, m, r_1, m_1, \cdots, r_k, m_k) \to (b, n+1, r, m+1, r_1, m_1, \cdots, r_k, m_k)$；

如果还款额 $a<R$，$(b, n, r, m, r_1, m_1, \cdots, r_k, m_k) \to (b-a, 0, r+1, m+1, r_1+1, m_1+1, \cdots, r_{a+1}, m_a+1, r_a+1, m_{a+1}+1, \cdots, r_k, m_k)$；

如果还款额 $a \geq R$, $(b, n, r, m, r_1, m_1, \cdots, r_k, m_k) \rightarrow (b-a, 0, r+1, m+1, r_1+1, m_1+1, \cdots, r_{a+1}, m_a+1, r_{a+1}, m_{a+1}, \cdots, r_k, m_k);$ (8.97)

这里的思路是如果没有还款,信念的均值从 $\frac{r}{m}$ 下降到 $\frac{r}{m+1}$;如果偿还的数量 $a>R$,那么客户能偿还的直到 a 的各种偿还水平的信念的均值 $\frac{r_i}{m_i}$ 上升到 $\frac{r_i+1}{m_{i+1}}$,偿还水平在 a 以上的信念均值不变;然而,如果偿还的数量 $a<R$,那么客户能偿还的直到 a 的各种偿还水平的信念均值又上升,但是能偿还 $a+1$ 水平时的信念均值从 $\frac{r_{a+1}}{m_{a+1}}$ 下降到 $\frac{r_{a+1}}{m_{a+1}+1}$。下一期将要偿还的概率是 $\frac{r}{m}$,消费者可负担的偿还额的期望为

$$E(M) = \frac{r_1}{m_1}(1+\frac{r_2}{m_2}(1+\frac{r_3}{m_3}(1+\cdots(1+\frac{r_k}{m_k}))))$$ (8.98)

虽然状态空间比例和式(8.92)中的模型要大得多,但是它不像例 8.5 那样呈指数式增长。可以像式(8.84)那样假设消费者在下一时期所借的新贷款为 e 的概率是 $q(e)$,从而用马尔可夫链或马尔可夫决策过程模型来拟合此问题。

8.5 案 例

这一节讲一讲信用评分的实践。从商业和贷款的角度介绍信用评分是如何评估信用操作的;研究什么是评分卡以及它是如何嵌入放贷机构整体的操作流程的。将讨论所需的数据以及这些数据是如何管理的;对涉及的征信局和信用评分咨询公司等其他机构,也将进行介绍,通过实践对使用信用评分的商业框架有一个整体的了解。

1. 评分前的信用评估

20 世纪 70 年代的英国和美国还没有使用信用评分,部分放贷机构甚至在 20 世纪 90 年代也还未使用信用评分。传统的信用评估依靠的是"感觉",评估的是潜在借款人的性格、偿还能力、抵押品或担保。这意味着潜在借款人一定要先储蓄几年或使用几年其他服务,才会去银行或信贷机构。客户一般是穿着最好的衣服,战战兢兢地去约见银行经理,开口借钱。

尽管与客户已建立了长期关系,银行经理在审核借款申请时还要考虑还款的可能性、客户的稳定性和诚信度以及他们的性格。银行经理还要评估拟借资金的用途,还可能要求由社区或工作单位领导出具一个独立的推荐信。他可能会再约客户见面,然后会做出决定通知客户。这个过程漫长且缺乏一致性。由于客户一般只与一家银行保持关系,因此这种

第 8 章 信用评分与行为评分

做法实际上抑制了信贷供给。如果有人问银行经理,他会说这样的工作需要多年的培训和经验。当然,整个审贷过程如此谨慎,一般不会出错,也就不可能从错误中学习了。

这样的缺陷存在了许多年,但是什么改变了上述现象呢?20 世纪 80 年代的英国,信贷环境发生了许多变化,其中一些包括:

(1) 银行大大改变了它们在市场中的地位,开始营销它们的产品。这意味着银行必须向所有客户销售产品,不管这些客户是生客还是熟客。

(2) 信用卡增长显著。该产品的销售意味着必须建立一套快速决策机制,一天之内必须做出是否发卡的决定。同时,申请量之大,使银行经理或培训过的信用分析师根本没有时间或机会面试所有申请人。很清楚,根本没有足够的有经验的银行经理来处理如此大量的申请。20 世纪 80 年代的英国,有几家信用卡机构每天都需处理几千笔的申请。

(3) 银行业务重点调整。以前银行几乎无一例外地将业务重点放在大额贷款和公司客户上。现在消费贷款成了银行迅速增长的重要业务。虽然从总量上看,消费贷款仍然只占很小部分,但其重要性正在提高。银行很难控制成百上千家分行的质量,消费贷款开始出现错误。对公司贷款而言,银行的目标是避免出现任何损失。然而,银行开始认识到,对消费贷款而言,目标不能是避免任何损失,而是要让利润最大化。将损失控制在一定范围是实现利润最大化目标的一部分。对消费贷款而言,一家银行可以承受一定水平的坏账,同时扩大规模,从而实现利润最大化目标。

至于英国为什么在 20 世纪 80 年代引入评分还有很多其他原因。然而,一些放贷机构仍然忽视评分。这些机构多数规模较小,没有能力或主动选择不以一种可控的方式扩大规模,或是它们确实奢侈地拥有一些训练有素、经验丰富的经理人员负责信贷决策。对大部分机构而言,都已以各种形式使用评分。

对消费贷款而言,可能因为量大且受 24 小时处理时间的限制,信用卡是信用评分应用最广的领域。同时,做出发卡决定后,放贷程序体并未结束。在授权、调整客户信用额度、是否需要追加发卡及其有效期多长等方面都需要继续做出决策。

对分期偿还的贷款而言,评分决策要简单一些。是否贷款是最基本的决策。一些机构可能要求考虑其他因素,情况要复杂些。这些因素包括确定利差和利率水平、要求提供担保、确定贷款期限等。这些因素可能需要考虑,但关键是一旦放贷机构同意提供贷款,只要借款人按时还款,就不必再做出其他决策了。

透支与信用卡的情况相似。首先要确定透支额度。如果客户是在额度内操作,则不需要再做什么。然而,如果支付一张支票或电子付款申请后,透支金额会超出事先设定的额度,则需要做出是否支付或退票的决定。如果客户提出增加透支限额的申请,则需要做出接受或拒绝申请的决定。虽然信用卡有定期重审额度以决定是否增加额度的做法,但还没有广泛普及到透支。

审核其他贷款时，要考虑另外一些因素。其中两个主要的因素是所有权和担保。对租赁购买而言，标的物(通常是小轿车)的所有权在消费者最后还清借款之前，并不真正归消费者所有。这一点可能会产生促使消费者继续还款的效果。一方面，放贷机构可以收回轿车，从而较容易地收回未偿还的贷款余额。与司法程序体相比，这样做要容易得多。另一方面，消费者可能也觉得还不起债务时就归还资产要省事得多。当然，操作起来远没有这么简单。例如，如果在 36 期的分期偿还款中，消费者已经偿还了 26 期，当轿车被放贷机构收回时，对已支付的部分，消费者是得不到补偿的。又如，放贷机构可能发现，收回车后其变现价值已不足以支付未偿欠款，可能还要向消费者追讨债务。同时，放贷机构可能根本不知道车在哪儿，所以很难收回。当然，如果确实收回了车，放贷机构不仅要考虑贷款，还要考虑二手车的价值了。

对住房抵押贷款而言，消费者拥有房屋所有权。借款人对房屋拥有法律上的管理权。这可以防止在债务还清前出售房屋。如果出现严重拖欠行为，放贷机构也有权收回房屋，当然要遵守事先约定好的法律程序体。对租赁而言，关键问题是收回房屋的价值是否足够抵销债务。市场变化和租户维护不周都会使房屋价值下降。另外，大多数情况下，出现严重拖欠行为后，房屋一般是最后的还款来源，因为谁都希望能有一个安居的家。

2. 信用评分如何嵌入放贷机构信用评估程序体

概括而言，潜在的借款人向放贷机构提出了借款申请，放贷机构审核申请并评估相关风险。以前，银行有自己的一些秘诀来度量风险是否保持在可接受的低水平。有了评分后，放贷机构将申请中的一些主要因素代入一个公式中，而这个公式的结果一般是一个量化的风险值。如果风险很低，借款申请就会被接受。

信用评分嵌入放贷机构风险评估程序体的方式因信贷产品的不同而略有不同。例如，先看看个人贷款的申请。申请人会填写一张申请表。申请表可以是纸制的，也可以展现在计算机屏幕上。如果申请是通过互联网或在银行网点递交的，申请表就展现在屏幕上，数据可以由客户自己或银行工作人员输入。如果放贷机构提供电话申请，申请人可以通过电话提供信息，电话另一端的销售人员将这些信息输入计算机后生成申请表。

一般的做法是根据申请表中提供的数据对申请人进行评分。当然，信用分数的计算并不需要使用申请表中所有的数据。然而稍后会看到，出于不同目的的需要(如身份证明、安全保障以及将来开发评分卡等)，还需要其他一些信息。

信用分数的计算可能需要从征信局取得一些信息。很多情况下，信用评分的结果是对借款申请提出建议。人类主观评估的作用被大大减弱了，仅限于在真正需要人工评估的地方发挥作用。为使问题更具体些，先来研究一个简单的评分过程。假设评分卡有 4 个变量(或特征变量)：居住状况、年龄、借款目的以及县法院判决金额(简称 CCJS)，见表 8.4。

第8章 信用评分与行为评分

表8.4 简化评分表

居住状况		年龄	
自有	36	18～25岁	22
租借	10	26～35岁	25
与父母同住	14	36～43岁	34
其他	20	44～52岁	39
无回复	16	53岁以上	49
借款目的		县法院判决金额/英镑	
新车	41	没有	32
二手车	33	1～299	17
房屋装修	36	300～599	9
度假	19	600～1199	-2
其他	25	1200	-17

一个年龄20岁、与父母同住、从来没有县法院判决记录、想借钱买一辆二手车的人，他的评分是101(14+22+33+32)。相反，一个年龄55岁、拥有自购房、县法院判决金额250英镑、想借钱为女儿筹办婚礼的人，他的评分是127(36+49+25+17)。

注意，并不是说53岁以上的人比18～25岁的人的评分高27分。但对年龄这个特征变量而言，这一点是对的。但是，正如所看到的那样，各特征变量之间是相互关联的。例如，53岁以上的人拥有自住房的可能性要大于18～25岁的人，很少见到53岁以上的人还跟父母住在一起。因此，当把其他特征变量一同考虑时，年龄较大的一组平均而言评分要高出40、50、60分。

建立信用评分系统时，必须确定及格线。这是一件容易操作但很难决定的事。假设在上面的例子中及格线是100分。因此，只要分数高于100，评分系统都会建议批准，而不论4个问题的具体答案是什么。因此，在评分系统中一个因素的弱点可以由其他因素的强势弥补。

评估信贷申请时，放贷机构要采集申请人的有关信息。信息来源有多种渠道，包括申请人自己、征信局以及放贷机构掌握的借款人其他账户的情况。征信局的报告一般是电子的，但也提供纸制报告(特别是商业和企业贷款)。放贷机构会审查采集到的信息并计算评分。对计算出的分数而言，有很多使用方法。

一些贷款机构实行非常严厉的贷款政策。如果分数高于或等于及格线就批准申请，如果低于及格线就拒绝申请。一些贷款机构的做法比较灵活。这些机构会制定一个参考范围或灰色区域，可能是及格线上下5～10分。信用分数在这个区域的申请人要接受更仔细的审查,包括主观判断或要求提供更多信息但仍根据评分进行客观评估。

一些放贷机构执行的政策是强制性地将一些可能接受的借款申请执行进一步的审查程序体。例如,某借款申请人的评分可能过了及格线,但是征信局的记录显示有一些负面信息,如曾经破产。换句话说,放贷机构并不允许一些评分因素的强势自动弥补某些评分因素的弱点。一些放贷机构还实行绝对通过(Super-pass)和绝对拒绝(Super-fail)制度。需要记住的是查询征信局的报告是要付钱的。因此,放贷机构肯定会遇到这样的情况:某申请人的分数太差了,即使征信局能提供最好的信用报告,其评分也不会到及格线。这样的申请人就归为绝对拒绝类。另一个极端情况是某申请人的评分太好了,即使最差的征信局报告也不会把他的评分降低到及格线以下。这就是绝对通过类。实际上,这些放贷机构实行的是两个甚至 3 个标准线:一个用来定义绝对通过类,另一个用来定义绝对拒绝类,两者中间在加入征信局报告的信息后再制定一个及格线。还有另一种情况,即相对于从申请人处采集信息而言,征信局报告要便宜得多,如通过电话接受贷款申请。在这种情况下,可能会在刚接受申请时即查询征信局报告,如果征信局提供的分数很低,则会立即拒绝申请,挂断电话。

一些放贷机构实行风险定价或差别定价,因此价格不再是单一不变的;相反,要根据借款申请所蕴含的风险(或利润潜力)调整价格。这种情况下,放贷机构不再只设一个及格线,而是要制定好几个标准线。高标准线定义可以享受高等产品的申请人,第二个标准线定义享受低价格标准产品的申请人,第三个标准线定义享受标准价格标准产品的申请人,第四个标准线定义享受下等产品的申请人。对工商贷款而言,定价时一定程度上要考虑风险因素,但诸如竞争、客户关系等因素也必须予以考虑。

3. 需要的数据

对数据的需求可以分为几类。表 8.5 列出了可能需要的几类数据。大多数情况下,所采集数据的用途不止一个。

表8.5 采集各类数据的目的

目 的	举 例
识别客户	姓名、地址、出生日期
与客户签订合同	姓名、地址、出生日期、贷款金额、还款计划
对申请进行评分	评分卡特征变量
获得征信局信用报告	姓名、地址、出生日期、以前地址
评估市场营销效果	营销计划代码、收到申请日期、收到申请方式、邮寄、电话或互联网
金融同业资金划拨	银行账号、开户行细节
开发评分系统	评分卡上可以合法使用的所有信息(各国法律不同)

4. 信用评分咨询机构的作用

同样，过去 10～15 年，事情发生了很大变化。20 世纪 80 年代以前，如果某贷款机构希望建立评分卡系统，他就会找一家外部的评分卡开发商请它来做。概括而言，这种做法要求放贷机构提供一组样本数据，评分卡开发商再根据这些样本数据开发一个模型。每个市场上的评分开发商都不多，但它们提供的服务非常有用。这些开发商一般都拥有大型计算机，有足够的空间进行大量运算。而且，这些评分卡开发机构一般与征信局直接相联，或是一个拥有征信局大机构的一部分。

事情虽有变化但还谈不到天翻地覆。现在仍有一些信用评分公司专门负责开发评分模型。同时，它们也提供有关战略和实施方面的建议，并在需要时提供培训。一些外部评分开发商的优势仍然保留着，包括与征信局的联系，以及由于为许多放贷机构开发模型，因此，这些开发商能更好地判断某行业或某类产品的发展趋势。另外，许多规模较大的放贷机构建立了内部分析队伍，可以在边际成本较低的情况下，自行开发评分模型。计算机运算能力的提高和成本的下降，促成了内部软件的开发。除成本较低外，内部开发团队能更好地理解数据，因此能更好地预测软件应用时可能出现的问题。在这种情况下，评分咨询公司开始拉近内部开发和外部开发的距离。它们并不从事实际的开发工作，而是向内部开发团队提供咨询，帮助它们规避错误，包括分析上的和操作上的错误。同时，传统的评分开发商自身也进行了很大调整。许多开发商更愿意与放贷机构联合开发软件。它们愿意公开讨论所使用的方法，愿意接受放贷机构的意见。当然，放贷机构是最终的客户。这种合作有助于开发出更好的评分卡系统，至少可以避免一些应用上的问题，同时也会提高客户对评分系统的理解，并向咨询机构提出新问题和新挑战，从而有助于提高整个行业的知识水平。

5. 验证评分卡的有效性

简单而言，评分卡是建立在历史案例基础上的。原因是必须给这些案例以成熟的时间，才能知道其表现如何。在使用或应用某个评分卡系统前，必须验证其有效性，这一点很重要。一种验证方法是对开发评分卡模型使用的案例与当前案例进行比较。差异肯定会出现。这些差异可能是由于品牌、市场营销方法或竞争对手措施的不同造成的，但必须调查和理解这些差异。

6. 与信息系统之间的关系

评分卡所需的信息并不完全来自借款申请表。一些信息是从征信局得来的。然而，银行也可以从它自己的数据库中提取数据。例如，在评估借款人的个人贷款申请时，评分卡中一个重要变量就是该申请人上一笔贷款的还款情况。更可能出现的情况是申请增加信用卡或透支额度，而信用卡或活期(结算)账户的近期表现具有很强的预测性，能揭示客户的财务状况是否仍在掌控之中。

同样,在建立评分卡监测、跟踪或研发新评分卡所需的数据库时,必须将客户借款或信用卡账户表现的详细情况储存起来。存储的信息越详细,从细微处改进评分卡系统的可能性就越大。

7. 借款申请表

在前面的两张表中研究了处理一笔贷款申请可能需要的数据。很清楚,需要申请人提供的信息越多,申请表格就越长。而申请表格越长,申请人提交申请或完整填表的可能性就越小。因此,常常存在这样一种压力,即应当尽可能让申请程序简单化。

方法之一是将表格最短化。不幸的是,这样做的结果可能增加今后改进评分卡的难度。例如,如果不采集如"与该银行交往的时间"等特征变量的细节,就无法研究该变量是否有助于预测借款账户未来的表现。另一种方法是从其他来源采集相同或类似信息。征信局可以提供的信息就没必要再问申请人了。对共享信贷信息的放贷机构而言更是如此。同样,可以将某人登记的选举地址的时间视同此人在该地址居住的时间。

8. 征信局的作用

美国和英国建立了很好的征信局(或信用咨询机构)。其他西欧国家或主要发达国家,征信局处于不同的发展阶段。例如,直到最近,东欧才开始研究如何发展征信局的问题。在征信局发展较好的国家,征信局或是国家所有,或只有少数几家大型机构。美国目前有3家征信局,英国只有两家。

为理解征信局的作用,首先研究征信局是如何发展起来的。在广泛使用征信局服务前,放贷机构审核贷款申请时,可能会写信给申请人的雇主或其他银行征求参考意见。当然,在英国这样的参考意见越来越严格,也越来越没用。另外,如果甲银行知道布朗先生正在向乙银行申请信用卡或住房抵押贷款,那么甲银行在提供参考意见之前,就可能先向布朗先生提供本行的信用卡或住房抵押贷款。另外,银行的参考信函最多也只能提供布朗先生在本行账户的细节、布朗先生一般的性格特点以及本行及其分行掌握的关于布朗先生的负面信息。随着信贷供给的增加,坏账开始出现。令人气恼的是,这些坏账本应很容易避免,因为在提出贷款申请时,已有迹象表明坏账肯定会发生。

在介绍征信局在英、美两国是如何运作的之前,应当认识到英、美两国征信局所处位置的不同。英国规范征信局业务的主要法规是《数据保护法》,美国主要法规之一是《信息自由法》。因此,两种体制是两个极端。概括而言,在美国除非有很好的理由限制,否则所有信息都可以采集;而在英国,除非有很好的理由不受限制,否则所有信息都是受限制或受保护的。因此,美国征信局掌握的消费者信息要丰富得多。英、美两国征信咨询机构都是从采集并集中公开信息开始的。甚至到了20世纪80年代,这些还是通过一间装满索引卡片橱柜的大屋子来实现的。在接待查询时,工作人员会让查询人先等着,自己在屋子里跑前跑后找相关卡片。显然,这一切已逐渐计算机化了,即意味着可以进行电子查询了,可以拨打查询电话,或更常见的是两台计算机之间的信息交流。现在公开信息可以包括选举登记信息和公共法庭判决的债务信息。利用计算机的威力，征信局也可以将地址互相联系起来，因此当消费者个人搬家时，债务和消费者个人就不会分家了。

征信局也充当放贷机构的代理。放贷机构向征信局提供反映其借款人借款账户当前情况的数据。其他放贷机构在审核借款申请时可以参考和使用这些数据。虽然对数据使用的限制越来越多，但是其他放贷机构在进行市场营销时也可以参考或使用这些数据。虽然对数据使用的限制越来越多，但是其他放贷机构在进行市场营销时也可以参考或使用这些数据(在英国这种代理机构的安排遵循互惠原则。简单地说，如果一家放贷机构仅提供违约客户的信息，则他也只能查阅其他放贷机构违约客户的信息)。征信局提供的另一个服务是积累查询详情，评估不相匹配的情况和潜在的欺诈申请。显然，信息越详细，这项工作的效果也越好。一些主要征信局也提供各种各样的申请处理服务。

许多放贷机构使用的另一项服务是征信局评分。该评分是征信局利用根据上百万的申请和上百万的信用历史记录开发出来的评分卡系统计算出来的。对没有能力根据自身资产情况开发内部评分系统的小型放贷机构而言，以及在放贷机构推出新产品的前两年，征信局评分特别有用。征信局评分反映借款人最新的信用状况，因为它包含借款人与所有提供数据的放贷机构借款的最新表现情况，以及提出新的借款申请引发的查询信用报告的情况。实际上，一些放贷机构，特别是信用卡发卡机构，每个月都要购买其持卡人的征信局评分，并据此决定如何处理逾期还款或超额透支的情况，或决定信用卡的额度何时提高，或提高多少。

9．人工修正和人工干预

由于种种原因，最终做出的信贷决策可能没有遵循评分系统提出的决定或建议。首先，申请人可能会申诉。在英国，《信用评分指南》(财务和租赁协会)鼓励放贷机构建立申诉程序体。放贷机构必须考虑这样的申诉，因为申请表的信息可能输入错了，或者可能是从征信局下载了不正确的信息，因而做出的决定可能是错误的。

其次，先前讨论过一些放贷机构可能会在及格线上下制定一个参考区域或灰色区域。因此，在最终做出接受或拒绝的决定前，还必须经过一个核实的中间过程，其结果也可能是推翻了评分系统的建议。

再次，评分卡的开发可能是为某个产品，但在进行贷款决策时，又需要对客户进行综合考察，而不是仅考虑某笔贷款。例如，可能已初步决定拒绝某项贷款申请，但同时又认识到该申请人还有一大笔存款存在储蓄账户上，并且拥有家庭或商业上的联系。进一步讲，如果拒绝贷款，这些正在盈利的家庭或商业上的联系可能会陷入危机。在这种情况下，可能会修正评分卡系统提出的拒绝贷款的建议。目前，这种情况在一些较大的放贷机构经常出现。尽管如此，必须认识到，只有少数放贷机构拥有准确评估关联关系盈利或亏损情况所需的数据或系统，特别是当需要预测未来这些关联关系对放贷机构是否有价值。评估客户及其关联关系的盈利性对本书而言是个太大的题目。尽管如此，必须认识到这是个需要解决的问题。

不管由于何种原因，确实存在推翻评分卡系统建议的情况。可能会出现两种相反的情况。一种情况是可能拒绝评分卡系统接受的申请。这些贷款的营利性一般很小，因此拒绝放贷对信贷资产整体的营利性不会产生太大影响。但是，它可能会影响评估评分卡系统准确性的能力。另一种情况是也可能批准被评分卡系统拒绝的借款申请。这种情况更为严重，因为已经预计这些借款可能会产生损失，但却仍然在做。

10．监测和跟踪

一些从业人员将监测和跟踪两个词视同一个概念，并经常混用。这里对这两个概念进行了区分。监测是被动的，更像坐在路边的交通统计员，在纸上记录下某一不间断的时段内，经过某一点的交通工具的种类数。相反，跟踪是积极的，追踪猎物直到抓住或发现它的老巢。对评分而言，监测评分系统指在检查当期申请及新账户情况，并评估它们是否接近标准值时涉及的一系列业务活动。通常标准值指的是开发评分卡系统时使用的样本，但也可能不是；跟踪则指的是监测一组账户的情况，看它们是如何表现的，并验证评分卡系统做出的预测是否真的发生了。

跟踪活动从某时点开始，可能要进行近两年的活动。在某一档借款账户生命周期内的不同点，都要评估这组账户的表现情况是否与评分系统预测的情况一致。如果能很早判断出这些账户的表现情况很差，就能及时采取纠正措施，减少损失。另外，如果贷款的表现情况好于预测，就有机会扩大贷款评估面，增加新的营利性贷款的机会。早先介绍过信用评分咨询机构的概念。它们能够提供的服务之一就是帮助放贷机构监测和跟踪评分卡系统的运作。这对小型机构来说可能很有吸引力，因为这些机构的高管人员希望能从评分方法中获益，但其本身又无力组织分析团队。

11．与放贷机构产品组合的关系

如前所述，为做出信贷决策，需要客户提供其他负债信息，因为这些信息与信用有关。例如，一个信用卡的持有者申请个人贷款。可能还要求他提供详细信息，因为这些信息对客户关系和盈利性管理很重要。这样的例子包括申请个人贷款的客户已经有了一笔住房抵押贷款或一大笔存款。

这里涉及定义客户和划定客户关系边界的问题。例如，可能要评估一家小型合伙制会计师事务所的借款申请，这家事务所能不断推荐新的潜在好客户。类似地，可能拒绝某人的贷款申请，因为这个人的远房亲戚拥有的工商企业是本机构的高盈利客户，但它正在考虑转向其他放贷机构。当超出了对单个客户单个产品的单纯考虑后(经营企业时应当这样做)，如果仍坚持利润最大化的方向，那么对许多问题就必须仔细考虑。

8.6 实验八：个人信用综合评分实验

8.6.1 实验目的

通过本次实验，掌握利用评分函数、模糊评价、层级分析法建立个人信用综合评分与授信决策模型。

8.6.2 实验原理

1. 个人信息卡信用风险评价基本原理

个人信用卡的信用风险是指持卡人不能或不愿按照信贷协议约定偿还本息，从而对银行经营造成伤害的可能性。对申请人进行信用分析和等级评价，是规避个人信用卡信用风险的必要措施。

国内外金融机构主要采用以下 3 种方法进行个人信用卡授信：①判断法，依赖信贷人员的工作经验和判断能力，对申请人的还贷能力和意愿进行评价，然而工作人员过大的主观决断权可能导致误判；②信用评分法，累加申请人以往各信用项上获得的点数，与事先设定的分数线比较，进行授信判断；但这种方法对申请人的未来信用预测能力较弱；③担保转移风险法，由申请人找人担保或缴纳保证金，金融机构根据实际情况，划分信用等级并授信。这种授信获得的信用卡无法摆脱其准贷记卡的性质。

为了降低信用评价中的主观因素影响和反映信用的动态变化，判别分析、回归分析、神经网络法和时间变动模型等数学方法逐渐被应用到信用评价领域。虽然这些数学方法的原理各不同，但都有着从社会中获取个人信用资料的共性，即确立个人信用指标的筛选原则，并在此基础上建立个人信用卡信用评价指标体系，这是评价个人信用的基础。本实验参考了中国信用消费的特点，在忽略保证金和担保人的基础上，经过筛选，建立了一套两类共计 15 项指标的个人信用卡信用风险评价体系；运用层次分析法(Analytic Hierarchy Process，AHP)，结合专家意见，确定了各指标的权重；依据模糊数学隶属度的原理，建立了各项指标的评分函数，最终建立了个人信用卡信用风险评价模型(见图 8.17)，并确定了其信用评分的阈值。

在个人信用评价过程中，首先依据申请人个人资料信息对申请人进行指标评分，构建其指标可信度向量 $R=\{r_1, r_2, \cdots, r_{15}\}$；然后，对申请人提供的申请资料核对，确定其失信度 h；最后，将可信度向量与已确定的指标权重向量 $W=\{w_1, w_2, \cdots, w_{15}\}$ 相乘并减去申请人的失信度 h，就获得了申请人的信用评价总分 S。

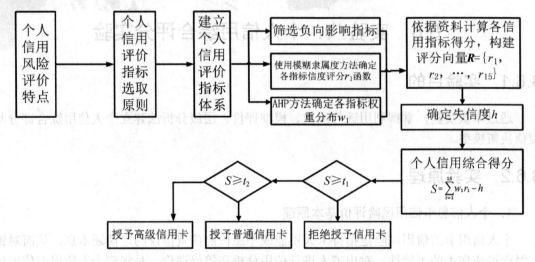

图 8.17 个人信用卡信用风险评价原理框图

在确定授信时，将 S 与阈值 t_1、t_2 比较：$S<t_1$，申请人无法获得信用卡；$t_1 \leqslant S<t_2$，申请人可获普通信用卡；$S \geqslant t_2$，申请人可获金卡(高级信用卡)。

2．信用卡信用风险评价指标体系的建立

在个人信用卡信用风险防范中，国外机构主要从个人的还贷能力(Capacity)和财产(Property)方面入手，依赖丰富的个人信用信息记录，选择全面而详细的个人信用指标进行个人信用评价。在建立的指标体系中，国外评价机构较重视考察的是个人银行账户存在历史、信用历史、工作级别性质、账户数据监测、负债总量、负债意图、储蓄账户等内容，如图 8.18 所示。这种以历史积累数据建立指标的方法，存在较强的可靠性，值得借鉴。建立信用卡信用风险评价指标体系不能忽略还贷意愿。因为还贷意愿对持卡人的行为具有较大影响。一个还贷意愿强烈的人，往往会及时偿还贷款，即使出现意外，也能做到维护自身信用、履行和约。本实验将个人信用风险评价指标体系分为还贷能力与还贷意愿两类共 15 项指标。

3．个人信用指标的信用度评分函数

个人信用评价体系各项指标的具体打分和可信度确定情况见表 8.6。

表 8.6 个人信用指标评分标准与评分函数

信用指标类型		获取方式	指标评分函数	
			指标信用度计算公式	指标评分说明
个人信用综合评分 M	个人还贷能力 A_1	收入水平 P_1	O_1	$r_1 = \begin{cases} 1 & m_1 \geq 10000 \\ \dfrac{m_1 - 500}{10000 - 500} & 500 \leq m_1 < 10000 \\ 0 & m_1 < 500 \end{cases}$	收入水平是反应个人还贷能力的绝对指标。m_1 是申请人近三个月的月平均收入(元)
		受教育水平 P_2	O_1	$r_2 = \begin{cases} 1 & m_2 = 10 \\ \dfrac{m_2}{10} & 0 < m_2 < 10 \\ 0 & m_2 = 0 \end{cases}$	受教育程度可以预示申请人获取财富的能力,m_2 是指标得分(满分是 10 分),博士是 10 分,硕士是 9 分,大学是 5 分,大专 3 分,中专、高中 2 分,初中 1 分,其他 0 分
		家庭状况 P_3	O_1	$r_3 = \begin{cases} 1 & m_3 = 10 \\ \dfrac{m_3}{10} & 0 < m_3 < 10 \\ 0 & m_3 = 0 \end{cases}$	良好的家庭状况会促使持卡人保持较强的还贷能力和还贷意愿,此项指标包括年龄、户籍与住址、家庭成员与结构等。m_3 为指标的定性评分制。具体评分标准见表下注
		职业状况 P_4	O_1	$r_4 = \begin{cases} 1 & m_4 = 10 \\ \dfrac{m_4}{30} & 0 < m_4 < 10 \\ 0 & m_4 = 0 \end{cases}$	包括工作年限、就职单位类型、职业、就职时间,以及最近两次的职业变动情况等。m_4 为根据情况的定性评分。具体评分标准见表下注
		消费水平 P_5	O_1	$r_5 = \begin{cases} 1 & \gamma < 0.2 \\ \dfrac{(1-0.2)(0.8-\gamma)}{(0.8-0.2)} + 0.2 & 0.2 < \gamma < 0.8 \\ 0.2 & 0.8 \leq \gamma \leq 1 \\ 0 & \gamma > 1 \end{cases}$	由月消费额(C)与收入的比值 γ ($\gamma = C/m_1$)确定信用度。他体现个人对资产的支配情况
		健康状况 P_6	O_1	$r_6 = \begin{cases} 1 & m_6 = 10 \\ \dfrac{m_6}{10} & 0 < m_6 < 10 \\ 0 & m_6 = 0 \end{cases}$	m_6 满分 10 分,现健康无重大病史 10 分,现健康但有慢性疾病(糖尿病)8 分,身体一直处于疾病状态 5 分,生活和工作常受到疾病困扰 3 分,其他 0 分

续表

信用指标类型			获取方式	指标评分函数	
				指标信用度计算公式	指标评分说明
个人信用综合评分 M	个人还贷能力 A_1	家庭财产 P_7	O_1	$r_7 = \begin{cases} 1 & m_7 \geq 50 \\ \dfrac{m_7-500}{50-5} & 5 \leq m_7 < 50 \\ 0 & m_7 < 5 \end{cases}$	家庭财产是收入的具体表现形式和结果。其总量从一个侧面反映持卡人积累财富的能力。根据提供的财产总量(m_7,单位:万元)确定其还贷保证的程度,给予分数
		个人保险记录 P_8	O_1	$r_8 = \begin{cases} 1 & m_8 \geq 4 \\ (m_8-0)/(4-0) & 1 \leq m_8 < 3 \\ 0 & m_8 = 0 \end{cases}$	评分因素为在保的险种数目 m_8(单位:个),包括医疗保险、人寿保险、财产保险等。保险可以降低各类突发事件对持卡人造成的损失程度。保证银行资金回收
		负债状况 P_9	O_1	$r_9 = \begin{cases} 1 & \eta=10 \\ \dfrac{(0.5-\eta)(0.5-0)}{10} & 0 < \eta < 0.5 \\ -3.052 \left[\dfrac{\eta-0.5}{0.8-0.5}\right] & 0.5 \leq \eta < 0.8 \\ -3.052 & \eta \geq 0.8 \end{cases}$	双向影响指标。信用度由负债额度与个人家庭资产的比值 η 额定,其负向极限的取值为 -3.052,确定方法详见双向影响指标极限分值公式,其他双向影响指标的负向极限取值与此相同
	个人还贷意愿 A_2	银行金融记录 P_{10}	O_1	$r_{10} = \begin{cases} 1 & m_{10}=10 \\ \dfrac{m_{10}}{10} & 0 \leq m_{10} < 10 \\ -4.047 & m_{10}=-0.5 \\ -4.047 & m_{10}=-1 \end{cases}$	双向影响指标。m_{10} 满分为 10 分。有信贷记录,且守约者 10 分;有信贷记录,但存在部分滞后还贷者 8 分;无信贷记录者 5 分;有信贷记录,但存在拖延还贷、银行催讨情况的 0 分;信贷记录恶劣者,根据程度评分 -0.5,-1 分
		公共付费记录 P_{11}	O_1	$r_{11} = \begin{cases} 1 & \text{付费记录良好} \\ 0.8 & \text{付费记录一般} \\ 0.5 & \text{有不良付费记录} \\ 0 & \text{经常拖欠付费} \end{cases}$	此项指标可定性评分,根据的内容是申请人日常的电信、水电付费记录和纳税记录等。这些资料很容易获得,并且可从对应收费部门获知个人违约情况

第8章 信用评分与行为评分

续表

信用指标类型		获取方式	指标评分函数	
			指标信用度计算公式	指标评分说明
个人信用综合评分 M	个人还贷意愿 A_2	社会道德评价 P_{12}	O_1	$r_{12} = \begin{cases} 1 & \text{道德水平优秀} \\ 0.75 & \text{道德水平良好} \\ 0.50 & \text{道德水平普通} \\ 0 & \text{道德水平较差} \end{cases}$	根据日常记录判断其个人道德水平，确定信用度。日常记录包括有无经济纠纷，社会荣誉嘉奖，商业信誉，公益事业的贡献(如献血)和单位组织的反映等
		信用担保记录 P_{13}	O_1	$r_{13} = \begin{cases} 1 & \text{担保记录完美} \\ 0.75 & \text{担保记录一般} \\ 0.50 & \text{无担保记录} \\ 0 & \text{担保记录较差} \end{cases}$	以申请人为他人提供担保的记录，作为判断其信用度的依据
		拥有信用卡 P_{14}	O_1	$r_{14} = \begin{cases} 1 & m_{14} = 0 \\ \dfrac{m_{14}}{10} & 0 < m_{14} < 10 \\ 0 & m_{14} \geqslant 10 \end{cases}$	数据可以从银行记录获得。m_{14} 满分为 10 分。有信用卡一年以上且记录良好 10 分，不足一年记录良好 8 分，存在拖欠还贷记录 6 分，无信用卡记录 4 分，有信用卡但还贷记录较差者为 0 分
		个人司法记录 P_{12}	O_1	$r_{15} = \begin{cases} 1 & \text{无任何违法记录} \\ (20-y)/(20-0) & n = 1.0 < y \leqslant 20 \\ -2.001\left[\dfrac{y-0}{20-0}\right]^3 & 1 < n < 3.0 < y < 20 \\ -2.001 & n \geqslant 3 \text{ 或 } y \geqslant 20 \end{cases}$	双向影响指标。无违法记录的人信用度为 1。根据法定入狱年数之和 (y) 和犯罪次数 (n) 综合确定其信用度

注：① 获取方式中，O_1 为申请人提供，银行私下调查取证；O_2 为银行自己调查获取资料。

② r_1 公式中出现指数为 0.5 的项，原因是考虑不同的个人收入所体现的还贷能力并非呈线性变化，而且是呈曲线变化，且中高收入者对信用卡还贷的还贷能力接近。r_9 和 r_{15} 公式出现指数 3 的情况与此类似。

③ m_3 满分为 20 分。评分方法：年龄(满分 10 分)，20~30 为 6 分，30~40 为 10 分，40~50 为 4 分；性别(满分 2 分)，男为 2 分，女为 1 分(男性平均收入高于女性)；婚姻(满分 2 分)，已婚 2 分，未婚或离异后再婚 1 分，离异后未婚 0 分；户籍(满分 1 分)，本地 1 分，异地 0 分；住址(1 分)，本地 1 分，异地 0 分；家庭成员与结构(满分 4 分)，父母健在无子女 4 分，父母健在一人无子女 3 分，父母健在有子女 2 分，父母已逝有子女 1 分，父母已逝无子女 0 分(有子女者虽负担较重，但对家庭的责任会促使其道德水平提高，失信频率自然降低)。

④ m_4 满分 30 分。工作年限(满分 5 分)，每年 0.5 分，最高 5 分；就职单位类型(满分 10 分)，一类行业 10 分，二类行业 8 分，三类行业 6 分，四类行业 3 分，五类行业 2 分，无工作 0 分。职业(满分 10 分)，一类职业 10 分，二类职业 8 分，三类职业 6 分，四类职业 4 分，五类职业 2 分，其他职业 1 分，无职业 0 分；发展前景(满分 5 分)，根据其单位和自身的职业特点，定性评分。

针对国内个人信用风险评价中评分标准不合理问题，应用模糊数学中隶属度函数的思想，建立了指标的可信度函数，从而保证了量化指标评分的连续性。例如，用表 8.6 中的收入水平 P_1、消费水平 P_5、家庭财产 P_7、负债状况 P_9 和个人司法记录 P_{15} 这 5 项指标可信度函数的表示方法。这种连续的可信度函数，为合理区分信用等级提供了保证，如图 8.18 所示。

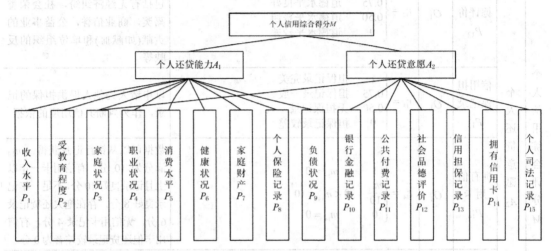

图 8.18　个人信用指标体系结构框图

在指标体系中，健康状况 P_6、家庭财产 P_7、负债状况 P_9、银行金融记录 P_{10} 这 4 项指标的可获得性值得注意。因为这方面的数据，我国社会上还没有集中的统计资料可供参考，所以银行可以要求申请人提供。由于这些数据会起到为申请人增加信用的作用，故而申请人不会放弃提供。另外，银行需对各项信息核对。核对结果用失信度 h 表示，即

$$h = \begin{cases} 1 & f \geq 5 \\ 0.04f & 0 < f < 5 \\ 0 & f = 0 \end{cases} \quad (8.99)$$

式中，f 为数据虚假的指标数(项)。失信度的作用有两方面：一是若当事人提供了 5 项或超过 5 项指标的虚假信息，则 $h=1$，拒绝授信；二是当 $h \neq 1$ 时，将 h 值作为负面因素，从综合可信度中减去。

4．信用指标权重向量的确定

应用 AHP 法与专家意见法分配指标的权重。AHP(Analytic Hierarchy Process)决策分析法是一种定性与定量相结合的决策分析法，常用于解决多目标、多准则、多要素和多层次的非结构化复杂决策问题。AHP 决策分析法又分为单准则构权法和多准则构权法。

层次分析法是把负责问题分解成各个组成因素，又将这些因素按支配关系分组形成递

第8章 信用评分与行为评分

阶层次结构。通过两两比较的方式确定各个因素的相对重要性,然后综合决策者的判断,确定决策方案相对重要性的总排序。运用层次分析法进行系统分析、设计、决策时,首先要建立判断矩阵。

指标体系如个人信用指标体系结构如图 8.8 所示,分为目标层 M、A_i、指标层 P_j。

在构造判断矩阵时,依上、下层之间的隶属关系,由专家凭经验确定同层元素的相对重要性。现以 A_i 相对于 M 的判断矩阵式(8.100)为例加以说明。对于图 8.18 所示的指标体系,经专家分析,申请人的还贷能力(A_1)比还贷意愿(A_2)略微重要,因此 M_{12} 为 2,M_{21} 为 1/2;指标自身与自身的重要性相同,因此 M_{11} 与 M_{22} 均为 1。

$$M=\begin{bmatrix} 1 & 2 \\ \frac{1}{2} & 1 \end{bmatrix} \tag{8.100}$$

P_j 与对应 A_i 的判断矩阵构建原理与此相同。故

$$Q_1 = \begin{bmatrix} 1 & 4 & 2 & 3 & 3 & 4 & 2 & 4 & 2 \\ 1/4 & 1 & 1/3 & 1/2 & 1/2 & 1 & 1/3 & 1 & 1/3 \\ 1/2 & 3 & 1 & 2 & 2 & 3 & 1 & 3 & 1 \\ 1/3 & 2 & 1/2 & 1 & 1 & 2 & 1/2 & 2 & 1/2 \\ 1/3 & 2 & 1/2 & 1 & 1 & 2 & 1/2 & 2 & 1/2 \\ 1/4 & 1 & 1/3 & 1/2 & 1/2 & 1 & 1/3 & 1 & 1/3 \\ 1/2 & 3 & 1 & 2 & 2 & 3 & 1 & 3 & 1 \\ 1/4 & 1 & 1/3 & 1/2 & 1/2 & 1 & 1/3 & 1 & 1/3 \\ 1/2 & 3 & 1 & 2 & 2 & 3 & 1 & 3 & 1 \end{bmatrix}$$

$$Q_2 = \begin{bmatrix} 1 & 1/2 & 1/2 & 1 & 2 & 1/3 \\ 2 & 1 & 1 & 2 & 3 & 1/2 \\ 2 & 1 & 1 & 2 & 3 & 1/2 \\ 1 & 1/2 & 1/2 & 1 & 2 & 1/3 \\ 1/2 & 1/3 & 1/3 & 1/2 & 1 & 1/4 \\ 3 & 2 & 2 & 3 & 4 & 1 \end{bmatrix}$$

式中,Q_1 为 $P_i(i=1,2,\cdots,9)$ 相对于 A_1 的判断矩阵;Q_2 为 $P_j(j=3,10,11,\cdots,15)$ 相对于 A_2 的判断矩阵。

接下来由各级判断矩阵求得其最大特征值、一致性指标和各指标对应的权重,来确定权重的分配结果(见表 8.7)。

表 8.7 判断矩阵的指标权重

判断矩阵	最大特征值 λ_{max}	一致性指标 I_C	指标权重 W
M	2	0	{0.6667, 0.3333}
Q_1	9.0552	0.0048	{0.2444, 0.0483, 0.1475, 0.0841, 0.0841, 0.0483, 0.1475, 0.0483, 0.1475}
Q_2	7.0373	0.0047	{0.0965, 0.1779, 0.1779, 0.0965, 0.0965, 0.0560, 0.2987}

通过对判断矩阵计算获得的权重分配结果分析,专家认为,需要对准则层中两项指标的权重分配做以下调整:A_1 权重为 0.6,A_2 权重为 0.4。指标 P_1 相对于目标层 M 的权重 w_1 计算式为

$$w_1=0.6×0.2444=0.1466$$

除 P_3 外,其他各指标相对于 M 的权重计算方法与此类似,不再赘述。由于申请人家庭状况指标对两个准则均有影响,因此其权重应该求总,即

$$w_3=0.6×0.1475+0.4×0.0965=0.1271$$

把处于指标体系低层的指标统一排序,就形成了一个有 15 个分量组成的一维指标向量。并根据体系结构图所表现的关系,结合各判断矩阵计算出的指标权重,计算出 15 个指标最终权重排序,从而构建出指标层的权重向量为

$$W=\{w_1,w_2,\cdots,w_{15}\}=\begin{Bmatrix} 0.1466, & 0.0290, & 0.1271, & 0.0504, & 0.0504, \\ 0.0290, & 0.0885, & 0.0290, & 0.0885, & 0.0712, \\ 0.0712, & 0.0386, & 0.0386, & 0.0224, & 0.1195 \end{Bmatrix}$$

式中,w_i 与可信度评分函数中的 r_i 一一对应。

由最终 15 个指标的权重分布看,权重较大的是申请人收入水平 P_1(0.1466)、家庭状况指标 P_3(0.1275)、个人司法记录 P_{15}(0.1195)、家庭财产 P_7(0.0712)和负债状况 P_9(0.0712)项。这几项指标是反映信用卡信贷风险的主要因素。例如,个人收入是还贷资金的主要来源;家庭状况影响到持卡人的还贷能力和意愿;当持卡人收入不足以还贷时,家庭财产将会折现赔偿债务。这都是银行判断申请人可靠性的重要依据。权重分布中后 4 位依次为拥有信用卡记录 P_{14}(0.0224)、受教育程度 P_2(0.0290)、健康状况 P_6(0.0290)和个人保险记录 P_8(0.0290)。这表明,它们对个人信用评分的影响相对较小,但仍然可反映申请人在信用风险方面的一些信息,有存在的价值。

5. 信用风险评价模型的建立

设有 n 个人同时申请个人信用卡,由申请人提供的申请资料和银行自己私下获得的资料,按照附表 1 的指标评分函数,确定他们各自的可信度向量,最后将它们汇总成客户的可信度矩阵 R,即

$$R_{15\times n}=\begin{bmatrix} r_{1,1} & \cdots & r_{1,n} \\ \vdots & \ddots & \vdots \\ r_{15,1} & \cdots & r_{15,n} \end{bmatrix}_{15\times n}$$

式中，r_{ij} 为第 j 个人的第 i 个信用指标的可信度评分。每一列代表一个申请人由 15 个指标得分构成的可信度向量 $R=\{r_1,r_2,\cdots,r_{15}\}$。

根据申请资料的真实性，确定申请人的可信度 h。结合已获得的个人信用指标综合权重分布向量 W 和失信度 $h=\{h_1,h_2,\cdots,h_n\}$，就构造出了个人信用卡信用风险评价模型，即

$$s=\{s_1,s_2,\cdots,s_{15}\}=W\times R - h = \{w_1,w_2,\cdots,w_{15}\}\begin{bmatrix} r_{1,1} & \cdots & r_{1,n} \\ \vdots & \ddots & \vdots \\ r_{15,1} & \cdots & r_{15,n} \end{bmatrix}_{15\times n} - \{h_1,h_2,\cdots,h_n\}$$

式中，s_i 为第 i 个人的信用卡信用风险评分。最后，根据相关阈值来确定各申请人的信用等级，完成个人信用卡的授信。整个流程如图 8.19 所示。

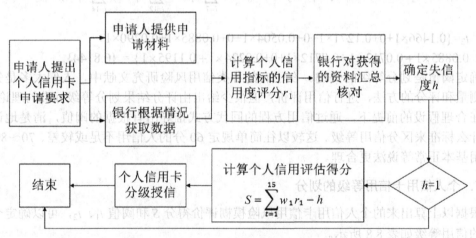

图 8.19 个人信用分析流程

6. 信用风险评价阈值的确定

普通卡授信阈值的确定主要看持卡人未来还贷能力和还贷意愿是否基本令人满意。达到这个标准可作为是否授予个人信用卡的阈值 t_1。当收入水平 P_1、家庭状况 P_3、家庭财产 P_7、负债状况 P_9、银行金融记录 P_{10} 和个人司法记录 P_{15} 这 6 项指标可信度均为 1、失信度 h 为 0 时，即使其他指标可信度为 0，也可以认为该申请人从经济实力和信用水平上具备获得信贷消费的资格，可授予信用卡.由此计算申请人的信用风险得分为

$$t_1=\{w_1,w_2,\cdots,w_{15}\}\{r_1,r_2,\cdots,r_{15}\}^T=\{\sum_{i=1}^{15}w_i r_i\}=$$

$$\{w_1\cdot 1+w_2\cdot 0+w_3\cdot 1+\sum_{i=4}^{6}w_i\cdot 0+w_7\cdot 1+w_8\cdot 0+\sum_{i=9}^{10}w_i\cdot 1+\sum_{i=11}^{14}w_i\cdot 0+w_{15}\cdot 1\}$$

$$t_1=\{0.1466\times 1+0+0.1271\times 1+0+0.0885\times 1+0+0.0885\times 1+0.0712\times 1+0+0.1195\times 1\}=\{0.6414\}$$

金卡授信阈值的确定主要是看持卡人未来还贷能力和还贷意愿是否非常令人满意。达到这个标准可作为授予高级信用卡的阈值 t_2。

当持卡人基本信用要求 t_1 满足后,将能反映持卡人信用水平的次级重要指标加入考虑范畴。它们包括消费水平 P_5、个人保险记录 P_8、公共付费记录 P_{11} 和拥有信用卡 P_{14} 这 4 项指标。在以上所提到的 10 项指标可信度均为 1,且失信度为 0 时,银行可以认为申请人已具备了较高的信用水平,可授予金卡。

$$t_2=\{w_1,w_2,\cdots,w_{15}\}\{r_1,r_2,\cdots,r_{15}\}^T=\{\sum_{i=1}^{15}w_i r_i\}=$$

$$\{w_1\cdot 1+w_2\cdot 0+w_3\cdot 1+w_4\cdot 0+w_5\cdot 1+w_6\cdot 0+\sum_{i=7}^{11}w_i\cdot 1+\sum_{i=12}^{13}w_i\cdot 0+\sum_{i=14}^{15}w_i\cdot 1\}$$

$$t_2=\{0.1466\times 1+0+0.1271\times 1+0+0.0504\times 1+0+0.0885\times 1+0.0290\times 1+$$
$$0.0885\times 1+0.0712\times 1+0.0712\times 1+0+0.0224\times 1+0.1195\times 1\}=\{0.8144\}$$

确定阈值是划分等级的关键。在已有的各类信用风险研究文献中,人们大多是先确定风险测量和评分的方法,进行信用评价,但很少给出由评分结果划分等级标准的理论根据。这里在合理假设的前提下,通过信用方程的回代方式推导出有根据的阈值,清楚地说明了要以什么标准来区分信用等级。这较以往简单规定 60 分的人信用不足或较差、70~80 分个人信用基本正常等说法更合理。

7. 个人信用卡信用等级的划分

根据以上算出来的个人信用卡信用风险模糊评价得分 S 和阈值 t_1、t_2,可以确定个人信用卡的信用等级如表 8.8 所示。

表 8.8 个人信用卡信用等级划分

S 的得分	$S<0.6414$	$0.6414\leqslant S<0.8144$	$S\geqslant 0.8144$
信用等级划分	拒绝授信	授予普通信用卡	授予金卡

评价指标体系中出现了 3 项双向影响指标,它们是信用评价中的关键变量。若其中的某一项很差,则不能对当事人授信。

双向影响指标的负向得分极值可以根据授予普通信用卡的阈值 t_1 来确定。以负债状况 P_9 为例,其取负极值的意义是,即使其他指标可信度均为 1,该申请人在 P_9 评分的作用下,其信用总分仍然不满足授予信用卡的条件。将指标 P_9 可信度负极值用 x_9 表示,则其表达式为

第 8 章 信用评分与行为评分

$$S = \sum_{i=1}^{8} w_i \cdot 1 + w_9 x_9 + \sum_{i=10}^{15} w_i \cdot 1 < t_1$$

将前面已经计算得到的权重 w_i 和 t_1 代入公式，即可得 $r_9 < -3.05198$，保留小数点后 3 位，得到 $r_9 = -3.052$。

其他两项双向影响指标的负向极值的计算与此相同。结果为 $r_{10} = -4.047$，$r_{15} = -2.001$。这就是表 8.6 中的 r_9、r_{10} 和 r_{15} 的极值分别取 -3.052、-4.047 和 -2.001 的原因。

8.6.3 实验内容

1. 个人信息

设个人基本信用信息如表 8.9 所示。

表 8.9 个人基本信用信息表

准则层		指标层	符 号	个人状况
个人信用综合评分 M	个人还款能力 A_1	近 3 个月的平均收入/元	P_1	2000
		受教育水平	P_2	大学
		家庭状况	P_3	40 岁、已婚、本地人、父母子女
		职业状况	P_4	工作 8 年、2 类行业工作、3 类职业
		消费水平/月收入	P_5	0.4
		健康状况	P_6	受疾病困扰
		家庭财产/元	P_7	100 000
		个人保险数量	P_8	3
		个人负债/资产	P_9	0.2
	个人还款意愿 A_2	银行金融记录	P_{10}	无信贷记录者
		公共付费记录	P_{11}	无不良记录
		社会品德评价	P_{12}	良好
		信用担保记录	P_{13}	一般
		信用卡记录	P_{14}	存在拖欠
		个人司法记录	P_{15}	1 次犯罪，入狱 3 年

2. 判断矩阵

按照前面讲到的指标体系，分为目标层 M、准则层 A 和指标层 P_j。在构造判断矩阵时，依上、下层之间的隶属关系，由专家凭经验确定同层元素的相对重要性。现以 A_i 相对于 M 的判断矩阵式为例说明，对于指标体系，经专家分析，申请人的还贷能力 A_1 比还贷意愿 A_2

略微重要。因此，M_{12} 为 2，M_{21} 为 1/2；指标自身与自身的重要性相同，因此 M_{11} 与 M_{22} 均为 1。

$$M = \begin{pmatrix} 1 & 2 \\ \frac{1}{2} & 1 \end{pmatrix}$$

P_j 与对应 A_i 的判断矩阵构建原理与此相同。故

$$Q_1 = \begin{bmatrix} 1 & 4 & 2 & 3 & 3 & 4 & 2 & 4 & 2 \\ \frac{1}{4} & 1 & \frac{1}{3} & \frac{1}{2} & \frac{1}{2} & 1 & \frac{1}{3} & 1 & \frac{1}{3} \\ \frac{1}{2} & 3 & 1 & 2 & 2 & 3 & 1 & 3 & 1 \\ \frac{1}{3} & 2 & \frac{1}{2} & 1 & 1 & 2 & \frac{1}{2} & 2 & \frac{1}{2} \\ \frac{1}{3} & 2 & \frac{1}{2} & 1 & 1 & 2 & \frac{1}{2} & 2 & \frac{1}{2} \\ \frac{1}{4} & 1 & \frac{1}{3} & \frac{1}{2} & \frac{1}{2} & 1 & \frac{1}{3} & 1 & \frac{1}{3} \\ \frac{1}{2} & 3 & 1 & 2 & 2 & 3 & 1 & 3 & 1 \\ \frac{1}{4} & 1 & \frac{1}{3} & \frac{1}{2} & \frac{1}{2} & 1 & \frac{1}{3} & 1 & \frac{1}{3} \\ \frac{1}{2} & 3 & 1 & 2 & 2 & 3 & 1 & 3 & 1 \end{bmatrix}_{9 \times 9}$$

$$Q_2 = \begin{bmatrix} 1 & \frac{1}{2} & \frac{1}{2} & 1 & 1 & 2 & \frac{1}{2} \\ 2 & 1 & 1 & 2 & 2 & 3 & \frac{1}{2} \\ 2 & 1 & 1 & 2 & 2 & 3 & \frac{1}{2} \\ 1 & \frac{1}{2} & \frac{1}{2} & 1 & 1 & 2 & \frac{1}{3} \\ 1 & \frac{1}{2} & \frac{1}{2} & 1 & 1 & 2 & \frac{1}{3} \\ \frac{1}{2} & \frac{1}{3} & \frac{1}{3} & \frac{1}{2} & \frac{1}{2} & 1 & \frac{1}{4} \\ 3 & 2 & 2 & 3 & 3 & 4 & 1 \end{bmatrix}_{7 \times 7}$$

式中，Q_1 为 $P_i(i=1,2,\cdots,9)$ 相对于 A_1 的判断矩阵；Q_2 为 $P_j(j=3,10,11,\cdots,15)$ 相对于 A_2 的判断矩阵。

试根据上述个人信息和判断矩阵给出该客户的信用综合评分值，并作出授信决策。

8.6.4 实验指导

操作步骤与结果

利用层次分析计算确定权重：

第一步：首先确定"M-A"权重，步骤如下：

(1) 利用比较法确定表示各评价指标之间相对重要性的判断矩阵 **M-A**，在单元格 C2：D3 内输入矩阵数据 $M=\begin{pmatrix} 1 & 2 \\ \frac{1}{2} & 1 \end{pmatrix}$。

(2) 在单元格 E2 中输入 "=GEOMEAN(C3:D3)"，得判断矩阵 **A** 的第一行的几何平均值 G_i，将其下拉至 E3；在单元格 E4 中输入 "=SUM(E3:E4)"，得出总计的 G_i。

(3) 在单元格 C7 中输入 "=E2/$E$4"，得权重 W_i，同理得到 D7 的权重 "=E3/$E$4"。

(4) 在单元格 D19:D20 中输入 "=MMULT(C3:D4, F3:F4)"，按 Ctrl+Shift+Enter 组合键，得赋权和矩阵 A_w；

(5) 在单元格 D24:D25 中输入 "=D19: D20/F13:F14"，得数组对应相除，在单元格 C12 中输入 "=C8/F3"，将其下拉至单元格 C13。

(6) 在单元格 E28 中输入 "=AVERAGE(D24: D25)"，得最大特征值 lamda-max。

(7) 在单元格 D32 中输入 "=COUNT(D5:D6)"，得出 n 的值；在单元格 D33 中输入 "=(E28-D32)/(D32-1)"，得到一致性指标 CI 的值。

(8) 在单元格 D35 中输入 "=VLOOKUP(D32,G35:H50,2)"，查询确定同价平均随机一致性指标 RI。

(9) 计算一致性比率，在单元格 D37 中输入 "=D33/D35"，得出 CR 的值。

(10) 根据一致性比率，判断一致性，在 A26 中输入 "=IF(D37<0.1,"一致性较好，接收"，"一致性较差，拒绝"，该权重通过一致性检验。

同理，可以计算得到 A_1-P 权重，A_2-P 权重。

第二步：做总排序一致性检验。在新建的 Excel 计算表"总排序一致性检验+最终权重"，根据定义式，利用 SUMPRODUCT 函数计算总排序的 CI、RI 和 CR。

(1) 在单元格 C5, D5 中分别输入 "='M-A 权重'! F13、='M-A 权重'! F14"。

(2) 在单元格 C6, D6 中分别输入 "='A1-P 权重'! D62、='A2-P 权重'! D57"。

(3) 在单元格 C7, D7 中分别输入 "='A1-P 权重'! D65、='A2-P 权重'! D57"。

(4) 利用 SUMPRODUCT 函数计算总排序 CI、RI、CR，在单元格 C8 中输入 "=SUMPRODUCT(C5:D5,C6:D6)"，在单元格 C9 中输入 "=SUMPRODUCT(C5:D5,C7:D7)"，

在单元格 C10 中输入"=C8/C9",分别得出总排序的 CI、RI 和 CR。

(5) 在单元格 B10 中输入"=IF(C10<0.1,"一致性较好,接收","一致性较差,拒绝")",利用 IF 函数,输出一致性检验结果,根据一致性比率,判断一致性,如图 8.20 所示。

	A	B	C	D	E	F	G
1							
2	总排序一致性检验						
3	1.根据定义式,利用SUMPRODUCT函数计算总排序的CI、RI、CR。						
4			A1	A2			
5	M	W	0.6667	0.3333			
6	P	CI	0.0252	0.1141			
7		RI	1.4500	1.3200			
8	M-A-P	CI	0.0548				
9		RI	1.4067				
10		CR	0.0390				
11	1.2利用条件函数IF,输出一致性检验结果:根据一致性比率,判断一致性						
12			一致性较好,接收				

图 8.20 判断一致性

第三步:计算最终权重。

(1) 选中目标单元格区域 C18:K18,输入"=C17:K17*C5",按 Ctrl+Shift+Enter 组合键;选中目标单元格区域 C23:I23,输入"=D5*C22:I22",按 Ctrl+Shift+Enter 组合键,确定计算;利用乘法计算对于目标层而言各单一准则下指标的最终权重。

(2) 利用 SUMIF 函数计算最终层级综合权重,在单元格 C28 中输入"=SUMIF($C$16:$K$18,C16,$C$18:$K$18)+SUMIF($C$21:$I$23,C16,$C$23:$I$23)",在往右拉复制到单元格区域 D28:K28;然后,在单元格 C32 中输入公式"=SUMIF($C$16:$K$18,D21,$C$18:$K$18)+SUMIF($C$21:$I$23,D21,$C$23:$I$23)",在往右拉复制到单元格区域 D32:H32,得到最终权重 W 向量,如图 8.21 所示。

	A	B	C	D	E	F	G	H	I	J	K
1	2.最终权重计算										
2	2.1 利用乘法计算对于目标层而言,各单一准则下指标的最终权重。										
3			P1	P2	P3	P4	P5	P6	P7	P8	P9
4	A1-P	w1p	0.2452	0.0489	0.1496	0.085	0.085	0.0553	0.1324	0.0489	0.1496
5	M-A1-P	w1*w1p	0.1635	0.0326	0.0997	0.0567	0.0567	0.0369	0.0883	0.0326	0.0997
6											
7			P9	P10	P11	P12	P13	P14	P15		
8	A2-P	w2p	0.0952	0.1754	0.1754	0.0952	0.0952	0.0708	0.2927		
9	M-A2-P	w1*w2p	0.0317	0.0585	0.0585	0.0317	0.0317	0.0236	0.0976		
10											
11	2.2利用sumif函数计算最终层次综合权重										
12		指标层	近三个月平均收入水平	受教育程度	家庭状况	职业状况	消费水平/月收入	健康状况	家庭财产(元)	个人保险数量	个人负债/资产
13		符号	P1	P2	P3	P4	P5	P6	P7	P8	P9
14	最终权重	W	0.1635	0.0326	0.1315	0.0567	0.0567	0.0369	0.0883	0.0326	0.0997
15											
16		指标层	银行金融记录	公共付费记录	社会道德评价	信用担保记录	信用卡记录	个人司法记录			
17		符号	P10	P11	P12	P13	P14	P15			
18	最终权重	W	0.0585	0.0585	0.0317	0.0317	0.0236	0.0976			

图 8.21 最终权重的计算

第8章　信用评分与行为评分

由最终 15 个指标的权重分布看，权重较大的是申请人收入水平 P1(0.1635)、家庭状况指标 P3(0.1315)、个人负债状况 P9(0.0997)、个人司法记录 P15(0.0976)和家庭财产 P7(0.0883)。

这几项指标都反映信用卡信贷风险的主要因素。例如，个人收入是还贷资金的主要来源；家庭状况影响到持卡人的还贷能力和意愿；当持卡人的收入不足以还贷时，家庭财产将会折现赔偿债务。这都是银行判断申请人可靠性的重要依据。

权重分布中后 5 位依次是：信用卡记录 P14(0.0236)，信用卡担保记录 P13(0.0317)、社会道德评价 P12(0.0317)、受教育程度 P2(0.0326)和个人保险数量 P8(0.0326)。这表明，它们对个人信用评分的影响相对较小，但仍然可反映申请人在信用风险方面的一些信息，有存在价值。

确定权重后，就可以计算信用指标评分和信用度。

第四步：输入评分标准，在"信用评分与决策"计算表中，根据评分标准，在单元格区域 F4:F18 中，由上往下依次输入公式评分函数，如表 8.10 所示。

表8.10　评分函数公式输入表

单元格	评分函数公式
F4	=E4
F5	=VLOOKUP(E5，评分标准！A4:B11，2，FALSE)
F6	=评分标准！E4+评分标准！E11+评分标准！E16+评分标准！E22+评分标准！E27
F7	=评分标准！H4+评分标准！H7+评分标准！H16
F8	=E8
F9	=VLOOKUP(E9，评分标准！J4:K8,2,FALSE)
F10	=E10
F11	=E11
F12	=E12
F13	=VLOOKUP(E13,评分标准！P4:Q8,2,FALSE)
F14	=VLOOKUP(E14,评分标准！V4:W7,2,FALSE)
F15	=VLOOKUP(E15,评分标准！Y4:Z7,2,FALSE)
F16	=VLOOKUP(E16,评分标准！S4:T7,2)
F17	=VLOOKUP(E17,评分标准！M4:N8,2)
F18	=评分标准！AC2

第五步：利用 VLOOKUP 函数或公式，计算授信申请人的单一信用指标评分。

根据信用度计算公式，在单元格区域 G4:G18 中，由上往下一次输入信用度计算公式，如表 8.11 所示。

表 8.11 信用度计算公式输入表

单元格	信用度计算公式
G4	=IF(F4>10000,1,IF(F4<500,0,((F4-500)/(10000-500)))^0.5)
G5	=IF(F5=10,1,IF(F5=0,0,F5/10))
G6	=IF(F6=10,1,IF(F6=0,0,F6/10))
G7	=IF(F7=30,1,IF(F7=0,0,F7/30))
G8	=IF(F8<0.2,1,IF(F8>0.8,0,0.8*(0.8-F8)/0.6+0.2))
G9	=IF(F9=10,1,IF(F9=0,0,F9/10))
G10	=IF(F10>=500000,1,IF(F10<50000,0,(F10-50000)/(500 000-50 000)))
G11	=IF(F11>=4,1,IF(F11=0,0,F11/4))
G12	=IF(F12=0,1,IF(F12<0.5,(0.5-F12)/0.5,-3.052*((F12-0.5)/0.3)^3))
G13	=IF(F13=10,1,IF(F13<0,-4.047,F13/10))
G14	=VLOKKUP(E14,评分标准！V4:W7,2)
G15	=VLOOKUP(E15，评分标准！Y4:Z7,2)
G16	=IF(F16=10,1,IF(F16=0,0,F16/10))
G17	=IF(F17=10,1,IF(F17=0,0,F17/10))
G18	=F18

第六步：利用 IF 条件函数、VLOOKUP 函数或公式，计算授信申请人的单一信用度，结果如图 8.22 所示。

	A	B	C	D	E	F	G	H	I
1									
2	准则	指标层		符号	个人状况	指标评分	信用度	指标最终权重	最终加权得分
3	个人信用综合评分 M	个人还款能力 A1	近三个月平均收入水平	P1	2000	2000	0.40	0.1635	0.0650
4			受教育程度	P2	大学	7	0.70	0.0326	0.0228
5			家庭状况	P3		17	1.70	0.1315	0.2235
6			职业状况	P4		18	0.60	0.0567	0.0340
7			消费水平/月收	P5	0.4	0.4	0.73	0.0567	0.0416
8			健康状况	P6	受疾病困扰	3	0.30	0.0369	0.0111
9			家庭财产(元)	P7	100000	1000000	0.11	0.0883	0.0098
10			个人保险数量	P8	3	3	0.75	0.0326	0.0245
11			个人负债/资产	P9	0.2	0.2	0.60	0.0997	0.0598
12		个人还款意愿 A2	银行金融记录	P10	无信贷记录	5	0.50	0.0585	0.0292
13			公共付费记录	P11	有不良记录	4	4	0.0585	0.2339
14			社会道德评价	P12	良好	6	6	0.0317	0.1905
15			信用担保记录	P13	一般	8	0.8	0.0317	0.0254
16			信用卡记录	P14	存在拖欠	6	0.6	0.0236	0.0142
17			个人司法记录	P15	1次逃票,入狱	0.85		0.0976	0.0829
18							最终信用综合评分		1.0681
19							信用评价决策结果		金卡

图 8.22 信用综合评价与授信决策结果

第七步：信用综合评价和决策。

在"信用评分和决策"计算表的单元格 H4:H18 中输入指标权重，在单元格 I4 中输入"=G4*H4"，然后往下复制粘贴到单元格区域 I5:I18，再在单元格 I19 中输入"=SUM(I4:I18)"求和即得信用综合评分。在 K2:M6 中输入"授信标准"信息，如图 8.23 所示。

图 8.23　授信标准

在单元格 I20 输入条件判断函数"=IF(I19<L4,M4,IF(I19>L5,M6,M5))"，即得授信决策结果。

8.6.5　实验报告要求

实验报告包括实验者信息(姓名、学号、专业、班级、成绩等)、实验基本信息(实验名称、实验地点、实验设备、设备号、使用软件、实验时间等)、实验原理(简述)、实验内容、实验过程、实验数据和实验结果、实验分析和结论、实验心得体会等部分。

本章小结

(1) 本章介绍了信用评分、行为评分、信用卡、信用卡管理、征信、征信系统、社会征信体系等的基本概念，简要介绍了信用评分的统计学方法(包括判别分析、回归分析、分类树法和最邻近法等)，也介绍了信用评分的非统计学方法(包括线性规划、非线性规划、人工神经网络和遗传算法等)，还介绍了行为评分模型及其应用(包括马尔可夫链方法和贝叶斯—马尔可夫链方法等)。本章还给出了一个从商业和贷款的角度进行信用评分操作的案例。最后，给出了一个个人信用综合评分实验。

(2) 征信是对企业或个人信用的调查和验证，目的在于减轻银行信贷市场和企业信用交易过程中的信息不对称，通过形成信用交易主体的信用档案，建立失信惩戒机制，促进信用经济发展。

(3) 社会征信体系指由与征信活动有关的法律规章、组织机构、市场管理、文化建设、宣传教育等共同构成的一个体系。征信体系的主要功能是为借贷市场服务，但同时具有较强的外延性，服务于商品交易市场和劳动力市场。

(4) 信用评分指帮助贷款机构发放消费信贷的一整套决策模型和相应的支持技术。这些技术决定谁能得到贷款、得到多少贷款以及提高放贷机构盈利性的操作策略。信用评分技术评估对某一特定消费者发放贷款的风险。信用评分的方法主要有统计学方法(包括判别分析、回归分析、分类树法和最邻近法等)和非统计学方法(包括线性规划、非线性规划、人工神经网络和遗传算法等)。

(5) 行为评分是对客户的还款和使用行为建立模型。这些模型被贷款机构用于调整信贷额度以及对每个客户确定营销和操作策略。行为评分的主要方法有马尔可夫链方法和贝叶斯—马尔可夫链方法等。

(6) 信用评分和行为评分模型都是运用先进的数据挖掘技术和统计分析方法，通过对消费者的人口特征、信用历史记录、行为记录、交易记录等大量数据进行系统的分析，挖掘数据蕴含的行为模式、信用特征，捕捉历史信息和未来信用表现之间的关系，发展出预测性的模型，并以一个信用评分来综合评估消费者未来的某种信用表现。

 思考讨论题

1. 什么是信用评分？它主要有哪几种评分方法？
2. 什么是行为评分？它主要有哪几种评分方法？
3. 在信用卡的信用风险管理中最常用的有哪些方法？
4. 行为评分模型在个人信用评估应用中有什么实际作用？具体采用哪些模型方法进行个人信用评估？
5. 调查研究不同银行贷款和信用卡审批所采用的信用评分体系，分析所采用的模型及其原理。
6. 互联网金融的核心关键技术之一是互联网征信，通过网上收集资料和学习研究，谈谈你对互联网征信的最新进展的认识和看法。

参 考 文 献

[1] 朱世武、严玉星. 金融数据库[M]. 北京：清华大学出版社，2007.

[2] 朱世武. 基于 SAS 系统的金融计算[M]. 北京：清华大学出版社，2004.

[3] 张树德. 金融计算教程——MATLAB 金融工具箱的应用[M]. 北京：清华大学出版社，2007.

[4] 邓留保，李柏年，杨桂元. Matlab 与金融模型分析[M]. 合肥：合肥工业大学出版社，2007.

[5] 金龙，王正林. 精通 Matlab 金融计算[M]. 北京：电子工业出版社，2009.

[6] 张骅月. Matlab 与金融实验[M]. 北京：中国财政经济出版社，2008.

[7] 刘善存. Excel 在金融模型分析中的应用[M]. 北京：人民邮电出版社，2004.

[8] 曾志广. 金融计算与编程：基于 Matlab 的应用[M]. 上海：上海财经大学出版社，2013.

[9] 张世英，许启发，周红. 金融时间序列分析[M]. 北京：清华大学出版社，2007.

[10] (美)蔡(Tsay,R.S.)，著. 金融时间序列分析[M]. 潘家柱，译. 北京：机械工业出版社，2006.

[11] 陈毅恒，著. 时间序列与金融数据分析[M]. 黄长全，译. 北京：中国统计出版社，2004 年.

[12] 王振龙. 时间序列分析[M]. 北京：中国统计出版社，2000.

[13] (英)Cormac Butler，著. 风险值概论(Mastering Value at Risk)[M]. 于研，等译. 上海：上海财经大学出版社，2002.

[14] 陈忠阳. 金融风险分析与管理研究[M]. 北京：中国人民大学出版社，2001.

[15] 周大庆，等. 风险管理前沿——风险价值理论与应用[M]. 北京：中国人民大学出版社，2004.

[16] 王春峰. 金融市场风险管理. 天津：天津大学出版社，2001.

[17] (意)P. 潘泽，(美)V.K.班塞尔，著. 用 VaR 度量市场风险[M]. 綦相，译. 北京：机械工业出版社，2001.

[18] (加)John Hull. 期权、期货和其他衍生品[M]. 第五版. 北京：清华大学出版社，2006.

[19] (加)John Hull，著. 期货与期权市场导论[M]. 周春生、付佳，译. 第五版. 北京：北京大学出版社，2006.

[20] 李成. 金融投资学[M]. 西安：西安交通大学出版社，2013.

[21] 周佰成，等. 投资学[M]. 北京：清华大学出版社，2012.

[22] 胡金炎，等. 金融投资学[M]. 北京：经济科学出版社，2004.

[23] Craig W.Holden. 投资学以 Excel 为分析工具[M]. 北京：机械工业出版社，2010.

[24] 王维鸿. Excel 在统计中的应用[M]. 第二版. 北京：中国水利水电出版社，2012.

[25] 杜茂康，等. Excel 与数据处理[M]. 第五版. 北京：电子工业出版社，2014.

[26] (美)Lyn C.Thomas，等著. 信用评分及其应用(Credit Scoring and Its Applications)[M]. 王晓蕾，等译. 北京：中国金融出版社，2006.

[27] 姚长辉. 固定收益证券. 定价与利率风险管理[M]. 第 2 版. 北京：北京大学出版社，2013.

[28] 李磊宁，高信，等. 固定收益证券[M]. 北京：机械工业出版社，2014.
[29] 弗兰克. 债券市场分析与策略[M]. 北京：中国人民大学出版社，2011.
[30] 格兰葛. 财务管理-以 Excel 为分析工具[M]. 上海：复旦大学出版社，2010.
[31] 王伟周. 风险管理计算与建模[M]. 上海：上海交通大学出版社，2011.
[32] 帅青红. 电子支付与结算[M]. 大连：东北财经大学出版社，2011.
[33] 向晖. 个人信用评分组合模型研究与应用[M]. 北京：经济科学出版社，2012.
[34] 雷法特. 信用风险评分卡研究[M]. 北京：社会科学文献出版社，2013.
[35] 陈建. 信用评分模型技术[M]. 北京：中国财经出版社，2005.
[36] 石庆焱，秦宛顺. 个人信用评分模型及其应用[M]. 北京：中国方正出版社，2006.
[37] 托马斯等. 信用评分及其应用[M]. 北京：中国金融出版社，2006.